ZHONGGUO
CISHU LILUN
YANJIU

中国辞书理论研究

中国辞书学会辞典理论与辞书史专业委员会　安徽省辞书学会　编

语文出版社
·北京·

图书在版编目（CIP）数据

中国辞书理论研究／中国辞书学会辞典理论与辞书史专业委员会，安徽省辞书学会编. —北京：语文出版社，2014.5
ISBN 978-7-80241-525-6

Ⅰ.①中… Ⅱ.①中… ②安… Ⅲ.①汉语—辞书—理论研究—学术会议—文集 Ⅳ.①H16-53

中国版本图书馆 CIP 数据核字（2014）第 074491 号

责任编辑 金春梅
装帧设计 肖华珍
出　　版 语文出版社
地　　址 北京市东城区朝阳门内南小街 51 号　100010
电子信箱 ywcbsywp@163.com
排　　版 大有图文信息有限公司
印刷装订 北京市兆成印刷有限责任公司
发　　行 语文出版社　新华书店经销
规　　格 787mm × 1092mm
开　　本 1/16
印　　张 26.25
字　　数 417 千字
版　　次 2014 年 6 月第 1 版
印　　次 2014 年 6 月第 1 次印刷
印　　数 1-1，000
定　　价 78.00 元

010-65253954（咨询）010-65251033（购书）010-65250075（印装质量）

以中国的创造性研究成果，丰富世界辞书学的理论宝库（代序）[*]

黄建华

中国的辞书编纂实践源远流长，成果丰硕，历史上积累的成品卷帙浩繁，这方面所包含的宝藏有待我们进一步深入发掘，个别流失海外的原书，我们有责任把它找到，向国人展示其真面目。许多年前，据詹姆斯博士（Gregory James）提供的信息，我国以西方语文为一方的最早的双语词典，现存于罗马教廷的梵蒂冈图书馆中，他曾向我出示他影印下的部分词条，可惜年深日久，我连书名都没有记下来。总之，辞书史的研究，扎根于剖析原始材料，而不满足于事件的铺陈，我想应该是大有可为的。

上世纪70年代以前，中国系统的辞书理论著作不多，但散存于序、跋及其他文章中的零散论述却不少。这其中不乏艰苦实践的经验结晶，饱学积累而凝聚的真知灼见。如果今天能够以现代词典学的视角，对这些材料加以扒剔梳理，把其中隐藏的珠宝充分展露出来，我想这不仅有利于我国的现代辞书学建设，而且也有助于让世界了解中华民族对辞书理论的历史贡献。

我国改革开放以来引进的国外的词典学理论不少，当代西方词典学所依傍的各个语言学流派几乎全都有所介绍，随着中外交流日益增加，可以说，我们已经开始和世界接上了“轨”。现在重要的是，如何进一步做到中西融会贯通，防止陷入生吞活剥、“食洋不化”的误区。在这方面，我以为应该提倡质疑精神。现代西方语言学（包括受其重大影响的词典学），

---

* 本文系黄建华教授在第四届全国辞书理论与辞书史学术研讨会上的书面发言。

是西方学者植根于其语言文化研究所获得的理论升华，他们许多人对中国语言文化知之不多，甚至全然无知，他们的理论的“普适性”程度如何是有待检验的。可以预期，中国学者立足于本国语言文化的沃土中的创造性研究成果，必定能够丰富和充实世界辞书学的理论宝库。

上世纪的末期，随着信息技术的发展，各种非纸质词典（电子词典、网络词典等）大量推出，有些还占领了相当一大片市场。在这场有人称之为“革命”的辞书载体的变革中不可避免地出现一些泥沙俱下、鱼龙混杂的现象。面对新的形势，还处于稚嫩阶段的计算词典学有待我们去大力发展，对新型辞书的检验和评价的理论武器仍有待我们去精心研制和运用。在这个领域，中青年学者是大有用武之地的。

上面的话无非是表达一个老辞书工作者对未来辞书学研究事业的期待，至于我本人，按目前的情况，无论哪方面我都没有能力去做了。但我欣喜地见到：一大批锐意进取的中青年学者正在兢兢业业从事老一辈做不到或未做好的工作。我为“后浪”大大高于“前浪”的磅礴气势欢呼！为近年来辞书学研究的长足进步感到由衷的喜悦！可以预期，这次辞书学界在芜湖的盛会，必将为推动我国辞书事业的发展，做出应有的贡献。

2012 年 4 月 19 日

（黄建华：亚洲辞书学会首任会长，中国辞书学会原副会长，
广东外语外贸大学原校长，教授、博士生导师）

目　　录

上　　编

下　　编

上　　编

语典分释的影响因素与释义方法

安志伟　巫建英

在字典、词典、语典三分的格局下，与字典、词典相比，大量存在分释是语典的显著特征之一。以往的辞书学研究，更多的精力集中在字典、词典的研究中，对语典的关注较少；在研究语典的成果中，更多地关注语类区分、立目、例句采写等方面，对于其中的分释现象还少有研究。在语典的编撰和使用过程中，分释语被看作理解语条的钥匙，对语的理解和掌握具有重要的意义。本文拟从分释的特点出发，对语典中的分释现象进行研究。

一　字典、词典、语典三分观的提出

2000年，温端政、沈慧云发表了《“龙虫并雕”和“语”的研究》一文，认为“‘语’不是词的等价物，‘语’不属于词汇单位。”此后，温端政又陆续撰写了一系列的论文、论著，阐述语词分立的主张。

“语词分立”观引起了学术界对辞书编纂理论的重新思考。在“语词分立”观的指导下，温端政主编、2006年出版的《汉语语汇学教程》中增设了“语典”一章，正式提出了字典、词典、语典三分的主张，认为语典是“收集语汇加以解释，按一定次序排列，供人检查参考或阅读的语文性工具书”。通俗地说，语典就是通常所说的搜集并解释成语、谚语、惯用语和歇后语的辞书。这一主张是在30多年来的语典编纂实践基础上提出的，因此得到了不少学者的认可。韩敬体认为，“辞书中字典、词典、语典鼎足分立，是有意义的，有学术价值的。对提高辞书编纂的科学性是好事。但有些具体问题值得进一步研究”。杨蓉蓉认为，“现在语汇从词汇中独立出来，构建了自己的汉语语汇学，那么‘语典’一词成立，语典编纂研究成为汉语语汇学的一个分支是自然而然的”，“将语典和词典分开可以使研究更深入，有利于提高工具书的质量”。还有一些辞书学专家也从不同角度阐释了这一主张的合理性。

字典、词典、语典三分的基础在于三者收释的对象不同。字典收释的是字，现在也兼有释词的功能；词典主要收释的是词，兼收少部分语；语典是专门收释语的。语由词构成，是比词更大一级的语言单位。既然收释的对象不同，那么名称上也应该有所区别。语典与字典、词典三分的主张立足于收释对象的差异性，具有现实基础。

二　语典中的分释词

在语典中对语的解释，和词典解释词、字典解释字是存在着区别的，这种区别的表现之一就是语典中的分释现象。语典的分释由两部分构成，分释词指语条中被解释的词，分释语指分释词的解释和说明。分释现象的存在是应语典更好地解释语的需要而产生的。分释语为语的解释和理解提供了足够的信息，有了分释语，语的解释和理解就更加容易了。

语由词构成，是大于词的单位。在语典中对语条的解释，有的是直接对整个语条进行的解释。比如：

【八十岁学吹打——老来忙】讥讽人等到年纪大了才忙着学做某事。(《中国俗语大辞典》第 10 页)

【老牛掉在井里】比喻有本事施展不开。(《俗语词典》第 523 页)

【烈火见真金】比喻在严峻的考验中才能看出谁是意志坚强的人。(《俗语词典》第 549 页)

对于这些语言形式比较简明的语条，直接解释整个语条就能把释义讲清楚。但是对另外一些语条来说，如果不对其构成成分进行分释，对语条的解释也就不那么容易。因此就需要先对部分构成语的词进行解释，然后以这些解释作为基础，进一步解释语条，这种情况是大量存在的。

哪些内容需要进行分释？经考察发现，语条中包含的下面几类词会影响到作者理解语，因此常常会成为语典分释中的分释词。

（一）指人名词

在谚语、惯用语和歇后语中，往往包含着一些人名。它们的来源非常广泛。有的是中国各个时期的历史人物，比如秦始皇、孔子、吕蒙正、慈禧太后、雷锋等。有的来自于小说、戏曲等文学作品，比如小说中的武大郎、孙悟空、贾宝玉，戏曲中的窦娥、红娘、春草等。有的是神话传说中的人物，比如玉皇大帝、观音菩萨、土地爷等。① 这些表示人名的词总是会和一些历史事件或小说情节等联系在一起，人物的体貌、性格、经历等在长期的流传中承载着文化的因素。这种文化因素往往是人们理解语条的障碍，因此它们出现在语条中，经常会被作为分释词来进行分释。例如：

【酒入愁肠，醉死刘郎】刘郎，指刘伶，字伯伦，晋代沛国人，竹林七贤之一，平生嗜酒，出门总带一壶酒，让人拿铁锹跟随，并说“死便埋我。”著有《酒德颂》。形容空腹饮酒容易醉。（《俗语词典》第470页）

【秦桧还有三个相好的】秦桧，南宋的大奸臣，投降派代表人物。比喻坏人也有同伙。（《俗语词典》第731页）

【张飞扮新娘——再装也不像】张飞：三国蜀汉大将，《三国演义》第一回描写他“身长八尺，豹头环眼，燕颔虎须，声若巨雷，势如奔马”。指不具备某种条件，再装也装不像。（《中国歇后语大辞典》第645页）

【孙二娘开店——宰客】孙二娘：《水浒传》中的人物，绰号母夜叉，《水浒传》二十七回记叙，孙二娘、张青夫妇在孟州十字坡开酒店，常用蒙汗药将客人麻倒杀死，将大块肉切做牛肉卖，零碎小肉做人肉包子。原指宰杀客人。实指私抬价格，盘剥顾客。（《现代汉语语典》第960页）

【愁海龙王没宝】海龙王：传说中大海里统领水族、掌管宝物、能兴云布雨的神。指海龙王有的是宝物。也泛指不必发愁某人缺少某种东西。（《新华惯用语词典》第56页）

人名属于专有名词。以上秦桧、刘郎（刘伶）、张飞、孙二娘、海龙王都属于人名。除了人名以外，还有一些普通名词也是指人的，其中有一些也在语条中进行了分释。比如：

---

① 以上分类只是一个大致的分类，现实当中往往互有交叉。有的人物可能同时兼属其中的几类，比如刘备、姜子牙，既是历史人物，也是古代文学作品中的人物。

【宝剑卖与烈士，红粉赠与佳人】烈士：有志于建功立业的壮士。佳人：美女。宝剑要卖给烈士，红粉要送给佳人。指珍贵的物品应该归属与其相配或真正需要的人。（《新华谚语词典》第10页）

【痴人说梦话】痴人：傻子。指愚蠢的人说些不可靠或根本办不到的荒唐话。（《新华惯用语词典》第53页）

【豁牙子啃西瓜——净道道】豁牙子：门牙残缺的人。道道：本指牙齿啃的痕迹，实指事物的奥妙。表示主意很多或事情的奥妙很多。（《现代汉语语典》第408页）

（二）地名

地名，包括古代的国名、州府名、县名等，也包括一些虚构的传说中的地名。由于我国疆域变化、朝代的变迁及社会管理制度等原因，许多古代的地名现在已经改变了名称。当下接触这些地名，尽管能够了解其大致范围，但是对当时发生的一些事情以及风土人情就很难了解，相应地也不能真正地理解包含这些地名的语条。一些传说中虚构的地名，更是和一些光怪陆离的虚构情景相联系。因此，对这些地名的理解往往是理解语条的关键，而这些地名对于读者来说恰恰是陌生的，需要通过分释来帮助读者理解。有的时候地名与语的理解关系并不大，但是作为一种背景知识，也会被揭示出来。例如：

【曹州兵备——管事宽】曹州：古代州、府名，唐时辖境相当于今山东东明、菏泽、成武、曹县和河南兰考、民权等市县地，唐末黄巢起义于此。兵备：即兵备道。明代设在各省重要地方负责整饬兵备的道员。本指曹州地广，兵备道管的面很宽，转讥人爱管闲事或管事过多。（《中国俗语大辞典》第82页）

【巴东三峡巫峡长，猿鸣三声泪沾裳】巴：古国名，在今重庆境内。三峡：长江瞿唐峡、巫峡和西陵峡的合称。位于长江中游，重庆市奉节县和湖北宜昌县之间，全长204千米。其中巫峡最长，达45千米，水势险恶，常有事故发生。两岸多悬崖绝壁，猿猴鸣叫，声色凄厉。指长江三峡山势险峻，景色森穆，凄厉的猿声常引起行客的思乡之情。（《中国谚语大辞典》第6页）

（三）动植物名

一些包含动植物名称的语条中，动植物名称往往是语条的重要内容。对动植物名称的解释有助于整个语条的理解。因此动植物名称也经常被作为分释词。例如：

【拔了毛的凤凰不如鸡】凤凰：古代传说中的百鸟之王，雄的叫凤，雌的叫凰。常用来象征祥瑞，这里比喻有权势的人。常比喻有权势的人一旦失势，处境就连一般百姓也不如。（《新华谚语词典》第 4 页）

【乡下人不认识仙人掌——青饼子】仙人掌：多年生植物，茎多呈长椭圆形，稍扁平像手掌，绿色。本指乡下人不认识仙人掌，根据自己所见，说成是“青饼子”；转以形容人刻板古怪。（《中国歇后语大辞典》第 564 页）

（四）方言词

方言词只通行于某一个或几个方言区，对于其他方言区的人来说理解起来比较困难。不少的语是在特定的方言区形成的，这些方言词的存在会造成对语理解的困难。这时，就需要对方言词进行分释，从而达到正确理解语的目的。例如：

【黑老鸹报喜——不是好消息】黑老鸹：方言，乌鸦。旧俗认为乌鸦叫是不祥之兆。指不是好的兆头。（《中国俗语大辞典》第 388 页）①

【八百年的枫树蔸——顽固不化】蔸：某些植物的根和靠近根的茎。本指枫树蔸因年代久远而变得非常坚硬；转指人思想保守，不愿接受新鲜事物。（《中国歇后语大辞典》第 4 页）

【摆龙门阵】龙门阵：方言，闲聊，闲谈。指讲故事或长时间聊天。（《新华惯用语词典》第 12 页）

【冲壳子】壳子：成都等地方言指大话。讥讽人说大话，吹牛皮。（《新华惯用语词典》第 55 页）

上面对“黑老鸹”“龙门阵”“壳子”的解释已经标明是方言词，对

① 之前的动植物名称主要就普通话中的而言，此处把方言中的动植物词都放到了方言词之下，其实两类有交叉。这里只是大致说明一下具体的情况，不是严格分类。

“蔸”的解释与《现代汉语词典》相同，“蔸”在《现代汉语词典》中有两个义项，前面标有〈方〉。此处是第①义。

（五）古语词

一些古代、近代语言中常用的词，在现代汉语中已经不再使用，但是可能保留在语里。这里说的古语词包括：一是称谓词，其中有一些已经变成了彻底的古语词，有一些在今天还在用，但是出现了新义。二是表示古代典章制度、风俗文化的特殊词语。三是古代常用但是现在已经在语言中消失的普通词。今天接触这些包含古语词的语，就会产生一些隔膜感。在理解这些语时，必须先理解这些古语词的含义。

【滚汤泼老鼠——一窝都是死】滚汤：开水。指在场的全都逃脱不了死亡的下场。（《俗语词典》第327页）

【锅圆甑不圆】甑：古代一种蒸食物的炊具。形容事情不圆满，措施不完善。（《中国俗语大辞典》第350页）

【家有万贯，不如出个硬汉】贯，旧时钱制，用绳子穿上，每一千为一贯。指纵然拥有万贯家财，也不如有个能顶立门户的硬汉子。（《中国俗语大辞典》第444页）

【文章自古无凭据，惟愿朱衣一点头】朱衣：唐宋时四品、五品官员身穿红色官服，称朱衣，这里指主考官员。指确定文章的好坏，本没有一定的依据，全在于主考官的认可。（《中国谚语大辞典》第1042页）

【挨闷棍】闷（mèn）棍：古代的一种兵器名。拦路抢劫的盗贼，常从背后给人一闷棍，把人打昏或打死，抢走东西。比喻遭到暗中的或突如其来的打击。（《新华惯用语词典》第1页）

【秀才不出门，能知天下事】秀才：明清两代生员（通过最低一级考试得以在府、县学读书的人）的通称，泛指读书人。旧指读书人不出门而能知道天下的事情。（《俗语词典》第1096页）

（六）其他难解词

除了以上的五类以外，还有一些现代汉语中的词，因为比较生僻，部分读者可能不知道这些词的意思。这时，也需要对这些比较生僻难懂的词进行分释。但是，相比前面的五类，难解词是一个模糊概念。一个词意义是否难懂，和个人文化修养有关。编纂者从读者角度考虑哪些词需要分释，是一种主观的判断。因此有的词确实需要分释，但也存在把需要分释的难解词范围扩大的情况，一些本来浅显易懂的词，也被作为难解词加以分释了。下面几例中的分释词我们认为确属难词，应该加以分释：

【好葱包的好白子，好爹好娘养的好孩子】白子，葱白，葱的茎部。比喻父母好，养的孩子也好。(《俗语词典》第341页)

【货卖给识家】识家：识货的人。货物要卖给识货的人。(《俗语词典》第405页)

【化缘和尚大手脚】化缘：和尚、道士向四方求布施。大手脚：大手大脚，即花钱毫不心疼。指不是靠辛苦劳动挣来的钱，往往容易挥霍掉。(《中国俗语大辞典》第404页)

【无巧不成话】话：话本，宋代兴起的白话小说，是民间艺人说唱的底本。指没有巧合，就构不成说唱的故事情节。这是旧时说书人的口头语。(《中国谚语大辞典》第1409页)

【包子有肉不在褶上】褶：包子上面的褶皱。比喻人的才能、身份、财富等从外表上是看不出来的。(《新华谚语词典》第10页)

另外，各类语典中还通过分释对大量的双关、谐音等修辞现象进行了揭示，还分释了部分词组。这些内容不在本文论题范围之内，后面不再涉及。

三　语典分释语的影响因素

（一）上下文语境

语由词组成，语典分释的对象是包含在语中的词，即分释词。语典中的分释语，主要是对语的构成成分——词进行的解释。通过对这些可能造成读者阅读或者理解障碍的词的解释，以达到正确理解语的目的。分释词就和构成语的其他词形成了一个上下文语境，对分释词意义的描写必须符合这个语境。有一些分释词采用的是理性意义。例如：

【过了芒种，不能强种】芒种，二十四节气之一，在6月6日前后。大田作物要在芒种以前播种完，芒种以后不宜再播种。(《俗语词典》第

332 页）

【黄山归来不看岳】岳，山，指五岳，即中岳泰山、西岳华山、南岳衡山、北岳恒山、中岳嵩山。黄山风景优美，游览黄山之后，再游览五岳等山就觉得没什么新奇的了。(《俗语词典》第 394 页）

【光听辘轳把响，不知井在哪儿】辘轳：安在水井上的一种汲水工具。比喻只听到些风声，未见事实。(《俗语词典》第 322 页）

但是在更多的情况下，分释词的意义是受到上下文影响的，对词的释义就不能简单地只解释词的理性意义。词从静态的备用形式转变为动态的运用形式，因为语言环境的作用，可能凸显词义的某些特征。这些特征可能是包含在理性意义之中的，也可以是游离于理性意义之外的；如果理性意义有几个，一般会在语境中凸显出其中一个来，应该根据上下文采用灵活多样的释义方式。如果同一人或事物处于不同的语言环境中，需要用不同的特征来进行解释：

【关公老子——满面红】关公老子，关羽的俗称。据《三国演义》描写，关羽面如重枣，是一个红脸汉子。本指整个儿脸面都发红，转以形容很难为情。(《中国俗语大辞典》第 334 页）

【关公门前耍大刀】关公，即关羽，字云长，三国时蜀国大将，善使大刀。比喻在行家面前卖弄本领。(《中国俗语大辞典》第 334 页）

比较下面两条，可以发现“光阴出财神”中“财神”的“金钱”义是在原义基础上依托语境产生的临时性转义：

【把财神爷往外推】财神爷：迷信指可以给人带来财运的神，也叫财神。指把到手的钱财或好处，推出去不要。(《新华惯用语词典》第 7 页）

【光阴出财神】光阴，时间。财神，迷信的人指可以使人发财致富的神，这里指金钱。只要花时间苦干，就会创造财富。(《俗语词典》第 323 页）

（二）历史文化语境

多数语汇是在千百年的历史传承中逐步产生并定型的，在这一过程中会浸染一些历史文化信息。尤其是包含着人名、地名、典章制度名称等专有名词的语，更是与特定的历史事件、社会制度、风俗习惯和思维方式等密切相关，体现出了独特的历史文化背景。

【我虽不杀伯仁，伯仁由我而死】伯仁：晋代周颉（yǐ）的字。晋元帝时丞相王敦想借故杀掉忠直的大臣周伯仁，就问他同族的弟弟王导，王导没有表态，王敦遂认为周伯仁该杀。后王导无意中看到了当年周伯仁的奏章，里面曾冒死为王导开脱，王导万分惭愧，对人说：我虽然没有直接杀周伯仁，但伯仁是因我而死的。后泛指自己虽没有直接杀人，但对于被杀的人负有一定的责任，因而内心不安。《晋书·周顗传》："吾虽不杀伯仁，伯仁由我而死。幽冥之中，负此良友！"（《中国谚语大辞典》第1044页）

【姜太公钓鱼——愿者上钩】姜太公：太公望吕尚，字子牙，传说曾于渭水边用无饵的直钩在离水面三尺之上钓鱼，说："负命者上钩来!"（见《武王伐纣平话》卷中）自愿上鱼钩的鱼咬姜太公的钓鱼钩。多比喻心甘情愿去做某事。也指自己愿意落入圈套。（《中国歇后语大辞典》第217页）

【八个金刚抬不动个"礼"字】金刚：金刚力士，手执古印度兵器金刚杵，做佛的侍从力士，常作为大力士的象征。礼：这里指规定社会行为的制度、法则、道德规范等。指礼是社会的根基，任何力量无法动摇。（《新华谚语词典》第4页）

这些分释词因为联系着历史文化因素，在分释的时候如果减省了其中蕴含的历史文化信息，就会影响对语的释义；但是如果不加选择地罗列内容，也会造成分释语的臃肿和冗余。例如：

【开言说陆贾，出口胜隋何】陆贾、隋何：都是汉初说客。比喻能言善辩。（《中国俗语大辞典》第306页）

陆贾、隋何都生活在秦末汉初。陆贾早年追随刘邦平定天下，曾经以出色的口才出使南越并使其臣服于汉朝。隋何曾经说服项羽的大将英布归汉。单单只说是汉初说客，显然欠缺了对历史背景的交代，不能很好地帮助读者理解这一俗语。

【一统天下诸葛亮，二统天下刘伯温】诸葛亮，三国蜀汉丞相，辅佐刘备建立蜀汉，是一位足智多谋，胸怀大志的人。刘伯温，刘基，辅佐明太祖朱元璋建立明朝，也是一位足智多谋的人。比喻有雄心大志。（《俗语词典》第1186页）

这里的"诸葛亮""刘伯温"，不是要突出他们足智多谋、胸怀大志，而是突出他们作为一代名臣建立了功勋，因此有关说明可以省略。

【隔门缝瞧吕洞宾，小看仙人】吕洞宾：唐末道士，道教全真教尊为

北五祖之一，通称吕祖，相传为道教八仙之一。比喻小看了有本领或有实力的人。(《中国俗语大辞典》第306页)

这里的“吕洞宾”点明是道教的仙人即可，“道教全真教尊为北五祖之一，通称吕祖”这些信息也可以省略。

（三）百科知识

动植物属于生物，天然具有生物属性，对动植物生物属性的认识就属于百科知识的范围。但是在人类长期的社会实践中，动植物因与人类的长期共存而被人类赋予了一定的社会性。这些动植物名称负载了一定的社会文化意义。在分释动植物名词时，应该处理好生物属性和社会属性之间的关系。什么时候应该以社会属性为主，什么时候以生物属性为主，什么时候需要二者兼顾，需要具体问题具体分析。例如：

【鹁鸽子旺边飞】鹁鸽子：即鹁鸽，也叫家鸽，身体上面灰黑色，颈部和胸部暗红色。鹁鸽喜欢栖息在人烟兴旺的地方。比喻人多趋财慕势，往兴旺发达的地方走。常含贬义。(《新华谚语词典》第17页)

对这些动植物名的解释，不能仅仅停留在对这些动植物的生物学定义上，而应该对其社会文化含义进行揭示，才能正确地理解包含这些词的语条。常见的问题是把人类的关注点及社会文化含义与百科知识方面的内容混在一起。比如：

【家雀跟着檐蝙蝠飞——干熬夜眼】家雀：麻雀。檐蝙蝠：即蝙蝠，哺乳动物，头部和身子像老鼠，四肢和尾部有皮质的膜，以蚊蛾等昆虫为食，夜间在空中飞翔。指白熬时光，毫无所得。(《中国俗语大辞典》第341页)

以上对蝙蝠的解释，只需要紧扣“四肢和尾部有皮质的膜”“夜间在空中飞翔”就可以解释清楚这条歇后语，其他的信息可以不说或者调整顺序，放在后面说。

除了动植物以外，还有一些具体的百科知识，比如与度量衡、音乐等有关的词，需要在分释中明确其意义，才能顺利地理解语。例如：

【按定了坐盘星】坐盘星：也叫定盘星，秤杆上标志起算点的第一颗星，为秤杆成平衡状态时秤锤的悬点（重量为零），指代办事的基准或某种主意。比喻打定了主意。(《新华惯用语词典》第3页)

【按着三眼一板】板、眼：民族音乐和戏曲中的节拍，每小节中最强的拍子（击板）叫板，次强拍和弱拍叫眼，二拍子的叫一板一眼，四拍子的叫一板三眼或三眼一板。比喻人的说话、行为有条不紊，合乎规矩。（《新华惯用语词典》第 4 页）

（四）编纂目的

不同的语典，具有不同的编纂目的。有的是资料型的，有的是学习型的；有的追求内容的全面，有的追求行文的简明；有的面向全社会，有的面向特定人群。不同的编纂目的，对语典分释语的处理情况也应该有所不同。

以小学生用的语典来说，分释语的处理就应该简明扼要，浅显易懂。这是由小学生学习的特点决定的。例如下面的解释中，用于小学生的语典就比较简明：

【求张良，拜韩信】张良、韩信：秦末刘邦手下重要的谋士和大将。比如四处寻求人才。（《小学生歇后语谚语惯用语词典》第 476 页）

【求便求张良，拜便拜韩信】张良：汉初大臣。韩信：西汉军事家。张良、韩信一文一武，在辅佐汉高祖刘邦打天下时建立了大功。指求人帮助，要找有能力的人。（《中国谚语大辞典》第 675 页）

【没有过不去的火焰山】火焰山：《西游记》中描写的满是火焰的山。比喻没有克服不了的困难。（《小学生惯用语谚语歇后语词典》第 154 页）

【没有过不去的火焰山】火焰山：《西游记》描写唐僧师徒在去西天取经的路上遇到的一座山，绵延数百里，大火熊熊，无法通过。孙悟空费尽周折向铁扇公主借来芭蕉扇扇灭了大火，才得以通过。比喻世上没有克服不了的困难。（《中国谚语大辞典》第 499 页）

编纂体例也会影响到分释语的内容。商务印书馆的“新华”系列语典中，增加了一个“知识窗”的内容，原来的部分分释内容被移到了“知识窗”，语典正文中分释语的解释就变得比较简单了。例如：

【丢在爪哇国去】爪哇国：古国名，即今南洋群岛的爪哇岛，因远在海外，古人视为邈远之地，借指遥远虚无之处。指把东西扔得远远的。也指彻底打消念头，或把事情忘得一干二净。

〔知识窗〕爪哇国，古称阇（shé）婆，故地在今印度尼西亚爪哇岛或苏门答腊岛，或者简称此二岛。元代始称爪哇国，很早就同中国建立友好关系，有经济、文化方面的交往。“爪哇”也写作“爪洼”“爪蛙”“爪

鸦”等。《元史·外国列传》《明史·外国列传》等都有较详细记载。(《新华惯用语词典》第101页)

上面知识窗的内容比较丰富，有利于拓展读者的知识面，里面有不少内容可以作为分释语的内容，但是因为被“转移”到了知识窗内，正文中分释语的解释就相对简单一些。

（五）编者因素

语典分释最终是由编纂者的辛勤劳动来实现的。对上下文语境和历史文化语境的把握，对百科知识的取舍，以及对编纂目的的领悟，都和编者的学养分不开。前面谈到的一些问题，大部分是由于编者对相关因素的把握不准确造成的。这也反映了语典编纂的实际情况。目前市场上编纂的语典成百上千，但是理论研究却比较滞后。因为缺乏必要的理论指导，对语典编纂方面的相关影响因素缺乏自觉的意识，而是从个人的知识储备和主观经验来编写分释语，导致是否分释、分释什么、怎样分释，存在不同的认识，不利于读者更好地理解语条。例如：

【苦海无边，回头是岸】苦海：人生的苦难有如汪洋大海。岸：彼岸。佛教用语，比喻人生充满了深重的苦难，只有迷途知返、学佛出世，方能到达超越苦难的彼岸。后也用来比喻即便罪恶深重，只要改邪归正就会有出路。(《中国谚语大辞典》第431页)

【苦海无边，回头是岸】回头：悔悟，改邪归正，痛苦和磨难像大海一样无边无际，但只要皈依佛法，彻底觉悟，就能获得超度。比喻犯罪者如坠入苦海，只要改悔，就有出路。(《俗语词典》第500页)

【按倒葫芦瓢起来】葫芦：一年生草本植物，果实也叫葫芦，形状多样，大多中间细，上下膨大，成熟后对剖去瓤成瓢，用来舀水，在水里能浮起来。比喻问题接连出现，刚解决了一个，又冒出一个新的问题，难于应付。(《新华惯用语词典》第3页)

【按倒葫芦瓢起来】瓢：葫芦成熟后分成两半做成的器具。比喻问题一个接一个，这个还未解决那个又出现了。(《中国惯用语大辞典》第6页)

甚至有一些内容，明显不需要分释的，却随意加上了分释。例如：

【春天后母面】后母：继母。指春天的天气是多变的，就像继母对待继子女的态度一样。(《中国俗语大辞典》第143页)

【管闲事，落不是】闲事：跟自己无关的事；无关紧要的事。指插手管闲事，往往会落得是非缠身，受人指责。（《中国俗语大辞典》第342页）

【家贫出孝子】孝子：对父母十分孝顺的人。贫穷的家庭，儿女往往孝顺父母。（《俗语词典》第424页）

【穷算命，富烧香】算命：凭人的生辰八字，推算人的命运，断定人的吉凶祸福。穷人算命希望生活能够好起来。富人烧香，希望神佛保佑，还想更富。（《俗语词典》第743页）

四　语典分释语的释义类型与方法

分释词是从语条中切分出来的，对分释语的描写必须在语条构成的具体语言环境中进行。分释词体现出了意义的丰富性和多侧面。这种表现和现代词义研究的不断发展是非常吻合的。传统的词义研究中，把词义作为单一层级的系统，研究词义的词汇意义、色彩意义和语法意义等。而越来越多的研究认为，词义是一个多层级的体系，既包含词义的表层部分，即处于表层的传统词义，也包括处于深层的其他词义内容。王军对此作了系统的研究，她认为词义具有表层规约词义和底层隐含词义之分，两种词义内容还可以继续分类。① 在语条所构成的语境中，不同的词义内容会在具体的语境中激活，使静态的意义变为动态。因此分释语所描写的词义也是多种多样的。

（一）分释语描写的是表层规约词义

“表层规约词义是指经过规约之后本质的、明确的、主要的、用于其区别作用的那部分词义内容。”② 表层规约词义中的理性意义是对客观事物主要特征的概括反映，是最基本的意义。如果在语条中分释语分释的是词的理性意义，那么这种意义的描写可以参考《现代汉语词典》等词典的释义方法。比如前面所举的例子“过了芒种，不能强种”中对“芒种”的解

---

① “静态词义的内容包括两个层次，第一层次——表层规约词义包括理性意义、语法意义、色彩意义和适用意义，第二层次——深层隐含词义，包括次要理性意义、内涵意义和联想意义。第一层次是词义明确的部分，浮在词义表层，第二层意义则笼统而隐含，深藏于词义底层。”见王军《汉语词义系统研究》，山东人民出版社2005年，第70页。

② 王军《汉语词义系统研究》，山东人民出版社2005年，第70页。

释，“黄山归来不看岳”中对“岳”的解释，“光听辘轳把响，不知井在哪儿”中对“辘轳”的解释显然参考了词典的释义。“八百年的枫树蔸——顽固不化”中对“蔸”的解释则完全与《现代汉语词典》相同。

但是在许多情况下，分释词的理性意义并不是只有一个。这时，情况就比较复杂一些。通常，应该先解释其基本意义，然后再对其他意义进行解释。有时分释词用的是泛指义，即指称的范围扩大了。比如：

【自古嫦娥爱少年】嫦娥：神话里的仙女，泛指年轻美貌的女子。指自古以来，少女爱慕的是年少英俊的男子。(《新华谚语词典》第 514 页)

这里的“嫦娥”并不是真正指住在月宫里的仙女，而是使用了泛指义。

【三公一席宴，百姓半年粮】三公：辅佐皇帝掌握军政大权的最高官员，历代设置不同，周代以太师、太傅、太保为三公，西汉以大司马、大司徒、大司空为三公。朝廷大官们举行一次宴会，花的钱财够百姓生活三年。(《俗语词典》第 826 页)

在这条谚语中，“三公”不是实指担任三公的人，也无须区分三公之间都有什么区别，在这里用的是泛指意义，泛指朝廷官吏。语典中没有解释出来。

有的时候分释词采用了比喻义，常见的是用物来比喻人。比如：

【强龙不压地头蛇】地头蛇，比喻旧时在地方上横行霸道、欺压人民的人。比喻外地人斗不过当地的势力。(《俗语词典》第 724 页)

（二）分释语描写的是深层隐含词义

在更多的情况下，因为语境的作用，分释语所描写的是被激活的隐藏在表层词义下面的深层隐含词义。这又分为次要理性意义、内涵意义和联想意义等不同的情况。

词的理性意义代表词义概括性的一面，次要理性意义则是被概括、归纳的过程中事物的非区别性的特征，显示了词义具体性的一面。其中有的是常识性的意义，也有的是科学性的意义。例如：

【既生瑜何生亮】瑜，周瑜，三国时东吴大将，气量小，忌妒诸葛亮的才干；亮，诸葛亮，三国时蜀汉丞相，很有才干。既然生了周瑜，何必又生诸葛亮！比喻把某人视为仇敌。(《俗语词典》第 420 页)

以上除了解释周瑜、诸葛亮的身份这一主要理性意义之外，还从周瑜的气量小、忌妒诸葛亮的“有才干”等方面解释了从三国系列作品中获得的常识性意义。

【穿山甲，王不留，妇人服了乳长流】穿山甲：哺乳动物，体和尾上的角质、鳞片可入药，主治乳汁不通等症。王不留：又名王不留行，一年生草本植物，种子可入药，能消痈下乳。指穿山甲、王不留是下奶的好药。(《中国谚语大辞典》第97页)

以上对“穿山甲”和“王不留”的生物属性和药用价值进行了解释，揭示的是科学性意义。

【屎壳螂打哈欠——好大的臭气】屎壳螂，即“屎壳郎”，又叫“蜣螂”。骂人说话不知羞耻。(《俗语词典》第898页)

【屎壳郎搬家——滚蛋】屎壳郎：学名蜣螂，昆虫，全身黑色，吃动物的尸体或粪尿，常把粪滚成球形，然后雄雌分工，一前一后地把粪球滚到安静处贮存，也写作“屎克螂”“屎蚵螂”“屎克螂”等。蛋：球形的东西。本指屎壳螂滚粪球，转以责令人离开或走开。(《中国歇后语大辞典》第459页)

考察与“屎壳郎”有关的歇后语，基本是从“臭味”和“球状物”两个方面来突显特征的，显然这两种特征是“屎壳郎”的常识性特征，应该在分释语中揭示它的生理特征。但是上面两个语条的分释都存在问题。“屎壳螂打哈欠——好大的臭气”过于简单，而“屎壳郎搬家——滚蛋”则过于复杂，把科学性意义与常识性意义搅和在一起，不利于语条的解释和理解。试作如下解释：

【屎壳螂打哈欠——好大的臭气】屎壳螂，即“屎壳郎”。喜食动物尸体与粪便，人们认为有臭味。学名是“蜣螂”。骂人说话不知羞耻。

【屎壳郎搬家——滚蛋】屎壳郎：喜食动物的尸体或粪尿，常把粪滚成球形储存。学名蜣螂，也写作“屎克螂”“屎蚵螂”“屎克螂”等。蛋：球形的东西。本指屎壳螂滚粪球，转以责令人离开或走开。

下面的语条，很容易从形状的角度对“娃娃鱼”进行解释，如果不把啼哭的这个科学性意义揭示出来，就容易引起误解：

【娃娃鱼上树——横看竖看都不是人】娃娃鱼：大鲵(ní)的俗称，头部扁平，口大，生活在山谷清澈的溪水中，叫声像婴儿啼哭，故名。指人品德差，不论从哪个角度看都不配做人。(《新华歇后语词典》第413页)

内涵意义是指社会文化内涵意义。这种意义受到了一定的社会文化因素的制约，在分释语描写中也需要揭示出来。例如：

【狗者豺之舅】豺：哺乳动物，形状像狼而小，贪食，残暴。比喻坏人都是一路货色。（《中国谚语大辞典》第256页）

【菖子开花——不见影】菖子：即菖蒲，多年生草本植物，生长在浅水里，有香气，初夏开花，花穗呈黄色。旧时迷信认为见到菖蒲花会交好运，多被人摘取，故难得看到。常指某人无踪影，下落不明，难得见面。（《中国歇后语大辞典》第41页）

联想意义则是通过心理作用，循着一种可控制的方向而形成的一种意义，分释语应该把这种意义揭示出来。例如：

【要命的腊八粥】腊八粥，民俗农历十二月初八这天，用米、豆等谷物和枣、栗等干果煮成的粥，据说是含有喜庆丰收和预祝来年五谷丰登之意。喝过腊八粥就到了年关，这正是穷人被逼债、最难熬的时候。（《俗语词典》第1128页）

喝腊八粥之所以要命，其实就是因为过了腊八就离年关不远，因此这里应该揭示腊八的联想意义，而不应该把重点放在揭示腊八粥的文化意义上。

【蒋干保曹操——各为其主】蒋干：《三国演义》中的人物，曹操手下幕宾，赤壁之战时，曾两次渡江到东吴，劝说旧友周瑜归降，想借此立功报效曹操，结果中了周瑜的反间计。指各自做事都为自己所效劳的主子。（《中国歇后语大辞典》第218页）

蒋干这一人物在《三国演义》中最重要的情节就是中了反间计，一提到蒋干，自然而然地就会联想到反间计，因此需要揭示出来。

【七十二个心眼，八十多个转轴子】转轴子，能转动的轴，这里指灵活的头脑。比喻人心眼儿多，脑瓜灵活。（《俗语词典》第698页）

转轴子和头脑是通过“转动”这一形象化的动作建立了一种联想关系，因此能够联系在一起，在分释语中要予以揭示。

五　从语典分释看语典编纂理论的发展与创新

分释语是语典的特征之一，在语典编纂、语汇理解中占有重要地位。通过对语典分释语的考察，我们发现分释语在释义方面还没有形成一种严格的规范。语典编纂在词义信息的取舍、不同类型意义的标注和区分、分释语意义描写的准确性等方面还应该继续总结规律、揭示特点，创造出行之有效的释义模式来规范分释语，为进一步提高语典的编纂质量服务。

从分释语的现状还可以看出，尽管提出了字典、词典和语典三分的主张，也在一定范围内得到了专家的认可，但是在语典家族中还没有像《新华字典》《现代汉语词典》《辞源》《辞海》那样多次修订的权威著作。在编纂理论建设方面，对字典、词典的研究很多，但是对语典编纂的理论探讨显得很薄弱，这在一定程度上也影响字典、词典和语典三分主张的社会影响。因此，语典编纂理论方面的发展与创新显得非常重要。

近年来，山西省社会科学院语言研究所相继推出了一批语典，与上海辞书出版社合作的《语海》即将开始编纂。这是一项大型的文化工程，不仅需要丰富的语典编纂实践，还需要对语典编纂的理论进行总结和研究，用科学的理论来指导这一工作的顺利开展。语典编纂理论的发展与创新非常具有现实意义。

语典编纂理论的发展与创新，一方面需要从语典编纂的实践中总结规律，另一方面也需要从其他相关的领域吸收营养。在考察语典分释语时发现，不少分释语的释义参考和借鉴了《现代汉语词典》的释义，这是语典编纂者在自觉地借鉴词典编纂的理论。另外在分释语的编写过程中，还需要借鉴词义理论来对分释语进行细化和规范化。这些只是语典借鉴其他领域丰富自己的两个侧面。语典编纂者应该有一种开放的胸怀，不断从其他相关领域吸收先进的理论和经验来发展和创新语典编纂理论。

参考文献

温端政，沈慧云．“龙虫并雕”和“语”的研究．语文研究，2000（4）．

温端政．汉语语汇学教程．北京：商务印书馆，2006．

韩敬体．词语的混同、分立与辞书编纂问题//汉语语汇学研究．北京：商务印书馆，2009．

杨蓉蓉．也谈字典、词典、语典分立//汉语语汇学研究（二）．北京：商务印书馆，2011．

（安志伟，巫建英：山西省社会科学院语言研究所，太原　030006）

《现代汉语词典》释义三题

曹　嫄

新中国的辞书事业发展迅速，语文辞书也不例外，陆续编修了《新华字典》《现代汉语词典》《汉语大词典》《汉语大字典》等一大批反映新中国语文辞书最高水平的字典、词典。其中，《现代汉语词典》是学术水平最高、发行量最大、使用者最多的一部词典，是一部以推广普通话、促进现代汉语规范化为宗旨的中型语文辞书，自出版以来一直受到使用者的青睐，成为广大使用者学习、工作中不可或缺的“好助手”。

然而金无足赤，《现代汉语词典》在词语释义方面也存在一些问题或不足。下面以《现代汉语词典》（第五版）为例，谈谈我们对其中“知书达理”“资源”“位”释义的看法。不妥之处，请大家指正。

一　知书达理

《现代汉语词典》：【知书达理】有知识，懂礼貌。指人有文化教养。也说知书识礼。（第1746页）

《现代汉语词典》这个释义，至少存在两个方面的问题。第一，把“知书达理”和“知书识礼”作为同义词来处理不妥，实际上，从古今文献中这两个词的实际用例看，两词的意义并非等同。第二，把“知书达理”的“理”解释为“礼貌”，不准确，这里的“理”应当是“事理、道理”的意思。而“知书识礼”的“礼”，才是“礼貌”的意思。

从文献调查的结果看，和“知书达理”“知书识礼”关系较近的还有两个词：“知书识理”和“知书达礼”。就意义关系而言，这四个词形成两组同义词，一组是“知书达理”与“知书识理”，表示有知识、通事理的意思。另一组是“知书达礼”与“知书识礼”，表示有知识、懂礼貌的意思。《现代汉语词典》实际上是把并不同义的两个词语混同起来了。

下面看一下有关辞书对这四个词语的收录与解释情况。

《现代汉语词典》收录其中两个词，以一正条一附条处理（见上例），没有收录“知书达礼”和“知书识理”。

《现代汉语规范词典》只收录一个词，以正条出现：“【知书达理】有知识而且通达事理。”（第1674页）没有收录“知书识理”“知书达礼”“知书识礼”。

《中国成语大辞典》（新一版）收录其中两个词，都作为正条出现，但在释义时处理为互见。“【知书达礼】熟读诗书，懂得礼仪。”“【知书识礼】见‘知书达礼’。”（第1461页）没有收录“知书达理”“知书识理”。

刘洁修《汉语成语源流大辞典》收录其中两个词，以一正条一附条处理。“【知书达礼】通晓一般的文化知识，懂得人情事理。形容有教养。多指子弟或女子。……又作［知书识礼］。”（第1470页）未收录“知书达理”“知书识理”。

《辞源》（修订本）和《辞海》（1999年版）均未收录这四个词。

从上举辞书看，“知书达理”出现两次，且都作为正条出现。“知书识礼”也出现两次，但一作为正条一作为附条出现。“知书达礼”作为正条出现一次。“知书识理”没有出现。因此，在列条时，除“知书识理”外其余三个词语都可以作为辞书正条出现。

再看一下这四个词在古今文献中的使用情况。

一般认为，四个词中，“知书达礼”出现的时代最早。如《中国成语大辞典》（新一版）和《汉语成语源流大辞典》都认为元代无名氏《冯玉兰夜月泣江舟》第一折中已见。但这本杂剧收录于明代臧晋叔编的《元曲选》中，因此，说这个词元代已经出现，不保险。其他三个词，“知书达理”与“知书识礼”，明代后期文献中已经能看到，“知书识理”略晚，清代初年可见到。

我们利用《汉籍·子部》（共收古代子部文献977种）和“人民网在线搜索系统”（检索范围为2006年1月1日至2011年12月31日《人民日报》《人民日报海外版》《京华时报》《江南时报》《讽刺与幽默》《华东新闻》《华南新闻》《新闻战线》《人民论坛》《人民文摘》等10种报刊），

对这四个词进行了检索，结果如下：

	知书达理	知书识理	知书达礼	知书识礼	合计（例）
汉籍·子部	21	1	14	2	38
人民网在线搜索	61	8	30	24	123
合计（例）	82	9	44	26	161

各举一例如下：

【知书达理】

① 又喜得芳淑小姐知书达理，四德兼备，夫妻偕好，鱼水如同。（明代天然痴叟《石点头》第九回）

② 母亲知书达理，含辛茹苦拉扯兄妹三人。（人民网在线搜索）

按：例句中的“理”，指事理、情理。

【知书识理】

① 你是个知书识理之人，岂不闻覆水难收之事。你当初既要守节，为甚么不死，却到别人家去守起节来？（清代李渔《连城璧》卷五）

② 多么精灵聪颖，多么通情达理。“文明猴子！”“知书识理！”我们“口不择言”，不停地夸赞着。（人民网在线搜索）

按：例句中的“理”，指事理、情理。

【知书达礼】

① 原来许晏、许普，自从蒙哥哥教诲，知书达礼，全以孝弟为重。（明代冯梦龙《醒世恒言》第二卷）

② 知书达礼，待人以礼，应当是当代学生的一个基本素养。（人民网在线搜索）

按：例句中的“礼”，指礼貌、礼仪。

【知书识礼】

① 后房歌姬舞妓，非知书识礼者不用。（明代冯梦龙《警世通言》第十卷）

②（老师）说：“看在你那知书识礼的父亲的面子上，我今天不打你手板了。”（人民网在线搜索）

按：例句中的“礼”，指礼貌、礼仪。

综上，我们认为，《现代汉语词典》在【知书达理】词条的处理上不够准确。从意义和词语出现频率看，修订时可作如下处理：列全词形，分成两组，列为两个正文词条。即：

【知书达理】有知识，通事理。也说知书识理。

【知书达礼】有知识，懂礼貌。也说知书识礼。

其实，把“理”解释成“事理”，《现代汉语词典》有内证，如“【知情达理】通人情，懂事理。”（第1746页）

补记：

《现代汉语词典（第六版）》（第1668页）已将“知书达理”和“知书达礼”分列为两个正文词条。分别释为：“知书达理：有知识，通事理。也说知书识理。”“知书达礼：有知识，懂礼貌。也说知书识礼。”和本文观点完全一致。

二　资源

《现代汉语词典》：【资源】名生产资料或生活资料的天然来源：地下～｜水力～｜旅游～。（第1801页）

一部优秀的词典，不仅要做到释义精准，还要能随时代发展而不断修正释义，做到释义“与时俱进”。

“资源”是当下使用频率较高的一个词。《现代汉语词典》对这个词的解释是“生产资料或生活资料的天然来源。”所谓“天然”，指自然存在的、自然产生的，和它相区别或对应的是“人工”。如果按照《现代汉语词典》的解释，“资源”只能指自然存在或自然产生的事物，超出这个范围的都不能视为“资源”。然而，从现代社会对“资源”的认识而言，这种解释显然是不够准确的。

《现代汉语词典》释义之所以不准确，究其原因，正在于未能“与时俱进”。我们都知道，“资源”的发展历史或人们对“资源”的认识历史是有阶段性的。在农业和手工业时代时，“资源”主要指材料资源，此时的资源基本上都是自然存在或自然产生的；到了工业时代，“资源”主要指材料资源和能量资源，此时的资源主体仍是自然存在或自然产生的，但已有了“人为”的成分在内，如“电力”等资源；进入信息时代后，“资源”的构成除了材料、能量外，出现了一种新的成分，即信息。当下，信息、材料、能源已被公认为创造社会财富不可或缺的三大宝贵资源。这里的“信息”，显然不是自然存在或自然产生的。在“信息”之外，现代社会还有一些重要的资源，如“技术”“教育”“经济”等，这些也都不能用自然存在或自然产生的来涵盖。

当代语言事实也正是如此。我们用“人民网在线搜索系统”随机检索了2011年3月12日至15日和3月21日至23日《人民日报》第1版至第4版全文，筛除“国土资源部”等部门名称外，共得70个用例，其中“资源”指非自然存在或自然产生的有23例，占用例总数的32.86%。如：“教育、医疗等资源”（15日第2版）、“公共教育资源”（15日第4版）、“高等教育资源”（22日第1版）、“革命文化、历史文化、民族文化和绿色文化资源”（12日第1版）、“智力资源”（22日第2版）、“科技资源”（22日第1版）、“干部资源”（21日第4版）、“双语教学资源”（21日第2版）、“快递资源”（21日第2版）等等。

我们注意到《辞海》“资源”条设立了两个义项：“1. 资财的来源。一般指天然的财源。2. 一国或一定地区内拥有的物力、财力、人力等物质要素的总称。分为自然资源和社会资源两大类。前者如阳光、空气、水、土地、森林、草原、动物、矿藏等；后者包括人力资源、信息资源以及劳动创造的物质财富。”（第4082页）义项1是一种传统的资源观，义项2是现代资源观。严格地说，《辞海》将“资源”分列为两个义项也是不妥的，义项2实际上就包含了义项1。义项2换一种方式表达就是“生产资料或生活资料的来源”。

为了证实我们的说法，我们采用文献法随机调查了其他几个语种语言中对“资源”的解释。*Larousse*（法语）：“Ressources：Moyens matériels，produits dont un pays，une région peuvent disposer dans tel domaine.”*Longman dictionary of contemporary English*（英语）：“Resource：Any of the possessins or qualitie of a person，an organization，or esp. a county.”《広辞苑》（日语）：“資源：生産活動のもとになる物質・水力・労働力などの総称。”上述三部词典都没有把“资源”局限于“天然”的范围之内。

基于上述分析，我们认为，《现代汉语词典》“资源”条释义可作如下修订：

【资源】名生产资料或生活资料的来源。

三 位

《现代汉语词典》：【位】⑤ 量用于人（含敬意）：诸～｜各～｜家里来了几～客人。（第1423页）

“含敬意”三字，是词典编写者对“位”用于“人”时的语用感情色彩所做的一个说明。也就是说，《现代汉语词典》认为，当用“位”称量人时，语用上一定是含有敬意的。然而，这一标注是否准确？量词“位”除了表敬意之外，就真的没有其他语用色彩了么？还有没有不含敬意的用法？回答这个问题之前，我们不妨先看下面的一些例子。

（1）“文化大革命”中，有一位农民出身当了造反派的头头的干部，带头打碎了很多神像，其中包括一些女神的像。（汪曾祺《水母》）

（2）那位……怎么称呼好呢？姑且称为商人吧，本是一位眠花宿柳的恶少，他对金绮纹毫无感情，竟至于在一九四八年背着她卖掉了房产，卷款而逃。（刘心武《班主任》）

（3）有位暴发户的少爷，这些日子正拿钱砍舍妹。我们是卖艺不卖身的！（邓友梅《那五》）

上面几位作者都是当代的著名作家。例（1）“位”称量造反派头头，例（2）“位”称量眠花宿柳的恶少，例（3）“位”称量暴发户少爷。谁都不难看出这些对象是不会令作者或作品主人公产生“敬意”的，因此这些量词“位”不可能含有敬意。

再看看现代著名文学家笔下的“位”。曹禺《北京人》中出现多例“位”，其称量对象也有无法和“敬意”沾上边的。如：

（4）真是没见过我们这位江姑老爷，屎坑的石头，又臭又硬！

（5）曾思懿（对愫又似谦和又似示威地阴笑）：你看我们这位少奶奶简直是一点规矩也不懂。

（6）张顺（指手画脚）：我侍候不了这位姑老爷，一天百事不做，专找着我们当下人的祖宗八代地乱“卷”。

钱钟书作品中对其讥讽对象也经常使用“位”。如：

（7）然而有几位文字语言专家，到看文学作品时，往往不免乌烟瘴气眼前一片灰色。有一位语言学家云：“文学批评全是些废话，只有一个个字的形义音韵，才有确实性。”（《释文盲》）

（8）相传爱尔兰人的不动产是奶和屁股；这位是个萧伯纳式既高且瘦的男人，那两项财产的分量又得打折扣。（《围城》）

（9）又是一位宝贝！跟那诗人做朋友的，没有好货。（同上）

再如，我们都知道相声使用的都是实际生活中的语言，因此相声语言也最能反映真实的语言状况。

（10）甲：这会场可就乱喽！趁这乱劲儿，三十六计走为上计，哥们儿我撤了！乙：溜啦？甲：回家听半导体去啦！乙：这位没心没肺！（姜昆、梁左《家庭怪事》）

对这么一个“没心没肺”不关心集体和个人的人，“敬意”二字显然无从谈起。

从上面举的10个例子看，“位”字称量人时，在含敬意之义外，确实还有一种并不含敬意的用法。仔细体会上面的用例，我们发现，这些不含敬意的量词“位”，从语用色彩上看，还带有讽刺或轻微批评的意味；从语体上说，大都出现在对话中，有一定的口语色彩。因此，《现代汉语词典》说量词“位”只能用于表示敬意的对象是不准确的，没有包含量词“位”的所有用法。

其实，语言学家中也有并不认为量词“位”只能用于表示敬意的对象的，如老一辈的著名语言学家殷焕先就是其中的一位。他在其主编的《现代汉语常用量词词典》中说：“位，用于人和事物。1. 用于具有一定身份的人，含敬意。（例略）2. 用于贬义色彩的人：一位先生，两位太太，南腔北调的生了不知有多少小孩。（老舍《骆驼祥子》）”《现代汉语常用量词词典》的编者既注意到量词“位”的主要用法“表敬意”，也注意到了量词“位”的表讽刺或轻微批评的用法。从语言实际生活看，这一说法是全面的和合乎语言实际的。

《现代汉语词典》的这一说法影响很大，以专“咬”语言文字差错为特色的著名刊物《咬文嚼字》就深受其影响。2010年第1期《咬文嚼字》刊出了年度总结性文章《2009年十大语文差错》，就对某些文章在使用量词“位”时存在“错敬”“自称”和“滥用”等错误的现象提出了批评，认为“作为量词，‘位’是含有敬重意味的，不应用于‘罪犯’等不应受到敬重的人，也不应用于自称。”其实，对这个问题，《咬文嚼字》这一次真的是“咬”错了。

参考文献

中国社会科学院语言研究所词典编辑室．现代汉语词典（第5版）．北京：商务印书馆，2005.

李行健．现代汉语规范词典．北京：外语教学与研究出版社，2004.

中国成语大辞典（新一版）．上海：上海辞书出版社，2007.

刘洁修．汉语成语源流大辞典．北京：开明出版社，2009.

辞源（修订本）．北京：商务印书馆，1998.

辞海（1999年）．上海：上海辞书出版社，2000.

殷焕先．现代汉语常用量词词典．济南：山东大学出版社，1991.

（曹嫄：清华大学人文学院，北京　100084）

从《国语辞典》到《现代汉语词典》

晁继周

20世纪在我国辞书发展的历史上，是一个很不平凡的世纪。20世纪是我国现代辞书编纂开始并取得巨大成绩的世纪，也是汉语规范型辞书从产生到发展、成熟的世纪。规范型辞书是为推广标准语服务的辞书。汉语的标准语，1949年前叫国语，1949年后叫普通话（台湾地区仍叫“国语”）。为推广标准语服务的辞书，字典有1949年前的《国音字典》和《国音常用字汇》，1949年后的《新华字典》；词典有1949年前的《国语辞典》和1949年后的《现代汉语词典》。

《现代汉语词典》的原创性是毋庸置疑的。但同样，《现代汉语词典》的编写在很多方面借鉴了《国语辞典》，也是毋庸讳言的。《现代汉语词典》与《国语辞典》，是青出于蓝而胜于蓝的关系。

汉语方言的分歧，最明显的表现在语音方面。辛亥革命以后，语言学界做了大量统一读音的工作，为此编写了《国音字典》和《国音常用字汇》。但同时，语言学家也认识到正音字典的局限性，筹划编纂一部词典以更好地为推广国语服务。1920年，国语统一筹备委员会组建国语辞典编纂处，开始做收集材料的工作。1928年国语辞典编纂处改名为中国大辞典编纂处，计划编写一部“规模务求大，材料务求多，时间不怕长，理想尽高远，完全学术化”的大辞典。到1930年搜集和整理资料的工作已告一段落。由于《中国大辞典》规模大，卷数多，加之战乱不断，一时难以成书，因此决定利用收集到的资料，加以编辑整理，先出版一部词典以应社会急需，定名为《国语辞典》。下面我们从注音、收词、释义、体例几个方面了解一下这部词典。

注音：《国语辞典》延续《国音常用字汇》的原则，以北京语音为标准音。凡是现实中使用着的词语，注音以语言事实为准；只见于经史子集的生僻字，参照唐宋以来的韵书，遵循古今音变的规律斟酌定音。注音采用“注音字母”和“国音字母第二式”两套符号，并标明轻声和儿化，以利于共同语的学习和推广。它不仅给作为字头的单字注音，也为每一个作为条目的复词和短语注音。注音时一词之内连写，词与词之间分开，打破了以前人们以字为本位的认识，确立了词本位的思想，为词的界定作了有意义的探索。

收词：《国语辞典》把词作为收录单位，收词以国语词汇为主，共计十万余条。特别应该指出的是，历朝历代辞书都置若罔闻的口语词汇堂堂正正地进入词典，这在我国辞书历史上是第一次。为满足查考需要，国语词汇之外，还收录了一定数量的古语词和方言语词。

释义：《国语辞典》的释义比以前的辞书有很大进步。一是尽量避免互注，“如甲词既注‘即乙’或‘犹乙’，则乙词必有相当之注释”。二是对部分词注明词性或词性变化。另外，《国语辞典》开始重视例句的作用，根据需要，有的引书证，有的自编例句。有例句的配合，更便于读者对字词意义和用法的理解。

体例：《国语辞典》在体例上有很多创新。以下只举重要的几点：

（1）体例上最重要的创新，就是改传统的部首排列为音序排列。我国的字书、辞书，从《说文解字》起，差不多两千年，是按部首排列的。《国语辞典》开了汉语辞书音序排列的先河。单字条目按音序排列，多字条目也按音序排列。音序排列现在已是我国辞书最通常的编排方式，《国语辞典》首创之功不可埋没。

（2）通过注音的连写和分写，确立词本位。字词分立，对于汉语的学习、研究和使用有着重要的意义。几千年来，直到《马氏文通》以前，我国学术界大抵是只知有字，不知有词。而在辞书上通过一定的体例把字和词分开的，是《国语辞典》。

（3）把异体字与相应的正体字排在一起。汉字在数千年的发展中，产生了许多异体字。《国语辞典》把异体字加上括号附在正体字后面，既节省篇幅，又便于理解和使用。值得注意的是，《国语辞典》附在括号里的异体字，有许多当时民间流行的简体字，其中有相当一些后来成为国家正式承认的简化字。

（4）注音中标注轻声和儿化。国语以北京语音为标准音，就必须在注音中处理好轻声和儿化问题。《国语辞典》根据北京话的实际读音，创制了词语注音中标识轻声和儿化的方法。特别是认识到有些词语可以读轻声也可以不读轻声，可以读儿化也可以不读儿化的实际情况，制定了合理的解决办法，这在今天看来仍具有很重要的现实意义。

我们用后来者的眼光，按规范型词典的要求来考察这部词典，应该肯定它为推广标准语所做的尝试和努力，但同时也会发现它有很多不尽如人意的地方。

从收词上看，古汉语词语、早期白话词语、北京方言词语和规范的书面及口语词汇不加区分地混杂相列，模糊了现代汉语规范词汇的界限。在这一点上它更接近于历时性词典而非共时性词典，更像是查考型词典而非规范型词典。

从释义上看，注文多用浅近文言，过于简约，举例又不够，这给读者正确领悟释义造成一定困难。比如，词典收录“皮傅”一词，注释为“以肤词相傅会”，而“肤词”并没有收条详解，普通读者也就很难明了“皮傅”一词的含义。另外，它的释义为追求简约，常常采用同义词注释，这就容易造成《凡例》中提出要避免的互训。如“比喻”注为“犹言譬喻”，在“譬喻”一条又注为“比喻”。又如，“甚，极”，“极，最甚”，到头来“甚”和“极”还是没有得到解释。还有像“大，小之对”，“小，大之对”实际上也是一种互训。《国语辞典》的编纂思想很明确，“惟其主旨在正音”，释义的要求只是“简而不漏，浅而不陋”，既然是这样，释义中存在一些问题也就难以苛求了。

从这些问题可以看出，《国语辞典》对收词、释义的规范性还未考虑充分，作为规范型词典还远未成熟。但是，《国语辞典》在当时是一部较为大型的辞书，已经努力从字形、字音、收词、释义等多方面规范语言，这就使它的影响远远超过只以正音为目的的《国音字典》和《国音常用字汇》，成为规范型词典初创阶段的代表。

新中国成立以后，语文规范问题受到政府的高度重视，建国后第十天就成立了中国文字改革协会（即后来的文字改革委员会，亦即现在的国家语言文字工作委员会），主管文字改革和语文规范化工作。政府的重视，为共同语的推广和规范型辞书的编纂提供了重要的保证。随着国家经济建设的发展和科学文化的普及，对规范型辞书的需求也越来越迫切。在这种形势下，《新华字典》于1950年8月由新华辞书社开始编纂，1953年由人民教育出版社出版，成为建国后第一部为普及教育和汉语规范化服务的字典。1955年10月，全国文字改革会议和现代汉语规范问题学术会议相继在北京召开，第一次把现代汉语标准语定名为普通话。1956年国务院下达了关于推广普通话的指示，明确规定普通话"以北京语音为标准音，以北方话为基础方言，以典范的现代白话文著作为语法规范"，从而严格规定了汉民族共同语在语音、词汇、语法三个方面的标准，使之比以前使用了半个世纪的"国语"概念更清楚，标准更明确。国务院在关于推广普通话的指示中，责成中国科学院语言研究所（即现在的中国社会科学院语言研究所）编写一部以确定词汇规范为目的的现代汉语词典，为推广普通话和促进汉语规范化服务。为编写《现代汉语词典》，语言所组建了词典编辑室，词典编辑室的一部分人员就来自原《国语辞典》的编纂单位——中国大辞典编纂处。

《现代汉语词典》继承和发扬了《国语辞典》的优点，在继承的基础上有很多创新；同时克服了《国语辞典》存在的缺点，弥补了它的不足。

收词上，汉语规范型词典要全面反映现代汉语的词汇面貌。一方面，它要把现代汉语的常用词汇收进词典，不要有遗漏；另一方面，要分清现代汉语词与古代汉语词的界限，普通话词与方言词的界限，不要使文言词（及早期白话词）、方言词与现代汉语普通话词混杂相列。《现代汉语词典》是按照这个要求去做的，而《国语辞典》则有很大的距离。我们以"好"字下面所收的条目为例，把两部词典作个对比。

《国语辞典》收而《现汉》没有收的有下面一些词条：

［好鸟］美丽之鸟，如"好鸟鸣高枝"，见曹植诗。

［好官］犹美缺，"好官亦不过多得钱耳"，见宋书。

［好合］谓和好，如"妻子好合"，见诗经。

［好逑］谓佳偶，本于诗经"君子好逑"语。

［好不当儿的］犹好不应儿的。

［好不应儿的］犹云没来由、无缘无故等，如言"好不应儿的生甚么气!"

［好劲］惊奇之词，如"这天气，好劲，快把耳朵冻掉了"。

这7条词中，前4条是文言词，从所引书证可以看出。后3条是北京方言词（属土语），从所举例句可以看出。这些词由于不是普通话词语，又不是常见的文言词语和方言词语，《现汉》没有收录。

《现汉》收而《国语辞典》没有收的词语有22条，它们是：好多、好感、好话、好家伙、好景、好看、好脸、好评、好气儿、好人、好日子、好声好气、好说歹说、好说话儿、好似、好听、好玩儿、好笑、好性儿、好样儿的、好意思、好自为之。这22个词语都是普通话常用词语，现代汉语词典是应当收的。这些词语在《国语辞典》时代已经存在，这么大数量地漏收，说明《国语辞典》在收词上是不符合汉语规范型词典的要求的。《现代汉语词典》对普通话词语做了比较全面的收录。为查考需要，除普通话词语外，还收录少量常见的文言词语、早期白话词语和方言词语。在收词比例上，普通话词语占绝对优势。收入词典的文言词语、早期白话词语和方言词语都加上标志或文字说明，使读者很容易把它们同普通话词语区别开。

《国语辞典》用浅近文言释义，释文中“谓、貌、犹、之、者”等带有文言色彩的词随处可见。这种文白夹杂的注释，一是难懂，二是很难做到准确。《现代汉语词典》是第一部成功地用白话解释词语的词典。它用准确、精练的普通话书面语解释词语，而且尽量多地采用定义说明式的释义方式。为了解决同义词作注可能出现的互训、递训或释义不准确的问题，吕叔湘先生在《〈现代汉语词典〉编写细则》中作了许多细致的规定。主要有：（A）如用甲词注乙词，甲词本身须有较详细的解释，以免流于互训。（B）可以用常用的词注不常用的词，不可倒过来。（C）最好同时有定义式解释，或在同义词后加限制性说明，以示两词有别。（D）用甲词注乙词，须用甲词的基本意义，不可用它的特殊意义。这些规定也是针对《国语辞典》释义中的问题总结出来的。《现汉》由于在编写中注意到这些方面，与它以前的同类词典相比，一是在很大程度上避免了同义词互训，二是较好地解决了同义词作注时词义含混不准的问题。

20世纪的前半个世纪，推广国语做得最多也最有成效的方面是统一读音。在推广以北京语音为标准的国音方面，《国语辞典》也做出了重要贡献。在《国语辞典》之前，《国音常用字汇》也是推广北京语音为标准的国音的，但由于是字典性质，作用受到很大局限。《国语辞典》着眼于词，除为单字注音外，凡立为条目的词或短语都标注读音，轻声、儿化都按北京话的实际读音注出，这在以前的词典中是没有过的。但是，在推广标准音方面，《国语辞典》同样也受到历史条件的限制，许多语音问题解决得不完善，如异读词问题，轻声和儿化问题，古今字音演变问题等等。全面解决现代汉语语音问题的是《现代汉语词典》。以北京语音为标准是就北京音系而言，许多具体问题的解决还要经过深入的学术研究和对实际读音情况的调查。差不多在《现汉》编写的同时，中国科学院语言研究所成立普通话审音委员会，对异读词读音进行审订。审订读音的原则中最重要的一条就是：一个字的读音在北京话里非常通行而不合北京语音的一般发展规律的，这个音还是可以采用，但是同时也要考虑到这个音在北方方言里应用得是否广泛。例如在北京话里，“危”念 wēi，“期”念 qī，“帆”念 fān，这些音不合一般发展规律，但是采用了，因为在北京话里非常通行，北方方言也大致通行。而在《国语辞典》里，这几个音还是读作 wéi、qí、fán 的。如果一个字的读音只在北京话里通行（甚至只在北京的部分地区或部分人群中使用），既不合语音的一般发展规律，也不在广大北方方言地区通行，这个音就不应该采用。《国语辞典》在这方面又过于迁就北京话，如连词“和”不读 hé，而读 hàn。《现代汉语词典》在异读词注音上认真贯彻《普通话异读词审音表》的规定，并采取研究的态度，该从传统则从传统，如“载一车土”的“载”读 zài 不读 zǎi；该从习惯则从习惯，如“倒戈”的“倒”读 dǎo 不读 dào。《国语辞典》处理文白异读时多偏于传统，而对人民群众的实际语言重视不够。比如“百般、百姓、百褶裙、百叶箱、百发百中、百依百顺、百闻不如一见”等词语中的“百”，《国语辞典》注音为 bó，完全脱离了语言实际。对轻声和儿化的处理，《国语辞典》不加分析，全从北京话，使得轻声词、儿化词过多，不利于国语的普及。《现汉》对轻声和儿化现象经过调查研究后做出选择，把轻声词和儿化词限定在一定范围；并采取一定的灵活性做法，把一些词处理为可读轻声也可不读轻声，可读儿化也可不读儿化。《现汉》的做法减少了学习普通话的难度，有利于普通话的推广。

《现代汉语词典》继承了《国语辞典》成功的体例，并有所发展。比如对同形同音词的处理，对离合词的处理，都是汉语词汇学研究成果的体现。

以上我们讨论了《现代汉语词典》对《国语辞典》的继承、发展、提高的关系。在本文结束的时候，我们要告诉读者的是，我国台湾地区自 1945 年 8 月光复以后，民众学习“国语”的热情不断高涨，在推广“国语”的运动中，《国语辞典》发挥了重要的作用。1982 年，台湾商务印书馆推出《重编国语辞典》，为台湾地区进一步推行“国语”做出了积极贡献。

（晁继周：中国社会科学院语言研究所，北京 100732）

语义分析与语典释义

李淑珍

一　解题

“语义是语言的核心内容，是语言交际的动因和交际双方关注的焦点。正确地理解语义是人们成功进行话语和文本交际的必要前提。”（章宜华2009）语义分析，即对语言中各种语言成分的意义进行分析，这不仅有助于人们更好地理解语言，还能帮助人们正确地运用语言。语义分析可以在语言单位的各个层面展开。李福印《语义学概论》认为，“词素、词、短语、句子、语篇是意义载体的五个层面”，目前语义学的研究“基本上都集中在词和句子层面”。丁金国（1985）认为“语义分析所观察的语义关系，有词级的、句级的和超句级的”。

“语典”是温端政先生在“语词分立”主张的基础上提出的一个新概念。他认为：“迄今为止，汉语语文工具书有字典、词典之别，而无‘语典’一说。语典不管大中小型，一概归入词典……这显然是名不副实。”“语典和词典收录对象不同，根据语词分立的主张，应当把‘语典’从‘词典’中分立出来……将收集语汇（成语、谚语、歇后语、惯用语）加以解释供人检查参考的工具书称为‘语典’。”（温端政2007）对于这种观点，学界有学者表示赞同，如韩敬体（2009）认为：辞书中字典、词典、语典鼎足分立，是有意义的，有学术价值的，对提高辞书编纂的科学性是好事。也有一些学者对“语词分立”的主张以及汉语语汇学能否成为一门独立的学问还存在一些看法，如刘静静（2011）认为：温先生强调重视对“语”的研究有其积极意义，但是将“语”“词”绝对分立，未为妥当；把“语”独立出“词汇学”研究的范围而自立门户，建立一门与“词汇学”完全平行的新学科的做法还有待商榷。我们认为，就辞书编纂来说，着眼于两类辞书所收录的不同对象，将“语典”从传统意义上的“词典”中分离出来，还是有很多合理的地方的：让词典和语典各自承担不同的任务，词典收词，语典收语，不仅可以扩大各自的收录范围，在编排体例、编纂方法、释义模式等方面也可以拓宽视角，更方便辞书使用者查找相关的信息。从图书市场上数量越来越多、种类越来越丰富的语类辞书来看，语典的兴起正指日可待。

英国语义学家里奇说，从词典的日常使用者的角度考虑，词典的最重要部分莫过于词条语义部分的释义。（转引自魏向清 1993）释义是词典编纂的中心环节，也是最重要的环节。释义的好坏直接反映了辞书质量的高低。要准确释义，就必须对所释对象的语义进行仔细分析。从目前语文辞书释义情况来看，无论是单语词典还是双语词典，语义分析手段在以词为主要收录对象的词典中得到了广泛的运用，正如钱厚生（1999）所说，“对于词典编纂工作来说，语义分析就是对词语的意义作出科学的分析……语义分析的首要对象是词汇意义。语义分析的本质就是词义分析（lexical semantic analysis）”。

通过对语典释义的考察，我们发现，语义分析手段在语典的释义中同样在自觉不自觉地使用着。“正确的释义，离不开对构成语目的语素及其结构关系的分析，离不开对相关语料的考察和辨析。”（温端政 2007）“语典释义的确定和修订必须结合具体语料并以语义分析为基础展开。”（盛爱平，吴浩 2010）语义分析的方法和手段多种多样，近年来，认知语义学的兴起又为语义分析提供了新的思路和方法。如何才能系统合理地运用各种语义分析手段来为语典编纂服务，这是我们试图探讨的一个问题。下面以惯用语释义为例来简单探讨一下语义分析在语典释义中的作用及运用。

二　惯用语释义中的语义分析

词是概念性的语言单位，语是叙述性的语言单位。二者性质不同，释义方式也有区别。词表达的是一种概念，给词释义，更注重对组合成词的各个语素进行义素分析，并对语素组合后产生的结构意义进行解释，较少涉及词的文化、语用等方面的意义。而语具有叙述性，或描述某种性质、状态，或传授某种知识、经验，语所负载的信息要比词更丰富，更全面，在传承民族文化方面也比词具有更大的承载力。给语释义，多注重对整体意义的理解，更加强调语的语用、文化意义。

词汇层面的语义分析，涉及的语言单位是词。词的语义分析是多方面的：或研究某个词的语义特征；或研究某个词的意义演变轨迹；或研究某个词所属的语义场，或研究词在某些组合中的语义。这些分析对词典释义都很有帮助。语汇层面的语义分析，涉及的语言单位是语，语是由词和词组合而成的具有叙述性特征的语言单位。因此，语汇层面的语义分析较少注重各构成要素的语义，而更加注重构成要素组合后的整体意义。整体意义的获得要依靠多种修辞手段，就惯用语而言，白描、引申、夸张、隐喻、转喻等语义形成手段对惯用语的意义形成都具有很大的影响。给惯用语释义，不仅要搞清其语义是如何形成的，还要对一些外围的因素，如惯用语的来源、语用环境、文化内涵、情感倾向等有所涉及，因此给惯用语释义，要对其语义进行细致的分析。这不仅有助于理解惯用语的意思，用准确的词句来释义，对正确选择释义提示词也具有至关重要的作用。惯用语释义中的语义分析手段和分析角度多种多样，下面摘取几种较常见的类型，对惯用语释义中的语义分析进行简单的举例说明。

（一）分析惯用语的构成要素

惯用语是口语性很强的固定语汇，释义时除了少量古代的、方言的或生僻的惯用语需要解释字面义以外，一般无须再对惯用语的字词进行解释说明。尽管如此，一部分具有比喻意义的惯用语，其比喻义主要是由某个构成要素具有比喻义而产生的，要理解惯用语的意思，必须分析该构成要素的意义。如：

【放烟幕弹】比喻伪装或散布虚假消息，试图掩盖事实真相或真实目的。

要理解该惯用语的意思，必须分析其中的主要构成要素“烟幕弹”的含义。“烟幕弹”有两个义项：① 发烟弹。② 比喻掩盖真相或本意的言语或行为。（《现汉》第五版第1562页）义项①为本义，义项②为比喻义。“烟幕弹”具有概念性，指的是一种言语或行为，而“放烟幕弹”具有叙述性，是指人在实施某种行为。只有彻底分析吃透“烟幕弹”的比喻义，才能更好地理解“放烟幕弹”的含义。

【欠火候】① 比喻在某方面的造诣不够。② 比喻时机不到。

这是一个多义惯用语，其多义是由“火候”的多义而产生的。火候：① 烧火的火力和时间的长短。② 比喻修养程度的深浅。③ 比喻紧要的时机。（《现汉》第五版第620页）义项①是“火候”的本义，义项②和③是其比喻义。从释文中可以看出，“欠火候”的多义与“火候”的多义是紧密相关的，释义时，必须先分析“火候”的含义，才能更好地把握“欠火候”的语义。

（二）分析惯用语的本源意义或产生背景

有些惯用语是由某些专业领域向日常生活领域渗透而逐渐产生抽象意义的，要解释这些惯用语，必须对其本源意义进行一定的考释，本源意义对其抽象意义的产生起了至关重要的作用。如戏曲行业的惯用语“喝倒彩”“唱红脸”“唱白脸”“唱黑脸”“唱独角戏”“唱对台戏”“唱主角”等，释义时必须对这些惯用语的本源意义加以解释说明。

有些惯用语是在特定的环境或时代背景下产生的，现在使用的意义跟这些惯用语的字面意义已经没有直接关联性，释义时要认真分析，先对这些惯用语的产生背景加以说明再释义，否则读者很难理解。如“敲竹杠”，作为综合型语文知识词典，如《现汉》，可以简单释为“利用别人的弱点或借某种口实抬高价格或索取财物”。但如果作为专科性质的语典，就必须对其产生背景加以说明：传说清末鸦片贩子常把鸦片藏在用粗竹竿做成的船篙里以躲避检查，检察的官员便常敲打竹竿以示知情，就此敲诈贿赂。这样一来，读者不仅知其然，也知其所以然。类似的例子还有“卖狗皮膏药”“不许越雷池一步”“吃闭门羹”等。

（三）分析惯用语的语用含义

有人认为词典学属于应用语言学的一个分支，如果语典学能够成立的话，更应该成为应用语言学的分支学科。有很多惯用语涉及语用含义，释义时也要仔细分析。

1. 有些惯用语在实际语用中常常作让步复句的前一部分，后面通常会有相关的话题出现。如：

“说是说，笑是笑”，释义时不能仅注意其字面意义，而忽略了在实际语用中后一分句对其意义的隐性补充。可以释为“指玩笑只是玩笑，不可当真”（参《中国惯用语大辞典》）或“指玩笑归玩笑，正经归正经。多指不能因玩笑而影响正经的事儿”（参《新华惯用语词典》）。“不可当真”和“多指不能因玩笑而影响正经的事儿”，就是在字面意义的基础上对这条惯用语的实际含义进行的补充，这才是这条惯用语真正要表达的意思。与其同义的还有“玩是玩，笑是笑”“说归说，笑归笑”。它如“千不好，万不好”“千不是，万不是”“千不该，万不该”等都是这种情况。

再如“说一千，道一万”，如果释为“指总的说，概括地讲”，就体现不出该惯用语的“让步”意味，读者把这个解释放到真实的文本中，很难得到有效的帮助。如果释为“指无论怎么说，归根结底”（参《中国惯用语大辞典》），也仅仅解释出了其“让步”的意思，隐含的语义还没有体现出来，释为“指不管话说多少，该怎么样还是怎么样”（参《新华惯用语词典》），便揭示出了这条惯用语在实际语用中的真实含义。

2. 有些惯用语总是在某些特定的场合才使用，释义时也要充分考虑。

如“二十年后又是一条好汉”，释义时必须联系其语用场合：这是人在面临死亡（通常是在刑场上）威胁时才说的一句话，表示自己不怕死。如果仅根据其字面意义，很难给出恰当的解释。释义时要先分析为什么说“二十年”，而不是“十年”“三十年”：迷信认为人死后可以投胎转世，二十年后又长大成人。还要释出其语用含义：常用于面临死亡威胁的场合，表示自己不怕死。（参《中国惯用语大辞典》）

（四）分析惯用语中蕴含的相关社会现象或文化现象

这方面最典型的是一些源自名著或受名著影响而成的惯用语。如“假李鬼遇上真李逵”“过五关，斩六将”“唱空城计”“七郎八虎闯幽州”等，释义时必须对相关的语义形成场景进行还原叙述，才能帮助读者准确理解语义。

还有些反映中国古代社会尊卑伦理的惯用语，如“起晚了得罪公婆，起早了得罪丈夫”，在释义时，必须有相关的说明性文字，如“封建社会媳妇地位低下，出嫁以后常受制于夫家”，只有这样才能更好地帮助读者，特别是以汉语为第二语言的读者更准确地理解其含义。

（五）分析惯用语中的施受关系或描述对象

如要解释“敢说个‘不’字儿”，首先要分清它所描述的是“说”的施动者，还是“说”所作用的对象。通过对语义进行仔细的分析，可以明白地看出，该惯用语所描述的是“说”的施动者，所以释义时也应从施动者的角度出发。如果释为“指人很霸道，无人敢干预。”（参《中国惯用语大辞典》）那出发点便是“说”所作用的对象，对象可以有很多种特征，可能很霸道，也可能很凶恶，也可能很强硬，不只是“霸道”的人，别人才不敢对其说“不”。从施动者的角度出发，释为“指（谁要是）敢违背某人的意志，或敢进行反抗（就不会有好结果）”，这样才符合语意。

三　惯用语释义中语义分析的作用

（一）分析语义，辨析语类

汉语语汇家族成员有成语、谚语、惯用语、歇后语，成语以“二二相承”为形式标志，歇后语是前引后注形式，惯用语和谚语没有明显的形式标志，比较难辨别。

如“破屋怕遭连阴雨”和“屋漏偏逢连阴雨”，前者是“怕”，后者是“逢”，前者表述的是一种生活经验，后者描述的是一种生活遭遇，所以前者应归入谚语，后者应归入惯用语。

再如“买茄子还要饶老”，《中国惯用语大辞典》和《新华惯用语词典》都作为惯用语收录。但仔细分析语义，可以发现，这里“饶”语义双关，本指另外添加，转指宽容、饶恕；“老”本和“嫩”相对，指蔬菜过了最佳食用期，转指年岁大。这条惯用语的语义实指对老年人要宽容，带有知识性和指导性，归入谚语更符合语义。

有些兼有谚语和惯用语的用法。如“七箩糠，八箩米”，一个意思是，碾米时如果碾出了七箩糠皮，就一定会碾出八箩糙米来，带有经验和知识性，应划归谚语；另一个意思指人吵架时说话啰唆，不停纠缠，用“七、八”来夸张，带有描述性质，应该划归惯用语。在编写语典时一定要仔细辨别，分别收录。

（二）剖析内涵，准确释义

释义是一个归纳过程。首先必须对语料进行仔细分析，在此基础上归纳总结，准确释义，但这并不是一件十分容易的事。编者通常很容易受上下文的影响而随文释义，特别是在语料较少的情况下。

如“扛七个，打八个”，《中国惯用语大辞典》释为“形容能干，本领大”，《新华惯用语词典》释为“形容人能说会道，话语不让人”。该语出自《儿女英雄传》四十回：“这等一个‘扛七个，打八个’的何玉凤，‘你有来言我有去语’的张金凤，这么句‘嫁而后养’的话，会闹得嘴里受了窄。”因为受上下文语言环境的影响，很容易让人误解为指人嘴巴厉害，但仔细分析，动词“扛，打”无论如何也不会用于描写人的言语行为，而应该是人的动作，加上“七、八”的夸张性叙述，再联系书中人物性格，正确的释义应为“形容人能干，本领大”。释为“能说会道”是随文释义，有欠妥当。

又如“捅马蜂窝”，在《新华语典》（商务印书馆，即出）试编样条中，我们开始释为“比喻引起很大的骚动和不安”。后经仔细分析推敲，这是一个动宾结构的惯用语，表示的是一种行为，而“引起骚动和不安”，仅仅是这个行为的结果，并非这个行为本身，后改为“比喻惹祸或触动难以对付的人”，动作行为的意义便体现出来了。

再如“搬起石头砸自己的脚”，初时我们释为“比喻害人不成，结果害了自己”，后仔细琢磨，最终改为“比喻害人不成，反而害了自己”。虽一词之差，但“结果”只强调了事情的结局，“反而”则更突出了结局的出乎意料，更加贴切准确。语义分析对准确释义的重要作用可见一斑。

（三）解析语义形成途径，正确选择提示词

词典释义中经常要用到提示词，即置于释语前面用来引出释语的词。释义时要根据不同的语义形成途径或方法，选择不同的提示词。惯用语语义形成途径主要有“引申”“夸张”“比喻”等（参拙文《惯用语释义中的前置提示词》），与此相对应，最常用的提示词有“指”“形容”“比喻”等。提示词的选用，直接反映了编者对惯用语语义的分析和理解，在释义中起着至关重要的作用。只有正确分析惯用语的语义形成途径，才能选择

正确的提示词。

如“把别人的棺材抬到自己家里去哭”，有些惯用语词典用提示词“比喻”来释义，但仔细分析语义，在其字面义和实际使用义之间并没有构成比喻的条件，而是一种语义的直接引申，用“指”更加合适：“指自找麻烦，兜揽与己无关的事。”类似的有“拍马屁拍到马腿上”“一个锅里搅马勺”等。

还有“八哥嘴巴毒蛇心”，有的惯用语词典也用提示词“比喻”，但仔细分析，该惯用语是由两个偏正式组成的并列结构，中心语素为“……嘴巴……心”，与实际使用义是一致的，自身无法作比，所以释为“指人嘴上说得好听，心肠却很歹毒”比较合适。

再如“骑着脖子拉屎”，《新华惯用语词典》用“比喻”，《中国惯用语大辞典》用“形容”，到底哪个更准确？通过分析，很容易发现，这是通过夸张手法来描绘对人欺负之甚，并不存在比喻形成的条件，用“比喻”不妥，用“形容”更符合语义形成途径。

四　结语

语义分析在不同层面有不同的手段和方法。尽管现在学界对语义分析的研究越来越深入，但从目前来看，尚未有人对语汇层面的语义进行系统性分析和研究。如何对语汇层面的语义进行分析，分析的角度和方法有哪些，怎么才能让语义分析更好地为语典编纂服务，这些都是需要我们进一步探讨的问题。

参考文献

丁金国．语义分析．河北大学学报，1985（4）．

韩敬体．词语的混同、分立与辞书编纂问题//汉语语汇学研究．北京：商务印书馆，2009．

李福印．语义学概论．北京：北京大学出版社，2006．

李淑珍．惯用语释义中的前置提示词//汉语语汇学研究，北京：商务印书馆，2009．

刘静静．也谈“语词分立”．辞书研究，2011（4）．
钱厚生．语义分析与双语词典//亚洲辞书学会第一届年会论文集．广州，1999．
盛爱平，吴浩．再论语汇研究与语典编纂．辞书研究，2010（3）．
魏向清．语义分析与双语词典．辞书研究，1993（3）．
温端政．语典的兴起及其对文化传承的贡献．辞书研究，2007（6）．
温端政．语汇研究与语典编纂．语文研究，2007（4）．
温端政．新华惯用语词典．北京：商务印书馆，2007．
温端政，吴建生．中国惯用语大辞典．上海：上海辞书出版社，2011．
章宜华．语义　认知　释义．上海：上海外语教育出版社，2009．

（李淑珍：山西省社会科学院语言研究所，太原　030006）

论海峡两岸语文词典的编纂

林玉山

一　两岸语文词典编纂的分期

海峡两岸语文词典的编纂，大致可以分为三个时期。

（一）统编共用期（1885 年以前）

台湾建省前，是福建的一部分。即使不是隶属于福建的时期，也与福建有密切的关系。所以海峡两岸语文词典是统编共用的。在大陆广泛使用的《康熙字典》等，也在台湾使用着。只是外国传教士为传教的需要，编纂和出版了各自的方言字典。在大陆出版的词典有西班牙奥斯定会会士拉达（Martin de Rada）编纂的《华语韵编》（1575 年）、西班牙耶稣会士契林诺（Pedro Chirino）编纂的《闽南方言与西班牙卡斯蒂利亚语对照字典》（1602 年）、英国传教士麦都思《双语福建方言字典》（1831 年）；西班牙传教士甘治士（Georgius Candidius）在台湾新港传教时，于 1629 年编译了《新港语字汇》。

（二）各自编纂期（1885—1986）

台湾于光绪十一年（1885 年）建省，不久，从 1895 年到 1945 年为日本所统治，1945 年日本投降后，台湾回归祖国怀抱。1949 年，国民党败退台湾，与新生的中华人民共和国敌对，对大陆实行戒严，不允许台湾人民来往大陆。所以两岸语文词典进入各自编纂期。

这时期，大陆编纂的普通话语词词典有陆费逵等编《中华大字典》（中华书局 1915 年）、商务印书馆编辑出版《四角号码新词典》（1950

年)、方宾观编《白话词典》(上海商务印书馆1924年)、王云五著《王云五大辞典》(上海商务印书馆1930年初版)、中国大辞典编纂处编《国语辞典》(上海商务印书馆1937—1945年初版)、新华辞书社编《新华字典》(人民教育出版社1953年)、中国社会科学院语言研究所词典编辑室编《现代汉语词典》(商务印书馆1978年初版)、新华词典编纂组编《新华词典》(商务印书馆1980年)、陆费逵等编《辞海》(上海中华书局1936年初版)、辞海编辑委员会编《辞海》(上海辞书出版社1979年)、吴研因等编《辞渊》(上海开明书店1948年)、陆尔奎等编《辞源》(商务印书馆1915年)、方毅等编《辞源(正续编合订本)》(上海商务印书馆1939年长沙初版)、商务印书馆编辑出版《辞源(修订本,全四册)》(1979—1983年)。

这时期,台湾编纂的普通话语词词典有陆师成主编《辞汇》(台北市文化图书公司1976年)、台湾商务印书馆《辞源》(1974年)、三民书局大辞典编纂委员会编《大辞典》(台北三民书局1985年)、林尹主编《大学字典》(台北中国文化大学出版部1973年)、台北台联国风出版社《分类辞源(全2册)》(1967年)、台湾中国文化学院和中国文化研究所纂修《中文大辞典》(1968年初版)、何容等主编《重编国语辞典》(台湾商务印书馆1981年)等。

成语词典、方言词典等的编纂如陆涌泉编《四用成语典》(台北将门文物出版社1984年)、小川尚义主编《台日大辞典》(台湾总督府1931年发行)、蔡俊明编《潮语词典补编·国潮语汇》(台湾学生书局1979年)、村上嘉英编《现代闽南语辞典》(日本奈良天理大学出版社1979年)、徐金松编《中国闽南厦门音字典》(台北南天书局1980年)、薛文郎编著《简明台音字典》(高雄市庆芳书局1964年)等。

在这里重点介绍一下《中文大辞典》和《重编国语辞典》。《中文大辞典》初版于1968年8月,16开,共40册。1976年出版修订普及本,共10册。收单字49995个,词条37万条,5000余万字。每个单字下首列该字的甲骨文、金文、小篆、隶书、楷书、草书等形体,并注明出处。下引古韵书反切、罗马字注音。次释字义。该词典收词详尽,引用文献资料丰富,注重我国汉字的源流和形音义之变迁。例句注明出处及引用书目,还有历代文人学者所写的书法等,对语言、文学、史学有重要的参考价值。

但该书也有一些纰漏与瑕疵。

台湾《重编国语辞典》是台湾教育部门在大陆1947年出版的《国语辞典》的基础上改编而成的，由《国语日报》董事长何容先生担任总编辑，台湾师范大学教授王熙元先生为副总编。删并原书条目1万条，新增2万多条专科词，共收录12.3万个条目，从原书的4册扩编为6册。1979年开始编写，1981年成书。1987年，台湾教育部门又开展《重编国语辞典》修订工作。由台湾师范大学李鍌教授总其事，李殿魁教授为总编辑，曾荣汾教授为副总编辑。内容体例都作了大幅度改变，共收录词目16余万条，另附十余种附录，1994年改由电子版本面世。1996年、1997年、1998年、2007年又数次修订出版。

（三）合作编纂期（1986—2012）

1986年，台湾开始进行“政治革新”，1987年，解除了长达38年的戒严。台湾人民回大陆探亲、观光的人多了，两岸人民互相来往，日益频繁。由于几十年的隔绝，两岸的语词发生了些变化。两岸语文词典的编纂也发生了很大的变化。除了仍延续前期各自编纂词典外，还合作编纂了许多词典。

大陆编纂的词典有徐中舒主编《汉语大字典》（四川辞书出版社、湖北辞书出版社，1987—1990年）、罗竹风主编《汉语大词典》（上海辞书出版社、汉语大词典出版社1988—1994年）、中国社会科学院语言研究所词典编辑室编《现代汉语词典（补编）》（商务印书馆1989年）、冷玉龙等主编《中华字海》（中华书局、中国友谊出版公司1994年）、李行健主编《现代汉语规范词典》（语文出版社、外语教学与研究出版社2004年）、许少峰主编《近代汉语大词典》（中华书局2008年）、刘玉刚编《中华字海》（上海古籍出版社2008年）、许威汉主编《古汉语词诠》（上海交通大学出版社2011年）。

还有成语词典、方言词典等的编纂。如湖北大学语言研究室《汉语成语大词典》（河南人民出版社1985年）、上海辞书出版社《中国成语大辞典》（1987年）、刘洁修《成语源流大词典》（江苏教育出版社2003年）、李荣主编《现代汉语方言大词典》（江苏教育出版社1993—1998年）等。

台湾编纂的词典有东方出版社编辑出版《东方国语辞典》（1991年）、

五南图书出版有限公司编辑出版《形音义规范字典》、《九年一贯审定音字典》(2006年，均根据李行健主编的《现代汉语规范字典》和《学生规范词典》改编)、周何主编《国语活用辞典》(五南图书出版有限公司1987年初版，2009年第3版第17次印刷)、陈铁君主编《远流活用中文大辞典》(远流出版公司2008年)、洪宏之《学生台华双语活用辞书》(五南图书出版有限公司2009年)、苏月英等《小学生国语辞典》(五南图书出版有限公司2004年)、张天惠《现代中国用语辞汇》(台湾文津出版社有限公司2008年)。

编纂的方言词典、成语词典有：《台湾客家语常用词辞典》(2005年)、《台湾闽南语常用词辞典》(2008年)、《台湾原住民历史语言文化大辞典》(2008年)、陈修《台湾话大词典》(远流出版公司2000年)、董忠司《台湾闽南语辞典》(2001年)、胡汝亲主编《成语辞海》(三和出版社1987年)、唐枢主编《成语熟语辞海》(五南图书出版公司2000年)。

台湾还编纂出版了一些语言规范的手册，如《重订标点符号手册》(1987年)、《部首手册》(1993年)、《国字标准字体(教师手册)》(1994年)、《常用国字标准字体笔顺手册》(1996年)、《国语一字多音审定表》(1994年)、《异体字字典》(2000年)、《国语注音符号手册》(2000年)等。

此外，两岸还编纂、出版了有关两岸语词的词典。计有：邱质朴《大陆和台湾词语差别词典》(南京大学出版社1990年)、黄丽丽等《港台语词词典》(黄山书社1990年)、郭熙主编《汉语新语汇词典》(江苏教育出版社1993年)、朱广祁编著《当代港台用语辞典》(上海辞书出版社1994年)、吴开斌编《香港话词典》(花城出版社1997年)、魏励等主编《大陆及港澳台常用词对比词典》(北京工业大学出版社2000年)、李谷城编《中国大陆改革开放新词语》(香港中文大学出版社2006年)、郑定欧《香港粤语词典》(江苏教育出版社1997年)、邹嘉彦等编著《21世纪华语新词语词典》(复旦大学出版社2007年)及《全球华语新词语词典》(商务印书馆2010年)、田小琳编著《香港社区词词典》(商务印书馆2009年)、郑启五主编《台胞探亲旅游用语手册》(四川辞书出版社1992年)、姜振寰《海峡两岸科技术语对照词典》(湖北教育出版社1996年)、王翠华《普通话VS国语》(台湾五南图书出版有限公司2008年)、林新年《台湾的俗语话》(九州出版社2002年)。

二　两岸合作编纂的通用语文词典述评

除了上述个人编纂的两岸通用的语文词典外，两岸学者还集体合作编纂、出版了两岸通用的语文词典。

（一）《辞海》

1992 年，上海辞书出版社与台湾东华书局合作出版《辞海》。大陆 1989 年出版了《辞海》修订三卷本，1993 年 7 月，在台湾地区发行《辞海》繁体字版三卷本，还出版了《辞海》繁体字版十卷本。这种合作，不仅是两岸出版社之间的版权合作，也涉及词条内容的调整问题，词条内容的修改要符合海峡两岸当时的政治态势，要让双方都能接受。

（二）《两岸现代汉语常用词典》

由北京语言大学和台湾中华语文研习所组织编纂，施光亨、李行健、李鍌主编，成立北京、台北两个编辑部。北京语言大学的学者组成北京编辑部，负责撰写、修改和编审工作，台湾学者组成台北编辑部，负责审读，提出修改、补充意见。大陆简体字版 2003 年由北京语言大学出版社推出，台湾繁体字版 2006 年由台湾中华语文出版社推出。

简体字本收录两岸共同的和特有的字、词约 45000 条（其中单字条目约 8000 条，多字条目 37000 条），其中两岸共用条目 42700 条，大陆特有条目 1300 条，台湾特有条目 1000 条。多义项条目中有大陆特有义项的条目 550 条，有台湾特有义项的条目 370 条。

这是两岸学者首次共同编纂、出版两岸通用的语文词典，为编纂此类词典取得了经验，功不可没。

该词典收录的台湾特有词语数量显然偏少，且未说明词语使用的语义背景，因此还难以满足华文学习者的需要。

（三）《全球华语词典》

由中国国家语言文字工作委员会立项支持，李宇明任主编。两岸六地（大陆、台、港、澳、新加坡、马来西亚）专家学者协作编写，相继成立大陆编写组、台湾编写组、港澳编写组、新马编写组、其他地区编写组。2010 年 5 月，由北京商务印书馆推出大陆版，新加坡怡学出版社推出新加坡版。

《全球华语词典》很好地记录和保存了全球华人社区语词变异的情况，为语言学、社会学、信息技术等领域的研究提供了丰富的资料。词典除了注音、释义、例证外，还设立“使用地区”“异名词语”“知识窗”三个板块，尽量说明条目的来源和在各地使用的情况，大大有利于人们的理解和使用。

（四）《两岸常用词典》

台湾地区领导人马英九先生于 2009 年 6 月 1 日在“第六届全球华文网络教育研讨会”开幕典礼上致词时，提出两岸民间合编两岸通用的语文工具书“中华大辞典”的主张，建议将繁简体两种字词、语汇陈列比较，以利两岸互动。2009 年 7 月 12 日，在第五届两岸经贸文化论坛（湖南长沙）上，两岸签署了《第五届两岸经贸文化论坛共同建议》，提出“鼓励两岸民间合作编纂中华语文工具书”，“支持两岸学者就术语和专有名词规范化、辞典编纂进行合作”，并就两岸合编《中华大辞典》达成初步意向。2010 年，中国国家语言文字工作委员会牵头启动了两岸中华语文工具书合作编纂工作。两岸 40 多位专家学者先后在北京、台北进行了 6 轮工作会商，两岸都成立了词典编写组、信息技术组、科技名词对照组、组织协调组，积极开展编纂工作。

经过两年多的努力，2012 年 2 月 8 日，由两岸专家共同编纂的“中华语文知识库”高端网络版（域名：http：//www. zhonghuayuwen. org；台湾网址为：www. chinese-linguipedia. org），在台北和北京同步开通，均免费开放。“中华语文知识库”内容包括辞库检索、汉字艺术、在线学习及全民词汇。同时发布的还有《两岸常用词典》。《两岸常用词典》大陆版于 2012 年 8 月由高等教育出版社出版纸质本，计划在 3 至 5 年内再编纂一部中型语文工具书《中华语文大词典》，并合编收录约 100 个学科对照名词的《中华科学与技术大词典》和 2 万余条专业名词对比的《两岸科学与技术常用词典》。

大陆版《两岸常用词典》的封面设计，采用了《富春山居图》部分截图。词典共收字7000多个，收词35000多条，约250万字。以收释现代汉民族共同语的两岸通行的常用字、词和固定短语为主，酌收两岸现行字形、音读和词义不同的条目，同时适当收释一些双方各自特有而常用的词语，反映两岸语用异同，以求同存异、异中求同的方式，方便两岸交流和一般民众使用，并为学习汉语的外国人提供帮助。

（五）《中华大辞林》

这是一部真正由两岸民间合作编纂的两岸通用语文辞典。早在1994年，台湾五南图书出版有限公司董事长杨荣川先生到北京找中国社会科学院语言研究所单耀海、江蓝生、韩敬体、晁继周、孟庆海、王克仲等组成“大陆词语编纂委员会”，齐力着手撰释华文地区通用的汉字1.5万个、一般词语和大陆地区特有词语约13万条。又委聘香港城市大学郑定欧教授撰写香港特有词语约5000条。1999年大陆稿件完成后，再由《中华大辞林》编纂委员会增补台湾民众、学生常见的词语近3万条，并礼聘李鍌教授担任总主编，台湾大学叶国良教授和台北教育大学孙剑秋教授担任主编，负责台湾补充稿件的审核。2010年，又由福建省辞书编纂研究中心学者增补近5000条，主要是大陆近几年来出现的新词语、大陆台湾及其他华人地区使用的重要的特有词、国家语委颁布的现代汉语常用词表中为《中华大辞林》所漏收的常用词等。

该词典的大陆简体字版，由福建人民出版社于2012年8月出版，繁体字版由台湾五南图书出版有限公司于2012年3月出版。

《中华大辞林》收1.5万个单字，16.1万余条词语，全书750万余字。繁体字、异体字都括注于规范字后。字头左上角注明该字总笔画数，右上角注明该字部首外的笔画数，右下角注明该字所属的部首。字头注音采用汉语拼音和注音符号，多音字的不同读音在另一音项下标注，并用“另见”标明。收词方面除了收录传统词语外，也收录中国大陆、台湾、香港、澳门、新加坡、马来西亚、泰国、印尼、越南、菲律宾、柬埔寨、文莱等华人社区使用的特有词语，以及流行地域较广的大陆方言词语。《中华大辞林》是目前最大的收录海峡两岸词语的语文词典。

《中华大辞林》广泛收录两岸及华人各地区特有词语，不仅具有华人地区文化视野，更符合时代潮流，反映了华人地区的生活脉动与文化交流。字词收录较齐全，释义简洁。正体字、规范字并列，汉语拼音、注音符号并用，便于比较学习。字头的部首和笔画数标注翔实清楚。附录十项，资料丰富，检索方便。

三　两岸语文词典编纂的特点

（一）共同点

海峡两岸人民同是炎黄子孙，同根同源，海峡两岸的文化都源自中华传统文化。海峡两岸语文词典的编纂具有许多共同点。编纂的对象是汉语，例证引用的典籍都是中华传统典籍，如“四书”“五经”“唐宋八大家”“二十四史”等。编纂的内容都是字词的形音义解释。编纂字典以汉字为收列对象，编纂词典以汉字带复词为收列对象。都有凡例、正文、索引等辞书的要素。

（二）不同点

台湾自古以来就是中国的一部分。甲午战败，割让台湾给日本。二战结束，日本战败，台湾重归祖国怀抱。1949 年，国民党政权败退台湾，大陆成立中华人民共和国。两岸隔绝，两岸的语文应用有了不同的发展。两岸对语文各自进行了规范和整理，使得两岸的语文生活出现了一定的差异，两岸语文词典的编纂也有了不同。

1. 字形不同：两岸字形不同，主要是繁简体的不同。台湾采用的是传统的字形，沿用“正体字”的名称；大陆根据“约定俗成，稳步前进”的方针推行简化字。本来正体字是与异体字相对的，繁体字是与简体字相对的；但从应用层面看，台湾的正体字与大陆的繁体字大体相当。尊重两岸汉字学术语的使用习惯，把台湾使用的标准字称作“正体字”，把大陆使用的汉字称作“规范字”（包括简化字和未简化字，不包括已简化的繁体字）。除了繁简体不同外，有些字形也不同，如草字头，台湾为 4 画，大陆为 3 画；走之底，台湾为 4 画，大陆为 3 画。

2. 注音不同：两岸对汉字、词语的注音，采用了不同的符号系统。大陆用汉语拼音方案，台湾用注音符号。声调的标注也不同，大陆阴平用

“-”，台湾不标注，大陆轻声不标注，台湾用“●”标在注音字母的右边。

3. 排列方式不同：大陆字、词典大多用音序排列，少数用部首排列；台湾字、词典大多用部首排列，少数用音序排列。用音序排列，大陆用汉语拼音方案的拉丁字母顺序排列，台湾用注音符号的顺序排列。用部首排列，大陆大多用改进后的部首（《辞海》用250个部首，《汉语大词典》用200个部首）排列，台湾一般以《康熙字典》的214个部首排列。

4. 释义不同：两岸由于观点、立场不同，对事物认识的深广度不同，因此对字、词的释义也会有所不同。试举例说明：

【哲学】

大陆《现代汉语词典》：关于世界观、价值观、方法论的学说。是在具体各门科学知识的基础上形成的，具有抽象性、反思性、普遍性的特点。哲学的根本问题是思维和存在、精神和物质的关系问题，根据对这个问题的不同回答而形成唯心主义和唯物主义哲学两大对立派别。人和世界的关系问题已成为当代哲学研究的重大问题。（第五版，商务印书馆2005年，第1720页）

台湾《国语活用辞典》：语根源于希腊语爱智之义，后来发展为探讨形而上之实在，及此种实在如何发展此宇宙的道理。东方哲学亦兼指通过实践行为，以实现道德理想人格之义。（周何主编《国语活用辞典》，台湾五南图书出版有限公司2009年，第382页）

【诉讼】

大陆《汉语大词典》：向执法机关提出控告、申诉，要求评判曲直是非。（上海辞书出版社2009年缩印本，第6553页）

台湾《中文大辞典》：法律名词。检察官或自诉人，对于刑事被告人，向法院提起诉讼、请求适用法律科以刑罚之谓。（10卷本，言部五画）

四　两岸通用语文词典编纂的理论和方法

（一）编纂理念

编纂理念包含编纂目的和编纂态度。编纂目的有三：一是为了方便两岸人民的语言交际和沟通。要促使两岸人民对彼此言语的进一步了解和认知，这就需要组织编纂大规模、全覆盖的两岸通用的语文词典。二是为了促进两岸现代汉语的研究。必须真正全面深入细致地描写和分析两岸言语的异同、融合与发展，以形成准确完整的知识体系。三是为了发扬中华传统文化。语言是文化的重要内容。一个国家、民族有一个重要的标志，这就是语言。语言的统一有利于国家的统一、民族的兴旺。编纂两岸通用的语文词典，可以取长补短，使现代汉语更加规范，成为凝聚龙的传人的巨大的精神力量。

编纂态度是合作、尊重、协商、谅解、求同、存异。海峡两岸由于政治理念不同、地域有所分隔、生活习惯有所差别，在编纂两岸通用的语文词典时，难免对收词、释义等有不同意见。如何对待所发生的歧见，那就是要抱着合作、尊重、协商、谅解、求同、存异的态度，双方经过一段时间的磨合，问题都可以完满地解决。例如《中华大辞林》，有北京作者写的，有台湾作者写的，后来又聘请我审定。其中有一些不恰当的词，如“【一二三自由日】指为纪念韩战结束后，于民国四十三年一月二十三日投奔台湾的反共义士，当时国内各地的自由钟均敲响二十三下，政府便定每年的一月二十三日为自由日”。我向台湾学者提出应删去此条，他们答应了。在福建辞书编纂研究中心学者补写常用词、新词、大陆特有词时，提出补写“毛泽东思想”“科学发展观”“三个代表”“邓小平理论”“八荣八耻”等，台湾学者不同意，经过不断协商，最后他们都同意补写了。

（二）收词原则

收词原则有五：一是要充分满足人们现实语文生活的需要，能够为两岸人民交流、阅读释疑解惑；二是既要收两岸人民共用的语词，也要收两岸人民特有的语词；三是要根据辞典规模确定收词量；四是尽量收列中性词，两岸都能接受的词；五是根据辞典的性质具体规定收词范围。

如《两岸常用词典》收录以下五类词语：① 两岸共同常用的词语。② 同中有异（即双方均使用，但意义上或用法上有部分差异）的词语。③ 同实异名的词语。④ 同名异实的词语。⑤ 属于一方特有的词语。《全球华语词典》的收词范围是：① 收录世界各华人社区内使用的华语词语约10000 条。② 华人社区主要包括中国大陆（内地）、港澳、台湾、新加坡、马来西亚、泰国、印度尼西亚等东南亚地区，此外还有日本、澳大利亚、美国、加拿大等地区。③ 主要收录20世纪80年代以来各华人社区常见的特有词语。《中华大辞林》因为定位为古今兼收的中型语文词典，所有它的收词就较为广泛：① 中古（约秦汉至唐宋）时期以后仍常见于今日的文学词语。② 宋元以后的口语词语。③ 晚清的小说词语。④ 民国初年至20世纪30年代的小说词语。⑤ 中国大陆、台湾、香港、澳门、新加坡、马来西亚、泰国、印尼、越南、菲律宾、柬埔寨、文莱等华人社区使用的特有词语。⑥ 流行地域较广的大陆方言语词。

（三）释义原则

两岸通用语文词典的释义原则是客观性、描写性、通用性、实用性、科学性、时代性。客观性是按实际情况客观地释义，不掺杂编写者个人的主观认识。描写性是对词条的内容加以描写，详细说明词条内涵，不作附加的评议。通用性是释义要适用于两岸读者的释疑解惑的需要，两岸读者都能使用。实用性是释义简明扼要，通俗易懂，密切联系实际，要根据辞书的功用和读者对象来释义，方便两岸读者使用。科学性是释义力求准确严谨，符合科学知识，主要义项完满，义项的划分恰当，义项排列有序，做到定义严密，论断正确，资料准确。时代性是及时更新释义，增加新义项。如《两岸常用词典》在定稿之后，因2011年11月，台湾高山族一个原名为曹的分支改名为邹，编写者立即对原释义进行了修改。

释义的方式可采取如下方式：① 词语对释式，即用同义词、反义词和词组对释。② 定义式，即使用逻辑上“属十种差”的方式诠释。③ 描述、说明式，即对词目所表达的事物现象、动作行为、性质状态等进行准确简明的描述或说明。

（四）例证取用

要编好两岸通用的语文词典，例证的取用也相当重要。必须注意如下几点：① 例证要能为词义和义项的建立提供可靠的根据，做到义例结合。② 例证要能辅助诠释词义，起到补充释义的作用。③ 例证要能展现词义发展演变的过程。④ 例证能提示词的使用方法与使用范围。⑤例证要准确、贴切、完整、简洁、典雅。为了保证例证的确切完备，要努力建立语料库，并善于使用语料库。

（五）排列方式

按已编的两岸通用语文词典《两岸现代汉语常用词典》大陆版（北京语言大学出版社 2003 年）、台湾版（中华语文出版社 2006 年），《两岸常用词典》大陆版（高等教育出版社 2012 年）、台湾版（云端网络版 2012 年），《中华大辞林》大陆版（福建人民出版社 2012 年）、台湾版（台湾五南图书出版有限公司 2012 年）来看，大陆版都是按汉语拼音字母音序排列，台湾版都是按《康熙字典》214 个部首排列。这给我们一个启示：两岸通用的语文词典的排列方式，应根据两岸人民各自的习惯，大陆用汉语拼音音序排列，台湾按《康熙字典》部首排列。

在条目的排列上，两岸的字形、注音并列，可以互相参照，互相学习，便于口头和书面的交流。

（六）索引制作

一般来说，音序排列的词典，都有笔画索引和部首索引。按部首排列的词典，都有音序索引和笔画索引。目前编纂的两岸通用的语文词典都是这样。如果有可能的话，还可以加一个四角号码索引。

（林玉山：福建人民出版社，福州　350001）

对外汉语语汇学习词典的收语问题

——基于《汉语水平考试大纲》收语及现代汉语常用语的研究

刘　嵚

一　引言

在国际汉语热不断升温的大背景下，通过汉语水平等级考试，全面掌握汉语语音、语汇、语法，了解中国文化并使用汉语达到交际目的，成为众多汉语作为第二语言学习者的学习目的和动力。优秀的对外汉语学习词典成为必备的学习工具，在对外汉语教学中发挥着重要的作用。《汉语水平考试大纲》（以下简称《大纲》），是对外汉语词汇教学和学习型词典编纂的重要依据。综观《大纲》和对外汉语学习词典，其中都活跃着一定数量的汉语语汇，但《大纲》和对外汉语学习词典并未对词和语进行有效的区分，而是将词汇和语汇归入一个整体的词汇观中进行设计。因此，我们对《大纲》和对外汉语学习词典的选词情况进行观照，对汉语大词汇观下的“语汇”进行研究，将其纳入《大纲》选语体系，提出更高的理论设想，从而对对外汉语语汇学习词典的编纂进行实践指导。

二　现代汉语语汇的性质及其在《大纲》中的收录情况

（一）现代汉语语汇的性质

现代汉语词汇系统中，有一类相当于词的固定结构，也称“熟语”“俗语”等。这些语言单位包括成语、惯用语、歇后语、谚语，这些语类从形式和意义上都与传统语言学上认定的词汇有密切的联系，但是也有很明显的区别。温端政在其《汉语语汇学教程》一书中，注意到了这种区别，认为语和词具有不同的性质和作用，并不是所谓“相当于词的固定结构”，而是“由词和词组合而成的、结构相对固定的、具有多种功能的叙述性语言单位”。

（二）现代汉语语汇在《大纲》中的收录情况

我国的对外汉语教学，根据汉语教学、语言学、心理学和教育测量学等领域的相关知识，在充分调查、了解海外汉语教学实际情况的基础上，制订了《汉语水平考试大纲》。《大纲》面向汉语学习者，特别是以汉语为第二语言的学习者，是一个具有规范性质的词表。

从内容来看，《大纲》后附有 HSK（高等）常用词汇一览表，一共收词语 8822 个，分甲、乙、丙、丁四个等级。其中，甲级词收词语 1033 个，乙级词收词语 2018 个，丙级词收词语 2202 个，丁级词收词语 3569 个。全部词语按级别和音序分别做了两种排列，每一词目逐一标注排列序号、词语、汉语拼音、词性、等级等。

从对外汉语教学实际出发，《大纲》“同时选进了一部分常用的大于词的短语、结构及成语和习用语”。

根据温端政先生对“语”的判定方式和语的分类，我们检索了《大纲》中的 8822 个词语，将固定格式（如“不是……而是……”“一方面……另一方面”“越……越……”）、某些大于词却无法归入“语”的惯用法（如“总而言之”“进一步”“由此可见”）等排除在外，其中属于“语汇”的情况如下：

1. 甲级词实际收语 0 个。

2. 乙级词实际收语 2 个，都是成语，惯用语、谚语、歇后语未收。

3. 丙级词实际收语 28 个，其中惯用语 12 个，成语 16 个，谚语、歇后语未收。

4. 丁级词实际收“语”129 个，其中惯用语 5 个，成语 124 个，谚语、歇后语未收。

从以上的数据可以看出，《大纲》对语汇中各语类的收录呈现不均衡的现象，甲级词汇中各种语类都没有收录，其中被认为是惯用语的从严格意义上来看，仅属于惯用法，如“没关系、好意思、没意思”等。惯用语从乙级到丁级基本形成抛物线状，由乙到丙基本呈上升趋势，在丙级达到波峰，之后有所下降；成语的收录情况则不同，从乙级到丁级形成持续的上升趋势；而谚语和歇后语这两个语类则完全没有收录。从《大纲》中收语的整体情况来看，从乙级到丁级的收语呈递增趋势，“语”所占比例多少是编写者着意体现词汇等级难度的一个标准。

根据以上情况，可以看出，《大纲》收语存在如下问题：

第一，《大纲》收语存在不平衡的现象。其中成语（142 个）占到所有“语”类成员总量（159 个）的 89%，惯用语（17 个）占总量的 11%，而谚语和歇后语完全没有收入。

第二，收语的标准不明确，带有某种程度的主观性和随意性。这种随意性首先表现在对语的界定模糊不清，没有指导性的理论依据，造成了语和非语成分的混淆，四字格词语或词组与成语纠缠不清，三字格词组或惯用法与惯用语纠缠不清等。其次还表现在收语标准不明确，如“出难题、出洋相”属于丙级，而“爱面子、发脾气”则属于丁级，这种分级的标准并不是十分具有科学性。最后，《大纲》对“语”只是收录，并未标注语类，模糊了不同语类的区别性特征和语用功能，造成了教学上的困难。

作为对外汉语学习词典立目标准的《大纲》，在对语汇的收录上尚存在如上所述的问题，那么在实践性更强的词典立目方面，更会受其影响产生误收、漏收、错收甚至完全忽略的情况。

三　对外汉语学习词典概况

我国对外汉语学习词典的编纂是随着中国国际影响力的不断扩大而得到相应发展的，其独立发展始于 20 世纪 70 年代，在 20 世纪末 21 世纪初初具规模。自 20 世纪 90 年代《大纲》开始推行，HSK 考试成为国家级考试以来，逐渐出现了几部影响力较大、学术性较强的对外汉语学习词典。如：《现代汉语学习词典》《现代汉语常用词用法词典》《汉语常用词用法词典》《当代汉语学习词典》《商务馆学汉语词典》等。以上辞书，其内容主要围绕词汇和语法展开，对词性、搭配、句法功能、语义联系、高频词和易错易混词进行辨析和纠错，蕴含丰富的文化信息。但是，这些词典在汉语语汇方面，或避而不谈，或将其与词汇等同，又或将其与惯用法、固定格式等混为一谈。

从对外汉语教学实际看，各种教材所选用的语言材料都存在大量的汉语语汇。以汉语水平考试为例，在各种题型中都不同程度地出现成语、惯用语等汉语语汇。且愈是到了高级阶段，学生接触到的汉语语汇数量愈多，能否准确无误地使用汉语语汇，也是衡量他们汉语是否地道的标志。那么作为汉语学习重要工具的对外汉语学习词典，理应收入并分类对各种语类的汉语语汇进行立目、释义，给出例证或说明。

四　《大纲》及对外汉语语汇学习词典中的收语标准及其常用度研究

《汉语水平考试大纲》和对外汉语语汇学习词典中对现代汉语语汇如何进行收录，对哪些条目进行收录，需要制定一个科学的标准，不仅要遵循语言实际，符合语汇学的基本原理，还应该考虑对外汉语教学的特殊要求。科学的标准，体现在如下几个方面：

第一，收语的准确性。《大纲》和教材中收录的汉语语汇首先应该是语形完整、语汇意义表达明确的语言单位。各个语类的语汇应符合该语类的形式特征，反映该语类的语义表达特点，如成语应该是四字格、音步划分为二二结构的描述语和表述语；歇后语应该是具有引注结构的描述语等。

第二，收语的系统性。语汇是一个历时、共时的连续统。汉语语汇从上古时期就存在于言语交际和文献资料中，有些语汇具有历史渊源，并依旧活跃在现代汉语中，还有一些语汇已经在语言使用的漫长历史过程中逐渐隐匿；有些语汇具有浓郁的地方特色，属于方言俗语，也有一些语汇具有全民常用性，反映现代社会生活的方方面面。《大纲》和词典中收录的汉语语汇应当区分历时和共时、全民和方言，因为它们具有各自不同的系统。现代汉语层面的全民常用语汇是《大纲》和词典应该收录的对象。

第三，收语的规范性。汉语语汇是一种结构相对固定的语言单位。“固定”是与自由词组比较而言，汉语语汇不是构成成分的临时组配，尤其是大部分成语，其中的构成成分及其位置不能随意更换；“相对固定”是与语汇中的成语和固定结构比较而言，惯用语和歇后语的变体形式较多，结构较为灵活。

第四，收语的常用性。《大纲》和词典中收录的语首先应当是具有全民常用性的语汇单位。语的常用与否应该是从语使用的频率上来界定的，与其他因素很少关涉。也就是说，语常用与否，是从人们运用语的角度按语的使用频率给语汇划分的类别，主要是依据较高的使用频率而定，不论其历史的久暂或使用是否广泛。常用性与社会上使用的普遍性是密切联系的。因此，进入《大纲》和词典的语汇单位最基本的条件就是全民常用。

以上四方面内容是《大纲》和对外汉语语汇学习词典选语时需要遵循的科学规律，其中，常用性是我们集中探讨的问题。这是因为，从教学的要求来看，《大纲》和词典都是对最基本的词汇和语汇进行收录，最基本的词汇和语汇反映了汉语的整体面貌，是语言交流中最基本的单位。确定常用性最核心的问题是词或语在语言交际中出现的频次，频次体现了语言单位复现性的高低，在相当程度上体现了词、语在语言系统中的重要程度。

综上，常用度是确定《大纲》和词典收语的重要标准，具体而言，就是要进行有定向性、定型性和定量性的频率统计，对汉语语汇常用范围和常用度进行研究，在适用性较广、较为流行和通用，并符合用词用语规范的基础上促进其科学、合理、有规律地健康发展。

（一）常用语的标准及确定

关于常用词的判断标准，符准青、周荐和刘叔新先后从理论上做了分析，他们一致认为，确定常用词应当根据词语运用的频率。此后的学者先后利用手工和计算机等手段，建立大型语料库，采用人工选择和统计、检验相结合的方法，确定汉语普通话中的常用词。当然，“常用”与“非常用”也是一个相对的概念，与它的取值范围有关，其数量的确定也没有固定的标准，应当根据研究的目的、需要等因素具体而定。

我们以现代汉语语汇中的某一特定语类，如成语、惯用语、歇后语、谚语为研究对象，在一定的语料之内对目前通行的汉语语汇进行频率上的统计，通过对比分析的方法圈定现代汉语常用语的大致范围。

（二）现代汉语常用语的选择范围

《大纲》和词典中收录汉语语汇的着眼点是现代汉语普通话中的常用语，因此，一些古代常用而在现代汉语中并不通行的语和具有浓郁方言色彩或很强地域性的语被排除在我们的选择范围之外。

由于汉语语汇大多具有较强的口语性，主要活跃在口语交际中，由于条件和时间的限制，我们尚未建立大型的口语语料库，因此我们酌从文献材料中进行书面语的收集和整理，并考察市场上供广大读者研究和使用的各语类辞书，这是因为这类辞书不仅收录并整理了大量的汉语语汇，而且还体现了语研究的理论成果，为查阅、学习、研究汉语语汇提供了较为标准和规范的模本。更为重要的是，其中的语目收录符合对《大纲》和词典收语的科学标准，即上文提出的收语的“准确性、系统性、规范性”标准，因此我们拟在辞书中统计其频次，以确定其使用频度。

（三）现代汉语语汇的常用度梯级分布

“常用”这一概念的建立并不是依据研究者的主观感受或经验判断来确定的，所以我们需要建立一个样本库，对“常用度”进行定量的统计和分析。我们根据已有的部分语类辞书，参考并以已经进行初步筛选和统计的结果为研究材料进行再统计，在已经加工、较为稳定的材料上进行深度加工。

具体的做法是：将各语类辞书中的条目全部录入计算机进行统一标准的排序，再利用软件将辞书重复项的语目进行统计和比对，计算语型完全相同的语目的出现频率，按照其频率高低进行排序，统计出重复项，再计算各频次在总计重复频次中的所占比率。

随着出现频次的递增，重复出现的条目数递减，在所有重复项总数中所占的比例递减，呈现一种梯级分布的趋势。也就是说，在现代汉语语汇中，出现频度高的常用语处在一个较为可控的封闭式的范围之内，数量有限但复现率较高，这部分语就是我们得到的可以进一步研究的常用语。

通过计算通用度对以上数据进行统计，可以划定常用度的频次，以此为基准将各个语类出现频次等于及高于常用度的语目筛选出来，并将其在数个大型动态语料库（如北大现代汉语语料库、平衡语料库、汉语俗语语料库）中进行覆盖度的校验，即考察其在大型语料库中的出现情况和分布状态，再将得出的数据和上表中频次统计的初始数据进行交叉比对，观察这些高语频的语在各种语体文献中的分布和覆盖情况。然后针对不同的需求，如对外汉语教学、本族语阶段性教学、各语体语言特色分析等，进行专项语频分析，通过人工干预选定语目。这是一项长期的工作。

“常用”与否不是一个静态不变的标准，而是随着时代的发展处在动态的发展和演变的过程当中。我们对汉语语汇常用度的界定，也应该有一个长期动态监测的模式，在较广的范围内，如报纸、期刊、大中学各科教材、通俗读物和专著等，在较多的分科内，如社会科学和自然科学两大类及每类下细化的子类，以及在较长的时段内，如经济社会发展的不同阶段中，观测和追踪“常用语”的演变情况，发现其演变规律并挖掘其价值。

因此，我们认为《大纲》收语和对外汉语学习词典中汉语语汇的立目，实际上是一个开放、变化的动态系统的不断自我更新的过程，每一阶段有各自适用的语汇进入和淡出这个系统，当然，这一系统的主体是始终活跃在人民语言生活中的稳定的汉语语汇，而《大纲》的收语和对外汉语学习词典的立目就是要结合语言实际和教学实际收录汉语语汇中最基本最活跃的语目。在已有的“汉字等级大纲”“词汇等级大纲”外，设立“语汇等级大纲”，既可以避开词和非词问题的纠缠，又有利于完善《大纲》的内容和体例，使“汉字等级大纲”“词汇等级大纲”和“语汇等级大纲”三位一体，相互照应，充分体现“语素（汉字）”“词”和“语”三级词语教学单位的关系及构成。而对外汉语语汇学习词典的收语也应该在《大纲》的基础上，以常用性为标准，对现代汉语语汇做专门的界定、收录、规范和释义。

参考文献

姜德梧．关于《汉语水平词汇与汉字等级大纲》的思考．世界汉语教学，2004（1）．

李红印．《汉语水平词汇与汉字等级大纲》收“语”分析．语言文字应用，2005（11）．

李清华．《汉语水平词汇与汉字等级大纲》的词汇量问题．语言教学与研究，1999（1）.
聂志军. 汉语常用词研究方法浅论. 河池学院学报，2007（2）.
苏新春. 对外汉语词汇大纲与两种教材词汇状况的对比研究. 语言文字应用，2006（2）.
温端政. 汉语语汇学. 北京：商务印书馆，2005.
杨世铁. 汉语常用词研究说略. 新乡学院学报（社会科学版），2010（8）.
尹春梅.《汉语水平词汇与汉字等级大纲》问题研究综述. 乌鲁木齐成人教育学院学报，2008（8）.
张相明. 我国对外汉语学习词典发展探析. 辞书研究，2010（3）.
赵金铭，张博，程娟. 关于修订《(汉语水平）词汇等级大纲》的若干意见. 世界汉语教学，2003（3）.

（刘荻：山西省社会科学院语言研究所，太原　030006）

惯用语基础理论研究概述

——以辞书、论著对惯用语的认识为例

马启红

惯用语是语汇中的一种，从产生这一术语以来，惯用语无论在定义、属性、范围，还是在与其他相关概念划分界限等问题上一直存在很多争议。从上世纪60年代开始，经七八十年代到现在，从对惯用语初步的认识到较为科学的认识，人们对惯用语的研究呈现出清晰的轨迹。本文拟以辞书、论著对惯用语的认识为主线，对惯用语基础理论研究进行梳理，同时对惯用语研究中存在的一些问题进行探索。

一 关于语汇单位“惯用语”

“名不正则言不顺”，这句话强调的是正名的重要性。对于“惯用语”这一术语，研究者竭力在众多的词汇、语汇经纬线中找寻惯用语恰当的位置，以期合理地研究惯用语。

（一）从“习用语”到“惯用语”

惯用语这个名称，最早出现在吕叔湘和朱德熙合著的《语法修辞讲话》一书里，他们把普通话里“好不热闹”、“他的北京话比我好”等不合逻辑又不好分析的说法，叫作惯用语。可以看出，这里所指的“惯用语”还不是指语汇单位。

1958年，周祖谟提出“习用语”这个名称，把它同成语分开，专指“碰钉子、拉后腿、露马脚、吃不消”这类“词汇单位”。①

① 周祖谟《汉语词汇讲话》，外语教学与研究出版社2006年。

1961 年马国凡在《谚语·歇后语·惯用语》一书中开始用“惯用语”这一术语指称“炒冷饭、碰钉子、戴高帽”这类语汇。这里的“惯用语”指称的是以“三字格”为基本形式，以动宾关系为基本语法结构的语汇单位；① 1962 年由胡裕树主编的《现代汉语》教材使用了“惯用语”这个术语，并把它同成语、歇后语、谚语、格言等并列，归在“熟语”这个总名之下。②

王勤（1982）对于惯用语的定称问题提出了自己的见解，他认为“耳边风”“挖墙脚”“八九不离十”这类语言单位，它们“不是词，又不是小于词的词素，而是由几个词通过一定结构关系构成的固定词组……要归在‘语’的行列里，而它本身突出的特点是人民群众约定俗成运用已久定型定义的。根据这个基本特征我们同意称它为‘惯用语’”。③ 此后，这个名称逐渐为多数论著所采用，只是“惯用语”这一名称之下所囊括的语目范围有些不同。到了上世纪 80 年代和 90 年代，随着研究的深入，人们把像“牛头不对马嘴”“挂羊头卖狗肉”这些非动宾结构、非三音节的定型词组也都看成是惯用语。

关于“惯用语”这一术语的提出和运用，有人提出不同的看法。沈孟璎指出，“惯用语”这个名称“也有不够周密、恰当的地方”，因为具有“惯用”特点的，“不止这类语言单位”，“从某种意义上说，语言都具有社会性，词语的意义都是约定俗成的，把‘惯用’这个名称只赋予这类语言单位，实在是把共性套在个性身上了”。④ 但同时作者也认为在没有找到更恰当的名称之前，还是“暂用‘惯用语’这个名称”。吕冀平、戴昭铭、张家骅几位也认为“名无固宜，约定俗成谓之宜，既然已经叫开，就没有必要另立新名了”。⑤

（二）“描述语”从“惯用语”中另立门户

高歌东的《汉语描述语辞典》以新名称“描述语”命名。他指出：描

① 马国凡《谚语·歇后语·惯用语》，辽宁人民出版社 1961 年。
② 胡裕树主编《现代汉语》，上海教育出版社 1981 年。
③ 王勤《论惯用语》，《语文研究》1982 年第 1 期。
④ 沈孟璎《现代汉语惯用语初探》，《文史哲》1982 年第 2 期。
⑤ 吕冀平，戴昭铭，张家骅《惯用语的划界和释义问题》，《中国语文》1987 年第 6 期。

述语是指那些专门用来对事物的性质、状态、程度进行描述的句子。如："一竿子插到底""小船跑顺风""一瓶子不满，半瓶子晃荡""你上你的天堂，我下我的地狱"等。现在，我们把这样一种具有固定格式的"短句"从俗语中分离出来，单独作为一种类型来分析，并且给它们起了这样的名字。① 他认为，描述语以多音节短句为基本结构，惯用语则以三字格动宾关系的固定词组为基本结构。因而他把具有描述性的固定短句（五音节以上的短句）从我们通常指称的"惯用语"中分离出来，另立名称为"描述语"。

二 关于惯用语性质和范围的讨论

人们对惯用语名称的确定，其实就在一定程度上对惯用语的性质和范围进行了初步的分析，此外，人们对惯用语的研究逐渐深入细化，从不同的角度对其进行定位。

（一）以固定结构和整体意义为坐标

《谚语·歇后语·惯用语》一书认为惯用语本身是一种意义整体化、结构定型的词组。比如，我们管重复别人已经做过的事叫"炒冷饭"，从结构上看是"炒"和"冷饭"的组合；从意义上看，"炒冷饭"的整体意义不同于"炒"和"冷饭"的个体意义。②

胡裕树主编的《现代汉语》的第三章第五节"词汇的构成部分"中熟语部分论及惯用语，认为惯用语是一般人所熟悉和经常使用的固定词组，常常作为完整的意义单位来运用。如"碰钉子""打游击""咬耳朵""一场空"等等。

《惯用语》一书中指出：惯用语是一种定型词组，它从意义到结构都是完整的、统一的；意义是虚指的，虚指意义产生的基本途径是比喻等，惯用语的核心部分是"三音节的动宾关系固定词组"。③

---

① 高歌东，高鹏《汉语描述语辞典》前言，天津教育出版社 2006 年。

② 马国凡《谚语·歇后语·惯用语》，辽宁人民出版社 1961 年。

③ 马国凡，高歌东《惯用语》，内蒙古人民出版社 1982 年。

吕冀平、戴昭铭、张家骅的《惯用语的划界和释义问题》，认为惯用语构成成员相对稳定，结构形式相对固定；词组的整体意义不是每个词的字面意义的相加。关于惯用语的范围，作者不强调惯用语以“三个音节的动宾结构的固定词组”为主，把“吹牛、拍马、伸手、放羊、买账、装蒜”等意义上“由比喻转成一个整体意义”的二字格，和超过五个字的“大鱼吃小鱼、一块石头落了地、求爷爷告奶奶”等“整体意义不是每个词的字面意义的相加”的语言单位都归入惯用语。

可以看出，人们首先对惯用语“结构的定型性与意义的整体化”产生了共同的认识。

（二）以修辞意义为坐标

施宝义等编著的《汉语惯用语词典》前言中，着重强调惯用语语义产生的方式是“比喻的定型化”，在使用时，它已从字面上的意义转化为一种更深刻的抽象的意义。[①] 董天琦同样认为“结构固定不固定，有没有比喻意义，可以作为判定是惯用语还是一般动宾词组的两条重要标准”。[②]

袁本良《惯用语补议》一文认为，惯用语的意义都是具有修辞色彩的引申义。他打破了惯用语的完整意义都是由于比喻的定型化这种传统认识。[③] 有的学者则把比喻义和引申义综合为“转义”来表述。如杨知文在《谈惯用语》中，关于惯用语的性质，作者概括为：惯用语是口语中常用的一种固定词组，它的意义都是比喻义和引申义。所谓固定词组，是说惯用语的结构不像一般的词组那样可以自由组合；所谓意义是比喻义，是说惯用语的意义都不是字面上的意义，而是“比喻义和引申义”。并且认为“抓住惯用语的意义都是转义这一点，就能把惯用语和一般的词或词组区别开来”。[④] 李行健也认为，惯用语区别于谚语、成语、歇后语的特征是有无语义的双层性，即除字面的语义外，有无比喻引申的深层次语义。[⑤]

张宗华从修辞角度出发，认为惯用语应包括使用比喻手法、使用借代

---

① 施宝义，姜林森，潘玉江《汉语惯用语词典》前言，外语教学与研究出版社 1985 年。

② 董天琦《惯用语浅说》，《语文论丛》（三），上海教育出版社 1986 年。

③ 袁本良《惯用语补议》，《语言研究》1986 年第 1 期。

④ 杨知文《谈惯用语》，《南京大学学报》1984 年第 3 期。

⑤ 李行健《现代汉语惯用语规范词典》前言，长春出版社 2001 年。

手法、使用夸张手法、使用白描手法形成四种情况。①

上述认识在陈光磊编著的《中国惯用语》中得到了全面的发展。他认为除比喻、借代方法之外，映衬、藏词、析字、谐音、双关、节缩等修辞手段也能造成惯用语。不少惯用语的语义变异还往往由多种修辞方法综合而成，如“狼外婆”除了运用映衬外，还运用了比喻。他把语义构成的变异性看作是惯用语的一个主要区别特征。②

（三）以表义功能为坐标

温端政的《谚语》一书，在谚语与其他语汇单位的对比中指出，惯用语分为两种类型：一类是不表示完整意思的词组，如“打抽丰”“不管三七二十一”等；一类是表示完整意思的句子，如“七口子当家，八口子主事”“生米煮成了熟饭”等。他认为，后一类惯用语在形式上同谚语没有什么区别，但在内容上同谚语显然不同，它们是用来对人或事物的特点、形状等进行某种描述，而不是用来传授知识，缺乏谚语所具备的知识性。③

孙维张在《汉语熟语学》中认为惯用语属于描绘性的“熟语”，它的表义功能相当于复合词或短语，有的描绘一种事物（如“半瓶醋”“陈谷子烂芝麻”）；有的描绘人们的一种行为动作（如“泼冷水”“眉毛胡子一把抓”），有的描写一种性质、情景、状况（如“背包袱”“雷声大雨点小”），不管是哪一种，它的表达功能在于描绘，大都用比喻方式把事物的形象或性质、状况，把人的动作行为的具体方式形象地表现出来。④

从表义功能的角度论述惯用语，实际上是在内容层面分析了惯用语所涵盖的类型。

三　惯用语性质和范围研究中的问题

上述各种论述从不同角度对惯用语进行定位分析，这样我们对惯用语也有了一个较为清晰的认识：惯用语是汉语里习用的，结构相对固定的

① 张宗华《关于惯用语词典的收词问题》，《辞书研究》1985 年第 5 期。
② 陈光磊《中国惯用语》前言，上海文艺出版社 1997 年。
③ 温端政《谚语》，商务印书馆 1985 年。
④ 孙维张《汉语熟语学》，吉林教育出版社 1989 年。

（非二二相承），多采用比喻、夸张、借代、白描等修辞手法的一类描述性语言单位。然而，人们针对体词性三字格、四（五）字格词语又出现新的界定问题，它们是词还是短语？是否可以界定为惯用语？惯用语语义是否具有双层性？在这些问题上，学者们存在着不同的认识。

（一）体词性三字格、四（五）字格的界定

1. 三字格

"挡箭牌、鬼门关、金饭碗、老皇历、安乐窝、百事通、半边天、半吊子、半瓶醋、绊脚石、保护伞、笔杆子、花架子、活字典、肉中刺、下马威、眼中钉、笼中鸟、摇钱树、一言堂、冤大头、睁眼瞎"等体词性三字组合，具有三个明显的特征：音节短语化、意义词化、结构一体化。这三个特征使它们具有了特殊性，成为具有模糊身份的语言单位。以至于上述多位学者认为它们就是惯用语，多部惯用语辞书也把这些三字格收录在内。

现代汉语中除双字组合最具成词的能力外，三字组合成词的能力也不容小觑。早在20世纪70年代末，吕叔湘先生就曾发表过很好的意见，他说："四个语素的组合多半可以算作两个词，即使其中有一个不能单说……三个语素的组合也是多数以作为一个词较好。"① 对偏正组合的例子"如果把音节数目作为一个重要条件，似乎也可以把双音节的（和三音节的）和四音节的（和四音节以上的）分别对待，不按同样的标准处理。"②

周荐的《三字组合与词汇单位的确定》专门论述三字组合的归属问题，认为在将三字组合一分为二（无论是分作词和固定短语还是分为词和自由短语）时，除了需要把握好形式标准这个尺度外，不但不能放弃意义标准这个尺度，还须深入探究三字组合构成成分的特性和组合内结构的特殊性。认为判定一个三字组合是词还是自由短语，不能根据其结构是［2+1］式还是［1+2］式，更关键的是要看该组合的语法属性和结构关系的性质。其中组合的语法属性对该组合词语身份的确定起着至关重要的作用。一般而言，语法属性是谓词性的，较易被人们视为非词，语法属性是体词

① 吕叔湘《汉语里"词"的问题概述》，《汉语语法论文集》，商务印书馆1984年。
② 吕叔湘《现代汉语单双音节问题初探》，《汉语语法论文集》，商务印书馆1984年。

性的，较易被人们看作是词。①

苏向丽在《现代汉语惯用语的词汇化等级分析》中把偏正结构的三音节组合定义为“完全词汇化的惯用语”，她认为，这些惯用语，内部构成成分的原始意义变得完全晦涩，语义畸变值很强，很难解析，有的语源义难以探寻，理据模糊，有的高频多用，在认知上被人们完全内化为词，有的实义是词，虚义进一步词汇化。这类惯用语仅根据语素或词的表面组合式难以探寻出其深层意义，但人们熟知常用，其所表达的意义已完全概念化，词的特征多于短语的特征，是完全词汇化的惯用语。②

拙文《体词性三字组合与惯用语的分野》认为，体词性三字组合通过“隐喻和借代”构成，经过人们长期反复使用，它们的修辞描绘功能已经逐渐减弱，所起的作用主要是指称功能，也就是给事物命名的语义功能，这样意义由原来的描绘功能转变为指称功能。因而这些带有隐喻和借代性质的三字组合作为给事物命名的手段和方式已基本或完全凝固于普通词汇里了。③

2. 三字词或体词性短语并列对举形成惯用语

指称与陈述是语言表达的两种基本形式。诸如体词性三字组合就是通过指称为某特定的事物命名，而由三字词或体词性短语对举形成的短语，如“痴情女儿负义郎”“陈谷子，烂芝麻”“肉中刺，眼中钉”“一声锣，一声鼓”“菩萨脸，蝎子心”“锅里馒头，嘴边食”“破锅，漏房，病老婆”“一把屎，一把尿”“蜜罐子嘴，秤钩子心”，与上述三字格同为体词性组合，它们采取哪种表达方式进行表达也成为人们关注的一个问题。

如果把其语体割裂分开，变为“陈谷子”“烂芝麻”“肉中刺”“眼中钉”“锅里馒头”“嘴边食”“一把屎”“一把尿”“蜜罐子嘴”“秤钩子心”“菩萨脸”“蝎子心”，这些向心结构的体词性短语表示单一概念或组合概念，是语言中低一级的备用单位，换句话说，只是语言信息传递过程中的一个节点，表达不了一个相对完整的语义；而当意义相关联的指称形式形成对举时，之前的信息节点自然组成了关系复杂、结构完整的统一

① 周荐《三字组合与词汇单位的确定》，《语言科学》2003 年第 5 期。

② 苏向丽《现代汉语惯用语的词汇化等级分析》，《语言教学与研究》2008 年第 5 期。

③ 马启红《体词性三字组合与惯用语的分野》，《汉语语汇学研究》（二），商务印书馆 2011 年。

体，形成断言，陈述一个事理或描述一种特殊的现象。比如，“菩萨脸”和“蝎子心”，分开来是两项单纯的指称形式，意义毫无关联，而它们的并列会在对比中陈述一种现象——形容人看起来面善，心肠却很歹毒。同样单一项“一把屎”或“一把尿”无法陈述“形容养育孩子的艰辛”的意义，而两项并列“一把屎一把尿”就可以陈述一个完整的意义。两项并列对举的形式就成为在结构和语义上连接体词或体词性短语的桥梁，体词性惯用语得以形成。

3. 四（五）字格

概念性是词义的基本特征，叙述性是语义（语汇的意义）的基本特征。这样像“锯了嘴的葫芦、没笼头的马、热锅上的蚂蚁、三分钟的热度、填不饱的饿狼、喂不熟的白眼狼、一个心眼儿、一条船上的人、扶不起的阿斗”等，语体中无谓词成分，是言语过程中的指说成分，具有指称性，不具备叙述性，似乎应该被排除在惯用语之外。但是，从逻辑上说，肯定了这些固定语的指称性，不一定就必然要否定“表述性”“描述性”。[1] 这些定中关系的短语在一定程度上可以游离语境，对某种现象或场景进行充分地描写，具有一定的陈述性。它们之所以具有陈述功能，可以游离语境进行表述，是因为这些定中结构的短语是相对复杂的指称，是降级述谓结构。如：

锯了嘴的葫芦：葫芦（被）锯了嘴

没笼头的马：马没笼头

热锅上的蚂蚁：蚂蚁爬在热锅上

三分钟的热度：热度只有三分钟

填不饱的饿狼：饿狼填不饱

喂不熟的白眼狼：白眼狼喂不熟

一个心眼儿：心眼儿只有一个

一条船上的人：人在一条船上

扶不起的阿斗：阿斗扶不起

① 王吉辉《指称性固定语与固定语的类别划分问题》，《汉语语汇学研究》（二），商务印书馆 2011 年。

这些陈述只是某信息在时间流上的展开，展现的是一种新信息，并且这种信息还有继续延展之势。而之前的复杂的指称形式有去时间化的特征，输出的是旧信息，是一个人们熟知的特征的陈述，因而它们的结构和语义都更为凝固。由此，这些降级述谓结构的定中短语具有特殊的陈述形式，不需要两项对举的格式。

姚振武（2000）认为指称和陈述具有兼容性。就指称式而言，指称与陈述的兼容性指的是其中的有关指称性成分同时又意味着某种陈述性，而语言的使用者（发出者和接收者）一旦选择并认可了这种陈述性，就会使得这种陈述性由隐而显，并可能最终导致从该指称式中引申出另一陈述式。一个指称同时又意味着一个甚至一系列陈述，例如说到“山”就意味着“高大、坚定、不可移易”等，说到“虎”就意味着“威猛、恐惧”等。指称与陈述是二位一体的东西，犹如一张纸的两面。任何指称都要靠陈述来说明，任何陈述也都与一定的指称相联系。他还指出，指称性成分所意味的陈述性，并不一定体现在它的概念义中，有时也体现在它的某些附属义中（某些伴随观念、感情色彩、风格特征等）。① 作者从指称和陈述的兼容性的角度揭示了体词性成分的陈述问题。

正如朱景松在《陈述、指称与汉语词类理论》所说的：“什么”确定客观对象，“怎么样”确定内容。这两个代词首先是确定外延和内涵的。一个词语（小句）是指称性的还是陈述性的，与这个词语在特定语境中出现时是显现外延还是显现内涵，完全平行。②

因而，“三分钟的热度”“喂不熟的白眼狼”从短语的外延来说是“用于指称”，从内涵来说可以“用于陈述”。究竟如何确定它们的身份，有待我们探讨。

（二）关于惯用语的双层意义

惯用语语义是否具有双层性，一直是众多学者争论的焦点。温端政认为惯用语属于描述性的语言单位，惯用语的具体性质和范围不受“在意义上具有双层性”的限制。曾有学者以有无“表意的双层性”为标准来区分

① 姚振武《指称与陈述的兼容性与引申问题》，《中国语文》2000 年第 6 期。
② 朱景松《陈述、指称与汉语词类理论》，《语法研究和探索》（八），商务印书馆 1996 年。

成语和惯用语：表意有双层性的是成语，没有双层性的是惯用语，划分结果不符合人们的语感。

现今，学者们从认知角度分析隐喻在惯用语语义形成中的作用，认为隐喻涉及两个概念系统，即具象概念系统和抽象概念系统，解读惯用语是对两个概念系统进行双向思维的过程，重申了惯用语语义的双层性，比如昝晓燕、沈怀兴在《论惯用语“表意的双层性”》中分析了隐喻在惯用语中的具象与抽象过程，认为惯用语在隐喻的作用下具有了整体意义的抽象性，而字面意义仍起着重要的作用。惯用语的实际意义的确是抽象性的虚指，这是应该认可的，但我们认为多数惯用语字面意义并没有因为有了隐喻意义而自动消失。类似“撂挑子、背包袱、露马脚、挑担子、泼冷水、一阵风、挂招牌、挡风墙、走后门、翘尾巴”等惯用语，它们不仅有自己的使用场所和运用环境，而且即使在隐喻意义居于主体地位的时候，字面意义也并不是一点用处都没有。假如没有基于具体事物形成的概念系统所传达出来的字面意义，那么抽象的概念系统的比喻意义就失去了一个构建语义的基础，也就没有那么生动形象了。①

其实，温端政指出惯用语的具体性质和范围不受“在意义上具有双层性”的限制，是就“不管三七二十一”“三下五除二”“但知其一，不知其二”“不识庐山真面目”“一言以蔽之”“十年如一日”“何乐而不为”“不得其门而入”“不幸而言中”“攻其一点不及其余”“岌岌不可终日”“知其然不知其所以然”等这类短语的归属而言的。惯用语语义的双层性只能是惯用语的主要特征，而非与其他语类或短语的区别性特征。②

四　结语

恰当地说明惯用语的性质，积极探求其结构方式、语义特点、风格色彩及其发展变化，会对惯用语的规范、语用、词典编纂等产生重要的意义。今后，我们还将对惯用语进行本体研究，促进俗语词典编纂的科学化与规范化。

---

① 昝晓燕，沈怀兴《论惯用语“表意的双层性”》，《现代语文》2011 年第 1 期。

② 温端政《汉语语汇学》，商务印书馆 2005 年。

参考文献

陈明芳. 惯用语认知机制及其词汇语义特征. 外语教学，2006（1）.
沈怀兴. 重温《惯用语》. 汉字文化，2006（2）.
宋春淑. 论隐喻在惯用语语义形成中的作用. 唐山师范学院学报，2010（1）.
王吉辉. 意义的双层性及其在成语、惯用语划分中的具体运用. 南开学报，1998（4）.
吴建生. 再论惯用语的界定及惯用语类工具书的立目. 山西大学学报，2010（2）.

（马启红：山西省社会科学院语言研究所，太原 030006）

《辞源》修订稿（1964 年版）研究

乔　永

《辞源》是中国现代史上第一部大型汉语语文工具书，始编于 1908 年，陆尔奎主编，1915 年正式出版。1931 年出版《辞源》续编，1939 年出版《辞源》正续编合订本，1949 年出了简编本，以上统称旧《辞源》。1958 年开始进行《辞源》修订工作，1964 年修订稿（第一册）出版。1975 年重新启动修订工作，1979 年出版《辞源》修订本（第一册），1983 年《辞源》修订本四卷本出齐。

《辞源》修订稿 1964 年版是一个承上启下的版本。它继承了《辞源》编纂的传统，注重语言资料，做到词语有源或接近语源，在注音、释义和书证上都又有所创新，单字考虑中古、近代与现代音，开始标注汉语拼音和注音字母。释义先引《说文》解释等，结合释义检验书证是否能表明词语最早见于书面的时代，多方面探索词语的来源，为 1979 年修订本出版打下了很好的基础，有很多经验值得借鉴。

一　《辞源》修订稿（1964 年版）简介

《辞源》修订稿（第一册）1964 年版是根据中宣部修订《辞海》《辞源》，编写《现代汉语词典》的精神产生的。根据与《辞海》的分工，《辞源》从一部古今中外兼收并蓄而偏重语词的综合性百科辞典修订成古汉语辞典，成为专门解决阅读古籍问题的、提供多方面古汉语知识的工具书。

1958 年商务印书馆启动了《辞源》修订工作，吴泽炎任组长。修订工作的主要内容就是删除《辞源》的现代百科词目和新词新语。“这次修订即以旧《辞源》为基础……根据目前条件，尽可能提高质量，订正内容。”① 根据《辞源》修订凡例（初稿）记载：本书定名为《辞源》修订本，是一部选录古汉语语汇，供读者阅读一般古籍检查音义、解决疑难问题之用的实用的中型词典。修订工作是在旧《辞源》的基础上进行的。单字部分有所增删，增加了一部分唐宋以后出现的新字和见于复合词而漏收的单字，如“扔、砸”等字。删去了仅见于字书韵书而无书证的生僻字。复词部分除了删去旧《辞源》的自然科学和社会科学新词条目外，所有语文词汇和百科条目大体保留，并作了增补。

《辞源》修订稿 1964 年版的修订思路是在 1937 年《辞源》增订本的基础上，核实书证，增补例句。现代社会科学和自然科学的物理、化学、生物等条目全部删除，只保留部分古代人名地名典章制度等百科条目。经过吴泽炎等 20 余人 6 年的努力，1964 年出版了《辞源》修订稿（第一册）。

《辞源》修订稿（第一册），统一书号 17017・99，硬封皮，微黄，1964 年 7 月上海第一次印刷。商务印书馆编辑部编，出版地址是北京复兴门外翠微路。开本 787×1092，印张 46，插页 4 个，字数 2077000，印数 20600 册，定价 4. 30 元。

《辞源》修订稿内封后是序例，2 页。后面是《辞源》修订稿（第一册）部首目录和检字表，2 页。正文共 681 页，始于子集一画，终于丑集三画女部。后附四角号码检字法和索引。

全书正文单字包括正体字、异体字、简体字、古文字等，字头据旧《辞源》略有增删，删去了仅见于古代字书韵书而无书证的生僻字和不见于古籍的生造字。字头约为 12000 个。

给每个字头定音。单字字头下注音由三部分组成，时音（汉语拼音、注音字母）+近代音（《音韵阐微》）+古音（《广韵》）。依次标注汉语拼音、注音字母、《音韵阐微》和《广韵》的反切。《音韵阐微》和《广韵》注出反切与声纽等四部分。一字有多音，分注各音，字义分别注于所属字头读音之下。凡音近通借的字，仅在解释下附注音切，不另立专条。

字头和词目用鱼尾号括注。给字头词目定形。字头的释义，只要是在

---

① 《辞源》修订稿（第一册）修订体例序例，1964 年版。

《说文》收录的9353字之内，在注音后面，先注《说文》释义，再按①②③……次序分项解释。大体上按字的本义、引申义、通假义排列。每一解释一般都附有出处例证。

如：

【一】yī 音 衣悉切，入，质韵。

丨 广 於悉切，质韵，影。

《说文》……

（一）（二）（三）……

【上】shàng 音 侍漾切，去，漾韵。

ㄕㄤˋ 广 时亮切，漾韵，禅。

《说文》……

（一）（二）（三）……

音 市养切，上，养韵。

广 时掌切，养韵，禅。

（四）（五）（六）（七）（八）……

shǎng

ㄕㄤˇ

（九）（十）……

符号音代表《音韵阐微》，广代表《广韵》。注音包括现代、近代、古代三种音读，既可以准确拼出今音，又可以了解近代音和中古音。

1964年《辞源》修订稿（第一册）出版。在《辞源》修订稿序例第三条说[①]：

单字下加注汉语拼音、注音符号，除原有的《音韵阐微》的反切外，还加注《广韵》的反切，标出声纽，《广韵》不收的字，采用《集韵》或其他字书的反切。（《广韵》的反切代表魏晋唐宋之间一种文学语言系统，

① 《辞源》修订稿（第一分册）修订体例序例，1964年版。

对研究汉语语音的演变，有一定的参考价值）

单字有几个读音的，分别注音。单字下复词字头的不同读音，按该单字注音的次序也相应地加以注明。例如“填”字有五个读音，复词相应加1、2等。

在正文中“填”是这样注音的（见修订稿第一册552页）：

【填】tián 音 题姸切，平，先韵。第砚切，去，霰韵。

ㄊㄧㄢˊ 广 徒年切，先韵，定。堂錬切，霰韵。定。

……

zhèn 音 智印切，去，震韵。

ㄓㄣˋ 广 陟刃切，震韵。知。

……

chén

ㄔㄣˊ 集韵 陟刃切，震韵。知。

……

tiǎn 音 迪橪切，上，铣韵，定。

ㄊㄧㄢˇ 集韵 徒典切，铣韵。

……

diàn

ㄉㄧㄢˋ

每个汉字字头加注汉语拼音和注音字母，加注《广韵》反切，是这次修订的创新，使读者使用时既能按时音读出现代音，又能了解该字头的近代音和中古来源。这一创新对大型辞书编纂有重要意义。

修订时考虑音义结合，释义按顺序排列在每一个音项下，多音多义字注出复词条目中的读音。

复词【填$_2$星】

【填$_5$池】

单字和复词条目的释义，内容相同的条目，只在一条下加以解释，列举书证，另一条下则注明“见某某”条，以免重复。如“吴越同舟”条，注明“见‘同舟共济’”。修订稿第一次使用参见、参阅体例。凡单字与复词，或复词与复词之间，有此详彼略，可以互相参看的条目，分别注明详某条，或参见某条。如“外水”为水名，与地名“彭亡”条有关，故于“外水”条后注明“参见‘彭亡’”。古今著作中，凡有可供参考之文献，或有更详细的参考资料，因限于篇幅，不能备载，一律注明参阅某书。如“含蓼问疾”条后，注明“参阅国语、越语、吴越春秋”。

人名如生卒年可以查明者，加列公元年代。人名、地名、封爵、郡望等一律加下划直线。书名、注、疏等均加下划浪线。这次修订也上了几幅插图，但数量极少。

同部首同笔画的字编排一律按点（丶）横（一）竖（丨）撇（丿）的次序，一改以前《辞源》各部首及每部中的字，除按笔画多寡分先后外，同部首同笔画的字排列次序缺乏标准的弊病。后附四角号码索引。

1964 年版《辞源》修订稿给所收字、词定形、定音和定义，举出用法并指明出处，使《辞源》由编纂时期的实用主义达到了辞书规范主义的境界。

《辞源》修订稿是一个承上（1949 年前）启下（1979 年）的版本。它既保留了旧《辞源》的基本体例和整体面貌，又与时俱进，正文的字头、注音、释义、书证等发生了重大变化。本文拟从修订的历史分工、修订模式、修订内容和历史意义等方面，谈谈此次修订。

二　无奈的修订与转型

《辞源》的修订是在特定历史条件下无奈的选择。1956 年 2 月 6 日，国务院发布关于推广普通话的指示，责成中国科学院语言研究所编好以确定语音规范化为目的的《普通话正音词典》和以确定词汇规范为目的的中型的《现代汉语词典》。

1957 年 9 月 17 日，毛泽东在上海与《辞海》主编舒新城谈起了《辞海》。舒新城提议编辑《大辞海》和《百科全书》。他认为“新中国成立了，我国进入一个新的历史时期，方方面面都发生了翻天覆地的变化，人们的语言生活也一样。很多新词新语涌现，可是在旧《辞源》和旧《辞海》都查找不到相关的词条，有些旧词条又有着许多历史的印记，已经不能准确涵盖、传递新时代的信息了。而且《辞海》和《辞源》本身存在着编纂上的缺失，以至于遭到诸如‘《辞海》非海，《辞源》无源’的尖刻挖苦”。所以，他提议“现在是改变这种观感的时候了”。毛泽东赞同舒新城的提议，认为先修订《辞海》，然后再搞《百科全书》。这样，中央就把修订《辞海》的工作交给了上海。

《辞源》比《辞海》早出版20余年，在学界有很大的影响力。1936年出版的《辞海》吸收了《辞源》的优点又有所发展，后出转精，在体例和内容上虽无大的超出但有一些优势。在舒新城的努力下，《辞海》开始修订了，《辞源》怎么办？

商务印书馆的领导们看清了形势，《辞源》如果不修订，必定有被取代和淘汰的危险。据《辞源》组沈岳如老先生回忆，考虑到《辞源》的特点，《辞源》也必须修订，但内容要和《辞海》的内容有所不同。经过商务印书馆领导人反复思考和研究，《辞源》可以以古汉语为主，修订成以阅读古籍为目标的古汉语工具书。商务印书馆的领导很快跟有关部门特别是古籍整理出版规划领导沟通，将《辞源》修订纳入计划。

这是一个对《辞源》有重要意义的行动，改变了《辞源》半个世纪的命运。1958年，国务院关于编写《现代汉语词典》的意见和毛泽东指示修订《辞海》的指示以及古籍整理出版规划修订《辞源》的建议，汇总到中共中央宣传部和文化部出版局后，经过研究，中宣部决定同时修订《辞海》《辞源》和新编《现代汉语词典》。

中央决定修订《辞源》《辞海》和新编《现代汉语词典》，并明确规定各自不同的方针任务。决定编写《现代汉语词典》，用以推广普通话、促进汉语规范化，主要给中等文化水平的人使用。修订《辞海》，使之以百科词汇为主，兼收语词，成为大学生的案头书。修订《辞源》，使之成为一部古汉语词典，除古汉语语汇外，还收录文物典章制度，成为一部帮助中等以上文化水平的读者解决阅读古籍时的疑难问题的工具书。

1958年8月商务印书馆领导陈翰伯接受了修订《辞源》的任务。商务印书馆成立了“《辞源》组”，由吴泽炎兼任组长，成员有赵守俨、周云青、刘叶秋、吴玉如、张子厚、王庚龄、陈丙炎等，以后还有周行健等人陆续参加。

1959年6月，具体明确了《辞源》修订的任务。确定把《辞源》修订成为阅读一般古籍用的工具书和为古典文史研究工作者用的、以具有高中以上文化水平的读者为对象的参考书。《辞源》为突出古汉语工具书的特点，删去了原有现代自然科学、现代社会科学和现代应用技术的词语，增补了许多常见的有关古代文物典章制度的词语。《辞海》则将某些不常见的古汉语词语转给《辞源》，内容较浅显的现代汉语词语转归《现代汉语词典》。

《辞源》修订成为一部供高中文化水平以上读者阅读古籍的工具书，大大缩小了《辞源》的读者群。无论从收词范围还是读者范围都无法与《辞海》抗衡。特别是近30年，距离越拉越大，《辞海》十年修订一次，而《辞源》近30年没有修订。2009年，在杭州举行的大型辞书编纂研讨会上，我跟巢峰先生介绍《辞源》修订的宗旨和思路，告诉他《辞源》本次修订一是探求词语来源：包括语词条目义项的始见例和名物百科条目义项的理据，真正做到《辞源》有源；二是加强古代百科：较多增补古代名物百科方面的条目，在释文中注意信息量的准确、均衡，显示出与《辞海》（侧重于现代百科）、《汉语大词典》（侧重于古代语词）不同的特色。巢峰先生听后非常高兴，并说，《辞源》1958年由百科辞书到一般古汉语辞书的转型发生在特定历史条件下，希望你们这一次修订做得更好。

三　修订内容的继承与发展

《辞源》修订前是兼收语词和百科性词汇的综合性工具书。《辞海》1936年出版，《辞海》比《辞源》晚了整整20年，编纂时借鉴《辞源》的优点，在细节上有所进步。如书证指明出处，现代百科性词汇相对较多等，形成了与《辞源》竞争的局面。

实际上，1949年以前，《辞源》一直在完善和提高中。1915年出版初编，1931年出版《辞源》续编，1939年出版《辞源》正续编合订本。因为1936年《辞海》出版的竞争，1937年初，商务印书馆在上海设置了“《辞源》增订处”，由傅运森主持，开始全面增订《辞源》。参加增订工作的人员有王君复、周云青、周建人、冯宾符、杨荫深、华国章等10余人。当时的增订工作以“新旧学兼容”的百科辞书为目标进行。《增订〈辞源〉工作计划》记载：“此次增订《辞源》，系将原《辞源》作彻底地改编。旧有的三大厚册，现将增为四册，共约20余万条。全书均重加新式标点。”[①] 增订后的《辞源》仍以部首、笔画为序。

1937年的增订历时约10年，主要工作是在吸收学术成果与辞书编纂经验的基础上审订字音，整理义项，订正书证引文，调整体例，修饰文字。《辞源》增订的主要内容有：

1. 增补词目。所增词目多是当时流行的各科新词语。

2. 增补义项。为《辞源》的部分字头复词条目增补了义项。

3. 增订释文。对《辞源》中部分只引书证未曾释义，或虽有注释而不甚详该的条目分别增订。

4. 增补书证。为原书的不少条目增补了书证。

5. 为书证补篇名、题名。为《辞源》词条中的书证加补篇名、题名甚至书名。

这些增订工作主要是为了和《辞海》竞争而展开的。增补词条扩大了收词量，特别是补充了当时的新词新语。为书证补篇名、题名，方便了读者。力争引证正确，无论作者、书名还是篇名、引文，发现问题的都逐一抽换改正。

由于抗战的爆发，此次以增补为目的的修订工作没有最终完成。

《辞源》1964年修订稿是以1937年傅运森等《辞源》增订稿为基础的，但由于修订宗旨和分工的不同，修订思路和内容又有明显的不同。1958年分工后，《辞源》宗旨产生了巨大转变，确定了古汉语词典的方向，确定了“修订”而不是“重编”的原则。单字条目有所增加。对于字义词义的演变，每一条都下了一番寻源溯流的功夫。

1958年10月22日“《辞源》校订工作体例”记载，“《辞源》校订工作最起码的要求为，对原条目引文必须核对原书，校正无讹，并根据校订者的水平，尽可能提高质量”。1959年6月20日，《辞源》组（四编室）“《辞源》修订工作汇报”中“修订工作的内容”“修订《辞源》的质量”总结了《辞源》修订工作10个月的内容和进度、质量。《辞源》修订稿（第一分册）在卷首的《〈辞源〉修订稿序例》中将编辑修订内容概括为8

---

① 杨荫深《在商务印书馆的十八年》，《商务印书馆九十年》，商务印书馆1987年。

项主要工作：

1. 按照修订方针，把现代的社会科学和自然科学新词条目全部删去，这一部分将成为《辞海》修订本的主要内容。

2. 检查涉及立场、观点的问题，加以必要的改正。一般知识性的条目，以提供知识为限，不一一批判。

3. 单字下加注汉语拼音和注音符号；除原有的《音韵阐微》反切外，还加注《广韵》的反切，标出声纽。《广韵》不收的字，采用《集韵》或其他字书的反切。(《广韵》的反切代表魏晋唐宋之间一种文学语言系统，研究汉语的语音演变，有一定的参考价值)

4. 所有单字，凡见于《说文解字》的，加引《说文解字》(新附字不收)，以供研究文字形义的参考。对复词第一字的异读，加以注音。

5. 修改原来的解释。使《辞源》名副其实做到有“源”，对每一条尽可能做到“穷原竟委”的工作。

6. 利用平日积累的材料，抽换原有的书证，尽可能使之接近语源。全书所有引文，都覆核原书，并加注作者、篇目和卷次。

7. 增补一些比较常见的词目，并充实旧有词条的内容。也删去一些不成词或过于冷僻的词目。

8. 词目的平衡调整以及其他一般技术性的工作。

这8项主要工作，是1964年版修订的主要内容，也是编辑加工的主要工作。项目组总结说：

修订《辞源》是一件艰巨的工作，我们的人数不多，水平也有限，虽然做了努力，但缺点一定还是不少的，主要有：

1. 由于主要的力量放在核查旧有的条目，改正原有的错误，至于积极的提高，只能限于我们已有现成材料的条目。因此在条目的质量上是不平均的，有些条目比较令人满意，有些条目的内容就可能不够全面。

2. 在现有人力配备中没有专搞文字音韵学的人，同志们边学边做，所以对一部分的注音工作，特别是古代音读和古今音演变的部分，没有充分的把握。

3. 汉字字义的解释，论理应该有系统的本义到引申、假借，全面罗列。但一谈字的本义，问题十分复杂，专家们的意见也很不一致。所以对单字我们大体上仍沿用旧稿。

《辞源》1937 年增订稿收词多，古今兼收，以增补新词语为主，较常见实用。《辞源》1964 年修订稿则完全删去现代自然科学、社会科学和应用技术的词语，收词一般止于鸦片战争。比较旧《辞源》和 1964 年版《辞源》，1964 年的修订基本把握住了删除幅度，达到了预期要求。

1964 年版《辞源》修订的宗旨是使之成为一部供查阅古汉语词语典故以及中国古代文物典章制度的工具书。这样的性质决定了它的词目除了要注意吸收古汉语词汇的研究成果以外，还要注意吸收中国古代文化各个方面的研究成果，注意与时俱进，符合时代的需求。如注音方面，《辞源》编纂于上世纪初期，注音字母和汉语拼音还没有颁行和推广，1915 年版《辞源》的注音完全依从清代的《音韵阐微》。《音韵阐微》的反切注音比旧反切取音较易，但不如 1918 年以后的注音字母方便。然而注音字母尚未做到完全音素化，有些字母如ㄞ、ㄟ、ㄠ、ㄡ、ㄣ、ㄤ、ㄥ等，每一个都代表了两个音素，仍有不方便之处。

1958 年，《辞源》注音仍保留《音韵阐微》反切和注音字母，因为很多人已经掌握了注音字母，所以仍然用它来注音。同时注上了最适合的汉语拼音字母，拼音字母基本上音素化了。《辞源》1964 年修订稿的注音采用了《广韵》反切、《音韵阐微》反切、注音字母和汉语拼音注音，既考虑到语音变化的历时性，又照顾到现代实用性。修订中考虑到阅读古书和寻找源头的需要。除注上《音韵阐微》反切外，还加注《广韵》或《集韵》的反切，表明注音是根据语音发展演变规律来的，使读者由此可以略窥古今字音变化。与时俱进，用汉语拼音字母注音，可以做到标注准确无误，便于读者使用。

《辞源》1964 年版在释义方面做了全面的修订。吴泽炎带领项目组成员收集资料和书证，抄写卡片。针对有人讥“《辞源》无源”的意见，把溯源作为修订的重点。溯源除了引证正确外，书证用以印证解释，显示词语的源流演变、古今异同，穷原竟委。在修订《辞源》的几十年里，主编吴泽炎先生自己晚上读经史百家文集摘录的语言卡片就有 30 多万张，整个《辞源》组抄卡片 80 余万张。修订中依靠了原有的和这些新做的大量卡片作为线索查找原书，归纳出每一词语在历史上的各种含义，完成《辞源》

脱胎换骨的改编。

对于《辞源》古代百科方面的词目，特别是中国古代名物制度的词目的修订，下了很大的功夫。

《辞源》修订稿就释义和书证所做的主要工作是：一、参照《辞源》原本的解释，先查明它的本义是什么，属于什么词类，再研究它有无引申、比喻、假借等用法，词类有无变化；二、根据字书、韵书的解释和资料卡片寻求书证，利用各种书证来印证字书、韵书的解说。经过这样反复参校，然后再确定对字词怎样注解音义、分列义项；三、字义的排列要求一般按本义、引申义、转义、比喻义、假借义为先后次序。

通盘考虑复词条目。《辞源》复词条目 10 万余条，与单字约为九比一。

对复合词中语词的解释，通常也从搜集和查对书证，通读上下文和查检名家注释，相互反复参证比较，以理解和区分词义入手，落笔时，或亦吸收前人、现当代人的研究成果。凡单字与复词，或复词与复词之间，有此详彼略，可以互相参见的条目，分别注明详某条，或参见某条。

对各类知识性百科词目各有不同的要求和体例，一般都不引书证，只叙述其内容、源流、变革等，也时而甚费查考。古今著作中，凡有可供参考之文献，或有更详细的参考资料，因限于篇幅，不能备载，一律注明参阅某书。

1964 年《辞源》修订稿由商务印书馆编辑部负责，历时六年，完成了编写和编辑工作，1964 年 7 月出版了修订稿第一册，约合全书的四分之一，第二分册和其他分册也已完成，但由于“文革”等原因没有出版。

1964 年版《辞源》遵循“语词为主，百科为辅”的修订方针。总体看，语词条目和百科条目的比例大致在三比二。《辞源》修订稿（第一册）基本保留了《辞源》原有的单字、语词、成语典故等词目，收录了大量的人名、地名、书名、诗文篇名、物名，以及典章制度、碑刻、法帖等知识性条目，为 1979 年版修订打下了基础。

这次修订工作是处在旧《辞源》向新《辞源》过渡的中间阶段，虽然没有全部完成，但在字头、注音、释义、书证等方面都有新的尝试，积累了宝贵的经验，为后来的修订做好了准备。

四　修订的过程与模式

《辞源》1964年修订工作，沿袭了1908年以来的传统。编写与修订工作主要由商务印书馆完成，重视本馆编辑人员修订和社会力量修订的平衡。1908年《辞源》初编主编陆尔奎，1931年《辞源》续编主编方毅，1939年合订本主编傅运森等。初编编者达50余人，其他各次修订作者前后几十人，全部由商务印书馆聘请。

1958年《辞源》修订工作由商务印书馆编辑部承担。《辞源》组主任为吴泽炎。初期参加者馆内干部3人，利用社会力量有9人，后增加至20余人。社会力量主要做的工作有两项："一是对每一条目的引书部分，进行查对原书，加以新式标点。旧《辞源》引书很大部分只注书名，不注篇目，现在都核对原书，改正引书的脱漏错误，加注篇名。二是适当增补新的词条，并充实旧有词条的内容。"这两项内容相当于我们聘请修订作者的工作。

1958年8月至1961年初，商务印书馆在北京东单北面的东总布胡同10号办公，《辞源》组在一个四合院的北房占两间，外间办公，里间为书库。1961年到1966年，《辞源》组随商务印书馆移至复兴门外翠微路办公大楼的二楼，有办公室四间。

吴泽炎先生作为《辞源》修订本的主编之一，从1958年《辞源》修订工作正式启动，到1964年第一册出版，甚至到1983年《辞源》四册出齐，吴泽炎先生都亲力亲为，践行了一个主编的责任。

《辞源》1964年修订的程序是非常有借鉴意义的。

修订稿初审和复审由项目组组织社会力量完成。初审删除全部新词新语，增加古籍中常见的词和大、中学语文课本所收的词。然后根据《辞源》词目，审阅释义，核对书证，补上作者和时代。旧《辞源》无《广韵》音，修订稿查补《广韵》反切，校正旧《辞源》中注音，核对《音韵阐微》。旧《辞源》不引《说文》，修订稿在注音后首先补加《说文》。查对全书的引文，加注卷数、篇目。

复审复核初稿，决定取舍。重点充实内容，包括两方面：一是增加新的字头、复词；二是补充书证，提供出处和说明。[1]

终审和定稿基本上由《辞源》组的编辑人员完成。修订稿改善全书体例，统一用词，如“见、详、参见、参阅”等。“见”用于不加解释，不引书证的条目。“详”用于简称、异名等条目下，指向主条。旧《辞源》的单字分项解释比较简明，修订稿对多音多义的单字分别注音，并以 2、3、4、5 等序号标明其读第几音。分项解释原则上按本义、引申义、通假义，依次排列。原则上用新式标点，序号统一层次。一义一证，版本一般使用商务印书馆出版的书，如《百衲本二十四史》、《四部丛刊》初二三编、《丛书集成》、《十通》、《国学基本丛书》等。

定稿，审定复审稿件，修改调整，编辑加工，然后发排。

最后一道程序是看校样，这是定稿和编辑加工的继续，也是高质量出书的关键，在看校样时可做最后一次的订正。一再推敲，多次加工，尽量把修订工作做好。

经过 7 年的修订，1964 年，《辞源》修订稿（第一册）出版。正当第二册大部分已有初稿，第三、四册已有初步资料的时候，由于政治原因，修订工作中断了。

有一个甘于奉献的带头人，是《辞源》修订成功的保证。吴泽炎先生从 1958 年开始《辞源》工作，就把自己的后半生交给了《辞源》。吴先生带头制作卡片，给自己规定了每天的工作量——每天至少做 60 张卡片。吴先生说：“资料卡片每天都要按量完成，一天都不能耽误。”读书、做卡片已经成为他生活中的重要内容。在他的家中，“书房里的书架上摆满了历代要籍和许多卡片屉”，“卡片全部利用印刷厂印制书籍封面时切剩下来的边料，比一般卡片要小。张张卡片上娟秀整齐的字迹，都是他亲笔所书”。[2] 他所积累的 30 余万张、1000 多万字的资料卡片为《辞源》的修订提供了充实的资料，同时也是研究古汉语的重要素材。吴泽炎是名副其实的“主编”。后来《辞源》修订本的 10 万多条目每一条他都亲自过目，每一条都经他仔细审订。每个有争议的词条经他定夺，总能得出满意的结

---

① 沈岳如《〈辞源〉修订史略——修订稿的三道工序》，《〈辞源〉研究论文集》，商务印书馆 2009 年。

② 舒宝璋《〈辞源〉忆旧》，《〈辞源〉研究论文集》，商务印书馆 2009 年。

果；每个来源不明的字词经他查证，总能辨明源流，找到出处。

1964 年版修订工作按旧《辞源》分十二集逐集进行，把《辞源》分成 4 册，陆续出版，流水作业，第一册为子、丑两集，第二册为寅、卯、辰三集，第三册为巳、午、未三集，第四册为申、酉、戌、亥四集。这样的好处是先修订好的可以先出，这一做法为 1979 年版继承，《辞源》修订本从 1979 年到 1983 年出齐。《辞源》第三版的修订仍采用了流水作业的传统，但准备一次出齐。

五 修订稿研究的意义

1964 年的《辞源》修订稿虽然由于“文化大革命”等原因没有最终出齐四卷本，但对我们后来的修订是有重大意义的。它的修订内容与模式对以后的修订仍有启发意义。

时代变迁，社会发生剧烈变化，《辞源》修订应与时俱进，跟上时代的需要。如果抱残守缺，那对《辞源》将是重大损失，对商务印书馆，甚至对社会也是重大损失。我们应该感谢商务印书馆的前辈们。

对《辞源》修订和任何一本辞书的编纂与修订来说，收集语言资料制作词目卡片都是基础性和根本性的工作。吴泽炎主张要从资料工作这一基本建设做起，带头系统阅读古籍，从中勾画词语，摘录资料。书证卡片既有助于词目的增删、解释和穷原竟委，也有益于校勘、抽换和增补书证，有时还有助于审音。在目前有了数字语料库的背景下，更应该强调重视语料积累。

《辞源》修订稿的修订实践是一个有意义的尝试，字头下加中古音、加《说文》释义，采用参见、参阅等释义模式，这种实践对后来 1979 年修订本确立加中古音，删去《说文》引文，明确行文术语有很重要的价值。特别是注音模式，后来的《汉语大字典》《汉语大词典》基本都继承了这一模式。

1964 年《辞源》修订稿（第一册）出版有重要价值，它对注音、释义等进行了全方位的探索，对辞书质量的提高有重要贡献。尽管后来因为其他原因修订工作中止，但筚路蓝缕，功不可没。《辞源》修订稿是它百年历史中编纂方针、读者对象等全方位改变的尝试，影响重大。此次修订的成果与积累的经验，为以后的修订工作奠定了坚实的基础，也为我们今天的继续修订留下了宝贵的财富。

《辞源》编纂和修订历史上有许多值得我们记住的内容。由于时光的流逝，很多材料散佚，再也找不到了。谨以此文纪念为《辞源》辛勤工作过的人们。

参考文献

《辞源》研究论文集. 北京：商务印书馆，2009.
《辞源》修订参考资料. 北京：商务印书馆，2011.
《辞源》历年修订凡例汇集（未刊稿）. 1964.
辞源. 上海：商务印书馆，1915.
辞源（续编）. 上海：商务印书馆，1931.
辞源（合订本）. 香港：商务印书馆，1939.
辞源（修订稿）. 北京：商务印书馆，1964.
辞源（修订本）. 北京：商务印书馆，1979—1983.

（乔永：商务印书馆汉语图书中心，北京　100710）

词（语素）的结构义与辞书释义的动态观

苏宝荣　任　敏

词（语素）的结构义，是指词（语素）在特定的组合结构（包括语义结构与语法结构、复合词结构与句法结构）中所显示的意义。汉语词的组合结构（这里主要指复合词的结构）不仅可以保存词（语素）的古（旧）义，还可以促成新义的衍生。人类的语言，特别是语言中的词汇，随着社会生活的变化，适应交际的需要，表现为一个继承、发展的动态过程。现代汉语语文辞书是断代的语文辞书，但它也是对处于历史发展长河中的汉语词汇面貌的反映，也须有动态发展的观点方能做出恰当的释义。多年来，对于词义的引申、演变，人们从众多角度进行了研究与探索，而词（语素）的组合结构对词义发展的重要影响尚没有引起人们的关注。

一　词（语素）在组合结构中保存古（旧）义

早在上个世纪40年代初，著名语言学家王力先生在讲到汉语字（词）义的发展时，就指出："古语残留的原因往往是借成语的力量。"有一种字（词），"若说它们是死了，咱们的口语里却还有它们；若说它们还活着，却又不能按着它们的意义来随便应用"。并举例说"钟情"的"钟"为"聚"义，今天只能用于合成词（"钟情"）和固定结构（"情之所钟"）之中，而不能自由运用。① 从王先生的具体论述中可以看到，这里对"成语"应作广义的理解，包括合成词与固定结构。后来王力在他主编的《古

① 王力《古语的死亡残留和转生》一文，原载于1941年出版的《国文月刊》第四期，后收入《龙虫并雕斋文集》（第一册），中华书局1980年出版。

代汉语》（1962）的“单音词、复音词、同义词”一节中，更加明确地指出：“有许多古代的单音词，作为词来看，可以认为死去了；但是作为词素来看，它们还留存在现代汉语里。”对于这种保存在组合结构（合成词与固定结构）中的词（语素）的古（旧）义，作为以汉字（单音节词或语素）为释义基点的汉语语文辞书，不能不予以关注。

（一）补充漏收义项，使释义更加完整

如《现代汉语词典》第5版（2005）①（《以下简称《现汉》》，与论述无关的义项、例句从略）：

搬 动 ①移动物体的位置（多指笨重的或较大的）：～运｜～砖｜把保险柜～走◇把小说的故事～到舞台上。②迁移：～家｜他早就～走了。

【搬弄】 动 ①用手拨动：～枪栓。②卖弄；有意显示：他总好～自己的那点儿知识。③挑拨：～是非。

【搬弄是非】把别人背后说的话传来传去，蓄意挑拨，或在别人背后乱加议论，引起纠纷。

【搬演】 动 把往事或别处的事重演出来：～故事。

这里，“搬”所列的两个义项，很难概括上述复合词或成语中作为语素的“搬”所体现的意义。宋元南戏作品《张协状元》一出：“状元张叶传，前回曾演，汝辈搬成。”赵日和《〈张协状元〉词语选释》（1982）：“按：搬，闽语‘演’或‘弄’的意思。演戏叫‘搬戏’，跳加官叫‘搬天官’，道士演法场叫‘搬药师’。”“搬”的“弄、玩弄；演”的意义通过南戏广泛流传，并作为语素义保留在现代汉语之中。“搬弄”“搬演”应为同义复合词。鉴于作为语素“搬”的“弄、玩弄；演”的意义在现代汉语中还比较活跃，在“搬”的单字条目下，应补充一个“弄，玩弄；演”的义项。而且“搬弄”的义项①（“用手拨动”）与“搬演”的释义（“把往事或别处的事重演出来”）也存在望文生义的倾向，须作适当调整。

---

① 本文作为会议论文写作时，《现代汉语词典》第6版尚未出版，故引述《现汉》均依第5版，今收入论文集仍保持原貌，特作说明。

《现汉》(第5版):

得① 动 得到(跟“失”相对):取~|~益|不入虎穴,焉~虎子|这件事办成了你也会~些好处。② 动 演算产生结果:二三~六|五减一~四。③ 适合:~用|~体。④ 得意:自~。……

【得病】 动 生病:不讲究卫生容易~。

【得空】 动 有空闲时间:白天上班,晚上要照顾病人,很少~。

很显然,“得病”“得空”的“得”的用法是常见义,而在单字条的释义中却无法找到答案,显然是漏收的义项。蒋绍愚《杜诗词语札记》(1980):“得,动词。有。杜诗中其例甚多。如:‘老树空庭得,清渠一邑传。’(《秦州杂诗》)、‘窜身来蜀地,同病得韦郎。’(《送韦郎》)、‘此日此时人共得,一谈一笑俗相看。’(《人日两首》)、‘主人留上客,避暑得名园。’(《奉汉中王手札》)、‘锦里残丹灶,花溪得钓纶。’(《赠王二十四》)、‘宝镜群臣得,金吾万国回。’(《千秋节有感》)”并且强调:“最后三例很值得注意。‘避暑得名园’是说主人有名园留客避暑,‘得’不是‘得到’。《赠王二十四》一诗是杜甫自阆州归成都时作,‘锦里’两句是说还成都后家中犹馀丹灶,溪上尚有钓纶……‘宝镜’两句是感慨群臣虽有宝镜而无复千秋节之盛。”这均说明上述“得”绝非“得到”之义,而作“有”解无疑。而且指出:“‘得’字这种用法在唐代不独杜诗有,其余如:‘汉酺闻奏钧天乐,愿得风吹到夜郎。’(李白《流夜郎》)、‘处处山川同瘴疠,自言能得几人归。’(宋之问《至端阳驿》)”可见“得”的这一义项在唐代(中古)为常见用法,后世在“得病”“得空”等口语词中得到保留,一直延续至今。因此《现汉》在“得”字条下应补充“有”的义项,或在“得病”“得空”等复音词下作相应的说明。

(二)避免“以今释古”,纠正不妥释义

《现汉》(第5版):

方[4] 副 ① 正在;正当:~兴未艾|来日~长。② 方才②:如梦~醒|年~二十。

这里，用“方”的“正在；正当”义来说解“方兴未艾”之“方”的意义是可以的；但用来说解“来日方长”之“方”就值得商榷了。“来日”是指将来时，而若用“正在；正当”来说解“方长”之“方”，那么“方长”即“正长”，则为指现在时，在逻辑上是矛盾的。“来日方长”即“来日尚长”，副词“方”为“尚，还”义。其实，这是中古汉语中就有的词义。蒋绍愚《唐诗词语札记（二）》（1983）：“方，副词。义同‘尚’或‘还’。‘仓廪无宿储，徭役犹未已。方惭不耕者，禄食出闾里。’（韦应物《观田家》）‘方未’即‘尚未’，此义更为常见。‘吾观摩天飞，九万方未已。’（李白《古风之三十三》）、‘自顾无所用，辞家方未归。’（李白《书怀赠南陵》）、‘感此三叹息，从事方未还。’（李白《游泰山》）”并指出：“‘方’有‘尚’义，晋宋时就有。《后汉书·祢衡传》：‘衡言不逊顺……（黄）祖大怒，令五百将出，欲加箠，衡方大骂，祖恚，随令杀之。’又《新唐书·王叔文传》：‘左右窃语曰：母死已腐，方留此，将何为耶？’也是此义。”

《现汉》（第5版）：

逐 ①追赶：追～｜～鹿｜随波～流。

这里用“追赶”义说解“追逐”“逐鹿”的语素义是可以的，而用来说解“随波逐流”之“逐”，就有些勉强了。因为成语“随波逐流”中的“随”与“逐”同义，也是“跟随”之义。而这一意义也是中古汉语中就有的。蒋绍愚《杜诗词语札记》（1980）：“逐，动词或介词。随。如：‘桃花细逐杨花落，黄鸟时兼白鸟飞。’（杜甫《曲江对酒》）、‘野老篱前江岸回，柴门不正逐江开。’（杜甫《野老》）……又如：‘箭逐云鸿落，鹰随月兔飞。’（李白《观猎》）、‘地逐名贤好，风随惠化春。’（李白《赠崔秋浦》）、‘明珠归合浦，应逐使臣星。’（王维《送邢桂州》）、‘须知胡骑纷纷在，岂逐春风一一回？’（杜牧《早雁》）”如果要求单字条目释义与复音词释义对应的话，应补充“随”这一义项，并以“随波逐流”作为该义项的例证。

（三）揭示词义来源，说明释义的“所以然”

如《现汉》（第5版）：

饮 ① 喝，有时候特指喝酒：痛～｜～料｜～食｜～水思源。② 可以喝的东西：冷～。③ 饮子：香苏～。④ 中医指稀痰。⑤ 心里存着；含着：～恨。

【饮恨】〈书〉动 抱恨含冤：～而终。

【饮弹】〈书〉动 身上中了子弹：～身亡。

【饮誉】动 享有盛名；受到称赞：～全球｜他的作品～文坛。

在上面所列由“饮”组成的复音词中，“饮恨”用的是义项⑤（心里存着；含着）；而用义项⑤解释“饮弹”已觉牵强，至于“饮誉”之“饮”则更找不到对应的义项。

《汉语大词典》（第12卷）（1993）“饮”条列有“受；享受”一义，并举出唐宋时代以来的大量例证：唐独孤及《唐故朝散大夫河南独孤公灵表》：“温江人饮公之化，逋者复，疲者悦，善者劝，不善者知耻。”宋苏轼《叶嘉传》：“吾植功种德，不为时采，然遗香后世，吾子孙必盛于中土，当饮其惠矣。”叶紫《星》第四章一：“她……无忧愁，无恐惧地饮着她自己青春的幸福！”其实“饮”的“受；享受”义在中古汉语中是常见义，如“饮惠”（谓蒙受恩德）、“饮泽”（谓蒙受恩泽）。因此，可在“饮”下加“受；享受”一义，起码应在“饮誉”的释义中作注释性说明。

《现汉》（第5版）：

拂 ① 动 轻轻擦过：春风～面。② 甩动；抖：～袖。③〈书〉违背（别人的意图）：～逆｜～意｜～耳（逆耳）。

【拂晓】名 时间词。天快亮的时候：～出发。

这里，人们读后也不知“拂晓”之“拂”所用为何义。蒋绍愚《唐诗词语札记》（1980）：“拂”有“迫近”之义。“骏马骄行踏落花，垂鞭直拂五云车。”（李白《陌上赠美人》）、“前闻辨陶牧，转盼拂宜都。”（杜甫《大历三年》）所用均为“迫近、靠近”义。南北朝与唐诗中还有“拂曙”一词，“莲帐寒檠窗拂曙，筠笼薰火香盈絮。”（庾信《独对赋》）、“拂曙朝前殿，玉墀多珮声。”（王维《扶南曲》）“拂曙”之“拂”与

“薄暮”之“薄”同义，均为“迫近”义。“拂曙”即今之“拂晓”。因此，可在“拂”下加“迫近”一义。

二　词（语素）在组合结构中衍生新义

汉语词的组合结构不仅可以保存古（旧）义，还可以促成新义的衍生。认识词义的这一衍生途径，对现代语文辞书编纂非常重要。这方面的情形相当复杂，是需要深入研究的问题。这里仅就目前认识到的主要类型，试作论述。

（一）复合词“结构超常组配”造成语素意义的变化

这种语义的变化，通常是语法结构超常搭配引起的。如：汉语的动宾式复合词，前一语素与后一语素之间通常是支配与被支配的关系，即“动+受事”的关系。而非受事动宾式复合词是汉语中独具特色的一种结构类型。其特殊性主要表现为：语法结构与语义结构的不对应性，虽然语法层面是动宾结构，而语义结构却复杂多样，如表现为“动+目的”、“动+结果”、“动+工具（方式、原因）、“动+时间（处所）”等，具有形、义失谐的特点。就某种意义来说，也是一种特殊的超常组配。这种超常组配，不仅使人们对这一类复合词的理解往往要附加一定的结构义；同时也往往会造成构词语素意义的偏移，形成新的义位，在语义上产生新的用法，在辞书中出现新的释义。如：

1. 跑（跑官、跑钱）

“跑官”的词义为“为谋取官职而奔走”，属于“动+目的”非受事动宾式复合词，作为复合词的词义，除表现出构成语素自身的意义外，还隐含着“为……”的结构义。在长期使用中，这种结构义往往造成其中动词性语素“跑”语义上的“结构性迁移”，形成新的义项。这种情况在现代语文辞书中得到体现：

跑 [动] ①两只脚或四条腿迅速前进：赛～｜～了一圈儿｜鹿～得很快◇火车在飞～。④为某种事物而奔走：～码头｜～材料｜～买卖。（《现汉》）

2. 逼（逼供、逼债、逼婚）

“逼”有“逼迫；胁迫”义。《尔雅·释言》：“逼，迫也”。其后一般带指人名词作宾语，如“寒气逼人”，是“动+受事”关系，如果接指物名词，则不能构成“动+受事”关系，如上述三例，我们不能说“逼迫供”“逼迫债”和“逼迫婚”。这三个复合词的语义关系是“动+目的”关系，隐含“为……”的结构义，长期使用中致使“逼”的目的义，即“索取”义得以突显，并和“逼”的“逼迫”义综合到一起，形成了一个新的义项。如《现汉》中对“逼”的释义：

逼 ① 动 逼迫；给人以威胁：威～｜寒气～人｜形势～人｜为生活所～。② 动 强迫索取：～租｜～债。

3. 落（落后、落选、落伍、落聘）

我们看《现汉》中对“落”的释义：

落 ① 动 物体因失去支持而下来：～泪｜花瓣～了。⑤ 遗留在后面：～选｜～后｜～伍｜名～孙山。

义项①为“落”的基本义，是一个具体动作动词，义项⑤中的“在后面”是“动+处所”特定组合体现出来的结构义。它附加在“落”的基本义上，使得“落”的意义发生了迁移，即从具体动作义转变为状态义。

4. 谋（谋和、谋私、谋职）

“谋”的本义为“考虑、谋划”。《说文·言部》：“谋，虑难曰谋。”《玉篇·言部》：“谋，计也。”“谋”是一个表心理活动的动词。“谋和、谋私、谋职”是“动+目的”组合关系，受特定结构的影响，使得“谋”这一语素附加了目的义，即：谋和=谋求和平或和解，谋私=谋求私利，谋职=谋取职业或职位。而且在长期使用中，“谋”的目的义（即“求、获取”义）进一步突显出来，即“谋和”（“谋求和平”）语义重心在于“求得和平”，而非“谋划和平”，从而造成原有动词语义上的迁移，复合词结构的“目的义”加到语素“谋”的意义上，形成新的义项，即“谋求”。如《现汉》中的释义：

谋 ② 动 图谋；谋求：～生｜～害｜为人类～福利。

5. 闯（闯祸、闯乱子）

“闯祸”等是“动+结果”的组合结构，隐含着“成（形成、引起）”等结果义，“闯”的常用义是“猛冲、勇猛向前”，其结果义是“猛冲”的行为造成的后果，加之“闯祸”这一复合词具有贬义色彩，其结果义“成（形成、引起）”一般用贬义词表达。这体现在《现汉》对“闯”的释义之中：

闯 ①〔动〕猛冲；勇猛向前：～劲丨～进去丨横冲直～。④ 惹起：～祸丨～乱子。

从以上分析我们可以看到，非受事动宾式复合词的每一类型都隐含着一定的结构义，这种结构义不但是复合词词义的重要组成部分，而且会影响构成语素意义的变化，或某个语义特征（如目的义、结果义等）突显，或使其由动作义向状态义迁移，从而演化出新的义项。

（二）复合词“语义相关传递”造成语素意义的变化

即由甲、乙两个语素构成复合词，在组合使用过程中，甲语素逐渐获得了乙语素的意义或甲、乙两个语素的组合意义，乙语素的意义传递给了甲语素。如：

“推”的基本意义是“向外用力使物体顺着用力的方向移动”，由此引申出一个“在原有基础上用力做某件事情”的相对抽象的意义。“推”的这个意义具有很强的组合能力，组成了“推广”“推行”“推选”“推举”“推荐”“推测”“推算”“推理”“推究”等复合词。而这些复合词（特别是高频出现的词）在使用中，语素间的意义发生了“相关传递”。

“推广”在反复使用中，语素“广”的意义传递给“推”，结果出现“推”=“推广”的语义变化。例如：“经过典型引路，这件事情推开了。”这里“推”融会了“推广”两个语素的意义。

“推选”在反复使用中，语素“选”的意义传递给“推”，结果出现“推”=“推选”的语义变化。例如：“大家推老张担任了队长。”这里“推”融会了“推选”两个语素的意义。

“推测”在反复使用中，语素“测”的意义传递给“推”，结果出现“推”=“推测”的语义变化。例如：“从目前的情况可以推知事情的结果。”这里“推”融会了“推测”两个语素的意义。

上述是并列式复合词“语义相关传递”的现象，这种“语义相关传递”的情况还表现在其他结构方式的复合词的重新分析上。如：

依照许慎《说文解字》：“颜，眉目之间也。”引申指“面容”。“颜色”本为偏正结构的复合词，本义为面色、脸色。屈原《渔父》：“颜色憔悴。”刘义庆《世说新语·汰侈》：“颜色如故。”后随着语素“颜”的古义隐没，作为词义重心的语素“色”意义传递给“颜”，“颜色”重新分析为并列结构，“颜色”义同于“色”，从而使“颜”的语义发生演变，产生了“色”义，而且可以单用为“五颜六色”。同样，“胡”本指兽颈下的垂肉。《诗经·豳风·狼跋》：“狼跋其胡。”“胡须”本为偏正结构复合词。由于“胡”古义隐没，作为词义重心的语素“须”的意义传递给“胡”，重新分析为并列结构，“胡须”义同于“须”，使“胡”的语义发生变化，产生了“须”义，而且还可以单用为“胡子”，专指“须”。

参考文献

汉语大词典编辑委员会，汉语大词典编纂处．汉语大词典．上海：汉语大词典出版社，1993.

蒋绍愚．唐诗词语札记．北京大学学报，1980（1）.

蒋绍愚．杜诗词语札记//语言学论丛（第六辑）．北京：商务印书馆，1980.

蒋绍愚．唐诗词语札记（二）//语言学论丛（第十辑）．北京：商务印书馆，1983.

王力．古代汉语（第一册）．北京：中华书局，1962.

王力．古语的死亡残留和转生//龙虫并雕斋文集（第一册）．北京：中华书局，1980.

赵日和．《张协状元》词语选释．中国语文，1982（3）.

中国社会科学院语言研究所词典编辑室．现代汉语词典（第5版）．北京：商务印书馆，2005.

（苏宝荣，任敏：河北师范大学文学院，石家庄　050024）

现行汉语成语词典的规范化问题

王　琪

辞书应具有科学性和规范性，能引导读者正确理解和使用成语，但从大多数成语辞书的编纂质量来看，问题比比皆是。目前通行的成语词典分大、中、小型，不可胜数，质量参差不齐，在注音、解释用字、释义和引例上等方面多有错讹，甚至在一本书中前后矛盾，令人无所适从。笔者核查了《汉语成语源流大辞典》（刘洁修，开明出版社 2009 年 12 月）、《汉语成语大辞典》（上海辞书出版社 2007 年 11 月）、《现代汉语成语规范词典》（李行健，长春出版社 2003 年 5 月第二版）、《汉语成语多用词典》（精选本，四川出版集团，四川人民出版社 2006 年 4 月）、《中华成语辞海》（全三卷，齐义农，中央民族大学出版社 2003 年 1 月）、《成语探源辞典》（朱瑞玟，首都师范大学 2008 年 4 月）等，其中的不科学、不规范现象令人担忧。连如此有一定质量的辞书都不能避免错讹，更遑论普通的学生成语词典了。这种情况与辞书数量的丰富多样及收词规模不断增大的发展趋势很不协调。如果不及时、不全面修订，就会以讹传讹，不仅损害辞书应有的工具价值，而且可能使习非成是的现象层出不穷，最终会影响传统文化的继承和传播，降低国民的语文水平。所以，本文择取以上所列辞书的不规范之例，仅供参考，以期得到大方之家的关注，为规范汉语成语辞书、提高编纂质量贡献绵薄之力。

一　注音不规范

成语中的多音多义字频繁出现，在尊重成语来源的前提下准确无误地标音非常重要。但在现有的辞书中，注音差错不胜枚举，造成义和音不对应，误导读者。如《成语探源辞典》“乐（lè）山乐（lè）水”（第 11 页），应为“yào”，与“喜好”义相配；《成语探源辞典》“郢书燕说（shuō）”（第 351 页），应为“yuè”，与“喜悦”义相配；《成语探源辞典》“捉襟见（jiàn）肘”（第 151 页），应为“xiàn”，与“显露”义相配，是“现”的古字；《成语探源辞典》“别（身）无长（cháng）物”（第 389 页）、《中华成语辞海》“别（身）无长（zhǎng、cháng）物”（第 91 页、第 1296 页），应为“zhàng”，与“多余”义相配；《成语探源辞典》《中华成语辞海》“力能扛（káng）鼎”（第 389 页、第 904 页），应为“gāng”，与“双手对举”义相配；《汉语成语多用词典》《汉语成语大辞典》“教（jiào）学相长”（第 234 页、第 396 页），应为“jiāo”，与“传授知识技能”义相配；《成语探源辞典》“衣（yī）冠（guān）禽兽”（第 416 页），应为“yì、guàn”，与动词“穿衣、戴帽”义相配，但除《汉语成语大辞典》注“衣”为“yì”外，其余各书皆标错音；《现代汉语成语规范词典》“相（xiāng）机行事”（第 423 页），应为“xiàng”，与“看，观察”义相配。此类误注很多，且各工具书无一例外。这种现象如果长此以往地存在下去，就会习非成是。如“夸父（fù）逐日”，“父”本应为“fǔ”，是对男子的美称，许多历史人物皆以此称，如“尼父、逢丑父”等，而读去声无此义，可所有成语辞书都标去声。这样，音义脱离、原义尽失的成语脱离本源，其中多音字的注音无法与字典和词典的相应标注和解释吻合，造成识读上的矛盾。

“习非成是”体现在语音上，是约定俗成的产物，它来自多种渠道，如避讳①、有意为之②、破读、误读等。多音字最容易造成误读，如果对此类问题习焉不察，就会任凭多音字单音化倾向发展下去，成为不可阻挡的大趋势，这在汉语史上非常普遍。如“暴”共有“bào、pù、bó”三音，

---

① 如“戊”本读茂，《广韵》“莫候切”。五代后梁开平元年，由于梁太祖曾祖名茂琳，为避讳，改读“务”。经强制而渐渐习惯，成为正音了。

② 如“癌”，在解放前出版的《国语辞典》和 1962 年以前出版的《新华字典》《四角号码词典》等都注为 yán。而在许多方言中读成 ŋai 或者 ai，如长沙，成都，武汉，贵州黎平、赫章，湖南耒阳、吉首、常德，大方，沿河等地读作 ŋai；湖北宜昌，云南永胜等地读作 ai 等音。20 世纪中期，为避免“癌症”与“炎症”“胃癌”与“胃炎”相混，贻误病情，故被普通话吸收，成为正音。

表“曝露”时本应读“pù”，表“鼓起，突出”义时应读“bó”，但多音归单音的语音变化趋势却使之改读为“bào”。面对此类已“成是”的现象，我们只能被动适应；而对那些正在发生“习非”事实的情况，我们应当采取什么态度？是继续观望，顺其自然呢，还是及早编写一部权威性的成语词典，加以规范？如果是前者，就会不断出现成语词典混乱的注音情况；如果是后者，就会有效地、尽量地消除“习非”的负面影响，防止其“成是”。正如张一舟所说：“多音字单音化以后，如不及时整理，新旧读法并存，又会产生异读词语，给人们增添新的麻烦。”①

以上所举成语多音字误读之例是习焉不察的结果，使成语中的字音与字典或普通词典的音注不合，难道成语的读音就应该有特殊性、独立性吗？又如“箪食（sì）壶浆”，出自《孟子》，陆德明音义：“箪食，音丹，下音嗣。后箪食皆放此。”朱熹注：“箪音丹，食音嗣。”故所有成语辞书都如是标音，但在字典和普通词典中，表示“食物”义当读“shí”，而表示“给人食物吃”时才读“sì”。这种不统一使一些古代汉语教材就此字的注音也不尽相同，如王力《古代汉语》文选《晋灵公不君》“而为之箪食与肉”下注：“食（sì），饭。”② 而殷国光、赵彤《古代汉语》未注，只是对上文的“食之”之“食”标出破读音“sì”，③ 这反映了编者认为前者要么是常见音“shí”，无须标注；要么是模棱两可，故意回避。可见，多音字标注一定要审慎，有所指归，避免成语词典与字典或普通词典出现注音不同现象。虽然有专家认为可以按照“从众”“从俗”的标准来解释和处理此类问题，但是这种消极方式只能单独应付成语词典的编纂问题，无法在整个语文工具书内部自圆其说。所以，我以为折中和补充处理是一种比较适宜的方法。比如对已习非成是的字音从众从俗，但需补充解释本音，如“夸父逐日”的“父”，“箪食壶浆”的“食”；而对尚未“成是”的混乱注音现象要严格控制，避免泛滥。我们认为，各类辞书对多音字的音义关系的说明应保持一致，成语中的多音字标音一定要符合所表示的意义，符合字典和普通词典的标音。如《汉语成语大辞典》“一暴（pù）十

① 张一舟《从某些多音字的单音化倾向谈起》，《语文建设》1996 年第 10 期。
② 王力《古代汉语》，中华书局 1999 年。
③ 殷国光，赵彤《古代汉语》，中国人民大学出版社 2009 年。

寒”（第981页）就合乎以上的要求。所以，成语词典中多音字标注混乱的现象完全可以按照正音标准进行纠正。

二 对用字现象的处理方式不规范

用字分为古今字、异体字、通假字等，其差异明显，解释术语不同，如古今字为“某，后作某”，异体字为“某，同某”，通假字为“某，通某”。成语大多保留了古汉语的语言文字的特点和规律，如果严格按照此标准来解释其中的用字现象，读者就会有豁然开朗的感悟；如果只简单释义不溯源，或术语使用混乱，则会使读者不明所以，甚至误导读者。可见，回避用字问题或随意使用解释术语都会降低成语辞书的编纂质量和有效的工具性，所以，我们必须慎重对待。

目前成语辞书对用字现象的处理方式表现在：

第一，只释义，不溯源。如《汉语成语大辞典》“流言飞语”：“见‘流言蜚语’”；“流言蜚语”：“亦作‘流言飞语”（第488页）。未解释“飞、蜚”间的通假关系。《汉语成语源流大辞典》“被发缨冠”忽略了“被”和“披”的古今字关系。《汉语成语大辞典》不但如此，而且对“被发入山、被发文身、被发跣足、被发佯狂、被发左衽、被褐藏辉、被褐怀宝、被褐怀玉、被褐怀珠、被甲枕戈、被甲执兵、被甲执锐、被坚执锐、被山带河、被绣之牺、被绣夜行、被褚贯木、被朱佩紫”（571—573页）中的“被”皆未注释。

第二，只找本字，不标明用字关系。《成语探源辞典》“被发缨冠”：“被：披”（第28页）、“一介不取”：“介：芥”（第34页）、“一暴十寒”：“暴：曝”（第34页）、“鱼网鸿离”：“离：即‘丽’，附丽”（第53页）、“情见乎辞”：“见：现”（第86页）、“情见势屈”：“见：现”（第259页）。

第三，解释术语混乱，不规范。如：《汉语成语多用词典》“流言蜚语”：“蜚：同‘飞’”（第318页）；《汉语成语源流大辞典》《中华成语辞海》“一介不取”：“介，同‘芥’”（第1351页、第1774页），其实，“同”应改为“通”，不是异体字，而是通假字。《汉语成语大辞典》“衔华佩实”：“华，同‘花’”（第894页）；“披发左衽”：“被，通‘披’”

（第 573 页）。实际上，“同”“通”应改为“后作”，不是异体字、通假字，而是古今字。更有甚者，同一部辞书解释同一种用字现象时，术语依旧不统一。如《汉语成语源流大辞典》“被发左衽”：“也省作‘披发’，披，同‘被’”，而在“被褐怀玉”下注为：“又作‘披褐怀玉’，披，通‘被’”（第 875 页）。这不仅搞乱了用字问题，而且混淆了主次关系。

第四，误将本字视为用字。《成语探源辞典》“空空如也”：“空空，即悾悾，诚恳的样子”（第 11 页），《中华成语辞海》：“空空，同‘悾悾’”（第 862 页）。其实，“空空”本身就有“诚恳貌”义，如《吕氏春秋·下贤》：“恩恩乎，其心之坚固也；空空乎，其不为巧故也。”高诱注：“空空，悫也。”《淮南子·主术训》：“其民朴重端悫。”高诱注：“悫，诚也。”此成语源出于《论语·子罕》：“有鄙夫问于我，空空如也，我叩其两端而竭焉。”后转义，“形容一无所知”（《汉语成语大辞典》第 443 页）。又如《成语探源辞典》“批亢（háng）捣虚”：“亢：吭，咽喉”（第 294 页），《汉语成语源流大辞典》：“亢：通‘吭’，咽喉”（第 871 页）。其实，“亢”应读“gāng”，本义为“咽喉，喉咙”，《史记·刘敬叔孙通列传》：“夫与人斗，不搤其亢，拊其背，未能全其胜也。”裴骃集解引张晏曰：“亢，喉咙也。”无需通假“吭”后显示此义。故《汉语成语大辞典》对这个成语的处理是正确的：“批亢（gāng）捣虚”：“亢，咽喉”（第 572 页）。《现代汉语成语规范词典》“莫衷一是”：“衷：同‘中’，正中”（第 248 页）。其实，“衷”有“折中，裁断”义，由引申义“中，中央”再引申而来。《梁书·昭明太子统传》：“刘仆之议，即情未安。可令诸贤更共详衷。”清薛福成《援越南议上》：“通中外之隔阂，衷群说于一是。”据此，应改为“义同‘中’，正中”较宜。

古汉语的用字现象是阅读古书的障碍之一，成语中既然包含用字问题，编纂辞书时必须面对这一难题，回避和误释都会影响正确表达成语内容。我们可以根据不同类型的成语辞书的特点采取以下两种处理方式：

第一，学生类成语词典应简单明了，列出本字，说明相应之意即可，不必详细解释用字和本字的关系，如《成语探源辞典》的处理方法。中、小学生语文水平和古汉语水平有限，如果强求标明用字现象反而会将问题复杂化，妨碍工具书正常地发挥作用。

第二，探源类或大、中型成语词典应体现其专业指导性，要求编纂者必须具备扎实的古汉语功底，在判断和解释用字现象方面严格而精确，溯源求本，若逐流与扬标，就难免以上所列举的四类不足。目前暴露出的所有问题一方面是由于编者对用字现象重视不够，另一方面是编者自身水平有限，无法正确判断用字现象及正确使用解释用字的术语。

三 释义和引例不规范

释义是辞书编纂的核心工作。言简意赅、精确恰当的释义能为辞书增辉，让人开卷有益；而重复片面、模糊失当的释义则使辞书逊色，误人子弟。以上所列的成语词典在释义上的缺陷主要表现在：

第一，释义不当。《汉语成语多用词典》“庖丁解牛”：“庖丁：名叫丁的厨师。”（第392页）“丁”非人名，而是指从事某种专门性劳动的人。《庄子·养生主》：“庖丁为文惠君解牛。”成玄英疏：“庖丁，谓掌厨丁役之人，今之供膳是也。”《现代汉语成语规范词典》“大快人心”：“快：痛快。形容使人们的心里特别痛快。”（第65页）“快”应解释为“使……痛快”。“望子成龙”：“……盼望儿子能成为杰出人才。”（第394页）“子”当指“儿女”，释为“儿子”，失之偏颇。“天荒地老”：“天荒废了，地衰老了。”（第370页）释语不合逻辑，应为：“荒，荒远；老，久远”。“万人空巷”：“指众多的人都出来了，致使小巷都空了。”（第390页）“巷”在此应指住宅。如《论语·雍也》：“一箪食，一瓢饮，在陋巷。”清王引之《经义述闻·通说上》：“古谓里中道为巷，亦谓所居之宅为巷。”《成语探源辞典》“鱼网鸿离”：“离：即‘丽’，附丽。”（第53页）此成语出自《诗经·邶风·新台》：“鱼网之设，鸿则离之。”“离”当通“罹”，义为“陷入”。

有的释义差误是由于未采录新的研究成果。如好多工具书都以为“蛛丝马迹”中的“马”指“牛马”之“马”，而实际上应为“灶马”，一种活动于灶边、状如促织的昆虫。[①] 又以为“不可救药”是“不可救以药”的省略形式。其实，“药”本为“疗”，是通假字。王宁在《“不可救药”

① 李业政《“蛛丝马迹”的“马”指什么马》，《语文知识》2003年第5期。

解》一文中论证了这个观点。[①]

第二，释语重复。《现代汉语成语规范词典》“稠人广众”：“指人群众多的场合。”（第47页）应将“人群”改为“人”。“和而不同”：“……互相协调而不随便苟同。”（第143页）“苟”含“随便”，当删“随便”。“空中楼阁”：“比喻脱离实际的理论、计划或凭空虚构的事物。”（第203页）“虚构”即含“凭空”，应删“凭空”。

第三，引例与成语不符。《现代汉语成语规范词典》“十全十美”的引文是“十全之美”；“为虎添翼”的引文是“为虎傅翼”；“无动于衷”的引文是“无动于中”。

以上分析可参看罗永久《〈现代汉语成语规范词典〉（修订本）质疑》[②] 和许正元《“成语规范词典”不规范——浅评〈现代汉语成语规范词典〉》[③]。

综上所述，注音、解释用字不当、释义和引例不规范是成语词典的通病，其他还有体例不统一、溯源不规范等问题，[④] 此不赘述。要积极妥善地治疗这些通病，从微观上来说，就必须对成语逐条分析，追根溯源，认真比对，反复推敲，前后一致，以加强正音工作、合理解释用字情况、恰当释义、精选引例，同时不断吸收最新的科研成果，使成语解释趋向合理；从宏观上来讲，成语词典规范化是推进语文建设工作的基础之一，行家里手们有必要将注意力从“增肥”词典转移到提高编纂质量上面，特别是大中型工具书大多出自众人之手，质量良莠不齐，对此更应该严格把关，统一标准，在每一个环节上下大功夫，为读者提供名副其实的成语规范词典。

（王琪：西安外国语大学中国语言文学学院，西安　710128）

---

① 陆宗达，王宁，宋永培《训诂学的知识与应用》，语文出版社1990年。

② 罗永久《〈现代汉语成语规范词典〉（修订本）质疑》，《校对之友（电子刊物）》2009年第19期。

③ 许正元《“成语规范词典”不规范——浅评〈现代汉语成语规范词典〉》，《中华读书报》2004-03-31（6）。

④ 王光汉《词典问题研究》，安徽大学出版社2010年。

初唐佛典语词研究与《汉语大词典》编纂*

——《汉语大词典》订补十四则

王绍峰

《汉语大词典》成书于上个世纪的后半期，目前仍是我国语文辞书中规模最大、质量最高的大型辞书。任何辞书都应处在一个修订完善的过程中，《汉语大词典》成书后一直没有进行修订，这或许正如黄建华先生分析的那样，语言学研究与词典编纂存在脱节的现象（黄建华，2002），致使词典修订工作略显迟滞。我们盼望着《汉语大词典》修订工作能尽早开始，因为《汉语大词典》的修订必将为我国文化事业大发展大繁荣增添新的成果。

学界关于《汉语大词典》补正的文章很多，此前论文大多是从古代汉语语料研究的角度，对《汉语大词典》所收语词、义项以及书证等提出补正意见，本文的做法与此大体相近，主要通过对此前没有被充分利用的初唐时期道宣、义净等高僧的佛典文献的研究，从选词立目、语词释义、书证选取等方面，为《汉语大词典》的修订提出一些建议，以期未来《汉语大词典》的修订工作能够更加完备，词典质量更高。

一　选词立目或可增收补正

选词立目是词典编纂首先要解决的问题，辞书的性质、类型也决定了辞书选词立目的原则和范围。尽管任何一部大型辞书也不可能包含语言的

---

* 本文为国家社科基金项目“初唐佛典异文考辨”（09BYY044）的阶段性成果。

全部语词，但作为基于源远流长中国文化的、贯通古今的大型权威词典，《汉语大词典》有责任尽可能广泛地比较完备地搜罗汉语语词，以展示我国悠久灿烂的文明。收词不完备，可能是语言系统性照顾不周，进而造成词典词目系统不完备。黄建华先生曾指出："全词典的任何单词都应列在结构之内。""词典没有'一''二'，而有'百''千'，没有'爸''妈'，而有'叔''姨'，没有'人'而却列出各种动物，那是多么的不成系统！"（黄建华，2001）此外，还有些词目的选定可能还值得商榷。造成这些缺憾的原因，大概一是过往汉语史研究还尚未达到今天的水平，语言学没有给词典编纂提供较为有价值的参考，另一方面，也许个人的语感和立目的指导思想和标准见仁见智。我们相信，随着汉语大型语料库建设以及汉语词汇史研究的进步，《汉语大词典》宏观系统一定能够更加科学完备。这方面补正文章夥矣，本文只是一鳞半爪而已，仅仅为笔者在使用《汉语大词典》过程中发现尚有可以补足的个别条目，举例如下：

（一）没有收录"母难"

《汉语大词典》收录了"母艰""母忧"，也收录了"父艰""父忧"，没有收录"母难"一词，但是却收录了"母难日"。

【母难日】元白珽《湛渊静语》卷二："近刘极斋宏济，蜀人，遇诞日，必斋沐焚香端坐，曰：'父忧母难之日也。'"后因谓自己的生日为"母难日"。《西游记》第十七回："那黑汉笑道：'后日是我母难之日，二公可光顾光顾。'"清俞樾《茶香室丛钞·父忧母难》："今人于生日曰'母难日'，不知有父忧母难。"

初唐佛典中有"母难"这样的用法。如：《续高僧传》卷十三《法护传》："十二遭父忧，未几又丁母艰，哀恸气绝者数四。"按，"母艰"，丽本作此，诸本作"母难"。"母艰"，母丧。"母艰"可从，也是古代汉语比较常见的用法，但是作"母难"亦可，"艰""难"本来义近，可以与同一语素组合，"母艰""母难"二者同义，皆可通。《法苑珠林》卷六"宋司马文宣感应缘"："宋司马文宣，河内人也，颇信法。元嘉九年，丁母难，弟丧。"《出三藏记集》卷十三《竺叔兰传》："后遭母难，三月便欲葬。有邻人告曰：'今岁月不便，可待来年。'叔兰曰：'夫生者必有一死，死者不复再生，人神异涂，理之然也。若使亡母栖灵有地，则乌鸟之心毕矣。若待来年，恐逃走无地。何暇奉营乎？'遂即葬毕。""难"，金本作此，碛、普、南、径本作"艰"。

《汉语大词典》中白斑《湛渊静语》的例子其实并没有出现"母难日"一词，它只能帮助说明"母难日"的来源，倒是在这个例子中出现了"父忧""母难"这样两个词语，本例如果作为"父忧""母难"的书证是再合适不过的了。《西游记》的例子也是一样的道理，它本来应当是"母难"一词的绝好例证。唯有俞樾《茶香室丛钞·父忧母难》权且可以作为"母难日"书证，但是它更适合作"母难"的例证，因为从该书篇名，到这个例子的最后落脚点"不知有父忧母难"，都出现"母难"这样的说法。

《汉语大词典》收录了"母难日"而没有收录"母难"，给出的元白斑《湛渊静语》以及《西游记》第十七回的例子，也只是说明"母难日"一词的词源，并不能算作是书证。诚如俞樾《茶香室丛钞·父忧母难》所说，是只知有"母难日"，不知道还有"父忧""母难"了。

（二）没有收录"丁内艰""丁内忧"

《汉语大词典》在收录了"丁外艰""丁外忧"后，没有收录"丁内艰""丁内忧"，没有顾及词汇的系统性特点。

古制遭逢父母丧事，依照礼制，子女应当行哀礼，子女要守丧，三年内不做官，不婚娶，不赴宴，不应考，称丁忧或丁艰。《晋书·袁悦之传》："始为谢玄参军，为玄所遇，丁忧去职。"《梁书·袁昂传》："丁内忧，哀毁过礼。"如果是父亲过世，则曰丁父忧，或丁父艰，也称丁外忧、丁外艰；若是母亲过世，则曰丁母忧，或丁母艰，也称丁内忧、丁内艰。

既然遭逢父母亲离世称作丁忧、丁艰，而遭逢父亲去世称丁父忧、丁父艰、丁外忧、丁外艰，那么遭逢母亲过世，则自然可以称作丁母忧、丁母艰、丁内忧、丁内艰。这在逻辑上是非常简单的，而在语言发展演变上也符合类推规律，在语言事实上也确有例证，仅中古史书中就有非常多的例子。《北齐书·高隆之传》："天平初，丁母艰解任，寻诏起为并州刺史，入为尚书右仆射。"《陈书·姚察传》："拜宣惠宜都王中录事参军，带东宫学士。历仁威淮南王、平南建安王二府咨议参军。丁内忧去职。"这正体现了词汇的系统性，特别是汉语称谓表达，本来就有极强的对称性，汉语部分词语呈现对称分布状态，词汇的对称分布特征在性别词里表现明显。但遗憾的是，我们的一些大型辞书如《汉语大词典》在收录词目时，没有充分注意到这个特点，在收录了“丁外艰、丁外忧”后，没有收录“丁内艰、丁内忧”，而台湾《重编国语辞典》则收录了“丁内艰”，解释为“遭遇母亲去世，亦作‘丁母忧’”，但也没有收录“丁内忧”。

初唐佛典中有这样的用例。《续高僧传》卷十《智聚传》：“至德三年，丁外忧，泣血衔哀，殆将毁灭，因此言归旧里，止于东山精舍。”按，“外”，金本作此，资、碛、普、南、径、清本同，丽本作“外母”。本文以为或应当从金本为是。《智聚传》本例显然是亲人亡故而执丧礼。但如果从丽本，有两点必须注意：一、所谓“外母”，应当是岳母的意思，而古制中未有言及岳母去世而执如此丧礼者；二、“外母”一词，一般认为出现在明代以后的俗文学作品中，元以前似乎没有出现文献用例，如果这样一个称谓词突兀地出现在初唐佛典中，实在缺乏理据。故此，我们认为“外母”之说不可信，应当遵从金本等作“外”。“至德三年，丁外忧，泣血衔哀，殆将毁灭”，是说智聚法师父亲过世，法师严守人伦俗礼的情况，语义完足。

（三）“芜昧”的解释词“芜没”没有收录

初唐佛典出现了“无昧”与“芜昧”的异文。《续高僧传》卷十五《慧休传》：“休天机秀举，惟道居心。乃背负华严，远游京邺。一闻裕讲，鋈动身心，不略昏明，幽求体性，而章句无昧，至理未融。展转陶埏五十余遍，研讽文理，转加昏漠。试以所解遍问诸师，皆虑涉重关，返启其致。乃悟曰：‘斯固上圣之至理也，岂下凡而抑度哉？且搏听众师，沐心法海耳。’”按，“无昧”，诸本作“芜昧”。应当作“芜昧”，“芜昧”就是混乱、杂乱义。《汉语大词典》：“【芜昧】1. 犹芜没。唐陈子昂《蓟丘览古赠卢居士藏用》诗序：‘历观燕之旧都，其城池霸迹已芜昧矣。’2. 杂乱不清。《旧唐书·礼仪志二》：‘今之所存，传记杂说，用为准的，理实芜昧。’”

这一条释义有三个问题：一是如果你不清楚“芜没”一词的意义，再查《汉语大词典》，你会发现《汉语大词典》根本没有收录“芜没”这个词。二是义项归纳值得商榷，这个词可能就一个义项：混乱、杂乱、不清楚，陈子昂例依旧是说陈迹模糊，难以寻觅了。三是所给的书证太晚，其实早在中古时期就已经出现了这个用法，如：梁慧皎《高僧传》卷十四《序录》："齐竟陵文宣王《三宝记》传，或称佛史，或号僧录。既三宝共叙，辞旨相关，混滥难求，更为芜昧。"此序又见《全梁文》卷七十三。

（四）收录了"肃邕"一词而没有"邕肃"

"邕肃"与"肃邕"同义。《续高僧传》卷八《昙延传》："延形长九尺五寸，手垂过膝，目光外发，长可尺余，容止邕肃，慈诱泛博，可谓堂堂然也。"按，"邕肃"，金本作此，资、碛、普、南、径、清本作"肃邕"。其实二者同义，皆可通。问题是《汉语大词典》收录了"肃邕"一词而没有收录"邕肃"，其实"邕肃"与"肃邕"均为同义语素复合而成的复合词，此类复合词在汉语词汇史上顺次颠倒是常态，也就是说，既然有"肃邕"一词，也可能有"邕肃"一词。尽管在《诗经》中已经出现了"肃邕"，如《诗经·周颂·清庙》："于穆清庙，肃邕显相。"但后世佛典中大概同样是依照《诗经》（《诗经·大雅·思齐》："邕邕在宫，肃肃在庙。"）中的用例，不断出现"邕邕肃肃"以及"邕肃"这样的表达，如《高僧传》卷六《僧肇传》："禅师于瓦官寺教习禅道，门徒数百，日夜匪懈，邕邕肃肃，致自欣乐。"《弘明集》卷第六《道恒法师释驳论》："使德行卓然，为时宗仰仪容，邕肃为物轨则。"《宋高僧传》卷八《法持传》："释法持，俗姓张氏，润州江宁人也。仪貌邕肃，肤体至润。"中土文献也有用例，如《晋书》卷八五《檀凭之传》："檀凭之，字庆子，高平人也。少有志力。闺门邕肃，为世所称。从兄子韶兄弟五人，皆稚弱而孤，凭之抚养若己所生。"如是，我们说，金本的"邕肃"亦可从。

二　补正释义

语词解释乃词典的核心，对此一部分的订补下再多的功夫都不为过。不管释义采取对释、描写说明等何种方式，对语文辞书来说，正确把握立目语词的词义应该是第一位的。《汉语大词典》收录的语词大多为多义词，这又涉及义项的概括问题，义项的概括应当努力做到全面性、准确性（李尔钢，2002），但要做到这一点不是一件容易的事情，牵涉语义学、辞书编纂学的思想与理念，也和辞书编纂的实际密不可分，李开先生《现代词典学教程》列出专节讨论“义项概括不当种种”（李开，1990），可参看。在使用《汉语大词典》过程中我们发现部分语词的解释可能还不够准确，有些语词有义项遗漏、错误等现象，举例如下：

（一）时服

【时服】1. 当时通行的服装。《礼记·檀弓下》：“往而权其葬焉，其坎深不至于泉，其敛以时服。”郑玄注：“以时行之服，不改制节。”2. 时兴的服装。晋陆机《招隐》诗：“嘉卉献时服，灵术进朝飡。”唐张籍《酬浙东元尚书见寄绫素》诗：“便令裁制为时服，顿觉光荣上病身。”

初唐佛典中有用例，如《续高僧传》卷十三《道岳传》：“皇太子令曰：普光寺上座，丧事所资，取给家令，庶使丰厚，无致匮约。仍赠帛及时服衣等。”

按，“衣”，丽本作此，诸本作“法衣”。本文谓此段最后一句作“仍赠帛及时服衣等”可从。“时服衣”也就是“时服”，意即当下时令节气所应穿着的衣服。“时服”，《汉语大词典》有释，但我们认为其释义可能不确。

再看下面的例子：

（1）宝历二年，遣使送方镇及三军时服，克融怒所赐疏弱，执中使以闻。(《旧唐书·朱克融传》)

（2）于是赍物三百段，九环金带，并时服一袭，马十匹，慰勉遣之。(《隋书·薛道衡传》)

（3）赐紫袍金带及鱼袋，并时服、缯彩、银盘、胡瓶。(《旧唐书·吐蕃传上》)

（4）即日玺书褒美，颁其器币，授少府监致仕，月给俸钱及冬春二时服。(《旧五代史·尹玉羽传》)

（5）赐绫帛等六十段并及时服十具。(《续高僧传》卷三《波颇传》)

（6）自是帝既情信日隆，平章法义，福田功德无辍于口，与法师无暂相离，敕加供给，及时服卧具数令换易。（慧立、彦悰《大唐大慈恩寺三藏法师传》卷七）

(7) 亮遗命葬汉中定军山，因山为坟，冢足容棺，敛以时服，不须器物。(《三国志·蜀书·诸葛亮传》)

(8) 气绝之后，载至冢舍，实时殡敛。敛以时服，皆以故衣，无更裁制。(《后汉书·梁统传》)

(9) 齐武帝建元元年，太子左率张导，字进贤，少读书，老饵术。每食不过二味，衣服不修装。既得疾，谓妻朱氏曰："我死后，棺足周身，敛我服，但取今著者，慎勿改易。"及卒，子乾护欲奉遗旨，朱氏曰："汝父虽遗言如此，不忍依其言。"因别制四时服而敛焉。(《太平广记》卷三八三《张导》)

仔细体味上文诸例"时服"用法，我们可以发现例（1）（2）（3）（4）（5）为一类，例（7）（8）（9）为一类。例（1）（2）（3）（4）（5）中的"时服"就是适应时令气候的衣服，所谓春服、夏服、秋服、冬服。例（7）（8）（9）与《汉语大词典》所举的《礼记·檀弓下》及郑玄注相类，是古人为了表示自己简葬，不特别制作殓衣、送老衣，只是随死亡时间用当时日常所穿的衣服来装殓入殡，所以"时服"也会经常出现在这些语境中，但这个"时服"还不能独立出一个义项，因为词义并没有发生引申。《汉语大词典》将"时服"归纳为"当时通行的服装"，并不确切，这个"时"还是理解为时节、季节、时令更合适一些。我们可以注意当今社会，每逢季节变换，许多售卖服装的商家也还都会亮出换季大甩卖等降价销售方式，换季，也就是因时而更换所穿衣服。

如果说《汉语大词典》给"时服"归纳的第一个义项不恰当的话，那么给"时服"归纳的第二个义项"时兴的服装"则是错误的。如果"时服"为"时兴的服装"，那一方面表明第二个义项的归纳受到了第一个义项"通行"义的遗害，另一方面，则是错误地将"时服"与"时装"看作是同义词了。（《汉语大词典》：【时装】1. 式样最新的服装。韩北屏《非洲夜会·双城记》："穿巴黎时装的妇女和穿阿拉伯长袍的妇女，一同在街头漫步。"2. 当代通行的服装。跟"古装"相对而言。洪深《戏剧导演的初步知识》上篇三："地方戏中，只有小丑与丑旦，准许偶而时装，其它角色，都穿行头。"）

我们看《汉语大词典》所举的晋陆机《招隐》与唐张籍《酬浙东元

尚书见寄绫素》诗完整的文字：

（1）驾言寻飞遁，山路郁盘桓。芳兰振蕙叶，玉泉涌微澜。嘉卉献时服，灵术进朝餐。朝采南涧盏，夕息西山足。轻条象云构，密叶成翠屋。结风伫兰林，回芳薄秀木。（晋陆机《招隐》）

（2）越地缯纱纹样新，远封来寄学曹人。便令裁制为时服，顿觉光荣上病身。应念此官同弃置，独能相贺更殷勤。三千里外无由见，海上东风又一春。（唐张籍《酬浙东元尚书见寄绫素》）

例（1）与“嘉卉献时服”中“时服”对仗的是“朝食”，“朝食”也就是早餐的意思，极为平常，并没有夸张、美誉的意思，故而将“时服”理解为时兴的服装，可能有臆测之嫌。例（2）之所以理解为“时兴的服装”，大概是受到了本诗前一句“越地缯纱纹样新”中“纹样新”的影响而妄加解释的。我们检索了中古、唐代文献，发现除此二例外，再无可能解释为“时兴的服装”的例子，即便是晋陆机《招隐》与唐张籍《酬浙东元尚书见寄绫素》例，解释为季节性的服装亦无不可。《汉语大词典》对此二例，均犯了训诂学上增字为释的弊病，释义并不可信。

（二）迴互

【迴互】亦作“廻互”。1. 回环交错。《文选·木华〈海赋〉》：“乖蛮隔夷，迴互万里。”李周翰注：“迴互，迴转也。”唐高适《自淇涉黄河途中作》诗之六：“北风吹万里，南雁不知数；归意方浩然，云沙更迴互。”明李东阳《华山图歌为乔大常宇作》：“置身忽在中峰顶，极目乾坤莽迴互。”2. 往复；来回。《隋书·儒林传·何妥》：“公孙济迂诞医方，费逾巨万；徐道庆迴互子午，縻耗饮食。”按，“迴互子午”，谓不分昼夜。唐元稹《捉捕歌》：“网罗布参差，鹰犬走迴互。”3. 转换，变化。南朝梁刘勰《文心雕龙·谐隐》：“自魏代以来，颇非俳优，而君子嘲隐，化为谜语。谜也者，迴互其辞，使昏迷也。”4. 指回护。唐陆贽《奉天论萧复状》：“从一等倘自迴互，则萧复不当受疑。”

我们认为《汉语大词典》的解释有待商补。我们先看初唐佛典文献的用例：

《续高僧传》卷十二《道判传》：“每阅像教东传，慨面不睹灵迹，委根归叶，未之或闻。遂勇心佛境，誓尚瞻敬。以齐乾明元年，结伴二十一人，发趾邺都，将经周塞。关逻严设，又照月光，踟蹰迴亐，义无踰越。忽值云奔月隐，乘暗度栈，遇逢游兵，特蒙释放。以周保定二年达于京邑。”按，“尚”，丽本作此，诸本作“当”。“周塞”，丽本作此，碛、普、南、径、清本作“关塞”。“迴亐”，丽本作此，诸本作“迴首”。武原居士等《高僧摘要》卷四作：“遂勇心佛境，誓当瞻敬。以齐乾明元年，结伴二十一人，发趾邺都，将经开塞。关逻严设，又照月光，踟蹰迴首。”文字与《续高僧传》基本一致，可以比勘。我们认为，“尚”应当从诸本作“当”，“誓当瞻仰”意思是发誓一定要去瞻仰，当，有必当、必定要之义，作“尚”不辞。“周塞”以及《高僧摘要》中的“开塞”，都应当从碛、普、南、径、清本作“关塞”为是。此类西游，均须通过许多关口，而当时过关必须关牒，不得私度。下文记载的“乘暗度栈”“遇逢游兵”说的也正是这个意思。“周”为“关”之讹。“迴亐”，“亐”即“互”也，作“迴互”可从，“迴互”乃辗转义。如《广弘明集》卷三十《梁昭明太子开善寺法会》：“栖乌犹未翔，命驾出山庄。诘屈登马岭，迴互入羊肠。稍看原蔼蔼，渐见岫苍苍。落星埋远树，新雾起朝阳。阴池宿早雁，寒风催夜霜。”《大唐西域记》卷九“摩伽陀国下”：“山径既开，逐路而进，盘纡曲折，迴互斜通，至于山顶，东北面出，既入三峰之中，捧佛袈裟而立，以愿力故，三峰敛覆，故今此山三脊隆起。”《续高僧传》卷二十六：“释宝积，姓朱，冀州条人。割略爱网，访道为任，浮游靡定，不存住止。齐亡法毁，潜隐太山，迴互鲁兖，乃经年稔。”

综观上举三个例子，可以看出“迴互”或与“诘屈”对文，或与“盘纡”对文，最后一例是“潜隐太山，迴互鲁兖，乃经年稔”，“迴互”应当是“辗转”义。

《汉语大词典》“迴互”义项一的“回环交错”释义不确，所给出的《文选》以及唐高适《自淇涉黄河途中作》两个书证中的“迴互”也应当理解为“辗转”为是；而义项二中的书证唐元稹《捉捕歌》中的“迴互”正当作“回环交错”解。

（三）青目

【青目】1. 佛教传说释迦佛瞳子如绀青色。因用指有道行的僧人。南朝梁简文帝《大法颂》序："踰乎青目黑齿，高彼广膝赤髭。"南朝陈徐陵《东阳双林寺傅大士碑》："支郎之彦，既耻黄精；瞿昙之师，有惭青目。"

初唐佛典中也见到"青目"的说法，如《续高僧传》卷十一《智矩传》："覃思幽寻，无微不讨，外辞以疾，内寔旁通。业竞六时，研精九部。纔有昏昧，览兴赋诗，时暂阕余，便观流略。制中论疏，止解偈文，青目所销，鄙而轻削，每讲谈叙，清擢宗致，雅涉昙影之风，义窟文锋，颇怀洪偃之量。"按，"青目"，丽本作此，资、碛、普本作"责目"，南、径、清本作"责自"。本文以为或许应当作"青目"为是。"青目"指阐释《中论》的青目菩萨。《出三藏记集》卷十一"中论序第一"："《中论》有五百偈，龙树菩萨之所造也……所出者是天竺梵志，名宾罗伽，秦言青目之所释也。"

我们查考了《汉语大词典》征引的梁简文帝《大法颂》序，其原文作：

> 于时天龙八部侧塞空界，积衣成座，散华至膝。三千化秽土之质，火宅有离苦之期，恶道蒙休，泥犁普息。莘莘学侣，济济名僧，皆乐说如辨才，智慧如身子，踰乎青目黑齿，高彼广膝赤髭，咸符泻瓶之思，并沾染氎之施，如金复冶，似玉更雕，闻所未闻，得未曾得。(《广弘明集》卷二十)

此段文字中，被《汉语大词典》选取作为书证的是"踰乎青目黑齿，高彼广膝赤髭"一句，但仔细品味上下文，我们发现上文的"辨才""身子"都是具体所指，"辨才"其实是指"辨才天"，乃司音乐之天，为福德之神，或作美音天、妙音天，即干闼婆之类。"身子"指舍利弗，舍利弗是佛十大弟子之一，是佛弟子中第一之智者。"青目"，指宾罗伽。"黑齿"，法华经所说十罗刹女之一，十罗刹女共誓拥护持经者。"赤髭"，指天竺佛陀耶舍，此云觉明，后秦弘始九年至长安，善毗婆沙论，而髭赤，时人号为赤髭毘婆沙。遗憾的是，关于"广膝"一词，我们费尽千辛万苦，也没有最终能够落实到具体所指，但其他五个都能找到具体出处，有明确人物，足见此处都是指称个体，而并非代表抽象一类。

（四）讲悟

【讲悟】佛教语。讲解启悟。唐道宣《续高僧传·义解四·法上》：

‘讲悟昏情，词无繁长，智者恐其言少，愚者虑其不多。’唐道宣《续高僧传·义解五·灵裕》：‘其讲悟也，始微终着，声气雄远，辩对无滞，言罕重宣。’”

《汉语大词典》本条有几点值得讨论：一是解释值得商榷；二是单纯使用一部著作用例作为书证。

首先，在我们看来，“讲悟”这一说法，是道宣的个人言语，我们检索了众多文献，只在《续高僧传》中出现（共10例，见下），《汉语大词典》仅选择《续高僧传》用例作为书证，实不得已也。如果“讲悟”是某人的个人言语，那么它还能被综合辞书收录吗？“讲悟”本不应当立目。其次，关于“讲悟”的理解，我们认为也不能完全遵照字面，《汉语大词典》的解释有望文生训之嫌。我们看《续高僧传》中“讲悟”的用例：

（1）卷四“论”：“汉魏守本，本固去华。晋宋传扬，时开义举，文质恢恢，讽味余逸。厥斯以降，轻靡一期。腾实未闻，讲悟盖寡。皆由词遂情转，义写情心，共激波澜，永成通式。”

（2）卷八《道慎传》：“每参说戒，跪听至讫。讲悟昏情，词无繁长，智者恐其言少，愚者虑其不多。”

（3）卷八《慧荣传》：“如此积功三十余载，不号义龙，誓无返迹。自是专业勇铠，声称弥远。即而讲悟，学者归之。”

（4）卷八《慧远传》：“迥洞至理，爽拔微奥。负笈之徒，相諠亘道。讲悟继接，不略三余。沐道成器，量非可算。”

（5）卷九《灵裕传》：“其讲悟也，始微终着，声气雄远，辩对无滞，言罕重宣。或一字盘桓动移数日，或一上之中便销数卷。及至后讲，更改前科，增减出没，乘机显晦，致学者疑焉。裕曰：‘此大士之宏规也。岂可以恒情而断之。’故十夏初登而为领袖倾敬。”

（6）卷十四《道愻传》：“延正法城堑，道俗宗归。观属天伦，可为法嗣，乃度为弟子。荷担陪随，游栖宫阙，讲悟谈述，皆篷下筵。”

（7）卷十四《智拔传》：“于是还襄，会贼徒扰攘，无由讲悟，昼藏夜伏，私蕴文义。后值清平，住者阇寺。”

（8）卷十五《志宽传》：“属炀帝弘道，海内搜扬。以宽行解同推，膺斯荣命。既处慧日，讲悟相仍。”

(9) 卷十七《慧思传》:“自陈世心学，莫不归宗，大乘经论，镇长讲悟。故使山门告集，日积高名。”

(10) 卷二十五《道英传》:“后在京师住胜光寺，从昙迁禅师听采摄论。讲悟既新，众盈五百，多采名教，尠能如理。而英简时问义，惟陈止观，无相思尘，诸要盘节，深会大旨。迁弥重之。”

综观以上诸例，皆言讲经说法语词高妙，似乎没有涉及“启悟”的环节，故此，我们认为“讲悟”就是讲经说法。那么，“讲悟”这样的说法是怎么来的呢？看另一个与之同构的组合“言悟”或许能帮助我们理解道宣的个人言语习惯。

《续高僧传》卷六《道超传》:“时旻法师住灵基寺，值旻东讲，因共听沙门法珍成论，至灭谛，初闻三心，灭无先后。超曰：‘斯之言悟，非吾师也。’见旻解冠一方，海内谘仰。辍寝忘味，以夜继昼。但性偏躁锐，不顾功少，愿望已多。每打髀叹曰：‘为尔漠漠生肇笑人。’又闻龙光寺僧整始就讲说，弥复勇叹曰‘乃可无七尺，何事在于人后!’惆怅疚心，累日废业，因自忏悔，求诸佛菩萨乞加威神，令其慧悟如僧旻也。事在旻传。”再如卷九《道庄传》:“末又追入京师，住日严寺。频蒙谒见，酬抗新叙，引处宫围，令其讲授。言悟清华，玄儒总萃。皆叹其博要也。”

（五）塩

《汉语大词典》解释“塩”为“盐”的日本用简体汉字，殊为不确。看初唐佛典例子：《根本说一切有部毗奈耶》卷十七：“尔时菩萨从睹史天下，托生劫比罗城净饭王家。于时四方有大名称，云释迦族生太子。在雪山边分**塩**河侧劫比罗仙人所住之处。去斯不远，有婆罗门仙人，名阿私多，善解占相。”

按，“**塩**河”，金本作此，资、碛、普、南、径、清本作“弶河”。“**塩**”楷体就是“塩”。《根本说一切有部苾刍尼毘奈耶》卷第八：“尔时菩萨从睹史天下，托生劫比罗城净饭王家。于时四方有大名称，云释族生太子。在雪山边分**塩**河侧劫比罗仙人所住之处。去斯不远，有婆罗门仙人，名阿私多，善解占相。”本例“**塩**”，丽本作此，《大正藏》注释：圣乙本作“疆”。其实本字应当作“弶”或“殑”或“强”，作“疆”乃

“强”的形讹，“搕”乃“强”“疆”的形讹。但在这里我们要讨论的是“搕”的问题。《汉语大字典》：“《玉篇·盐部》：‘搕’，‘盐’的俗字。”《正字通》：“盐，俗省作搕。”“塩”乃“盐”的俗写。

三　宗教色彩附加义判定欠妥

当下使用佛典语料对《汉语大词典》收词、释义等补正的文章较为常见，但是从色彩的角度讨论这一问题的似乎还不多。《汉语大词典》在处理一些宗教语词时，并没有使用标记法，而是直接在释义中指明这些语词的附加宗教色彩。比如：

【涅盘】亦作“湼盘”。佛教语。梵语的音译。旧译“泥亘”“泥洹”。意译“灭”“灭度”“寂灭”“圆寂”等。是佛教全部修习所要达到的最高理想，一般指熄灭生死轮回后的境界。

【刹土】佛教语。田土；国土。

【刹那】梵语的音译。古印度最小的计时单位，本指妇女纺绩一寻线所用的时间，但一般用来表示时间之极短者，如一瞬间。

但我们也发现《汉语大词典》在处理一些宗教语词特别是佛教语词时出现了这样或那样的错误，如误解普通语词为宗教语词，为个人言语立目等问题。之所以会出现这样的问题，大概是因为过去对佛典文献研究不够充分，一方面可能会认为此类语料的佛教色彩过于浓郁，大概类似社会方言或专门文献，许多词汇应当收录在佛教词典中而不应当出现在《汉语大词典》中，另一方面，又可能会把一些本来具有比较浓厚的宗教色彩的语词当作是汉语的一般词汇，没有对其色彩进行标记。当然，如果该语词在后来的发展中逐步在普通民众中扩散，成为大众日常语汇，脱去了宗教色彩，则完全可以进入《汉语大词典》。但即便如此，我们在对这样的语词进行处理时，即便只是从说明词源的角度，也要对这样的语词的宗教色彩进行标记。

（一）夹

《续高僧传》卷一《菩提流支传》：“三藏法师流支房内经论梵本，可有万甲，所翻新文，笔受稿本，满一间屋。”按，“万甲”，丽本作此，诸本作“万夹”。或可从诸本作“万夹”。《汉语大词典》：“夹 8. 量词。《宋史·外国传六·天竺》：‘沧州僧道圆自西域还，得佛舍利一水晶器、贝叶梵经四十夹来献。’”大型辞书还收录了“梵夹”等，如《汉语大词典》：“【梵夹】亦作‘梵莢’。亦作‘梵筴’。1. 佛书。佛书以贝叶作书，贝叶重叠，用板木夹两端，以绳穿结，故称。唐李贺《送沈亚之歌》：‘白藤交穿织书笈，短策齐裁如梵夹。’王琦汇解引唐杜宝《大业杂记》：‘新翻经本，从外国来，用贝多树叶，形似枇杷叶而厚大，横作行书，约经多少，缀其一边如牒然，今呼为梵夹。’《资治通鉴·唐懿宗咸通三年》：‘又于禁中设讲席，自唱经，手录梵夹。’胡三省注：‘梵夹，贝叶经也；以板夹之，谓之梵夹。’”值得注意的是一些佛学辞书，如丁福保《佛学大辞典》都称“梵夹”为杂名，但是我们认为这个被《汉语大词典》收录并解释为“量词”的“夹”，应当是佛典专用的量词，尽管这个词大概是使用汉语材料、从汉人思维出发而创造的量词，也就是说，《汉语大词典》或许应当如是注释：“夹 8. 量词。相当于册、卷，专门用于指称佛经。”这样既说明了其使用范围，也便于今人理解这个量词。

（二）目学

《续高僧传》卷十一《吉藏传》：“在昔陈隋废兴，江阴凌乱，道俗波迸，各弃城邑。乃率其所属往诸寺中，但是文疏并皆收聚，置于三间堂内。及平定后，方洮简之。故目学之长，勿过于藏。注引宏广，咸由此焉。”按，“目”，丽本作此，南、径、清本作“自”。或当作“目”为是。《汉语大词典》：“目学：佛教语。谓浏览涉猎。吕澄《中国佛学源流略讲·三论宗》：‘他带着人到处去搜罗文疏写本，积满了三间屋子，所以他目学的长处，是过人的。’”《汉语大词典》本条立目、释义、书证都很有意思，值得讨论一下。首先，“目学”如果能成词，那么也许应当给出更多的用例，孤证恐怕难以立目；其次，解释中说“目学”是佛教语，恐误，佛教语应当是佛教术语，而不是说涉佛文献出现的语词就是佛教语；最后，给出书证是吕澄《中国佛学源流略讲》，其实吕先生书本处是在介绍吉藏的生平与佛教思想，使用的材料正是《续高僧传》卷十一《吉藏传》本处的文字，如果使用本例作为书证，时代过晚且不论，如果能使用

《续高僧传》这样的原始材料，起码也能为“佛教语”提供一点依据。我们认为，“目学”也许不能成词，这只是道宣个人言语，可能是基于“耳食”这样的语词推导出来的临时用法。

四 书证问题

（一）“僧纲”条目书证失当

【僧纲】僧官名。《西游记》第十一回：“太宗喜道：‘果然举之不错，诚为有德行有禅心的和尚。朕赐你左僧纲，右僧纲，天下大阐都僧纲之职。’”《清史稿·食货志一》：“寺观僧道，令僧纲、道纪按季册报。”《清会典·礼部十一·祠祭清吏司》“凡僧官道官皆注于籍”原注：“直省僧官，府曰僧纲，州曰僧正。”

《汉语大词典》以《西游记》用例作“僧纲”这个佛教职官制度语词的例子，殊不严肃，而且时代过晚。

《续高僧传》卷十三《神素传》：“贞观二年，栖岩大众请知寺任。辞以法事相继，有阻僧网。众又固请依杰师故事，乃许之。”按，“僧网”，丽本作此，诸本作“僧纲”。或作“僧纲”为是。阻，妨碍、阻碍。“有阻僧纲”，有碍僧纲也。《新修科分六学僧传》卷第十九《唐神素传》征引了上例文字，其文作：“贞观二年，栖岩大众请知寺任。辞以法事僧纲不可得兼，固弗许请。以杰公典故许之。”此可为一证。僧纲，僧官也。《大宋僧史略》卷二：“今寺中立者，如玄畅敕为总持寺维那是地，次典座者，谓典主床座，凡事举座，一色以摄之，乃通典杂事也。或立直岁，则直一年，或直月直半月。直日皆悦众也，随方立之。都谓之三纲，杂任其僧纲也。唐初数叶不立僧主，各寺设此三官而已。”

此外，我们发现在《续高僧传》其他部分还有此类异文现象，如：卷十一《保恭传》：“仁寿末年，献后崩背。帝造佛寺，综御须人。佥委声实，以状闻奏。下敕征入为禅定道场主，纲正僧絧，清肃有闻。迄于隋代常莅斯任。”“僧絧”，丽本作此，碛、普、南、径、清本作“僧纲”。卷十二《童真传》：“大业元年营大禅定，下敕召真为道场主。辞让累载，不免，登之。存抚上下，有声僧絧。”“僧絧”，丽本作此，径本作“僧纲”，宋资福藏、日本宫内省图书寮本作"罔"。我们认为，这两个例子都应当作"僧网"为是。《宋高僧传》卷十四《法慎传》："以文字度人，故工于翰墨。以法皆佛法，故兼采儒流。以我慢为防，故自负衣钵。以规规为任，故纲正缁林。以发挥道宗，故上行恭礼。以感慕遗迹，故不远他邦。""纲正缁林"，意乃整肃僧界，如果第一例作"纲正僧网"，义近，且原文顺畅。第二个例子亦如之，如果作"有声僧网"，意即蜚声僧界，文从字顺。而倘或作"有声僧纲"，则颇为费解。《四分律行事钞资持记》卷一："释僧网篇。僧宗事多如网，此篇五门如纲，用此五者如提其纲，则余网目无有不正。从喻为题，以彰正要，住持摄众，舍此何为。"此处关于"僧网""僧纲"的说解，或可参考。

（二）"扣击"一词补充书证

《汉语大词典》收录了"扣击"一词，解释为"相互问难"，而没有给出书证。其实在初唐佛典中我们已经发现了这样的用例，如：《续高僧传》卷九《道庄传》："后入内道场，时声法鼓，一寺荣望，无不预筵。谘谒前疑，披解无滞，年德既富，皆敬而推焉。帝昔处蕃，致书礼问，诗论嘉篇，每令扣击，词采丰逸，屡动人心。"按，"扣击"，金本作此，资、碛、普、南、径、清本作"和继"。本文认为，如果作"和继"的话，大概是有和作，所以下文才会说到"词采丰逸，屡动人心"，作"和继"更符合文意，也更能与本传下文"炀帝初临以庄留连风雅"相照应。"和继"，晚唐诗人姚鹄诗有用例，即《和陕州参军李通微首夏书怀，呈同寮张裳段群二先辈》："独为高怀谁和继，掾曹同处桂同攀。"

值得注意的是"和继"的异文"扣击"所透露出的汉语词汇信息。这个异文起码让我们知道，早在宋资福本时期，就有了"扣击"这个词。

"扣击"之"扣"，也可作"叩"。"叩击"，《礼记·学记》："善待问者如撞钟，叩之以小者则小鸣，叩之以大者则大鸣。"后以"叩击"比喻向有学识者发问。在佛风浩荡的隋朝，炀帝时在蕃，向道庄这样的高僧请教，应当是比较可信的。先秦的"叩击"比喻向有学识者发问，后世唐宋出现了相互问难的情形。《汉语大词典》尽管说明了这样的情况，但其释义仍然是不确当的，准确的解释应当是：同"叩击"，向有学识者发问，也指相互问难。《祖堂集》卷十八"赵州"："赵州和尚嗣南泉，在北地。

师讳全谂，青社缁丘人也。少于本州岛龙兴寺出家，嵩山琉璃坛受戒。不味经律，遍参丛林，一造南泉，更无他往。既遭盛筵，宁无扣击？师问：‘如何是道？’南泉云：‘平常心是道。’师云：‘还可趋向否？’南泉云：‘拟则乖。’师云：‘不拟时如何知是道？’南泉云：‘道不属知不知，知是妄觉，不知是无记。若也真达不拟之道，犹如太虚，廓然荡豁，岂可是非？’师于是顿领玄机，心如朗月。”《宋高僧传》卷二十七《海云传》：“云示之曰：‘上都有卧伦禅师者，虽云隐晦而实阐扬六祖印持，一时难测，化导之方若尸鸠之七子均养也。汝急去从之。’及见伦，扣击未几，告云：‘汝师海云入灭已。’节禀听斯言，荼蓼情苦，遂奔赴如其言矣。乃继武接迹，盛化相来。迨将示灭，愁云郁结，鬼神悲号。有塔存焉。”《宋高僧传》卷十六：《彦偁传》：“释彦偁，姓龚氏，吴郡常熟人也。揭厉戒津，锱铢尘务。勤求师范，唯善是从。末扣击继宗记主，得其户牖，乃于本生地讲导。”《宋高僧传》卷十二《庆诸传》：“时洞山新灭，俄为远方禅侣围绕，因入深山无人之境，结茅宴坐。时众追寻，倏有见者，皆号哭交请‘出为吾曹。诸将安往？’由是晨夕被游学者扣击，可无希声以应之乎？”《佛祖统纪》卷第十三“龙泉覃异法师”：“法师覃异，余姚杜氏，师龙泉清序，遇皇佑普度恩得剃发，习教观于天竺明智。后入雷峰广慈之室，孜孜扣击，二十年无倦志。学成归里，敷讲故山。”

（三）书证提前

【遇缘】碰巧；机缘凑巧。沙汀《记贺龙》十一：“好得很，我正要找你们三个人谈谈！真遇缘极了！”

本条解释有两个方面需要补正，一是词汇史的问题。“遇缘”一词在汉语史上出现的时间很早，起码在初唐时期就已经出现了“有事”的意思了。如：《根本说一切有部目得迦》卷十：“时有相识苾刍既令解息，次随其后，有一苾刍，先未相识，忽然而至。时彼苾刍遇缘暂出，在后来者盗将衣钵……时客苾刍于旧苾刍处寄衣，遇缘欲去，告主人曰：‘有小苾刍来者当与此衣。’于后未久，小苾刍来至，与所寄衣因即偷去。”再如《根本萨婆多部律摄》卷四：“若施主造寺施僧伽已。有事他行久不来者。住寺苾刍不应为乏饮食。”按，“有事”，金本作此，资、普、径本作“遇缘”。“遇缘”乃佛家说法，“有事”则为中土习语，二词同义，义皆可通。我们说尽管“缘”一词是佛典翻译借用改造汉语固有词汇，但随着佛家的传播，国人的思想意识以及语言表达都接受了这样的说法，中古以后汉语中的“缘”一词，基本都与佛教脱不了干系，这也就要求我们在解释此类语词的时候一定要有“佛眼”，时刻注意从佛典中去发掘它们的源头或者演变线索。

二是词义解释的问题。《汉语大词典》所举的沙汀《记贺龙》的例子，其实是地方方言，是湖广、西南官话中的一个说法，如：

> 重庆人爱说“遇缘”一词，外地朋友大多是听不懂的。本地还有句歇后语：“豌豆落到磨眼里——遇了圆（缘）”。望文思义：遇者，遭遇、遇见；缘者，缘分。两相联接起来，大约就是“凑巧”“巧合”之意了（见《重庆晚报》2006 年 7 月 19 日副刊）。

如是，则“遇缘”起码应当有两种解释，一是佛家语，一是方言词。当然，在我们看来，佛家语应当是方言词的源头。

参考文献

黄建华．词典论．上海：上海辞书出版社，2001.

黄建华．语义学与词典释义·序言．上海：上海辞书出版社，2002.

李尔钢．现代辞典学导论．上海：汉语大词典出版社，2002.

李开．现代词典学教程．南京：南京大学出版社，1990.

（王绍峰：湖州师范学院文学院，湖州　313000）

福建省辞书理论研究与辞书编纂

王树瑛

辞书学是古老而又年轻的学科，它从语言学中独立出来，还是20世纪70年代末80年代初的事情。福建省辞书学研究，以1989年福建省辞书学会成立为界，可分为两个阶段。第一阶段是早期的辞书学研究时期，其主要特点是辞书学包含在语言学内部进行研究，这些研究是纯语言学研究，但牵涉词典的编写（如注音、释义、编排等）。第二阶段是1989年福建省辞书学会成立，辞书学研究进入一个新的时期，取得显著成果。这是辞书学理论研究和辞书编纂获得长足发展的时期。其主要特点是专门对词典的注音、释义、编排法等进行理论研究，形成独立的辞书学。

下面先简要介绍第一个时期的研究概况，再着重介绍第二个阶段的辞书研究。

一　福建省早期的辞书研究概况

（一）纪事

高梦旦（1870—1936），福建长乐人，1910年前后，积极革新部首法，把旧字典中240部并为80部，确定它们上下左右的部属，即“四角号码”的雏形。

卢戆章（1854—1928），福建同安人，1915年前后，制订出三套汉语拼音方案。

林语堂（1895—1976），福建龙溪人，1917年发表论文《创设“汉字索引制”议》；1920年提出《首笔检字法》；1933年还在《语言学论丛》

上发表《汉字末笔索引法》和《汉字号码检字法》两篇论文。

周辨明（1895—1984），福建惠安人，所撰《半周检字制》，1927 年发表在《厦门大学季刊》第 1 卷第 3 期；《半周阴笔索引》，1932 年发表在《厦门大学周刊》第 11 卷第 9 期。

何公敢（1889—1977），福建福州人，撰《单体检字法》，1928 年发表在《东方杂志》25 卷 4 期。1956 年编成 100 万字的《新时代词典》，以他创制的《形母检字法》查检字、词。

陈培基撰《部首号码查字法》，发表于《文字改革》1961 年第 8、9 期合刊。

1978 年，福建人民出版社辞书编辑室和福建省词典编写领导小组成立，领导、组织编纂出版国家第一届（1975—1988）重点辞书《普通话闽南方言词典》《综合英语成语词典》《古汉语字典》。

1980 年 12 月，福建师范大学图书馆古籍组编的《福建地方文献及闽人著述综录》（《闽丛书》之一）内部发表。

1983 年，陈以强发表《三角号码检字法》（见《三角号码字典》，辽宁人民出版社 1983 年版）。

（二）主要成果

这一时期的词典学研究主要包括对词典注音、词典排检法、词典编纂法的探讨以及辞书评论。

1. 对词典注音的研究。如：

（1）卢戆章于 1915 年前后制订出三套拼音方案，为词典注音准备条件。

（2）周辨明是国语罗马字拼音制度的创始人之一，所撰《中华国语音声字制》，商务印书馆 1923 年出版，对记调标音的罗马化作出贡献。

2. 探讨词典的排检法。如：

（1）《四角号码检字法》，商务印书馆 1926 年出版。高梦旦创革部首法，将研究成果交王云五参考。王云五说："高梦旦君为本检字法附角之发明者，且对于本检字法种种问题，为云五解决不少。"

（2）《单体检字法》，何公敢撰，1928 年发表于《东方杂志》第 25 卷第 4 期。《单体检字法》基于何公敢于 20 年代中期编成的《形母检字法》：

以楷书汉字为基本要素，把每字分析成形母，若给以代号数码可顺序排列检字。高梦旦说他“对于字的点画研究最彻底”。

（3）《半周检字制》，周辨明撰，1927 年发表于《厦门大学季刊》第 1 卷第 3 期，后又出版《半周阴笔索引说明》（1927 年出版）、《半周字汇索引》（1928 年出版）、《半周阴笔索引》（《厦门大学周刊》1932 年第 11 卷第 9 期）等专著，深入探讨汉字索引理论，对半周阴笔索引法加以阐述。

（4）《部首号码查字法》，发表于《文字改革》1961 年第 8、9 期合期，陈培基撰。

（5）《三角号码检字法》，陈以强撰，见于《三角号码字典》，辽宁人民出版社 1983 年出版。

3. 研究词典编纂法。如：

（1）《分类成语辞书的编纂》《编纂义典计划书》，林语堂撰，载于 1933 年《语言学论丛》，探讨义类词典编纂法。

（2）《〈普通话闽南方言词典〉的编写问题》，周长楫撰，发表于《辞书研究》1979 年第 2 期。

（3）《〈说文〉对辞书编纂法的贡献》，洪笃仁撰，发表于《辞书研究》1982 年第 1 期。

4. 辞书评论。如：

（1）《要求文字协调》，陈炳昭撰，载于《辞书研究》1980 年第 2 期。

（2）《福州方言字典〈戚林八音〉述评》，林寒生撰，载于《辞书研究》1985 年第 6 期。

（3）《简评综合英语成语词典》，林玉山撰，载于《外语》1986 年第 4 期。

（4）《〈戚林八音〉作者初探》，邹光椿撰，载于《福建师范大学学报》1986 年第 2 期。

（5）《建立工具书学刍议》，杨起予撰，载于《福建师范大学学报》1988 年第 3 期。

二 第二阶段：辞书学的理论研究与辞书编纂

（一）学科建设与研究

1. 学科建设

从严格意义上说，福建省的辞书学研究还未形成独立的学科。研究机构只有福建省辞书学会和福建辞书编纂研究中心。

福建省辞书学会成立于 1989 年，是直属于福建省社会科学联合会的一个团体会员，同时也是中国辞书学会的团体会员。学会会员主要由福建省各高校、各出版社和社会科学院从事辞书编纂、辞书理论和语言学研究的人员组成，现有会员近两百人。学会自成立至今已召开 19 届学术年会，举行了一系列学术活动，主要是对辞书编纂和辞书理论问题展开研究和讨论。

福建辞书编纂研究中心的前身是福建人民出版社辞书编辑室。该研究中心的主要任务是编纂工作和辞书理论研究。自 1989 年至今，该中心发表研究性论文、书评 60 多篇，出版了一大批语文工具书、工具书和学生用工具书。

2. 学术研究

学术研究方面，福建省辞书学研究在广度和深度上都有所拓展，学术上不断提升。其主要研究方向，一是总结回顾我国的辞书事业建设的情况和经验，并开展辞书编纂现代化问题研究，二是开展辞书理论与辞书史方面的研究，三是就辞书排检、辞书编纂的理论与实践展开研究。这一时期出版的辞书种类很多，从类型上看，字典、词典、百科全书、类书、索引等都有；从规模上看，大、中、小型兼具；从语种上看，既有汉语单语，也有含有汉语的双语辞书。整体而言，在辞书学理论的指导下，辞书质量稳步提高。

自 1989 年至今，福建省辞书学研究先后获得几项资助项目。如：福建省社科联项目“辞书学概论”（福建人民出版社，林玉山 1994—1995）；福建省社科联项目“语言研究和应用”（福建人民出版社，林玉山 1996—1997）；福建省社科联项目“编辑与语言”（福建人民出版社，林玉山 1998—1999）。这些项目主要是对辞书学、编辑语言的研究。福建师范大学的马重奇与中国社科院语言研究所合作承担的《汉字形音义演变大字典》是国家“九五”社科项目，属国家“十五”重点图书。

这一时期，共出版辞书学论著6部，发表学术论文90余篇，编纂辞书71部，并荣获多项国家级和省部级的科研成果奖。如：福建人民出版社林玉山责编的《高技术百科辞典》于1995年10月荣获中国图书奖一等奖；林玉山责编的《综合英语成语词典》于1996年10月荣获中国图书奖二等奖；厦门大学李如龙、潘渭水编纂的《建瓯方言词典》、厦门大学周长楫编纂的《厦门方言词典》、冯爱珍编纂的《福州方言词典》作为《现代汉语方言大词典》的分卷均属国家重点辞书，荣获华东地区优秀图书奖。另外还有5项成果获历届福建省社会科学优秀成果奖：《中国辞书编纂史略》（第二届二等奖，福建人民出版社林玉山），《审计辞海》（第二届二等奖，侯文铿），《辞书学概论》（第三届二等奖，福建人民出版社林玉山），《会计大典》（第四届二等奖，葛家澍、余绪缨、侯文铿等），《清代三种漳州十五音韵书研究》（第六届一等奖，福建师范大学马重奇）。

3. 重要的学术会议

（1）1989年8月，福建省辞书学会成立。建立以陈以强为会长，林玉山、庄正容、陈玄荣为副会长，陈庆武为秘书长，张仰望、高平为副秘书长的理事会。组建了有30多名高级职称、40多名中级职称的会员队伍，为福建省辞书学研究打下了坚实的基础。与此同时，福建省辞书学会举行了第一次学术讨论会，收到论文20多篇，被《辞书研究》《编辑学刊》采用4篇。

（2）1995年11月在福建省福清市举行了“中国辞书学会辞书理论和辞书史专业委员会第二届年会暨福建省辞书学会第八届年会”。这次会议以探讨辞书排检法为主要内容，就辞书索引理论、索引编制原则、索引编制方法、辞书索引编排史和具体的汉字编码方法进行了充分的探讨。专门就辞书索引问题进行了研讨，改革开放以来尚属首次。以此次会议为开端，辞书界、出版界乃至有关行政部门，都开始重视辞书索引编排理论和方法的探讨，重视辞书索引的编排对辞书编纂的重要作用。

（3）福建省辞书学会第三届会员代表大会暨第十次学术讨论会于1997年12月19日到21日在福州举行。会长林玉山作了第二届理事会工作报告。副秘书长张仰望作了学会财务收支报告。大会讨论、通过了上述报告，并讨论、修改了学会章程。大会还改选了学会理事会。选举陈以强为名誉会长，林玉山为会长，陈庆武为常务副会长，马重奇、林祥慎、周敬华为副会长，潘文森等17人为常务理事，林山森等27人为理事。学会的秘书处、学术委员会、组织委员会、宣传联络委员会和语文辞典、专科辞典、双语辞典、姓氏文化几个专业委员会也同时成立。大会还举行了第十次学术讨论会，马重奇、张嘉星、徐超挥作学术报告，大会分组进行学术交流和讨论。中国辞书学会会长曹先擢、名誉会长巢峰给大会发来贺电、贺信。省内外专家52人参加了会议。

（4）福建省辞书学会第四届会员代表大会暨第十六届年会于2004年2月26—27日在福建师范大学吕振万楼隆重召开。此次大会既是一次学术交流大会，也是一次换届选举大会。与会专家、学者对学会的章程修改、今后的发展目标、学术发展等问题进行广泛、深入的讨论和研究，并举行了多场的学术报告和交流。参加会议的代表共90余人，提交论文67篇。大会通过民主选举，产生了新一届理事会。林玉山编审为荣誉会长，马重奇教授当选为新一届会长，谭学纯教授、吴建平教授、林大津教授、俞鼎芬编审、林华东教授、黄高宪教授、陈鸿儒教授为副会长，林志强教授为秘书长，刘亚忠副编审和王进安博士为副秘书长。

2005年12月在厦门大学召开了“海峡两岸辞书学研讨会暨福建省辞书学会第十七届学术年会”。此次大会由福建省辞书学会主办，厦门大学外文学院和厦门大学双语词典与双语语言文化研究中心承办，来自海峡两岸的80多位代表参加了学术研讨，收到论文40多篇。这次会议以辞书编纂的新理论和新方法为主要内容，以研讨辞书研究与语言研究的相互促进为主要目的。大会的召开为海峡两岸专家、学者在辞书学、语言学等领域的交流与合作提供了很好的平台，具有浓厚的学术氛围和重要的学术价值。

（二）主要学术成果

1. 理论研究代表性成果

《中国辞书编纂史略》，专著。作者林玉山，中州古籍出版社1992年出版，17.1万字。获福建省第二届社会科学优秀成果二等奖。这是中国第一部较为全面系统的辞书编纂史的历史著作。全书共三编，上编：古代辞书编纂——辞书编纂的萌芽、发展期；中编：近代辞书编纂——辞书编纂的成熟期；下编：当代辞书编纂——辞书编纂的兴盛期。每编由若干章组成，介绍了本时期辞书编纂的概况、特点和发展脉络，对本期重要辞书作品加以评介，最后对本时期辞书编纂进行小结，使读者对各个时期辞书编纂的情况、特点、规律以及重要的辞书作品有所了解。该书区别于其他辞书史专著的显著特点是对近现代、当代辞书编纂作了详细的介绍。全书材料丰富，立论公允，行文简明切要，是辞书编纂史研究领域里一部全面系统的著作。

这部著作的主要核心内容此后以单篇论文的形式发表在《辞书研究》上。如"中国辞书编纂奠基期——两汉魏晋南北朝"（1992 年第 6 期），"明清时期——中国辞书编纂进一步发展期"（1996 年第 2 期），"近现代时期——中国辞书编纂成熟期"（1997 年第 5 期），"20 世纪的中国辞书研究"（2000 年第 1 期）。

《辞书学概论》，专著。主编林玉山；副主编周长楫、黄今许、陈庆武，海峡文艺出版社 1995 年出版，34.3 万字。获福建省第三届社会科学优秀成果二等奖。辞书学家杨祖希在为该书写的"序"中说："本书是辞书学领域内一本开创性的专著，它的出版，标志着我国的辞书学研究已经进入一个新的阶段，既有重要的现实意义，又有深远的历史影响。"这本书将我国辞书学研究工作者在开辟辞书学研究道路上取得的经验，用专著的形式作了充实、汇总和发展，使之更系统化、条理化，进一步上升为理性认识。可以说，该书的问世，建立了比较完整的辞书学理论体系，确立了辞书学作为独立学科的地位。

《工具书学概论》，专著。主编林玉山；副主编吴建平、黄高宪、徐启庭，广东教育出版社 2004 年出版。这是继《辞书学概论》之后福建省辞书学会在工具书研究方面的又一理论性研究成果，荣获福建省第六届社会科学优秀成果三等奖。《工具书学概论》是个崭新的课题。以前工具书研究主要集中在介绍工具书的基本知识以及如何利用工具书方面，这对指导工具书编纂、提高工具书质量有一定的现实意义，但未涉及工具书的综合利用及编纂理论原理，显得不够完善、系统。该书则探讨了工具书学的各种理论问题。如工具书学研究的对象和范围，工具书的功用、性质、类型、结构、编纂法、排检法、使用法等等，从而奠定了工具书学的理论基础。该书在理论和实践两方面较以往的工具书研究都有较大的突破，是在前人研究的基础上第一次对工具书作全面系统的理论研究，为建立工具书学理论体系打下了坚实的基础。

《〈现代汉语词典〉对异形词的整理及对当前规范工作的启示》，作者苏新春，发表于《语言文字应用》2001 年第 3 期。文章探讨了《现代汉语词典》（二版）对异形词的整理工作，详细分析了见于“凡例”的三种方法，展示了另两种不见于“凡例”的说明方法，并与“三版”相对照，比较了不同处理方法的前后沿革与优劣。指出在当前的异形词整理中，要注意的问题是：应从严认定异形词，确定规范异形词的原则，运用多种方法来规范异形词。

其他主要成果：

成果名称	作　者	发表刊物（出版社）及时间
试论大型语文词典的义项详略原则	洪笃仁	《语文教学与研究》1989 年第 1 期
辞书编纂 40 年综述	林玉山	《编辑学刊》1989 年第 4 期
电子计算机——辞书编者的好帮手	陈以强	《辞书研究》1990 年第 2 期
普通双语词典词目词对译的要求	吴建平	《辞书研究》1990 年第 3 期
闽南方言词典中的本字问题	林宝卿	《辞书研究》1990 年第 2 期
规律乎，例外乎？——辞书审音注音刍议	周长楫	《辞书研究》1990 年第 3 期
语言学与词典学、辞典学、辞书学	林玉山	《辞书研究》1991 年第 1 期
试论《周易》与中国辞书的起源	黄高宪	《辞书研究》1991 年第 2 期
名句辞典泛论	杨起予	《辞书研究》1991 年第 3 期
中国辞书编纂的历史分期、概况与特点	林玉山	《编辑学刊》1991 年第 2 期
先秦——中国辞书编纂萌芽期	林玉山	《辞书研究》1991 年第 5 期
关于辞书性质的思考	林玉山	《辞书研究》1992 年第 1 期
中国辞书编纂奠基期——两汉魏晋南北朝	林玉山	《辞书研究》1992 年第 6 期
隋唐宋元——中国辞书编纂初步发展期	林玉山	《辞书研究》1994 年第 1 期
明清时期——中国辞书编纂进一步发展期	林玉山	《辞书研究》1996 年第 2 期

续表

成果名称	作者	发表刊物（出版社）及时间
《福州方言词典》引论	冯爱珍	《方言》1996年第1期
近现代时期——中国辞书编纂成熟期	林玉山	《辞书研究》1997年第5期
词的理据和《汉语理据词典》	林寒生	《辞书研究》1998年第5期
同形词与“词”的意义范围——析《现代汉语词典》的同形词词目	苏新春	《辞书研究》2000年第4期
《现代汉语词典》中的“儿”尾词该如何处理	苏新春	《语文建设》2000年第12期
“人”“机”分词差异及规范词典的收词依据——对645条常用词未见于《现汉》的思考	苏新春 顾江萍	《辞书研究》2001年第2期
《现代汉语词典》对异形词的整理及对当前词汇规范的启示	苏新春	《语言文字应用》2001年第2期
比喻义的训释与比喻义的形成——《现代汉语词典》比喻义计量研究之一	苏新春 赵翠阳	《杭州师范学院学报》2001年第5期
关于《现代汉语词典》词汇计量研究的思考	苏新春	《世界汉语教学》2001年第6期
《现代汉语词典》96版四字词修订的计量分析	余桂林	《萍乡高等专科学校学报》2001年第3期
《现代汉语词典》四音节成语注音的按词分写问题	余桂林	《语言文字应用》2002年第3期
新词语的成熟与规范词典的选录标准——谈《现代汉语词典》（二〇〇二年增补本）的“附录新词”	苏新春 黄启庆	《辞书研究》2003年第5期
确定“口语词”的难点与对策——对《现汉》取消“口”标注的思考	苏新春 顾江萍	《辞书研究》2004年第3期
类义词典中的两种类型：“同义”与“同类”——《同义词词林》与《朗文多功能分类词典》比较	宋婧婧 苏新春	《辞书研究》2004年第4期
试论《现代汉语词典》中的“子”字后缀	李　扬	《阜阳师范学院学报》2002年第4期

续表

成 果 名 称	作　者	发表刊物（出版社）及时间
辞书编纂的一大进步——评《现代汉语规范词典》	林玉山	《赤峰学院学报》2005 年第 1 期
汉语释义元语言的结构、词义、数量特征	苏新春	《辞书研究》2005 年第 3 期
论《现代汉语词典》与《重编国语辞典》的词汇比较研究	苏新春	《中国海洋大学学报》2006 年第 4 期
普通话音节数及载字量的统计分析——基于《现代汉语词典》注音材料	苏新春 林进展	《中国语文》2006 年第 3 期
《现代汉语词典》标“书”词研究（上）——兼谈与古语词、历史词、旧词语的区别	苏新春	《辞书研究》2007 年第 1 期
《现代汉语词典》标“书”词研究（下）——兼谈与古语词、历史词、旧词语的区别	苏新春	《辞书研究》2007 年第 2 期
《现代汉语词典》第五版的改进及对进一步完善的期盼——兼谈“现汉学”的建立	苏新春	《深圳大学学报》2007 年第 5 期
再论义类词典的分类原则与方法	苏新春	《世界汉语教学》2010 年第 2 期
机用义项库在词义标注中的作用及其完善	苏新春	《厦门大学学报》2010 年第 3 期
词典使用研究的动态参数模型	吴建平	《广东外语外贸大学学报》2010 年第 5 期
稳中求变　与时俱进——《新英汉词典》（第四版）评介	吴建平	《辞书研究》2010 年第 5 期
内向型汉英词典的字母词收录、释义、排序问题——兼评《新时代汉英大词典》和《新世纪汉英大词典》	吴建平 谢　君	《辞书研究》2011 年第 5 期
挺进规范——评《现代汉语规范词典》第 2 版	林玉山	《福建师大福清分校学报》2011 年第 4 期

2. 辞书编纂方面的代表性成果

《类语大辞典》，策划、审定：林玉山；主编：陈玄荣、王书声、王化鹏、陈皓，鹭江出版社2002年出版，285万字。该书荣列国务院批准的全国第二届（1988—2000）重点辞书出版规划。在20世纪80年代，我国陆续出现了一批义类辞书，但都属于简明辞书，分类欠精细，或缺乏释义，或收词量不大。1987年福建人民出版社辞书编辑室林玉山策划、组织了一批来自本省高校、党校等多家单位的专家学者，着手编纂一部大型类义辞书，名为《类语大辞典》。经新闻出版署组织专家从全国各出版社上报的辞书选题中遴选，该书初步列为国家重点辞书出版规划。翌年11月底，经国务院批准，该书荣列国务院批准的全国第二届（1988—2000）重点辞书出版规划。该书词条丰富，分类科学，释义精要，辨析精细，引证精当。

《部首号码多用词典》，陈培基研制、主编，福建人民出版社1999年出版。1989年，中央电化教育馆与高等教育出版社联合组成的电教科技公司要求陈培基把部首号码查字法改编为“部首号码输入法”，经过5年的努力，他终于研制出符合基本笔画次序规则的笔形代号和符合汉字结构的取码规则，形成查字和输入计算机基本一致的部首号码法，于1994年通过专家鉴定。为了让人们了解部首号码法，自1995年起，陈培基开始主编《部首号码多用词典》，并于1999年出版。同年10月，他携带刚出版的《部首号码多用词典》专程赴京，向国家新闻出版署、国家语委、教育部和信息产业部等有关领导汇报、赠书、演示电脑部首号码输入法，受到肯定和支持。这是中国辞书编纂的又一重大创新。

《闽南方言大词典》，由著名方言学学家、厦门大学教授周长楫主编，在厦门、泉州、漳州三地方言学学者经过多年、大量的田野调查基础上编纂而成。福建人民出版社2007年出版，是“十一五”国家重点图书出版规划项目。

《闽南方言大词典》的特点一是收词量大，该词典收列厦门、泉州、漳州三地闽南方言特有词1.6万多条，还收列与普通话相对应的闽南方言对音词2万条，加上引论、附录等所收的闽南方言词，总收词量有4.3万多条。二是释义准确简明，例句典范丰富，并有普通话译词、译文，便于读者理解。三是附录丰富，实用性强。收有百家姓（500个姓），干支名称，中国历代纪元名称，中国各民族，中国各省市和世界各国与地区名称的闽南话厦、泉、漳读音，以及6000多个难字的闽南话读音。四是学术性强，《引论》《台湾闽南方言概述》《厦门、泉州、漳州三市所辖各县市闽南方言特点简介》概述闽南方言概况、各地方言特点、闽南方言源流比较，以充分的语料说明台湾和福建同源、同种、同流。五是检索方便，附有音序、笔画、部首等索引，可以从不同角度进行检索。六是配有近4万条闽南方言特有词、闽南方言对音词的普通话及厦门、泉州、漳州三地的闽南方言读音光盘，既便于外地人学习闽南语，还保存了极其宝贵的语音材料，对方言学、词汇学、音韵学研究都极具价值。

《闽南话漳腔大辞典》，由台盟福建省副主委陈正统担任主编，福建省政协主持编写，中华书局2007年出版。《闽南话漳腔大辞典》是在省政协主持下，省委统战部、省台盟、省台办、漳州市政协共同组织编写的一部展示闽南话漳腔的方言辞书。该书收集了近两万条词汇，记录了漳腔闽南话音形义的原生态，收录了大量民俗词语。常用字的释义非常详尽，多达十几项，例句全部来自街头巷尾和村口田边的常用语，为读者勾勒出旧时市井和农村的一幅幅风俗画，有效地保护了正在消逝和已经消逝的漳州腔的词汇。

《中华多用成语大辞典》，由林玉山教授组织福建省辞书学会的数十名学者，经过15年的努力编纂而成，全书约400万字，湖南人民出版社2007年出版。该书有如下几个特点：一、收词宏富而精当。收词近4万条，收词原则较严格，是成语的不漏，不是成语的不收。二、功能全面实用。该书有注音、释义、出典、例解、成语结构、辨误、用法、同义、反义、分类等功能项，便于读者学习查考之用。三、比较注意规范。以国家《汉语拼音正词法基本规则》中关于成语注音的原则给成语注音。对成语出典考证较详，编写体例规范统一。四、例句丰富新颖。编写者做了古今名著十几万张的成语例句卡片，又从1997—2002年间出版的有代表性的文学作品中做了数万张例句卡片。五、增收部分新成语。该书对文学作品中出现的准成语（任何现有出版的成语辞典中都没有收列的）加以研究，选择结构较为定型、意义较为浓缩的准成语，经十多位著名的语言学家、辞书学家鉴定后，作为新成语收入本书。该书是有特色有创新的大型成语辞典，荣获了福建省第九届社会科学优秀成果三等奖。

其他主要成果：

成果名称	作者	发表刊物（出版社）及时间
古汉语的假借字	何秋镛编	福建人民出版社 1989 年
审计辞海	侯文铿主编	辽宁人民出版社 1992 年
普通话闽南语词典	黄典诚主编	台北台笠出版社 1993 年
厦门方言词典	周长楫编纂	江苏教育出版社 1993 年
福州方言词典	李如龙、梁玉璋邹光椿、陈泽平主编	福建人民出版社 1994 年
建瓯方言词典	李如龙、潘渭水编纂	江苏教育出版社 1998 年
闽南方言与古汉语同源词典	林宝卿主编	厦门大学出版社 1999 年
古汉语字典	郑星象主编	福建人民出版社 2002 年
福州方言词典	冯爱珍编纂	江苏教育出版社 1998 年
会计大典	葛家澍、余绪缨侯文铿等主编	中国财政经济出版社 1999 年
新加坡闽南话词典	周长楫、周清海主编	中国社会科学出版社 2002 年
朗文当代英语词典（英汉双解）	吴建平参编	外语教学与研究出版社 2004 年
柯林斯英汉词典	吴建平参编	汉语大词典出版社 2004 年
新世纪大学英语 4—6 级考试词典	吴建平主编	中国科学技术大学出版社 2006 年
英国文化辞典	吴建平主编	中国科学技术大学出版社 2006 年

（王树瑛：福建师范大学文学院，福州　350108）

反义词词典的词典参数化探究*

——以《反义词大词典》（辞海版）为例

王伟丽

零 引言

Ю. Н. 卡拉乌洛夫（1993）曾就词典学的现状和发展趋势问题，提出了“词典参数化”，对词典参数化通常的理解是把现代语言科学研究的各种成果（最好是所有的成果）用词典形式体现出来，即语言学描写的词典化。[1] 现代意义的词典编纂，要体现语言学研究的最新成果。江蓝生先生曾经在《〈现代汉语词典〉（第6版）修订情况》中谈到语言学研究的成果和词典编纂结合的问题：“为了保证编写质量，课题组认真学习总结《现汉》的编写经验，针对《现汉》编写和修订中尚未全面系统解决的若干问题前后拟定了十多个研究专题，由课题组和所有研究人员逐一进行调查研究……《现代汉语大词典》的编撰实践以及上述专题研究的成果为《现汉》修订做了学术上的准备。修订工作始终贯彻‘植根学术，跟进时代，贯彻规范，系统稳妥’的方针；以守正拓新、与时共进为目标；着力在提高词典的科学性、时代性、规范性和实用性上下功夫。”[2] 同样，反义词词典的编纂也是现代语言学理论研究和词典编纂实践成果的结晶，现代意义的反义词词典编纂，要充分体现词典的参数化。

关于反义词词典编纂的参数化问题，我们以张庆云先生和张志毅先生编著的《反义词大词典》（辞海版）[3] 为研究的范本，深入探索编者在词

* 本文得到“北京市留学人员科技活动择优资助项目（优秀类）”资助和“首都师范大学博士启动基金项目”资助，谨致谢忱！

汇学、语义学、词典学等领域与时俱进，继承并发展国内外词典编纂的理念和经验等方面的参数指标。该书由上海辞书出版社于2009年3月正式出版，是一部大型的现代汉语反义词辨析词典。全书158.7字，收反义词17000余条，分为3000多组，是我国反义词词典编纂领域的开山之作，是在《汉语反义词词典》（张庆云编著，张志毅审订，齐鲁书社1986年）以及《新华反义词词典》（中型本）（张志毅、张庆云编著，商务印书馆2008年）的基础上全面修订而成的。《反义词大词典》扩大了收词范围，增加了例句数量，仍然沿用吕叔湘先生亲自定下来的体例，调整了部分词目，完善了个别条目注音以及词性标注，订正了部分释义文字，修改和补充了部分例句。同时《反义词大词典》又借鉴国外同类词典的编纂理念和经验，吸收了*Likes and Opposites：A Dictionary of Synonyms and Antonyms*（NewYork，1898）、*The Nuttal's Dictionary of English Synonyms and Antonyms*（London，1977）、《俄语反义词词典》以及日本中村一男《反义词大辞典》（东京堂1963）等国际权威词典编纂的理念，在其基础上去粗取精，编纂而成。

本文主要探讨《反义词大词典》体现出的现代语言科学研究的四个成果参数：词汇主义，语义场理论，义位的共性个性，比较词汇学以及语料库的新思想和新方法。

一　以词汇主义为宗旨

Hudson（1991）曾指出，词汇主义位居当今语言学八大倾向之首。20世纪初瑞典语言学家诺伦（A. Noreen）首次提出了“义位（sememe）”的概念。20世纪60年代，中国学者高名凯将此概念引入国内。俄国著名语言学家阿普列详（Ю. Д. Апресян）在70年代指出，当今语言学已经进入重视语义学的时代。词汇语义学作为语义学的一个重要的分支，“主要任务之一，是把词汇层面的无数意义单位简化为少数的几个基本义类——义素、语素义（素义）、义位、义丛，并研究它们的结构”[4]。贾彦德在其《汉语语义学》曾开列出的义类达七个：义素、语素义、义位、义丛、句义、言语作品义、附加义，而“上列义类单位中，基本的、核心的单位就是义位”。[5] 张志毅对义位从语义、语法、语用等角度进行了描写和剖析[4]，我们具体概括其内容如下：

- 义位
  - 义位的义值
    - 基义义素
      - 个性义素：指物义素、表意义素、范畴义素等
      - 共性义素（类素）
    - 陪义义素：情态（褒贬）陪义、语体陪义、时代陪义、方言陪义、语域陪义、外来陪义等
  - 义位的义域：大小域、多少域、伙伴域、适用域

根据以上词汇语义学研究的成果对义位的微观切分，我们从《反义词大词典》中选取了部分词条，在此基础上对所选取词条的义位进行对比分析如下：

【奥妙】（形）（道理、内容）深奥微妙：无穷～/达今古之变通，极天人之～/不了解个中～/～所在。
【高深】（形）水平高，程度深（多指学问、技术的造诣）：～莫测/～的学问/见解～/～的功夫/相当～的英文杂志。
【古奥】（形）古老深奥，难于理解（多指诗文）：行文～/语言极其～/文句～/～的文字/言辞～。
【艰深】（形）（道理、文词）深奥难懂：文字～/～的哲理/好作～之词/文理～/用词颇为～/内容生疏而～。
【精深】（形）（学问或理论）精密深奥：博大～/造诣～/经术～。
【精邃】（形）精深：公作《老子》之学，甚为～/不乏～之处。
【深奥】（形）（道理、含义）高深不易理解：～的哲理/含义～/他的话很～/文章写得～，难于理解。
【深邃】（形）深奥：哲理～/文字～/在～的科学领域里。
【深湛】（形）精深：学识～/功夫～/对国学有～的素养/思想～/演技～。
【玄妙】（形）奥妙难以捉摸：～莫测/此话甚是～/洞悉其中～/～之极。
【玄远】（形）〈书〉（言论、道理）深远：道理深奥而～/兵书意味，～深长/言语～，耐人深思。
【渊深】（形）（学问、计谋等）很深：学识～/学问～难测/才学～，通天彻地/其～有如浩瀚海洋。

【粗浅】（形）浅显，不深奥：～的道理/～的看法/～的体会。
【平易】（形）（文章）浅近易懂：通俗～/～的言辞/其言～明白。
【浅近】（形）程度浅，容易懂：～易懂/～的知识/内容～的儿童读物/举～的例子/～的文言读物。
【浅显】（形）（字句、内容）简明，容易懂：～有趣的英语读物/～的文言文/话讲得～而有说服力/文章写得～易懂。
【浅易】（形）浅显：～的注解/内容～/新注比较详细、～。

从义值基义的角度来看，这组反义词的释义凸显了“难懂/易懂”的共性义素，在此基础之上又充分描写了其个性义素。“奥妙、高深、古奥、艰深、精深、精邃、深奥、深邃、深湛、玄妙、玄远、渊深”都有其共性义素“深”，体现了“深奥、难懂”的共性语义特征。建立在“深奥、难懂”的共性义素之上，各义位通过对比又凸显了个性义素的表意义素、范畴义素。例如上例中“奥妙”体现了“深奥微妙”的表意特征，其范畴特征适用于“道理、内容”的义域，通过括注注明；“精深”体现了“精密深奥”的表意特征，其范畴特征适用于“学问或理论”的义域，通过括注注明。

从义值的陪义来看，大体分为情态（褒贬）陪义、语体陪义、时代陪义、方言陪义、语域陪义、外来陪义等。编者对于不同陪义特征的义位在描写中都会有不同程度和不同侧面的凸显和标注。例如上例中对于陪义色彩比较强的词（如“玄远”）标注了“〈书〉”的语体陪义。同时《反义词大词典》在义位描写中又用“（）”指明或补充了隐含的义值、义域、语用条件或其他必要内容，使读者能够很好地把握词语的意义范围和使用范围，如“奥妙”用“道理、内容”，“高深”用“多指学问、技术的造诣”，“古奥”用“多指诗文”，“艰深”用“道理、文词”，“精深”用“学问或理论”，“玄远”用“言论、道理”，“渊深”用“学问、计谋等”。通过对比，分别凸显了各自的意义范围和使用范围。不同使用范围的对比，可以使读者更加明确义位所隐含的义值、义域、使用条件等，使读者更加容易把握不同义位的大小域、多少域、伙伴域、适用域等义域特征。

《反义词大词典》释义简明，通过义位的基义、陪义和义值、义域的不同层面的对比描写，凸显了不同义位的义值义域之间的相关、相对或相反的关系，真正体现了义位描写的共性和个性思想。

二　以语义场理论为蓝图

现代语义学产生的标志是20世纪二三十年代语义场理论的产生和发展，语义场理论无论是在理论上还是在方法上都是对传统语义学的重大突破，“它使得传统语义学面对的开放性的、分散性的词汇语义单位变成了封闭性的、系统性的词汇语义板块”[4]。英国著名语义学家杰弗里·N. 利奇（Leech）曾指出，概念场具有多值倾向，而语义场具有二值倾向（two-valued orientation），语义场“不但把外部世界中二元的，而且把一些多元的甚至是无限的事物，都用二元语义场反映出来”[5]。反义词则是语义场二值倾向在语言中的直接反映。语义场理论的提出，可以说使同义词、反义词的研究变得不再孤独，使反义词词典所收的反义词群成为“相反或相对的词的最佳类聚”[6]。

《反义词大词典》所收的每一组反义词群都是从反义义场的角度进行划分的，反义义场成员之间表现出较强的系统性和逻辑关系。它所收的反义词群内又表现出同义义场的属性，也可以说，反义义场的词群之间具有相反、相对的关系，又具有相关的关系，从而构成了同义义场和反义义场的交叉。《反义词大词典》所收反义词群的反义义场内多数是两个（有的是多个）相反或相对的同义义场。例如：

A	奥区、腹地、内地、中原、中州
B	八表、八荒、八极、边鄙、边陲、边地、边疆、边境、边隅、地角、国境、荒漠、荒外、疆场、绝塞、绝域、流荒、僻底、僻壤、屏藩［藩屏］、穷塞、穷险、塞外、殊荒、殊域、四表、四裔、天边、天涯

A	本来、从前、从先、当初、当年、当日、当时、过去、旧日、日前、往年、往日、往昔、昔年、昔日、先前、向日、已往、以前、以往、原本、原来、原先、在先、早年、早岁、早先
B	当今、当前、而今、迩来、方今、今年、今日、近来、近年、近日、目今、目前、日来、如今、晚近、现今、现刻、现时、现在、新近、眼前、眼下、于今、最近
C	此后、而后、过后、将来、今后、来日、日后、他年、他日、往后、未来、以后、异日、异时

A	不曾、从未、还没、还未、没有、仍未、尚未、未曾、未尝、犹未
B	曾经、既已、久已、业经、业已、已经、早就、早已
C	方才、刚才、刚刚、适才
D	方将、即将、将要、就要、快要、行将、行且、正待、正要
E	正在

上列的 A，B，C，D，E 组词词群内分别构成了各自的同义义场，如“八表、八荒、八极、边鄙、边陲、边地、边疆、边境、边隅、地角、国境、荒漠、荒外、疆场、绝塞、绝域、流荒、僻底、僻壤、屏藩［藩屏］、穷塞、穷险、塞外、殊荒、殊域、四表、四裔、天边、天涯”组成了一个同义义场，“不曾、从未、还没、还未、没有、仍未、尚未、未曾、未尝、犹未”组成了一个同义义场。同时 A，B，C，D，E 组词词群之间又构成了一组组相对或相反的反义义场，例如“奥区、腹地、内地、中原、中州”与“八表、八荒、八极、边鄙、边陲、边地、边疆、边境、边隅、地角、国境、荒漠、荒外、疆场、绝塞、绝域、流荒、僻底、僻壤、屏藩［藩屏］、穷塞、穷险、塞外、殊荒、殊域、四表、四裔、天边、天涯”组成了一组相对的反义义场，“不曾、从未、还没、还未、没有、仍未、尚未、未曾、未尝、犹未”和“曾经、既已、久已、业经、业已、已经、早就、早已”、“方才、刚才、刚刚、适才”、“方将、即将、将要、就要、快要、行将、行且、正待、正要”、“正在”组成了一组互补的反义义场。从某种程度上说，《反义词大词典》又可以作为同义词词典使用，如“八表、八荒、八极、边鄙、边陲、边地、边疆、边境、边隅、地角、国境、荒漠、荒外、疆场、绝塞、绝域、流荒、僻底、僻壤、屏藩［藩屏］、穷塞、穷险、塞外、殊荒、殊域、四表、四裔、天边、天涯”这一个义场中的义位彼此之间组成了一个同义义场，这些义位之间互为同义词，读者可以从这个同义义场中查询同义词。编者在《反义词大词典》的收词过程中尽量收罗同义词，同时又有尽可能多的反义词与之对应，开阔了读者的视野，方便了读者的查阅和使用，充分体现了词典编纂的读者本位思想。

三　以义位共性和个性为导向

“反义词的词汇意义应该相反、相对。词汇意义，是词内容的主要部分。在词汇意义中可以分析出一个或两个以上的义位，在一个义位中又可以分析出主要义素、次要义素。反义词就是次要义素相同、主要义素相反或相对的词的类聚。反义词的次要义素，是它们的共性义素，主要义素是它们的个性义素。共性义素，是反义词的语义基础。个性义素，是反义词的语义特征。”[6] 可以说，对比贯穿了反义词研究和反义词词典编纂的始终。反义词义位中主要义素和次要义素的划分、共性义素和个性义素的区别以及义素的凸显都是通过对比反映出来的。在释义中，编者通过反义词义场之间的对比来对义位进行描写，从而使反义词的共性义素和个性义素得以表达。例如：

【昂然】（形）仰头挺胸无所畏惧的样子：见县官～不拜/大鸡～而来，小鸡竦而待/～屹立/～直入/气度～/～走出来。
【颓然】（形）〈书〉形容精神不振、情绪低落的样子：神色～/神情～/～哀叹/精神渐渐～/～瘫坐在沙发上。

从这一组反义词义位的描写中，我们可以看出，其共性义素是“样子”，个性义素“仰头挺胸无所畏惧”与“精神不振、情绪低落”则成为区别这一组反义词的主要义素。通过对比，我们还可以看出其语法意义是相同的，这也是通常设定反义词的前提。“颓然”与“昂然”又都具有书面语体的陪义。

反义词的语义意义、语法意义、语用意义、系统意义、逻辑意义、音节形式等都是通过对比凸显的。不论是极性反义词还是互补反义词，都处于对比的义场中，如“爱国主义/卖国主义”、“爱憎分明/敌我不分”、“蔼然仁者/凶神恶煞”、“跋/序”、“才/德”等等。通过对比，读者可以看出反义词共性义素的相似性和相关性、个性义素的对立性和互补性。我们以下列两种情况举例说明：

（1）存在对立性个性义素的反义义场凸显的释义：

【蔼然仁者】　和善仁德的人：他是个～，令人肃然起敬/听一位～的娓娓絮谈。
【凶神恶煞】　泛指凶恶害人的鬼神：像～似的可怕/鬼子像～一样闯进村里，为非作歹/～的路霸。

（2）存在互补性个性义素的反义义场凸显的释义：

【才】（名）才能：～疏学浅/德～兼备/多～多艺/德薄～疏/～学超人。
【德】（名）品德：～育/～行/～高望重/这个人有才又有～/学生要～智体全面发展/缺～少才。

从宏观层面来讲，《反义词大词典》所收的反义词词汇系统内，古代

汉语和现代汉语、共同语和方言、普通话词汇系统内部的口语和书面语、普通话词汇系统和成语系统、百科性词汇系统和语文性词汇系统等，都蕴含着比较词汇学的新理念。

四 以语料库的思想和方法为基石

根据《麦克米伦高阶英语词典》对语料库的定义："a collection of written and spoken language stored on computer and used for language research and writing dictionaries."[7] 我们可以看出，语料库最基本的用途之一就是词典编纂。词典学家 Landau 也曾预言："从长远的观点来看，真正使用语料库将成为全世界词典编纂的一条准则。"[8]

张志毅等在《语文辞书元语言的规则》一文中指出了辞书编纂的大词库规则，主张在词典编纂中要有储存词典语音、语义、语法、语用等各种信息的以词为检索线索的语料库，并且强调语料库规模要大。他指出："有几百万字、几千万字不行，必须有几亿字，十几亿字，几十亿字。仅仅是量特大、量特多也不行，还必须质的标准高。一是语料库的同质性，包括共时（古或今）同质，系统同质（普、方、口、书）等；二是文体的多样性、典范性，库中必须包括文学、政治、法律、科技等语体语料。"[6]

利用语料库辅助词典编纂的传统可以追溯到 17 世纪英语词典编撰之父 Samuel Johnson 编纂的《英语语言词典》，这一词典是建立在约 15 万余条例句的语料库基础上的。James Murray 编纂的《牛津英语词典》用 500 万条例句作为编纂词典的基础。1961 年出版的韦氏第三版词典则使用了包含约 1000 万条例句的语料库来解释说明近 50 万个词条的意义和用法。1961 年布朗语料库（Brown Corpus）在美国诞生，这是世界上第一个机读语料库。1978 年，英国建成结构与布朗语料库基本相同的 LOB 语料库（Lancaster-Oslo-Bergen Corpus）。但限于自身规模，这两个语料库并未引起词典学界的兴趣。1980 年，柯林斯出版公司和伯明翰大学合作建立 COBUILD 语料库，并基于该语料库的数据陆续出版了一系列 COBUILD 词典。COBUILD 语料库是世界上最大的经过切分标注的语料库，到 20 世纪 90 年代已达 3.2 亿词的规模。朗文-兰开斯特语料库（Longman-Lancaster Corpus）是继 COBUILD 语料库之后建立的中型语料库，由含有 5000 万词的语料组成。之后建立的英国国家语料库（British National Corpus）由含有1.17亿词的语料组成。这三个语料库成为20世纪90年代柯林斯出版公司、朗文出版社、牛津大学出版社等编纂词典的重要资源。[9][10][11]

《反义词大词典》是充分利用现代化的技术手段以数十亿字超大规模的语料库作为基石编纂而成的。编者按照吕叔湘先生给编者的信中的建议，“想种种办法压缩篇幅，用尽量少的篇幅容纳尽量多的内容，因此可删则删，可并则并，太生僻的不收”，精挑细选推敲甄别每一条释义的用例。举例多用短语，少用句子，并且尽可能注意用例的多样性和丰富性，尽量考虑到语料在时间、文体、风格等多个维度上的差异，为反义词的语义提供尽可能多的再现语境——共时与历时、普通话与方言、口语与书面语等等，从而使读者能够更好地把握反义词的语义搭配、语法组合、语用习惯、语义共性中的语义个性等多种反义词的特征。用例提供的语境总和，补充或凸显了反义词之间的个性义征和共性义征。从以下部分词条的释义和用例，可以大体了解一下《反义词大词典》的这一特色：

【上年】（名）去年：~他来敝地游玩/~病过一场，如今好了/~欠的租。
【头年】（名）〈方〉去年：~他出门打工，今年才回来/~的雨水不如今年/~打下的枣。
【过年】（名）〈口〉明年：他~就要考大学了/今年准备，~上马/我~就上高中了。
【嗣岁】（名）〈书〉来年；新的一年：约我一樽迎~。
【新年】（名）新的一年：贺~/~新气象/~新风尚/~好/旧年过去，~到来。

五 结语

陈楚祥曾经提出了“词典评价的十个标准”，即宗旨是否明确、收词是否全面、立目是否合理、义项是否分明、释义是否精确、注释是否完备、术语是否标准、参见是否严密、例证是否典型、检索是否便捷。[12]本文所谈及的现代语言学研究的四个成果即词汇主义、语义场理论、义位的共性个性、比较词汇学以及语料库的新思想和新方法，也是词典质量评价所依托的重要的语言学理论和研究方法。不同类型的词典的选词立目、义项划分、释义和例证、注释和编纂术语以及参见的严密性等，都需要我们从词汇主义出发，通过比较词汇学的对比分析寻找义位之间的共性和个性，沟通相关条目之间的联系，从而使词典编纂术语更为标准、参见更为严密、检索更为便捷。现代词典学的发展需要现代语言研究成果来支撑，词典编纂需要运用更为科学的语言学理论来指导。

参考文献

[1] Ю. Н. 卡拉乌洛夫. 俄语词典学的现状和发展趋势. 辞书研究，1993 (2).
[2] 江蓝生.《现代汉语词典》(第6版) 修订情况讲话. 2012.
[3] 张庆云，张志毅. 反义词大词典 (辞海版). 上海：上海辞书出版社，2009.
[4] 张志毅，张庆云. 词汇语义学 (第三版). 北京：商务印书馆，2012.
[5] 贾彦德. 汉语语义学 (第二版). 北京：北京大学出版社，1999.
[6] 张志毅，张庆云. 词汇语义学与词典编纂. 北京：外语教学与研究出版社，2007.
[7] 麦克米伦出版有限公司. 麦克米伦高阶英语词典. 北京：外语教学与研究出版社，2003.
[8] Landau，Sidney. 词典编纂的艺术与技巧. 北京：商务印书馆，2005.
[9] 刘庆荣. 语料库与词典编纂. 上海师范大学学报，2001 (3).
[10] 杨晓军，李赛红. 语料库在词典编撰中的优势——兼评《牛津高阶英语学习词典 (第6版)》. 外语与外语教学，2003 (4).
[11] Cowie. 英语学习词典史. 北京：外语教学与研究出版社，2002.
[12] 陈楚祥. 词典评价标准十题. 辞书研究，1994 (1).

(王伟丽：首都师范大学文学院，北京　100089)

论字典、词典、语典三分

温端政

2007年，笔者在“海峡两岸《康熙字典》学术研讨会”（山西，晋城）上宣读的《语典的兴起及其对文化传承的贡献》一文中，曾经提出“字典、词典、语典三分”的主张，指出：迄今为止，汉语语文工具书有字典、词典之别，而无“语典”一说。语典不管大中小型，一概归入词典……这显然名不副实。语典和词典收条对象不同，根据“语词分立”的主张，应当把“语典”从“词典”里分立出来。这样，以字为单位，按一定次序排列，每个字注上读音、意义和用法的工具书称为“字典”；收集词汇加以解释供人检查参考的工具书称为“词典”或“辞典”；收集语汇加以解释供人检查参考的工具书称为“语典”。

2009年，上海辞书出版社杨蓉蓉同志在“第二届汉语语汇学学术研讨会”（浙江，温州）上，宣读了《也谈字典、词典、语典三分》一文，指出字典、词典、语典三分是“语言学、辞书学研究的新课题”。文章深入分析了字典、词典、语典三分的必要性和可能性，认为“字典、词典、语典三分是词汇学、语汇学、辞书学理论研究的需要”，指出“有生命力的理论，不管面对多少困难，是一定会成长起来的，字典、词典、语典三分迟早是会实现的”。笔者同意这些观点，并认为这个问题还有继续探讨的必要。最主要的，是要进一步弄清字典、词典、语典三分的理论依据和事实基础。本文试就这几个方面做一些探讨。

一　字典、词典、语典三分的理论依据

字典、词典、语典三分的理论依据是“语词分立”。对“语词分立”

的基本含义，我们曾经在《论语词分立》（《辞书研究》2002年第6期）中作过如下阐述：

1. 给词、语，特别是给“语”下一个确切的定义，明确它的范围；

2. 确认“语”和“词”是两种性质不同的语言单位，把“语”从“词汇”里分立出来，把“词”从“语汇”里分立出来；

3. 明确“词汇”和“语汇”的定义，确认词汇具有系统性，语汇也具有系统性。

这个主张是基于汉语的特点提出来的。在汉语里，“语”和“词”固然有相同的一面，但不同的一面是不能忽视的。这种相同的一面，表现在：“语”和“词”都是语言单位，都是语言的现成“建筑材料”，都负载着使用这种语言的民族的传统文化。“语”和“词”的不同的一面，杨蓉蓉同志在上述《也谈字典、词典、语典三分》一文中归纳为四点：（1）结构不同，语是词组成的；（2）性质、特征不同，词的基本特征是概念性，而语的基本特征是叙述性；（3）凝固性的强弱不同；（4）语法功能不同，词分虚、实，虚词不能充当句子成分，语都有实义，都能充当句子成分。

后来，李如龙先生在《语汇学三论》一文里，从语音、语法、语义、语源等四个方面分析了“语”和“词”的异同。他的见解富有启发性，特别是他谈到“在生成的顺序上”，“词”的生成是原生的，“语”则是利用词的组合再次合成的，也可以说是“再生”的，“如果说，词汇是分了类的原材料和粗坯的零件的话，语汇则是组装好了的预制品和加工过的零件”。（见《汉语语汇学研究》11—21页，商务印书馆2009年）这些论述充分说明，“语”和“词”是并列的语言单位，语不是“词的等价物”。

然而，近来有人不同意这个主张，称：“我们应该承认；‘语’和‘词’这不同的语言单位之间既在一些细微之处存在差异又在根本的原则问题上相互一致，彼此交融渗透，并无根本上的大异。不可因为语和词之间一小部分的‘异’而过分夸大二者的区别，忽略它们大部分的‘同’，更忽略甚至掩饰‘语’内成员间的区别，否则，将有悖常理。”（刘静静《也谈“语词分立”》，《辞书研究》2011年第6期）

这里强调，“语”和“词”的差异只表现在“细微之处”，认为“语词分立”是“过分夸大”了“语和词之间一小部分的‘异’”，是在“掩饰”语的内部“成员”之间的区别。果真如此吗?

说“语”和“词”的差异只表现在“细微之处”,显然是站不住脚的。上面对“语”和“词”异同的论述已经充分证明了这一点。在这里我们再补充一点,是关于词和语的定义。

关于“词”的定义,有很多说法,例如:

“词是一种形式和内容统一起来的语言最小单位。”(孙常叙《汉语语汇》第2页,吉林人民出版社1956年)

“我们把词看作是语言中有意义的能单说或用来造句的最小单位,它一般具有固定的语音形式。”(符淮青《现代汉语词汇》增订本第1页,北京大学出版社1985年)

“词是称谓上和造句上独立运用的最小单位。”(武占坤、王勤《现代汉语词汇概要》第9页,内蒙古人民出版社1983年)

“词是语言中一种音义结合的定型结构,是最小的可以独立运用的造句单位。”(葛本仪《汉语词汇研究》第2页,山东教育出版社1958年)

再看几本高校《现代汉语》教材:

“词是代表一定意义的,能独立运用的最小的语言单位,它一般具有固定的语音形式。”(林祥楣主编《现代汉语》191页,语文出版社1991年)

“词是最小的,能够独立运用的、有意义的语言单位。”(北京大学中文系现代汉语教研室编《现代汉语》195页,商务印书馆2003年)

“词是最小的能够独立运用的语言单位。”(张斌主编《新编现代汉语》157页,复旦大学出版社2002年)

再看几本有代表性的辞书的注释:

“语言里最小的、可以自由运用的单位。”(中国社会科学院语言研究所词典编辑室编《现代汉语词典》第6版221页,商务印书馆2012年)

“语言中具有固定语音形式和特定意义的、最小的独立运用的单位。”(李行健主编《现代汉语规范词典》第2版215页,外语教学与研究出版社、语文出版社2010年)

“语言里能独立运用的最小语言单位。”(商务印书馆辞书研究中心编《现代汉语学习词典》193页,商务印书馆2010年)

所有这些关于“词”的定义,尽管表述有所不同,但有一个共同点,就是“词”是“最小的”语言单位。而关于“语”的定义，则多未涉及，有的则是举例性的说明，如：

“谚语；成语。”（中国社会科学院语言研究所词典编辑室编《现代汉语词典》第5版1664页，商务印书馆2011年）

“特指俗语、谚语、成语或古书中的话。”（李行健主编《现代汉语规范词典》第2版1610页，外语教学与研究出版社、语文出版社2010年）

“谚语或成语。”（商务印书馆辞书研究中心《新华词典》修订版1203页，商务印书馆2001年）

这种举例性的说明，显然不是学术性的定义。只有《辞海》（第6版）关于“语”的定义，才是学术性的：“大于词、具有相对固定结构的叙述性语言单位，包括成语、谚语、惯用语和歇后语。”（缩印本2323页，上海辞书出版社2010年）这种定义具有重要意义，它把“语”和“词”的性质从根本上区分开来。这一点，刘叔新的《汉语描写词汇学》里下列这段话也讲得很清楚：

词还必须是一种最小的完整定型的材料单位。所谓“最小”，就是本身不能再分出两个或更多个完整定型的语言建筑材料单位。“居心叵测”可以分出“居心”“叵”“测”三个完整、定型的材料单位，“囫囵吞枣”可以分出“囫囵”“吞”“枣”三个这样的单位；“杯弓蛇影”“一问三不知”“风马牛不相及”等都可以分出若干这类单位来。因此，它们都不是最小的完整定型的材料单位，不可能是词，而只能是大于词的固定语。(33—34页，商务印书馆2005年)

由此可见，“语”与“词”的性质的区别是带有原则性的。“细微”论经不起语言事实的检验。

再看几本标明“词性”的辞书。上面提到的《现代汉语词典》和《现代汉语规范词典》都是“词”标明词性，语则不标。《现代汉语学习词典》则是词类和语类分别标注，做法是：把词分为12大类：名词、动词、形容词、数词、量词、代词、副词、连词、介词、助词、叹词、拟声词，分别用〔名〕〔动〕〔形〕〔数〕〔量〕〔代〕〔副〕〔连〕〔介〕〔助〕〔叹〕〔拟声〕表示；把语分为成语、俗语、惯用语、谚语、歇后语五类，分别用〔成〕〔俗〕〔惯〕〔谚〕〔歇〕表示。

“语性”与“词性”的划分是如此的不同，再次表明语和词的性质有很大的区别。“语词分立”是汉语不可抹杀的客观事实。至于语的内部成员之间，包括成语、谚语、惯用语、歇后语之间的区别，是语内部各语类之间的区别，跟语、词之间的区别不能相提并论。把语、词之间的“差异”说成是“细微”的，说承认语、词之间的“差异”是为了“掩饰”语汇内部成员的“差异”，是站不住脚的。

语词分立，必然导致“语汇”和“词汇”的分立。上面提到的《也谈“语词分立”》一文说：“长期以来学界对语言的建筑材料向有‘词汇’‘语汇’两种称谓”，学界一般“将‘语汇’‘词汇’视为异名同实”；并说“‘语汇’‘词汇’异名同实的关系，是为绝大多数学者所认同的”，何必去改变呢。殊不知两个“异名同实”的术语的存在，起码是术语的浪费。更何况以上论述证明了“词汇”和“语汇”本来“异实”，“异名同实”的说法已经过时了。我们主张让“语汇”和“词汇”分立，用“语汇”来指“语”的总汇，用“词汇”来指“词”的总汇，这不是更加名实相符，各得其所吗?

语汇和词汇的分立，自然而然地要导致语典和词典的分立。词典收集的是词汇，语典收集的是语汇，分工明确，各司其职。

语典和词典的分立，使语文辞书呈现字典、词典、语典三分的局面，这是语文辞书的现状，也是语文辞书发展的必然趋势。

二　字典、词典、语典三分的事实基础

和字典、词典相比，语典的出现要晚得多。较早出现的是成语类辞书。据称，成语类辞书的出版，发端于清代前期满汉文对照的《六部成语》。从1916年的《国文成语辞典》到1949年的《中华成语词典》（吴廉铭编，中华书局），出版过15种成语类辞书。这些成语类辞书，所收条目比较杂，不是严格意义上的成语典，如《六部成语》所收的只有15%是真正意义的成语；1937年出版的《实用国文成语词典》收有不少“二字式”条目（如“三省”“矛盾”等）。严格意义上的成语典，而且影响较大的，是北京大学中文系1955级语言班编写的《汉语成语小词典》。该书1958年由中华书局出版，1959年由商务印书馆修订出版，后来多次修订，长期畅销。此后成语类辞书陆续出版，其中影响较大的是《汉语成语词典》（甘肃

师范大学中文系《汉语成语词典》编写组编，上海教育出版社 1978 年)。

1980 年以后，成语类辞书大量出版，据统计，1980 年至 1995 年，共出版 167 种；1996 年至 2010 年，共出版 616 种。(以上参见周伟良《我国成语典出版与市场的调研分析》，《辞书研究》2011 年第 1 期）成语类辞书大量出版的同时，谚语类、歇后语类和惯用语类辞书，以及兼收谚语、歇后语、惯用语的综合性俗语类辞书也不断出版。据调查，1980 年至 1989 年，共出版 19 种；1990 年至 1999 年，共出版 66 种；2000 年至 2007 年，共出版 148 种。合计 233 种，其中谚语类辞书占 29.18%，歇后语类辞书占 35.19%，惯用语类辞书占 7.73%，综合性的俗语类辞书占 29.90%。(见周伟良《我国俗语典出版与市场的调研分析》，《出版科学》2008 年第 4 期）在这里，我们不妨着重分析商务印书馆和上海辞书出版社语类辞书的出版情况。试以商务印书馆出版的新华系列语文工具书和上海辞书出版社“辞海版”汉语工具书大系为例。

商务印书馆围绕《新华字典》《新华词典》出版的系列语文工具书，截至 2008 年已经出版的有《新华写字字典》《新华拼写词典》《新华成语词典》《新华新词语词典》《新华同义词词典》《新华反义词词典》《新华多功能字典》《新华正音词典》《新华谚语词典》《新华惯用语词典》《新华歇后语词典》等。其中语类辞书共 4 种（包括《新华成语词典》《新华谚语词典》《新华惯用语词典》《新华歇后语词典》)，近三分之一。

上海辞书出版社“辞海版”汉语工具书大系，共出版 14 种，它们是：《中国成语大辞典》《中国典故大辞典》《中国俗语大辞典》《中国谚语大辞典》《中国惯用语大辞典》《中国歇后语大辞典》《中国格言大辞典》《中国名句大辞典》《古代汉语大词典》《现代汉语大词典》《现代汉语分类大词典》《新词语大词典》《同义词大词典》《反义词大词典》。其中语类辞书共 5 种（包括《中国成语大辞典》《中国俗语大辞典》《中国谚语大辞典》《中国惯用语大辞典》《中国歇后语大辞典》)，超过三分之一。

再看图书市场情况。《辞书研究》2008 年第 6 期发表了柳长江等《关于目前语文辞书市场情况的调查报告》。他们采用网上抽样调查和图书市场实地考察相结合的方法，对国内较著名的两家网上书店——“当当网”和“卓越网”所经销的语文辞书情况进行了统计，同时，对太原市内的新华书店、得一图书广场、山西省外文书店、山西图书大厦等 4 个大型的图书市场进行了实地考察。结果显示：

（1）“当当网”的语文辞书共计596种，其中专门收语的（以下称“语汇类辞书”或“语典”）137种，约占23%；“卓越网”的语文辞书共计480种，其中语汇类辞书139种，约占29%。

（2）实地调查的4个大型图书市场，共有语文辞书63种，其中字典13种，词典19种，语典29种，其他（典故类、鉴赏类）2种。

（3）从网上书店语文辞书销售量排序来看，“当当网”前50位中，（古今）字典11种，（古今）词典10种，语典15种；“卓越网”前50位中，（古今）字典16种，（古今）词典17种，语典14种。

上述种种事实表明，汉语语文辞书已经出现字典、词典、语典“三分”的局面。只是“语典”还没有独立的名称，被称为“词典”或“辞典”，小型的称为“小词（辞）典”，大型的称为“大词（辞）典”。

不过，这种情况已经有所改变。2000年，一部名为《语海》的大型辞书由上海文艺出版社出版。该书是在此前由该社出版的《中国歇后语》（1988）、《中国谚语》（1989）、《中国惯用语》（1991）、《中国俗成语》（1991）、《中国俗语》（1992）、《语海·秘密语分册》的基础上形成的，共收谚语约24000条，俗语约20000条，歇后语约32000条，惯用语约10000条，俗成语约14000条，暗语约1500条，合计约100000条，规模之大是空前的。此后，明确用“语典”命名的语类辞书有：

《汉语语典》，贾采珠、晁继周主编，汉语大词典出版社2003年4月第1版。

《现代汉语小语典》，温端政主编，人民教育出版社2008年5月第1版。

《现代汉语语典》，许匡一、谢逢江主编，崇文书局2008年8月第1版。

《中华语典》，余鸿主编，中国工人出版社2008年10月第1版。

《汉语语典》的“前言”称：“所谓语，就是熟语，包括成语，惯用语、谚语等，它们是大于词的语言单位，但又不同于一般的词组和句子，其结构是定型的，一般不能随便改变结构模式或增减、变化组成成分；意义也是完整、不可分割的。”该书共收语约9000条，其中成语为主，约占75%，其他语约占25%。《现代汉语语典》与此相反，基本上不收成语，而收谚语、歇后语、惯用语，还有“俗语”和“警语”，约13000条。《现代汉语小语典》收成语3216条、谚语1606条、歇后语1096条，惯用语1076条，共6994条。其中成语占45%。

收条对象虽各有侧重，但都是以语汇为收集对象，这表明以语汇为收集对象的辞书不仅已经大量出现，而且开始以“语典”作为正式名称。这是“语典”脱离词典、名实结合的标志。

还应该指出的是，语典编纂方兴未艾，有着光明的前景。列入商务印书馆出版计划的《新华语典》，从2005年开始筹备，经过几年的努力，即将出版。该书收语约22000条，其中成语约8000条，占36.36%；谚语、惯用语各约4500条，分别占20.46%；歇后语约3000条，占13.63%；格言、名言约2000条，占9.09%。《新华语典》将与《新华字典》《新华词典》配套。据悉，上海辞书出版社也积极筹备编写《字海》《语海》，与《辞海》配套。由此，语文辞书“字典”“词典”“语典”三分的局面，将更加明显地呈现在世人面前。

三　字典、词典、语典三分的主要意义

承认字典、词典、语典三分，具有重要的理论价值和现实意义。概括起来，主要有以下几点：

（一）有利于语文辞书编纂的分工

过去在语是词的“等价物”的思想指导下，词典也把语汇作为收集对象，如《现代汉语词典》“前言”（1978年8月）就说：“词典中所收条目，包括字、词、词组、熟语、成语等，共约五万六千余条。”据我们统计，《现代汉语词典》（第5版）共收语4893条，其中成语4131条，惯用语664条，谚语92条，歇后语6条。

这种词典兼收语的做法，从当时来看，是合理的。但随着字典、词典、语典三分局面的出现，则有许多值得商榷的地方。

仅从立目的角度来看，至少存在两个问题：

一是所收语类不够平衡。成语、惯用语收得多，谚语、歇后语收得少。

汉语的谚语非常丰富。《现代汉语词典》（第5版）收了“远水解不了近渴”“远水救不了近火”等谚语，但像“半部《论语》治天下”“兵马未动，粮草先行”“不管白猫黑猫，抓住老鼠就是好猫”“不怕不识货，就怕货比货”“吃水不忘挖井人”“大树底下好乘凉”“到什么山上唱什么歌”“功夫不负有心人”“恭敬不如从命”“活到老，学到老”“江山易改，秉性难移”“姜是老的辣”“金无足赤，人无完人”“良药苦口利于病，忠言逆耳利于行”“明枪易躲，暗箭难防”“强扭的瓜不甜”“清官难断家务事”“情人眼里出西施”“人怕出名猪怕壮”“人生七十古来稀”“人生一世，草木一秋”“天下乌鸦一般黑”“天下无难事，只怕有心人”“乌云遮不住太阳”“物以稀为贵”“习惯成自然”“现官不如现管”“心急吃不了热豆腐”“新箍马桶三日香”“新官上任三把火”“行百里者半九十”“秀才不出门，能知天下事”“秀才人情纸半张”“秀才造反，三年不成”“一个和尚挑水吃，两个和尚抬水吃，三个和尚没水吃”“一口吃不成胖子”“一日为师，终身为父”“一年树人，十年树木”“远来和尚会念经”“远亲不如近邻”“宰相肚里好撑船”“智者千虑，必有一失；愚者千虑，必有一得”等一大批富有生命力的谚语，都没有收。

歇后语被认为是汉语的特点，为群众所喜闻乐见。像“半夜吃黄瓜——不知头尾”“大水冲了龙王庙——自家人不认得自家人”“反贴门神——不对脸”“擀面杖吹火——一窍不通”“狗掀门帘——全凭嘴”“狗咬吕洞宾——不识好人心”“韩信将兵——多多益善”“黄连树下弹琴——苦中作乐”“黄鼠狼给鸡拜年——不安好心”“姜太公钓鱼——愿者上钩”“孔夫子搬家——净是书（输）”“聋子的耳朵——摆设”“猫哭老鼠——假慈悲”“门缝里瞧人——把人看扁了”“木匠戴枷——自作自受”“木匠的斧头——一面砍”“泥菩萨过河——自身难保”“肉包子打狗——有去无回”“十五个吊桶打水——七上八下”“外甥打灯笼——照舅（旧）”“王婆卖瓜——自卖自夸”“王小二过年——一年不如一年”“小葱拌豆腐——一青（清）二白”“阎王爷贴告示——鬼话连篇”“丈二和尚——摸不着头脑”“周瑜打黄盖——一个愿打一个愿挨”“猪八戒照镜子——里外不是人”“竹篮打水——一场空”等一大批富有表现力的歇后语，也都没有收。

二是所收的“语”，标准不够明确。汉语里，语的数量很多，相对来说，有常用和不大常用之分。就是常用的，也往往顾此失彼。笔者在《论语词分立》一文中曾经以《现代汉语词典》（第5版）“远”字所收条目为例来说明。这里再以“近”字为例。《现代汉语词典》（第5版）“近”字下面共收36个条目，其中属于“语”的有“近亲繁殖”“近水楼台”“近朱者赤，近墨者黑”3条。而以“近”字开头的“语”，常用的还有成语“近火先焦”“近在眉睫”，谚语“近不过夫妻，亲不过父母”“近人不说远话”“近山识兽，傍水知鱼”“近水楼台先得月”等，次常用的有成语“近悦远来”“近在咫尺”，谚语“近寺人家不重僧”“近处菩萨远处灵”“近亲结婚，祸延子孙”“近家无瘦地，遥田不富人”“近邻不可断，朋友不可疏”“近河不可枉用水，近山不可乱砍柴”，惯用语“近人说远话”“近路不走走远路”“近山无柴烧，近溪无水舀”，歇后语“近视眼锄地——禾草不分”“近视眼过独木桥——且顾眼前”等。

词典收“语”之所以不能兼顾，根本的原因是“语”的数量相当多，如果尽收，并不比词少，占了大量篇幅，甚至喧宾夺主，改变了词典的性质。理想的办法，是词典只收“词”，“语”收入“语典”。这样分工明确，各得其所。

应当着重指出，我们主张词典只收词，让语典去收语，这是从收条的科学性着眼的。辞书编纂还要考虑实用性。从实用性的角度来考虑，词典适当收语无可厚非，有其可取之处，不宜一概否定。正如韩敬体先生所说的：“辞书作为一种工具，首先要求它有实用性。提高辞书编纂的科学性，又要提高其实用性，正像吕叔湘先生肯定过的，二者虽然并不矛盾，但侧重点是不同的。”（《词语的混同、分立与辞书编纂问题》，《汉语语汇学研究》95—98页，商务印书馆2009年）

（二）有利于语典编纂的研究和语典学的建立

与字典、词典编纂的理论研究相比较，语典编纂的理论研究要薄弱得多。字典、词典编纂研究方面不仅发表了大量的论文，而且出版了许多专著。而语典编纂研究，不仅未见专著，论文也不多。语典理论研究的滞后，与“语典”未能从“词典”分离出来成为相对独立的品种有关。实行“字典”“词典”“语典”三分，建立与“字典学”“词典学”并行的“语典学”便势在必行。

事实表明，语典编纂有不同于字典、词典编纂的规律，探讨语典编纂的独特规律是语典学的主要任务。

语典编纂的独特规律不仅表现在总体设计上，而且着重表现在立目和释义方面。

在立目上，语典不收字，不收词，只收语，这跟词典也收字是不同的。语典立目有三条基本原则：一是划清语与词的界限；二是划清语与自由词组的界限；三是在语内部划清成语、谚语、惯用语、歇后语之间的界限。而要划清这些界限，必须进行理论研究。

语典的释义，必须坚持以下几个原则：

一是释文的叙述性原则。语是叙述性的语言单位，因此，语的释文必须具有叙述性。过去有的学者，受语是词的“等价物”的观点的影响，误把语也看成是概念性单位，认为：居心叵测=阴险，一帆风顺=顺利，千钧一发=危险，虚怀若谷=虚心，风马牛不相及=无关，踏破铁鞋无觅处，得来全不费工夫=巧遇。按照这个说法，释文变成概念性，显然是不可取的。

二是释文内容与“语性”相统一的原则。语有表述语和描述语之分。表述语（包括谚语和表述性成语）以传授知识为目的，特点是具有知识性，既有对客观事物的认识，也有在社会实践中形成的经验，因此，释文必须具有知识性；描述语（惯用语和描述性成语）的特点，是描绘人或事物的形象、状态，或描述动作行为的性状，释文不能具有知识性。如“挨着大树不长苗”是谚语，“哀兵必胜”是表述性成语，释文都应具有知识性；“挨板子”是惯用语，“爱不释手”是描述性成语，释文不应具有知识性，而应具有描绘性。

三是“从语料中来，到语料中去”的原则。语料是语典编纂的基础。语典编纂要从收集和分析语言事实入手，在正确理解语义的前提下进行描写，然后又用语言事实来验证。这是语典释义的基本原则，也是基本做法。只有充分利用语料库，在分析语料上下功夫，才能确保释义的正确性。如“八九不离十”，《现代汉语词典》（第5版）解释为：“几乎接近（实际情况）”，举例是：我虽然没有亲眼看见，猜也能猜个八九不离十。这没错。但除此义项外，还有一个义项：指与所追求的目标或所要求的标准很接近。下面用例足以证明：

吃饭中间，郭祥看到他们两人相亲相爱，猜想事情已经八九不离十，就笑着问："朴东木！我什么时候喝你们的喜酒呵？"（魏巍《东方》下六部四章）

马名骓能双手打枪，虽不是百发百中，却也是八九不离十。（刘绍棠《敬柳亭说书》三章六）

不久，他就学得八九不离十，只差上下车不太自如了。（王琳《将军和诗人》）

因此，此语宜解释为：指接近实际情况；也指距离所追求的目标或所要求的标准很接近。

四是释文慎用"比喻"的原则。根据我们的经验，下面三种情况不能用"比喻"：

（1）体词性成语，中心语素与释文里的中心词同质的，宜用"指"；

（2）语目里含有"如、似、若"等比喻词，表明是用比喻手法构成的，宜用"指"或"形容"；

（3）释文不是指事物，而是描绘性状的，宜用"形容"。

因此，《现代汉语词典》（第5版）的下列释义都值得商榷：

【不刊之论】比喻不能改动或不可磨灭的言论（刊：古代指削除刻错了的字，不刊是说不可更改）。（113页）

【九牛二虎之力】比喻很大的力量。（730页）

【如日中天】比喻事物正发展到十分兴盛的阶段。（1159页）

【若明若暗】比喻对问题或情况有所认识却不很清楚……（1166页）

【波澜壮阔】比喻声势雄壮浩大（大多用于诗文、群众运动）。（102页）

第6版都把"比喻"改为"形容"，是正确的。

语典的释义是一个非常复杂的问题，需要深入研究。除了立目和释义之外，举例也很值得研究。

我们在编纂《新华语典》的过程中，开展了语典编纂的初步研究。已经发表的有温端政《〈新华语典〉立目和释义的思考》，吴建生《〈新华语典〉惯用语立目问题研究》，巫建英《略谈〈新华语典〉惯用语例句的编写》，辛菊、杜雪芬《〈新华语典〉成语的立目和释义》，张光明《〈新华语典〉歇后语的编写实践》，温朔彬《创新思维在〈新华语典〉编纂中的运用》等。当然，这些只是个开始。随着字典、词典、语典三分的实现，语典编纂的研究必然会出现新的局面，这将为语典学的建立打下基础。

（三）有利于汉语语汇研究和语汇学的建立与完善

语典编纂和语汇研究是互为作用的。

语典编纂为语汇研究提供了大量基础资料。语典编纂有两个基本环节，一是收集语料，筛选出语目；二是对语目逐个作具体研究，撰写出释文。这两个环节为语汇研究提供了坚实基础。语汇研究反过来又指导语典编纂。

语汇研究近年来的蓬勃兴起是和语典编纂与出版的繁荣分不开的。2007 年 7 月在山西太原召开了首届汉语语汇学学术研讨会，有 90 多位专家学者出席，交流了 84 篇论文。会议的论文集，选收了其中的 38 篇，由商务印书馆于 2009 年出版。2009 年 7 月在浙江温州召开了第二届汉语语汇学学术研讨会，有 50 多位专家学者出席，交流了 56 篇论文。会议论文集选收了其中 32 篇，由商务印书馆于 2011 年出版。2011 年 10 月，在浙江杭州召开了第三届汉语语汇学学术研讨会，有 70 位专家学者出席了会议，交流了 57 篇论文。会议论文集正在编纂中。仅此三次会议，就交流了论文 197 篇。这个成绩不可谓不辉煌。

这些成绩的取得，当然不能完全归功于字典、词典、语典三分，但是，语典的大量编纂和出版，无疑是为这些研究成果的取得做出贡献的。

然而，上面提到的《也谈“语词分立”》一文，却看不到这些事实，称：“在‘语词分立’基础上从事‘语汇学’这一新学科研究的学者，迄今为止，似乎只有包括温先生在内的一小部分人”；语汇的“具体的理论研究成果也还太少，雷声大雨点小的现象也是不可否认地存在的”。上面所列举的事实，证明这种说法与事实不符，站不住脚。该文还说，“‘语汇学’一旦独立出‘“词汇学’，不仅限制了‘词汇学’的研究范围，对词汇学的发展带来严重的影响，对‘语汇学’本身的研究和发展也会埋下隐患”。这也是言过其实！从近几年全国性的词汇学学术研讨会来看，会上交流的论文绝大多数都是词汇学方面的，有关语汇的文章不多，把“语汇学”从“词汇学”分离出来，不仅不会损害词汇学，而且使词汇学集中研究词汇，更有利于词汇学的研究和发展。把“语”从词汇里分离出来，实现“语词分立”，把语典从词典分离出来，实行字典、词典、语典三分，不是更有利于语汇学的研究和发展吗？怎么倒会给语汇学的研究和发展“埋下隐患”呢！

人们不会忘记，首届汉语语汇学学术研讨会召开的时候，中国语言学会会长侯精一先生代表中国语言学会在“贺词”里所说的一段话：

近年来汉语语汇学作为一门新的分支学科，受到学界的普遍关注。温端政教授的《汉语语汇学》等著作的出版标志汉语语汇学已经成为汉语语言学大家庭的新的一员。汉语语汇学有丰富的内容和发展前景。

语汇研究和语典编纂的繁荣，证明了这段话的正确性和前瞻性。可以期待，在字典、词典、语典三分的指引下，语典编纂将进一步推动语汇研究，促进汉语语汇学的发展和完善。

（温端政：山西省社会科学院语言研究所，太原　030006）

“两两相从，成双成对”义的“非”声字解析

雍淑凤　雍晓燕

郝士宏在《古汉字同源分化研究》中谈到：“就一个字的范围内由截除的方式减省，为研究古文字的学者所熟悉。其实，这种减省方式的性质同在造字时不画出事物的整体轮廓，而是仅用其具有代表性的部分来作为记录这一事物的字形是一样的……截除性的减省也正如原先是事物整体轮廓的字，今截取其中的能表字义的一部分，而省去其他的部分。对于由截除方式分化而来的分化字，多与原字一并通行。一般多是原字的音义没有发生改变，分化字则与原字有意义上的联系并且成为另一个字。如‘飞’与‘非’，《说文》及古文字学者多以为是截取‘飞下翅，取其相背’而来的，何琳仪对分化过程做了分析。从‘非’的字，有一些仍有‘飞’义，或多含有‘相背’之义。因此，原字‘飞’仍按照其固有的语义系统发展，而‘非’一方面含有其截取‘飞下翅’时的最初意图所要表达的意义，另一方面仍保留了‘飞’的某些遗传基因，所以有时还可以起一点‘部分表全体’的作用。”①

我们认为：“非”是截取“飞下翅，取其相背”造成的“飞”的分化字，而且，因为鸟的翅膀是两只，是相对应的，所以“非”引申出“两两相从，成双成对”义。张博在《汉语同族词的系统性与验证方法》中说：“‘騑，骖，旁马’得名于两两相从，成双成对，与‘腓’（胫腨也）、‘屝’（履也）、‘扉’（户扇也）、‘辈’（两壁耕也）、‘棐’（夹车之木

① 郝士宏《古汉字同源分化研究》，安徽大学出版社2008年，第66页。

也）同族。”[①] 本文在此着重分析《说文解字》（以下简称《说文》）中收录的“两两相从，成双成对”义的“非”声符字和《汉语大字典》（以下简称《大字典》）中收录的《说文》以外的“两两相从，成双成对”义的“非”声符字。

一 《说文》中具有“两两相从，成双成对”义的“非”族字

《说文》中收录的“两两相从，成双成对”义的“非”声符字有“騑、腓、扉、扉、辈、棐、辈、琲”，具体解析如下：

《说文·马部》：“騑，骖，旁马。从马，非声。”[②] 《说文·马部》：“骖，驾三马也。”[③] 高诱：“在中曰服，在边曰騑。”[④] 李贤：“夹辕者为服马，服马外为騑马。”[⑤]《说文解字注》（以下简称《段注》）：“騑马，经典皆谓之骖，故曰骖也。下文云驾三马曰骖，许意古为驾三马之名，后乃驾四驾六，其旁马皆得骖名矣，故又申之曰旁马。旁者，蒙上在轭中言之，不当衡下者谓之骖，亦谓之騑。驾三驾四所同也。若《小雅》传曰：‘騑騑，行不止之皃’，别为一义。”[⑥]《说文解字约注》（以下简称《约注》）：“王筠曰：‘骖字自为句。騑谓之骖，其义则在旁之马也。服马居中，騑马在旁。’又曰：‘此谓騑与骖异名同实，而以骖释騑，别二名也。以旁马释骖，说其义也。《说文》多此等文法，不可读为一句。’舜徽按：騑之言非也，非者韦也，旁两马分居左右，各在一偏，故谓之騑也。马之在两旁者谓之騑，犹牛之两壁耕者谓之辈耳。推之门扇为扉，谓两扇相对而立也；履属为扉，谓两履分在左右也。义俱近矣。同从非声，兼从得义。”[⑦] 总之，“騑”指驾在车辕两旁的马，是相对于正中间的马（称为“驾”或

① 张博《汉语同族词的系统性与验证方法》，商务印书馆 2003 年，第 124 页。
② 许慎《说文解字》，中华书局 1963 年，第 200 页。
③ 同上。
④ 孙诒让《墨子间诂》，中华书局 1986 年，第 24 页。
⑤ 范晔《后汉书》，中华书局 1973 年，第 155 页。
⑥ 段玉裁《说文解字注》，上海古籍出版社 1988 年，464—465 页。
⑦ 张舜徽《说文解字约注（卷 19）》，中州书画社 1983 年，11—12 页。

“服”）而言的，处于左右两边，正如左右两翅一样，成双成对。

《说文·肉部》：“腓，胫腨也。”[①]《段注》：“按：诸书或言‘膊肠’，或言‘腓肠’，谓胫骨后之肉也。腓之言肥，似中有肠者然，故曰腓肠。”[②]《说文通训定声》（以下简称《通训定声》）：“腓，……苏俗谓之膀肚肠子。”[③]《约注》：“舜徽按：……其上肥大处即腓肠，湖湘间称为小腿肚子者是也。”[④] 再从《说文》中“腓”字左右的字的意义来考察。《说文·肉部》：“脚，胫也。”[⑤]《约注》：“舜徽按：《释名·释形体》：‘脚，却也，以其坐时却在后也。’古人席地而坐，必先跪而后坐……坐与跪虽小异，而其胫皆在后。古人称胫为脚，今俗称足为脚。”[⑥] 可见，“脚”的本义是小腿。又《说文·肉部》：“胫，胻也。”[⑦]《段注》：“膝下踝上曰胫。胫之言茎也，如茎之载物。”[⑧]《约注》：“舜徽按：《释名·释形体》：‘胫，茎也，直而长似物茎也。’今俗称小腿，谓自膝至踝之处。其骨小而直，如物茎然。《玉篇》云：‘胫，腓肠前骨也。’是已。”[⑨]《说文·肉部》：“胻，胫耑也。”[⑩]《约注》：“舜徽按：胻之为言梗也。梗有直义，犹茎之义通于胫耳。胻胫自为一物，故《广雅·释亲》云：‘胻，胫也。’与《史记索隐》说同。许书胫、胻二篆互训，今本胻篆说解作‘胫耑也’，耑字似涉下文腓篆说解胫腨之腨而误衍。桂氏以股下胫上解胫耑，则直以膝说胻矣，岂可通乎？段氏谓胫近膝者曰胻。亦非。”[⑪]《说文》：“腨，腓肠也。”[⑫]《说文解字系传》（以下简称《系传》）：“臣锴曰：脚胫后肠也。”[⑬]《段注》：“腨者，胫之一耑。举腨不该胫也。然析言之如是，统言之则腨

---

① 许慎《说文解字》，中华书局1963年，第88页。
② 段玉裁《说文解字注》，上海古籍出版社1988年，第170页。
③ 朱骏声《说文通训定声》，中华书局1984年，第562页。
④ 张舜徽《说文解字约注（卷8）》，中州书画社1983年，第38页。
⑤ 许慎《说文解字》，中华书局1963年，第88页。
⑥ 张舜徽《说文解字约注（卷8）》，中州书画社1983年，第37页。
⑦ 许慎《说文解字》，中华书局1963年，第88页。
⑧ 段玉裁《说文解字注》，上海古籍出版社1988年，第170页。
⑨ 张舜徽《说文解字约注（卷8）》，中州书画社1983年，第37页。
⑩ 许慎《说文解字》，中华书局1963年，第88页。
⑪ 张舜徽《说文解字约注（卷8）》，中州书画社1983年，第37页。
⑫ 许慎《说文解字》，中华书局1963年，第88页。
⑬ 徐锴《说文解字系传》，中华书局1987年，第80页。

以该全胫。”[①]《约注》：“舜徽按：腨与腓乃一物二名。”[②] 所以，“腓”即今天俗称腿肚，亦泛指小腿，如《韩非子·扬权》：“腓大于股，难以趣走。”[③] 人的小腿有两个，像鸟的翅膀。沈兼士认为：“肥与非同音通借，故蠹亦作蜚，非有别违义，故‘泉’以‘所归异’而得肥名。《释名·释肥泉》曰：‘本同出时所浸润少，所归各枝散而多似肥者也’，直以肥义释之，说殊牵强。”[④] 所以，腓有“肥”义，“非”借音，本字假定为“肥”，“即今俗所谓腿壮”[⑤]。《白虎通·五刑》：“腓者，脱其膑。”[⑥]

《说文·尸部》：“屝，履也。”[⑦]《约注》：“舜徽按：今俗所称草鞋，即古之所谓屝也。草鞋取材便而易成，故农家及远行者常用之。凡履必成双而后可用，因谓之屝，犹门之两扇谓之扉耳。”[⑧] 屝是用草做的履，两只相连属共为一体，分在左右。

《说文·户部》：“扉，户扇也。从户，非声。”[⑨]《说文·户部》：“户，护也，半门曰户。象形。”[⑩] 《说文·户部》：“扇，扉也。从户，从翅声。”[⑪]《系传》：“扇，扉也。从户，翅省。臣锴曰：象鸟之翅。会意。”[⑫]《段注》本《说文·户部》：“扇，扉也。从户羽。”[⑬]《段注》：“《月令》：‘乃脩阖扇。’注云：‘用木曰阖，用竹苇曰扇。’案：析言如此，浑言之则不拘。依《韵会》本。从羽者，如鸟翼也。”[⑭]《约注》：“徐锴曰：‘象鸟之翅，会意。’舜徽按：门之两扇，与鸟两翼相似，故从翅省。”[⑮] 《段

---

① 段玉裁《说文解字注》，上海古籍出版社 1988 年，第 170 页。

② 张舜徽《说文解字约注（卷 8）》，中州书画社 1983 年，第 38 页。

③ 王先慎《韩非子集解》，中华书局 1998 年，第 49 页。

④ 沈兼士《右文说在训诂学上之沿革及其推阐》，载《沈兼士学术论文集》，中华书局 1986 年，第 137 页。

⑤ 同上。

⑥ 班固《白虎通》，商务印书馆 1936 年，第 245 页。

⑦ 许慎《说文解字》，中华书局 1963 年，第 174 页。

⑧ 张舜徽《说文解字约注（卷 15）》，中州书画社 1983 年，第 89 页。

⑨ 许慎《说文解字》，中华书局 1963 年，第 247 页。

⑩ 同上。

⑪ 同上。

⑫ 徐锴《说文解字系传》，中华书局 1987 年，第 233 页。

⑬ 段玉裁《说文解字注》，上海古籍出版社 1988 年，第 586 页。

⑭ 同上。

⑮ 张舜徽《说文解字约注（卷 23）》，中州书画社 1983 年，第 7 页。

注》：“《释宫》曰：‘阖谓之扉。’门阖，门扇也。然则门、户一也。”[①]《约注》：“舜徽按：门与户析言有别，浑言无分。故从户之字即兼言门，从门之字亦兼言户。扉虽从户，实谓门之两扇耳。盖扉之非也，非者违也，门开则两扇相背也。户扇谓之扉，犹鸟翥谓之飞矣。故扇字从翅省。”[②] 所以，扉是用竹苇做的门，门之两扇像鸟之翅膀。

《说文·牛部》：“犕，两壁耕也。从牛，非声。”[③]《段注》：“壁当作辟。辟是旁侧之语……服虔云：‘西辟，西偏也。’两辟耕，谓一田中两牛耕，一从东往，一从西来也。此形声包会意。非从飞下翅，取其相背……”[④]《通训定声》：“按：两牛同田，此往彼来，两边耕也……”[⑤]《约注》：“舜徽按：犕之为言分也。谓两牛同田，此往彼来，分别耕之也。犕之义通于分，此古韵灰痕对转之理。”[⑥] 犕有“两两相从”义和“相背”义。

《说文·木部》：“棐，辅也。”[⑦]《系传》：“臣锴按：棐，辅也。辅即弓檠也，故棐从木。又木名。按《羊欣笔法》云：‘王羲之见其门生棐几滑净即书之。’臣锴按：棐木似杉而细白也。”[⑧]《段注》：“《尚书》多言‘棐’，《释诂》曰：‘弼、棐、辅、比，俌也。’按：棐盖弓檠之类。”[⑨]《通训定声》：“按：《荀子·性恶》：‘不得排檠’。注：‘辅正弓弩之器’。盖从弼字生训。然字作‘排’。愚谓：棐者，夹车之木也。《尔雅》：‘辅小木’。注云：‘未详’。疑‘小木’二字即‘棐’字之误……棐为辅木，故木即以棐名……是棐又为木名也……”[⑩]《约注》：“舜徽按：棐辅双声，并受声义于弗。弗者，矫也，矫之适所以辅之也。又转为榜，所以辅弓弩者……”[⑪]《同源字典补》：“夹车木之说可参考。夹车之木、正弓之檠，

---

① 段玉裁《说文解字注》，上海古籍出版社 1988 年，第 586 页。
② 张舜徽《说文解字约注（卷 23）》，中州书画社 1983 年，第 7 页。
③ 许慎《说文解字》，中华书局 1963 年，第 29 页。
④ 段玉裁《说文解字注》，上海古籍出版社 1988 年，第 52 页。
⑤ 朱骏声《说文通训定声》，中华书局 1984 年，第 562 页。
⑥ 张舜徽《说文解字约注（卷 3）》，中州书画社 1983 年，第 15 页。
⑦ 许慎《说文解字》，中华书局 1963 年，第 125 页。
⑧ 徐锴《说文解字系传》，中华书局 1987 年，第 120 页。
⑨ 段玉裁《说文解字注》，上海古籍出版社 1988 年，第 271 页。
⑩ 朱骏声《说文通训定声》，中华书局 1984 年，第 562 页。
⑪ 张舜徽《说文解字约注（卷 11）》，中州书画社 1983 年，第 86 页。

俱是从两旁夹辅之，形似。”①

《说文·车部》：“辈，若军发车百两为一辈。”②《段注》本《说文·车部》：“辈，若军发车百㒳为辈。”③《段注》：“㒳，各本作两，今正。车之称㒳者，谓一车㒳轮，无取二十四铢之两。此许之字例也。若军发车百㒳为辈，盖用司马法故言，故以若发声。申之为什伍同等之称，如郑注宫正云：‘使之辈作辈学，相劝帅也。’非者，两翅，形声中有会意。俗从北。”④《约注》：“严章福曰：‘百两者，百车也。一车三人，百车三百人，所谓辈也。车有两轮，故一车为两，非廿五人之两也。盖用司马法。’舜徽按：唐写本《玉篇》残卷‘辈’字下引《说文》：‘军发车百乘为一辈。’今二徐本衍‘若’字，百乘与百两义同也。今世编军，称排称班，皆即辈之语转。凡云排比，亦即辈之假借。”⑤ 黄易青《上古汉语同源词意义系统研究》：“按：㒳的字形像甲骨文车字前头两服马驾辕的架子，凡从㒳之意是同一事物相连属、不可分离的两部分，如服马，不是各自可以单独存在的个体。车谓之辆，谓有不可分离的两个轮子。”⑥《六书故·工事三》：“车以列分为辈。”⑦ 辈“又指分行列车”⑧。这是源于“非”的“相背”义。古代的战车在进行战争之前都是严格按照一定的方阵分行分列地并列着，车与车之间呈相背之形。

《说文·文部》：“斐，分别文也。从文，非声。《易》曰：‘君子豹变，其文斐也。’”⑨《系传》：“臣锴按：《论语》曰：‘斐然成章’。成章，分别之也。”⑩《段注》：“谓分别之文曰斐……许云分别者，浑言之则为文，析言之则为分别之文，以字从非知之也。非，违也。凡从非之属，啙，别也；靠，相违也。此举形声包会意也。”⑪《约注》：“舜徽按：分别文谓之斐，犹两壁耕谓之辈，并从非声，皆有分义。斐与分，本双声也。

---

① 刘钧杰《同源字典补》商务印书馆 1999 年，第 144 页。
② 许慎《说文解字》，中华书局 1963 年，第 302 页。
③ 段玉裁《说文解字注》，上海古籍出版社 1988 年，第 728 页。
④ 同上。
⑤ 张舜徽《说文解字约注（卷 27）》，中州书画社 1983 年，第 65 页。
⑥ 黄易青《上古汉语同源词意义系统研究》，商务印书馆 2002 年，186—187 页。
⑦ 徐中舒《汉语大字典》，湖北辞书出版社，四川辞书出版社 1986 年，第 3538 页。
⑧ 同上。
⑨ 许慎《说文解字》，中华书局 1963 年，第 185 页。
⑩ 徐锴《说文解字系传》，中华书局 1987 年，第 181 页。
⑪ 段玉裁《说文解字注》，上海古籍出版社 1988 年，第 425 页。

许所引《易》，乃革卦文，今作蔚，用借字。”[①]

《说文新附·玉部》：“琲，珠五百枚也。”[②] 指五百枚珠“两两相从，成双成对”。

二 《大字典》中收录的《说文》以外的“两两相从，两两相对”义的“非”声符字

《大字典》中收录的《说文》以外的“两两相从，成双成对”义的“非”声符字有“闁、渄、毴、稥、腓、庳、剕、踥”，具体解析如下：

《龙龛手鉴·門部》：“闁，俗音非，正作扉，户闁也。”[③] 张博《汉语同族词的系统性与验证方法》：“‘騑，驂，旁马’得名于两两相从，成双成对，与‘腓’（胫腨也）、‘屝’（履也）、‘扉’（户扇也）、‘辈’（两壁耕也）、‘棐’（夹车之木也）同族。”[④]《说文·户部》：“扉，户扇也。”[⑤]《说文·户部》：“扇，扉也。”[⑥]《系传》：“扇，扉也。从户，翅省。臣锴曰：象鸟之翅。会意。”[⑦]《约注》：“徐锴曰：‘象鸟之翅，会意。’舜徽按：门之两扇，与鸟两翼相似，故从翅省。”[⑧]《段注》：“《释宫》曰：‘阖谓之扉。’门阖，门扇也。然则门、户一也。”[⑨]《约注》：“舜徽按：门与户析言有别，浑言无分。故从户之字即兼言门，从门之字亦兼言户。扉虽从户，实谓门之两扇耳。盖扉之非也，非者违也，门开则两扇相背也。户扇谓之扉，犹鸟翥谓之飞矣。故扇字从翅省。”[⑩] 门之两扇像鸟之翅膀，这是从“闁”的两扇的形制而言。《说文·户部》：“阴，門扇也。”[⑪] 杨树达《积微居小学述林·再释介》：“……当以‘介’在介间为义也。由此孳

① 张舜徽《说文解字约注（卷17）》，中州书画社1983年，第25页。
② 许慎《说文解字》，中华书局1963年，第14页。
③ 纪昀，陆锡熊，孙士毅《钦定四库全书（第226册）》，上海古籍出版社1987年，第673页。
④ 张博《汉语同族词的系统性与验证方法》，商务印书馆2003年，第124页。
⑤ 许慎《说文解字》，中华书局1963年，第247页。
⑥ 同上。
⑦ 徐锴《说文解字系传》，中华书局1987年，第233页。
⑧ 张舜徽《说文解字约注（卷23）》，中州书画社1983年，第7页。
⑨ 段玉裁《说文解字注》，上海古籍出版社1988年，第586页。
⑩ 张舜徽《说文解字约注（卷23）》，中州书画社1983年，第7页。
⑪ 许慎《说文解字》，中华书局1963年，第248页。

乳，田境介在田间，故谓之界；门開介在闑间，故谓之阶……诸从介之字以介在介间之义说之，则豁然通解……”[①] “闁”的“间隔”义，是从“非”的本义“相背”引申出的“空间分开——隔绝”义。《玉篇·门部》：“闁，门火气。”[②] 这是从闁所起的作用而言。

《龙龛手鉴·水部》：“渄，旧藏作‘非’字。”[③]《康熙字典·水部》：“罗含《湘中记》：‘謍水、渄水，皆注湘。’”[④]

《大字典》“毴”字条载：“毴，同“屄”。”[⑤]《字汇·尸部》：“屄，篇夷切，音披，女人阴户。又边迷切，音卑，义同。”[⑥] 从生理上讲，女人阴户的构造是相对称的，阴毛也呈对称之形分布。

《玉篇·禾部》：“䆏，穗皃。”[⑦]《集韵·尾韵》：“䆏，禾穗皃。”[⑧] 从植物学上讲，禾穗上颗粒互生，呈对称之形分布，“两两相从，成双成对”。

《玉篇·片部》：“腓，步皆切。”[⑨]《说文》：“片，判木也。从半木。”[⑩] 木头被分开时“两两相从，成双成对”。

《集韵·模韵》：“虍，《说文》：‘虎文也’，一曰未见皃，古作虡。”[⑪] 殷墟甲骨文中就有虎字，汉字“虎”就很像一只虎。《说文》：“虍，虎文也。象形。”[⑫]《系传》：“臣锴按：象文章屈曲也。虎乌反。”[⑬] 虎的体毛颜色有浅黄、橘红色不等，覆盖着黑色或深棕色的横向条纹，条纹一直延伸到胸腹部，那个部位的毛底色很浅，一般为乳白色。有的虎夏毛棕黄色，

---

① 杨树达《积微居小学述林》，中华书局 1983 年，第 35 页。
② 纪昀，陆锡熊，孙士毅《钦定四库全书（第 224 册）》，上海古籍出版社 1987 年，第 97 页。
③ 纪昀，陆锡熊，孙士毅《钦定四库全书（第 226 册）》，上海古籍出版社 1987 年，第 718 页。
④ 陈廷敬等《康熙字典》，中华书局 1980 年，第 31 页。
⑤ 徐中舒《汉语大字典（缩印本）》，湖北辞书出版社，四川辞书出版社 1986 年，第 839 页。
⑥ 《续修四库全书》编纂委员会．续修四库全书（第 232 册），上海古籍出版社 2003 年，第 523 页。
⑦ 纪昀，陆锡熊，孙士毅《钦定四库全书（第 224 册）》，上海古籍出版社 1987 年，第 131 页。
⑧ 丁度《集韵》，中国书店 1983 年，第 682 页。
⑨ 纪昀，陆锡熊，孙士毅《钦定四库全书（第 224 册）》，上海古籍出版社 1987 年，第 228 页。
⑩ 许慎《说文解字》，中华书局 1963 年，第 143 页。
⑪ 丁度《集韵》，北京市中国书店 1983 年，第 189 页。
⑫ 许慎《说文解字》，中华书局 1963 年，第 103 页。
⑬ 纪昀，陆锡熊，孙士毅《钦定四库全书（第 223 册）》，上海古籍出版社 1987 年，第 506 页。

冬毛淡黄色，背部和体侧具有多条横列黑色窄条纹，通常两条靠近呈柳叶状。头大而圆，前额上的数条黑色横纹，中间常被串通，极似“王”“大”的字样。据说汉字“王”是根据虎头斑纹之状所造的象形文字。《约注》：“舜徽按：分别文谓之斐，犹两壁耕谓之辈，并从非声，皆有分义。斐与分，本双声也……”① “虝”字特指老虎斑纹，正如“分别文谓之斐”，是老虎体毛颜色“两两相从，成双成对”。

《玉篇·刀部》：“剕，刖也。”②《宋本广韵·未韵》：“跸，刖足。亦作剕。”③《集韵·未韵》：“跸，《说文》：‘跀也。’或从刀……”④《字汇·刀部》：“剕，与跸同，刖足也。”⑤

参考文献

郝士宏．古汉字同源分化研究．合肥：安徽大学出版社，2008.
何家兴．《说文解字注》“亦声”研究．新疆师范大学硕士论文．2007.
何九盈．中国现代语言学史．广州：广东教育出版社，2005.
黄德宽．古文字谱系疏证．北京：商务印书馆，2007.
黄易青．上古汉语同源词意义系统研究．北京：商务印书馆，2002.
权少文．说文古均二十八部声系．兰州：甘肃人民出版社，1987.
田小艳．“非”字的本义及其同族字考释．伊犁师范学院学报，2007（2）.
田炳学，姚宁宁．“非”字族考析．唐山师范学院学报，2009（3）.

（雍淑凤：巢湖学院中文系，巢湖　238000；
雍晓燕：宁夏中卫黑林学校，中卫　755000）

① 张舜徽《说文解字约注（卷17）》，中州书画社1983年，第25页。
② 纪昀，陆锡熊，孙士毅《钦定四库全书（第224册）》，上海古籍出版社1987年，第147页。
③ 陈彭年《广韵》，江苏教育出版社2008年，第103页。
④ 丁度《集韵》，中国书店1983年，第1002页。
⑤《续修四库全书》编纂委员会．续修四库全书（第232册），上海古籍出版社2003年，第455页。

论明清俗语辞书的收词特点

——兼论辞书编纂中的“语词分立”观与“语词兼收”观

曾昭聪

明清时期的俗语辞书数量很多。所谓俗语辞书，这里指的是记录并诠释汉语俗语的辞书。其中较著名的是由日本已故著名汉学家长泽规矩也辑集的《明清俗语辞书集成》（以下简称《集成》），他从日本公私庋藏的中国古籍中精选有关书籍二十种，于1974年由日本汲古书院影印出版。这二十种辞书是（按《集成》收录的先后顺序）：明陈士元《俚言解》、明陆嘘云《世事通考》、清顾张思《土风录》、清梁同书《直语补证》、清易本烺《常谭搜》、清史梦兰《异号类编》、清梁章钜《称谓录》、清孙锦标《通俗常言疏证》、清伊秉绶《谈征》、清高某（静亭）《正音撮要》、清唐训方《里语征实》、清蔡奭《官话汇解》、清北洋陆军督练处《军语》、民国周起予《新名词训纂》、民国李某（鉴堂）《俗语考原》、明张存绅《（增定）雅俗稽言》、明赵南星《目前集》、明周梦旸《常谈考误》、清郑志鸿《常语寻源》、清郝懿行《证俗文》。① 除收入《集成》者外，明清俗语辞书还有不少。例如，在《集成》于1974年在日本出版之前，商务印书馆已先后排印出版了《恒言录　恒言广证》（1958年）、《通俗编（附直语补证）》（1958年）、《〈迩言〉等五种》（1959年），而此后中华书局亦排印出版了《称谓录　亲属记》（1996年）、《通俗常言疏证》（2000年）、《通俗编（附直语补证）》（2013年）等。

---

① 长泽规矩也在《明清俗语辞书集成》中为每一部辞书作了解题，其中有误题作者姓名、朝代、书名之处，这里已作了更正。详笔者所撰《长泽规矩也〈明清俗语辞书集成〉解题补正》，《图书馆理论与实践》2013年第8期。

明清俗语辞书在中国辞书史上占有重要地位，它们以收录当时的通俗常言为主要任务，并且在词语的最早用例、词源与理据、词语的文化内涵等方面作了有益的探索，留下了大量珍贵的语料，值得我们重视。从编纂体例角度来说，明清俗语辞书也很有特点，在辞书编纂史上应该占有一定的地位，与今天的辞书编纂理论研究也有相当大的关系。本文拟对其收词特点（即收录词目的特点）作一初步探讨。

所谓“词目”，是“词语条目”的简称，即辞书中被解释的对象。在语文辞书中，“词目指的是词典中要加以诠释借以建立词条的任何语言单位。语文词典的词目可以是词，也可以是词素，也可以是词组，甚至也可以是句子，但主要是词。使用汉字或近似汉字的，词目也可以是‘字’。”① 词目是辞书的叙述对象，也是辞书进行检索的标志②；词目是辞书的起点与最重要的内容，辞书中词目的收录原则关系到辞书的性质与质量。词目应有“唯一性”，即在某一部辞书中，词目应是“字”“词”“语”中的某一种，但明清俗语辞书有所不同，本文将其归纳为两个特点，并在此基础上讨论辞书编纂中的“语词分立”问题。

一

明清俗语辞书以“俗语”为收录对象，这个“俗语”包括俗语词，也包括熟语。除此以外，明清俗语辞书中还收录一定数量的“字”。也就是说，明清俗语辞书收录词目的特点之一即是“字”“词”“语”兼收。

所谓“字”，即以“字”为词目，释语以解释字形或字音为主（少数以“词”为词目但释语仅涉及字形字音者亦为此类）；所谓“词”，以“词”为词目，释语以解释词义或列举体现词义的书证为主；所谓“语”，则以熟语为词目。明清俗语辞书中收有明确的“字”类条目的有《目前集》《通俗编》《证俗文》。

《目前集》有“俗字部”。该部词条正文前有一“小序”：“《中原音

---

① 胡明扬等《词典学概论》，中国人民大学出版社 1982 年，第 93 页。

② 何家宁《语言哲学的“意义使用论”对词典编纂的启示》，载黄建华、章宜华主编《亚洲辞书论集》，上海辞书出版社 2001 年，第 40 页。

韵》为词曲而设也，而所收皆诗韵之字，作者遇俗字，每每杜撰。今略检录于左，好事者或有取焉。”其前八条是：“风飀、鞭鞘，俱萧韵。”“潲，雨溅，音哨。”“晒，暴也。日干物，所卖［切］，泰韵。”“雺雷，呼骨切，质韵。”“霎，雨声。又片时也。色洽［切］，合韵。”“渗，寒貌。沁韵。”“睒，失冉切，睒电。通作‘睽’。琰韵。”“飑，似缘切，风转也。”① 可以看出，《目前集》以释字音为主。

《通俗编》卷三十六为“杂字”类。举其前五条于下。“雩，《尔雅·释天》注：江东呼蝃蝀为雩。《音义》云：雩，于句切。［按］今俗呼蝃蝀若‘候’，或若‘吼’。《丹铅录》《田家杂占》俱因‘候’音作‘鲎’，《湖壖杂记》因‘吼’音作‘蚼’。而‘鲎’为闽海水族之名，‘蚼’则蚍蜉也，与‘蝃蝀’何相涉耶？俗音盖本‘于句’之切，而读‘句’为‘彀’，若《大雅》‘敦弓既句’之‘句’耳。”“澤，《楚辞·九思》：霜雪兮漼溰，冰冻兮洛澤。‘澤’音‘铎’。今呼冰檐为‘澤’，是此字。”“趖，《说文》：走意。苏和切。欧阳炯词：荳蔻花开趖晚日。是也。杨维桢《游仙录》言日矬西从‘夕’旁，非。”“霉，音眉。《说文》：物中久雨青黑。《博雅》：败也。《楚词·九叹》：颜霉黧以沮败。《淮南·修务训》：尧瘦臞，舜霉黑。《古隽略》：黄梅雨之梅当为霉，因雨当梅熟之时，遂讹为梅雨。《臞仙肘后经》：芒种逢丙入霉，小暑逢未出霉。用此字。［按］今俗所用‘霉’字，《正字通》始收载。”“踔，《史记·货殖传》：上谷至辽东地踔远。索隐：踔，音勑教反。《卫将军传》：逴行殊远，而粮不绝。逴与踔同。《说文》作‘逕’。［按］今作窎远，‘窎’为窅深，非远也。《元典章》：‘大德间奏过受了宣勅，嫌地远窎不赴任的後，不叙用。’已如今误。”② 按，“雩”条释“雩”各种俗体之音义；“澤”条释字音兼及当时方言本字；“趖”条分析字形；“霉”条辨正俗字；“踔”条则辨本字、同源字与通假字。由此可见，《通俗编》关于“字”的解释兼及形音义。

---

① ［明］赵南星《目前集》，载长泽规矩也编《明清俗语辞书集成》，上海古籍出版社 1989 年，第 2150 页。

② ［清］翟灏《通俗编》，商务印书馆 1958 年，789—790 页。又，原书“按”字，标点本加方括号，今引用时从之。又，末例引《元典章》，排印本原标点误作“……不赴任的，後不叙用”，按“後”为语气词，表假设，故当于“後”后点断。今正。

《证俗文》有关于古字、奇字、别字、误字的考释。卷十三有“古字”，如“禮，《礼·郊特牲》‘所以交于旦明之义也’，注：‘旦当为神，篆字之误也。’顾宁人《金石文字记》曰：神，古碑多作禮，下从旦。《庄子》有‘旦宅而无情死’（《大宗师篇》），亦读为‘神’。盖昔之传书者遗其上半，因讹为‘旦’尔。”① 卷十四是“奇字”，如“奟，音矮，不长也。”“闏，音稳，坐于门中稳也。”“奀，亦音稳，大坐亦稳也。”“仈，音奶，小儿也。”② 卷十五是“别字”，如“隋，原作随。文帝以周齐奔走，不遑宁居，故去辵作隋。”“吴，《吴志·薛综传》：无口为天，有口为吴。案此虽借为谐语，然可见当时已有此字。”“斋，《篇海》：同‘齋’。案此疑亦俗字，艸书有之。”③ 卷十六是“误字”，如“杜十姨，杜拾遗之讹。”“先生号角里，李济翁《资暇录》云：汉四皓，其一号角里先生，角音禄，今多以‘觉’音呼，误也……案《礼·丧大记》‘君大夫鬊爪实于绿中’注：‘绿当为角声之误也。’是知‘角’古音禄，不独‘角里先生’之‘角’从此读也。”④《证俗文》关于古字、奇字、别字、误字的考释主要以字形和字音为主，其中“奇字”“别字”与我们今天的“俗字”概念基本一致。

明清俗语辞书中未有明确的“字”类的，往往也暗含一些关于“字”的考释。例如清梁章钜《称谓录》卷八“女之夫”类目第一条是“壻”，第二条是“聟聓壻埍墀”：“案：此皆壻之异文也。《礼记·昏义》‘壻执雁入’，《释文》：‘壻，一本作聟。’《唐公房碑》‘期聟谷口山上’，王羲之《女聟帖》‘取卿为女聟’，皆作聟字。杨子《方言》：‘东齐间聓谓之倩’，《风俗通》‘怪神女新从聓家来’及唐第五公等《华岳硕碑》题名，皆作聓字。《诗》‘有女同车’，笺：‘壻御轮三周。’《释文》‘壻，一本作壻。’《仪礼·士昏礼》注‘壻之室也。’《释文》又云：‘壻，一本作埍。’《左》文八年传‘公壻池之封’。《释文》又云：‘壻，一本作墀。’据颜光

① ［清］郝懿行《证俗文》，载长泽规矩也编《明清俗语辞书集成》，上海古籍出版社 1989 年，第 2453 页。

② 同上，第 2457 页。

③ 同上，第 2458 页。

④ 同上，2464—2465 页。

禄《干禄字书》云：‘智、盌、壻三字，上俗，中通，下正。’则壻盌壻[1]亦在通俗之例矣。”[2] 该条释语纯为文字考证。又如陈鳣《恒言广证》卷二“单字类”中有数十处指明“俗字”，其他地方亦常指出“俗字”。

再以清梁同书《直语补证》为例，可以以之为代表看出明清俗语辞书中字、词、语分别所占比重。先列出《直语补证》所录之条目[3]：

正经、竹子、若要小儿安　常带三分饥与寒、劢、编笄、买卖、亩皮、门臼、肉瘠不安、泡、鉥、扑满、手段、边、男风、小便、恬酒、糷饭、底下人、大、上头、清水白米饭、杂戋、肉臁子、归天、注船/注轿、空里来　窍里去、箦、霏、腥臭、鲑臭、喷嚏大吉、材、瞎打把势、瞍钱、一吊、破钞、魂不守舍　血不华色、鹅行鸭步、衣不经新　何缘得故、男左女右、纣辊、铁索练孤舟、席地幕天、花花绿绿、佤邪、衣破襤衫、不成人、时气病、众生、酒胴肛、苛、管家　长随、老家人、洮米、螺蛳羹饭、睷、周年　月尽、脿子、镴、姊夫、妹夫、舅父、沙、匡当、幡布、油头、长江无六月、灌酒、叔丈人、餬背、若要好　问三老、叩叩叩头、丁相公画一字、眼前花、上灯、包子、呆木大、不极不发、牙儿气、婆儿、蛇无头不行、姐、阿舅、将、萨四十、官名　小名、前辈　后辈、惊天动地、六月六　猫儿狗儿同洗浴、攒帐、眠床、地头钱、都、天性不饮、斧打凿　凿入木、事情、被头、酒二经、大虫、奴才、甏、玄堂、乳腐、嫁狗逐狗　嫁鸡逐鸡、笔韬管、屑窣、滑汰、头筹、鬼名、月牙、平白、下足、无心道人、花钱、栌和尚、杏、苗、放债　生放、路祭、老成人、口臭、狼藉、拏讹头、浪浪宕宕、巧者不过习者之门、七零八落、下官、好时好节、癞子吃猪肉、擀、大便、笨人、盐花、火囤、学生、院子、辘船、溾、望、偏枯、人力、官府、败子、豫先、府上、传言、白酒、残日问人、发酒、造、谣言、报应、方物、修理、连日、一哈

---

① 按，此“壻”字刻本如此，当为“壻”字之误。

② ［清］梁章钜《称谓录》，中华书局1996年，第122页。

③ 以下所列举条目中，凡是《直语补证》原文另起一行者（即表明是不同词条者）均加顿号隔开；不另起一行者（即两个或多个词目列在同一条目中），不论“字”“词”或“语”依原文以空字符隔开；原文不另起一行、本为不同词条但中间不空格者，引述时加斜杠标示。下文举例称引时为表明不同词条，原同一条目中的“字”“词”或“语”间不论是否有空白均改为相应的标点符号。所引内容据［清］梁同书《直语补证》，载《通俗编（附直语补证）》，商务印书馆1958年。

水、儱偅、镶边、好人难做、热气炯炯、纰　纰薄、乡风、出处不如聚处、天高皇帝远、神道、相风使帆、比校、一积、一帆风、一客不烦二主、避衰、阿谁、先生　后生、寄居、良家子、累重、处士、大姊、贤弟、子壻、小妾、外祖、儿母、寡居、无状、恐猲、庋、浑猪/浑羊、属、脑、斢、世故、事故、媸属、市买、贴身、偏房、吃辣麸、䞭颓、南无　迁葬、扭、本钱　息钱、查、削发除烦恼　留须表丈夫、丁、乖觉、混堂、打瓶伙　吃寡酒、停澤、抗、五更三点、杀擂、热灶一把　冷灶一把、得志猫儿雄似虎　败翎鹦鹉不如鸡　火烧纸马铺　落得做人情　龙居浅水遭虾戏　虎落平阳被犬欺、耸、吃口令、忌日、小儿医、牢固、仍旧、发财、一撮、下流、揠　餂 咻、不审、证左、直日、门客、晓示、自有旁人说短长、小使、功致、觰、逗遛、果然、财物、择日、一言既出　驷马难追、斜插花、看人眉睫、镳客、蘼、鼓、一刀两段、搜括、内堂、见物、债主、老臊胡、涮水、胡咙、夜不收、麻札、廓、鬼　姡、辛苦、合闹、刷、搒岸、物事、厮赖、就亲、八都里、相骂、做手势、不见天日、脚跟不着地、大房　小房、大壹字　小一字、相公、利上生利、包头、媳妇　外翁/外婆　伯翁/叔翁　伯婆/叔婆、媳妇、矮馍僪束、茶筵　祭马下　烧纸、槁、家常、乌鴈难明、南山脚下一缸油　姊妹两个合梳头　大个梳做盘龙髻　小个梳做杨篮头、正五九月不上任、夫人　姊姊、黖、刺候、发市、兜不上下颏、出恭、鞴马、拜堂、门生、筐、瓨、額子、包载、䭑、红红绿绿、窄窄狭狭、但有路可上　更高人也行、自己情虽切　他人未肯忙、逢人不说人间事　便是人间无事人、天河司米价、搭、裰、埒、罗叉　夜叉、緉、点戏、一下、张罗、算计、大堂、请详、不牢、零星、抓、衙门、串、风、捻钻儿饭、活脱、节节足足、魆魆、破间柱、裁缝、翦刀、嘎、孝堂、对门、先生、禽兽、笔、烦难、脱空　前功尽弃、欖、襪肩襪角、衬衩、带、餔沙、拌、篮簩、骚、笊篱、棒椎、木桶　木器、锥钻、枕头、头巾、栲栳、小晚生、税、倚、狐骚、土作、灯盏、打铁、洗浴、背脊、横财、折摞、骰子、糗头、馄饨、黖、篾、膾、隔子、单被、绿头巾、元宝、回光返照、服中生子、过剑门、被囊、酒娘　酒脚、丈母腹痛　炙女壻脚后跟、三心二意、恶、解围释急、同床各梦、顶公、竹簏、品理、蒙（去）古儿[①]、五逆不孝、事务、酝斗、国 豕 齐 斋 孛、八八儿、放屁、吓（罅）人、女子属羊守空房、果子药、高谈阔步、托心、壒撒堆、叩头如捣蒜、回残、陆钞、发白色、中饭、白绰、各为其主、白蜡蜡、不便、阿斗太子、整、算无遗策、掐、画稟 画押 画行、邹、干饭、门、笄卯。

从词目上来看，《直语补证》共列 416 个词目作为解释对象。所解释的“词”中，大多以单词立目，但有的一个条目中实际上包含几个词条，如“管家、长随”、“周年、月尽”，分别有两个词条，“茶筵、祭马下、烧纸”有三个词条，而多者达七个词，如“媳妇、外翁、外婆、伯翁、叔翁、伯婆、叔婆”。所解释的熟语中，有单条立目者，如“若要小儿安，常带三分饥与寒”；有数条共立一目者，如“得志猫儿雄似虎，败翎鹦鹉不如鸡。火烧纸马铺，落得做人情。龙居浅水遭虾戏，虎落平阳被犬欺”。甚至有以民间歌谣立目者，如“南山脚下一缸油，姊妹两个合梳头；大个梳做盘龙髻，小个梳做杨篮头”。分而计之，则共有字、词、语条目 452 条（除去重复的“先生”“媳妇”两条不计）。

《直语补证》是典型的“字”“词”“语”兼收的俗语辞书。

其中的“字”，如“南无 迁葬”条：“并见《广韵》。无、南无，出释典模字组，莫胡切。迁、迁葬，千字纽，苍先切。今人不知，一以为别字，一以为俗字矣。”[②] 按，此释“南无”之“无”、“迁葬”之“迁”之来历，认为“无”非别字，“迁”非俗字。“国、豕、齐、斋、孛”条：“今市侩书之，皆起于宋。见孙奕《示儿编》云（唐历城县千佛崖石刻，有‘家国安宁’语，从方内王，知唐已然矣）。”[③] 按，这里所解释的是“国、家、齐、斋、学”五个汉字的俗字字形。又如“萨四十”条：“北方称三作开口声。《北史》：李业兴使梁武帝，问其宗门多少，答曰：萨四十家。政与此同。”[④] 此释方言读音。也有的是在词的释义中兼及文字形体或读音的，如“㚷”：“钟鼎字，音乃，乳也。今人呼乳为奶，呼服娘为奶娘，亦有所

① 原文双行小字注释今改为缩小字号并加括号。下同。这里的“去”指念去声。
② ［清］梁同书《直语补证》，载《通俗编（附直语补证）》，商务印书馆 1958 年，第 898 页。
③ 同上，第 917 页。
④ 同上，第 887 页。

自。"① 释义兼指读音。又如，"媳妇"一词两见，一是"媳妇、外翁、外婆、伯翁、叔翁、伯婆、叔婆"条，讨论词义；同页后面又有"媳妇"一词②，则专门讨论"媳"字字形。专门从"字"的角度进行解释的内容相对较少，基本上只有上面所列数条。

其中的"词"，大多是讨论俗语词的意义或来源，如"正经"："《论语》：'攻乎异端。'疏：'言人若不学正经善道，而治乎异端之书，斯则为害之深也。'"③ 此指俗语词出处。又如"泡"："凡物虚大谓之泡。《方言》：泡，音庖，'盛也，江淮之间曰泡'。注：'肥洪张貌。'至今犹然。俗音如抛，庖之讹耳。"④ 此释义兼指出俗语词之出处。从"词"的角度进行解释的条目是最多的。

其中的"语"，即熟语、歌谣。例如："若要小儿安，常带三分饥与寒。"共收四音节以上成语、惯用语 74 条。

"字""词""语"兼收是汉字形音义结合的根本特点在辞书编纂中的具体表现，也是字词不分的表现。由于汉字汉语有其特殊性，可以由形析义，从声探义，所以对词义的探讨往往会与字形字音相联系。例如《俚言解》卷二"餳糖"条："餳音情。《韵府》注：滑糖也。频聚。《音韵》注：清糖也。《集韵》注：饴也。饴亦作粭，以米蘖煎汁成糖。《汉书》'含饴弄孙'是也。餳与鍚字不同。餳从昜，鍚从昜，音唐，即古糖字。如暘暘二字不同，暘音释；埸場二字不同，埸音奕也。范至能诗：'皁子描丹笔，鹅毛剪雪英。宝糖珍粔籹，乌腻美饴餳。'英、餳皆庚韵。"⑤ 按，《俚言解》此条探讨词义，兼辨字音与字形，所以应该算是"字""词"综合的条目。⑥

① ［清］梁同书《直语补证》，载《通俗编（附直语补证）》，商务印书馆 1958 年，第 876 页。

② 同上，第 906 页。

③ 同上，第 876 页。

④ 同上，第 879 页。

⑤ ［明］陈士元《俚言解》，载长泽规矩也编《明清俗语辞书集成》，上海古籍出版社 1989 年，第 30 页。

⑥ 然其所辨亦并不准确。《汉语大字典》"餳"注："同'餳'。"《说文・食部》："餳，饴和馓者也。从食，昜声。"钮树玉校录："此即糖之正体，当从昜作餳。"清程际盛《骈字分笺》卷上"饴餳"注："餳、餳一物，初无二义，其分为二字两音，当自陈以后始也。"

二

明清俗语辞书中词目的收录原则之一是“字”“词”“语”兼收。从总体上来看，收“字”的不太多，像上举的《直语补证》虽是“字”“词”“语”兼收，但以“词”为主。除上举收“字”诸辞书外，其他明清俗语辞书多是“词”“语”兼收而以“词”为重，所以我们概括明清俗语辞书的收词特点之二是：“词”“语”为主，“词”占重头。具体来说，则有的以“词”为主，有的以“语”为主。只有少数是仅收“词”或仅收“语”的。

明清俗语辞书中绝大多数是“词”“语”兼收而以“词”为主。这里以清罗振玉《俗说》为例。该书所收全部词条不多，分别列举于下：

太阳、月宫、雷公电母、旋风、天造地设、下雨、下雪、气候、路上、水脚、黄泥、地底、街头、半路、外国、鞭春、打春、守岁、新正、月内、多时、平素、平常、期限、二月二龙抬头、叔父、佳子弟、男人、元配、继配、亲兄弟、侄女、堂兄、堂弟、表兄、表侄、织造、童生、罚俸、履历、告身、书办、告示、赏格、准、关防、号薄、白契、德政碑、脱鞾、抄书、句子、义塾、学生、仿本、卷子、一本、一部、曲子、书目、行状、八行书、小队、马队、请安、交杯酒、看新妇、三朝、满月、后事、照尸、影、辞灵、丧出然柴、柩底置孝经、合葬、铭旌、石人石马、罪孽深重不自殒灭、火葬、普天同庆、全福、反叛、声名、名声、不中用、穷人、铁汉、寒士、恶少、尊贵、等候、生怕、从小、舒徐、出去、出来、过来、上来、下来、回来、分别、计策、殴打、相好、得罪、富足、失收、判命、奔波、横事、性暴如雷、留意、快活、自由、天分、蓬头、梳头、神头鬼面、鹁角、玉体、剃面、闻香、身材、经手、手心、手里、八字眉、眉心、一毛不拔、气喘汗流、劲、志、小便、大便、出恭、不入耳之言、老爷、乃兄、息妇、孙息妇、大人、卑职、泰水、亲家母、晚生、老师、某甲某乙、太岁、土地神、宅神、刘猛将军、幽冥、纸钱、焰口、观音经、道士、法师、小沙弥、佛事、功德、行香、香火、合掌、礼拜、还俗、来生、纸房子纸人纸马、生活、国手、推命、看命、流年、圆光、地理、医称郎中、剃头称待诏、儒医、药剂、瓦匠、船家、妃子、老婆、老娘、梳洗、匀粉、房钱、蝇头微利、鹅眼钱、毛钱、债主、交、城墙、浴堂、场屋、店面、学堂、中门、屋檐、粉壁、门扇、公馆、门地、瓦屋、当中、中央、四角、傍边、前头、外头、邻居、跨竈、牙门、家堂、后门、隔子、石磉、门限、牛屋、衣纽、衣服、帽檐、纱帽、丝线、真珠、背心、镮子、钐子、朝衣、皮衣、帽子、兰干、茧丝、袴裆、细布、手帕、针线、袈裟、绳床、竹床、竹床子、毯子、蒲合、床脚、床边、床头、香案、灯台、上灯、点灯、粪船、抽屉、倚子、马杌、杌子、材、灵柩、水车、盒子、竹火笼、手炉足炉、笔架、笔头、笔床、镇纸、界尺、水牌、笔筒、千里镜、红纸、艸纸、芦席、粉合、折扇、扇面、扇柄、宫扇、竹片、酒海、茶船、盘子、迭子、甆器、石狮子、火石、腊烛、白腊烛、花腊烛、金刚钻、麻绳、杂货、刀子靶、粮食、麻油、腊八粥、干饭、就酒、粉团、薄饼、包子、茶食、圆子、糖圆、馓子、果子、月饼、春饼、狮猫、水牛、鹊子、雀子、九头鸟、鹅蛋鸭蛋、鱼秧、田鸡、水鸡、苍绳、蚊子、橘子、种子、小麦、竹子、仙果、瓜子、根须、烟火、地老鼠、起火、球灯走马灯、赌钱、一张、一下、一条、六十花甲子、七旬、元来、诚如、情知、自然、蚤已、居然、什么、恐防、神气、粉碎、气愤愤。①

上述词条是《俗说》所收全部词条，共 347 条。其中“字” 1 条：“准”②，余皆为“词”或“语”。真正的“语”只有 14 条。这样统计，“词”（单音节、双音节、三音节）共有 332 条。因有少数多音节条目实际上是两个词，如“雷公电母”、“鹅蛋鸭蛋”、“球灯走马灯”。而有的多音节条目因把释语放在了条目上，实际上是一个双音节词：“医称郎中”、“剃头称待诏”，词目应是“郎中”“待诏”。所以《俗说》所收“词”实际上还不止 332 条。可见，《俗说》中除少数条目为“语”之外，绝大多数为“词”。

“词”“语”兼收而以“语”为主的辞书可以清郑志鸿《常语寻源》为例。该书分上卷、下卷。上卷又分甲册、乙册、丙册、丁册，下卷又分戊册、己册、庚册、辛册、壬册、癸册。甲册收“天赐”“风闻”“土著”“玉成”等双音词 142 条。乙册收“孔方兄”“作天公”“表表者”“富家翁”等

---

① 此据［清］罗振玉《俗说》，载《〈迩言〉等五种》，商务印书馆 1959 年。

② 该条释语：“按《五经文字》云：《字林》‘準’作‘准’。则‘准’为‘準’之俗体。翟氏《通俗编》引周必大《二老堂杂志》说，误。”见罗振玉《俗说》，载《〈迩言〉等五种》，商务印书馆 1959 年，第 327 页。

三音节词（含部分短语）108条。丙册收“在掌握中”“入我彀中”“妙手空空”“善始善终”等四音节词语（以成语为主）106条。丁册收“人力回天”“坐井观天”“衣钵相传”“卧雪吞毡”等四音节词语（以成语为主）99条。戊册收“逢人说项”“恭谨无比”“皆大欢喜”“见猎心喜”等四音节词语（以成语为主）101条。己册收“百发百中”“同床各梦”“不过罚俸”“出人头地”等四音节词语（以成语为主）118条。庚册收“迭床架屋”“势如破竹”“胸有成竹”“推心置腹”等四音节词语（以成语为主）80条。辛册收“百金中人产”“民以食为天”“家常饭好吃”“习惯若自然”等五音节惯用语130条。壬册收“公生明偏生闇”“住东头住西头”“东家食西家宿”“只问人不问官”收六音节惯用语78条。癸册收“事无不可对人言”“放下屠刀便成佛”“好官不过多得钱”“书中自有黄金屋”“宁为鸡口勿为牛后”“三十年老娘倒绷孩儿”“三世做官方知穿衣吃饭”“智者千虑”四句、“欲人勿知”四句等七音节至十六音节惯用语106条。总计1068条。① 由此可知《常语寻源》以收录四音节词语为主，共504条，约占全部词条的47%。

三

明清俗语辞书在词目上的收录特点主要是“语”“词”兼收。而当前学术界有一种“语词分立”的观点，明清俗语辞书的收词原则似与之矛盾，而事实上，我们认为两种观点是并行不悖的。以下试略加讨论。

“语词分立”观的主要倡导者温端政先生指出：

目前语词类的辞书越来越多，分工也越来越明确。总的来看，“语”类的辞书不见有收“词”的，而“词”类的辞书几乎都收到一定数量的“语”。……应当说，在过去“语”类辞书相当缺乏的情况下，以词为主的词典兼收“语”，是可取的。但现在看来，在语文辞书分工越来越细致的条件下，再这样做，就有一些值得商榷的问题。拿公认的的优秀辞书《现代汉语词典》来说，在收“语”方面，包括词目的选择和释义，在同类辞书中是最具有权威性的。但仔细推敲起来，仍有一些问题。表现在：1. 所

① 此据［清］郑志鸿《常语寻源》，载《〈迩言〉等五种》，商务印书馆1959年。

收的“语”不够平衡，存在残缺不全的问题。……2. 所收的“语”，缺乏明确的标准，带有某种程度的任意性。……3. 所收的“语”在释义上有的缺乏准确性。……实行“语词分立”，让词典集中收词，全力做好词的释义工作，解释好每个词汇单位的意义，使词典真正成为词汇研究的成果，就可以从根本上避免上述问题。“语”的收集和整理，让给“语典”去做，让“语典”成为语汇研究的成果。不论从眼前来说，还是从长远来说，这都不失为一种两全其美的做法。①

这一观点有一定的道理，对辞书编纂具有参考作用。前面我们说到，明清俗语辞书是“语”“词”兼收的，那么辞书编纂中这种“语”“词”兼收模式是不是就完全不可取呢？其实也不是完全不可取，我们认为“语”“词”兼收也有其道理：

其一，“语”“词”兼收符合中国传统语文辞书的编纂体例。作为俗语辞书而兼收“语”，这是中国辞书史的传统做法，从明清俗语辞书到当代权威性工具书《现代汉语词典》《汉语大词典》等均是如此。因为“语”多有地域性，有常用与不常用之别，在一般的词典中收有部分地域性不明显而在生活中常用的“语”，对读者查询、学习来说，未必不是一件方便的事。温端政先生说《现代汉语词典》“所收的‘语’不够平衡，存在残缺不全的问题”，“所收的‘语’，缺乏明确的标准，带有某种程度的任意性”，“所收的‘语’在释义上有的缺乏准确性”，这不是《现代汉语词典》不应该收“语”的理由，而是其收“语”应当改善的三个方面。也就是说，《现代汉语词典》应当在收“语”的范围、标准及释义方面再下一番功夫，使其更加适应阅读对象的需要。当然，《汉语大词典》或其他面向不同阅读对象的辞书也一样。

其二，“语”“词”能否兼收与“词”和“语”的划分密切相关。一方面，“词”的判定标准从理论上来说虽然容易明确，但实际上操作起来难度很大，学界关于某些专书的词的数量的认定往往有所不同，原因即在于此。以三字组合的语言单位为例，“三字组合中为学界视为词的单位和大于词的固定短语的单位在数量上不分轩轾，如何将它们正确地划分开来

① 温端政《论语词分立》，《辞书研究》2002 年第 6 期。

就已是令人颇费斟酌的问题，而将三字组合中的一部分视为词，另一部分看作是自由短语，就使问题更趋复杂，由此产生出来的三字组合词汇单位类型的判定问题就尤显突出和重要”[①]。当然，双音节语言单位同样也存在这个问题。已经收入辞书中的双音词，就有一部分被人认为并不是“词”。因此，辞书编纂中，对于“词”和“非词”的判定，往往要凭语感。虽然不同的人语感也有所不同，但“根据多数人的语感，总会显示出一种倾向性，这恐怕也就是目前划分词和非词的唯一可行的依据”[②]。正因为“词”“语”均为语言单位且有时不容易区别开来，所以，要在辞书编纂中实行“语词分立”的原则，难度是可想而知的。从读者使用角度来说，要先判定一个查找对象是“词”还是“语”然后再去找“词典”或“语典”，其难度同样是可以想见的。另一方面，“语”也不可笼统视之，而是划分为两个部分。“熟语包含两大类异质的单位，言语性的常语——谚语、名言（包括格言、警句）、套语、俚语（成句子的俚语）；语言性的固定语——成语、惯用语、歇后语、专名语、专门用语、准固定语。常语……只具有搬引性而不具复呈性。固定语则与词的功能相当，没有句调（特别是句末语气调），含义体现概念，具有复呈性，一般充作句子成分。”[③] 可见熟语中的“语言性的固定语”在功能上与词一致，若要从“词典”中抽出来，不论在词典编纂还是在使用上都有所不便。因此，针对不同的读者，我们可以编纂单纯的只收录熟语的“语典”，但似不可能编纂出单纯的“词典”。在“词典”中“语”“词”兼收，还是有它的现实意义的。

其三，“语”“词”兼收符合语言哲学的“意义使用论”。所谓“意义使用论”可以简略归纳为：“一个词语的意义由它所在的语境所决定，表现为该词语的使用，甚至表现在言语的用意之中；孤立的、静态中的词语难于确定其本身的意义。”因此，在辞书编纂上，“词目本身应该尽可能多地反映词语实际运用的情况。除了收录词或词素之外，也应该收录固定词组、习语和短语。这是因为后者能够在一定程度上体现出词语的使用环

---

① 周荐《三字组合与词汇单位的确定》，《词汇学词典学研究》，商务印书馆 2004 年，94—95 页。

② 胡明扬等《词典学概论》，中国人民大学出版社 1982 年，第 94 页。

③ 舒辛《现代汉语词汇研究》，《二十世纪中国学术大典·语言学》，福建教育出版社 2002 年，第 46 页。

境，从而能够在一定程度上说明词义（许多词组、习语或短语的意义并不是其组成成分意义的简单相加）和揭示词语的性质（主要是搭配能力）”①。从外语词典来说是这样，从明清俗语辞书来说也是这样。

正如温端政先生在另一篇文章中所说的：“‘语词分立’并不意味着语、词对立。把语和词绝对地对立起来，人为地割断它们之间的内在联系，同样是不可取的。语和词至少有三点是一致的：1. 都是语言单位。2. 都是语言的现成的‘建筑材料’。3. 都负载着使用这种语言的民族的传统文化。”② 我们对明清俗语辞书“语”“词”兼收的实际情况进行分析之后认为，“语”“词”兼收与“语词分立”是可以并存的，明清俗语辞书的“语”“词”兼收现象不能简单地判为不足。我们现在需要做的，一是尊重传统、尊重现实；二是加强汉语词汇学理论研究尤其是“语”“词”的区别性研究，提高最终解决这一问题的理论水平。

参考文献

何家宁．语言哲学的“意义使用论”对词典编纂的启示//黄建华，章宜华．亚洲辞书论集．上海：上海辞书出版社，2001.

胡明扬，等．词典学概论．北京：中国人民大学出版社，1982.

舒辛．现代汉语词汇研究//林焘主编．二十世纪中国学术大典·语言学．福州：福建教育出版社，2002.

温端政．论语词分立．辞书研究，2002（6）.

温端政．再论语词分立//词汇学理论与应用（五）．北京：商务印书馆，2010.

周荐．三字组合与词汇单位的确定//词汇学词典学研究．北京：商务印书馆，2004.

（曾昭聪：暨南大学文学院，广州 510632）

① 何家宁《语言哲学的“意义使用论”对词典编纂的启示》，《亚洲辞书论集》，上海辞书出版社2001年，40—41页。

② 温端政《再论语词分立》，《词汇学理论与应用》（五），商务印书馆2010年，71—72页。

百科全书超文本系统在大学生信息通晓能力培养中的应用研究

张 燕

信息素养是素质教育的重要组成部分，大学生参与社会实践必须具备一定的信息素养。信息通晓是在新兴技术的推动下，在信息素养理论的基础上出现的一种有着更高能力内涵的术语。信息通晓代表着个人拥有的一系列信息与技术技能，是信息素养发展的高级阶段，包含了信息素养、信息技术技能以及批判性思维、信息交流技能等。①

维基百科（Wikipedia）作为一个自由、内容开放的百科全书超文本系统的典型代表，吸引了世界各地的网民对各种主题进行定义、背景介绍及发表个人看法。利用维基百科这个平台培养大学生信息素养及信息通晓能力是我们研究和实践的重要内容之一。

一 维基百科的概念和特点

（一）维基百科的概念

维基百科是一种在网上共同协作的超文本系统，可由多人共同对网站内容进行维护、更新。人们可通过网上浏览器对维基百科文本进行浏览、创建以及更改。与其他超文本系统相比，维基百科有使用方便及开放的特点，可以使人们在一个社群里共同收集、创建某领域的知识，发布大家都关心的话题。把人与人之间的协作和积累的内容进行有机的整合，实现各

---

① 莫怡《馆员信息通晓培育及信息能力的拓展》，《科技信息》2010 年第 35 期。

种知识的获取和开展自由信息的沟通。维基百科出现以后，很快被应用于商业、教育等多领域。

（二）维基百科的特点

1. 简易性

维基百科为用户提供了简单方便的操作界面，并能够快速创建、存取、更改超文本页面，用户只要具备一定的网络文字编辑能力就可以进行操作。

2. 交互性

维基百科为参与者提供了公平自由的互动平台。参与者能根据自己的学习需求和知识水平来编辑源主题，提出自己的意见，同时能与其他处于不同层次、不同领域、不同观点的人进行自由的交流，以此不断更新自己的知识库。

3. 开放性

作为交互平台，它对参与操作的群体中的每个成员都是开放的，每个成员都可以任意创建、修改议题，甚至删除页面。同时各个成员作为访问者也可以及时看到系统内页面的变动。

4. 自组织性

维基百科能将内容相同的页面汇聚统一到一个索引页面，相关的连接结构也随之相应地改变，也可以对相似的内容进行对比，自动找出差异，这样不至于造成词条多、同和杂。

5. 自我约束性

维基百科的自我约束性是对参与者的“无形尺”。维基百科认为大家来修改、删除等，都是为了共同学习、共同交流，会自觉遵守有关法规和道德，这将行为中的外力强制控制升华到了无形的自我约束。维基百科也有自己的安全机制，以防止道德和法规以外的不法之徒，乘机修改和删除页面内容。

二　信息通晓能力的提出和要求

信息通晓是在新兴技术的推动下，在信息素养理论的基础上出现的一种有着更高能力内涵的术语。1974 年，美国信息产业协会主席保罗·泽考斯基提出了信息素养概念，主要包括文化素养（知识层面）、信息意识（意识层面）和信息技能（技术层面）三个方面。①

1999 年美国南部大学联合会（ACS）结合了图书馆界信息素养的有关要素和 IT 工具及方法提出信息通晓概念，认为在信息收集、评估、利用和表达的过程中全面而熟练地应用批判性思维和适当的信息技术时，便达到了信息通晓的水平。信息通晓是对技术的了解以及对应用的掌握，是个人在问题解决、知识创造的过程中，对信息、技术和批判性思维等多种能力的融会贯通，强调的是解决信息问题的流畅性，它包含技术使用的流畅性、思维转换的流畅性和鉴别评估的流畅性等。信息通晓概念的提出，极大地丰富了人的综合素质的内涵，成为当今社会表征个人综合能力的新标准。②

随着技术的进步，信息通晓理论及模型不断完善，信息通晓培养也逐渐在图书馆界得到重视和发展，进入 21 世纪以后西方国家特别是美国便开始发起从点到面的信息通晓培育项目，2002 年美国图书馆协会主席 Jim Rettig 在报告中对信息通晓的能力要素做了分析，指出信息通晓应具备 6 个本质要素：（1）认识到信息需求；（2）简洁的阐述获取策略；（3）辨认所得信息，修正检索策略，重新获取信息；（4）评估和选择信息；（5）创建新知识；（6）将成果表达出版。③

综合起来，笔者认为信息通晓包含了五个方面的能力：信息意识、信息获取、信息的鉴别及选择、信息的创造与传递、信息道德。

三　维基百科在大学生信息通晓能力培养方面的优势

（一）维基百科的技术平台培养了学生主动获取信息的意识和能力

维基百科作为一个简单的 Web2.0 站点，可以作为教学信息资源用到教学当中去，它简易的特点适用于各个不同层次的人。作为大学一年级学

① 莫怡《馆员信息通晓培育及信息能力的拓展》，《科技信息》2010 年第 35 期。
② 同上。
③ 同上。

生，或多或少还会保留着中学生的特点，没有自主学习的习惯，上图书馆查资料或在网络上了解、搜集自己的专业信息的意识很淡薄。大一新生虽接触过计算机，但仍停留在对计算机了解的层面，没有对计算机的语言或软件有系统的认识，让他们利用信息技术去创建和编辑自己的网页信息是很困难的。维基百科简易的操作环境，不会让初步接触网络信息的大一学生心生畏惧，信息的易得增强了学生搜集信息的兴趣，简单快捷的操作方式培养了学生获取信息的能力。

同时，维基百科具有强大的交互功能，在教学中，引入维基百科，打破了传统的教学信息的单向流动，也改变了以教师为中心的教学模式，教师不再演独角戏，学生也可以参与到教学中，学生由以往的被动接受信息，变成主动参与课堂教学。在维基百科环境中，学生可以根据自己所掌握的知识，就老师提出的某一个问题，在维基百科上展开讨论，发表自己的意见，学生对老师讲解的知识，也可以通过搜集资料来补充其不足之处。在维基百科的交互环境中，学生敢去发表自己的意见，愿意去表达自己的心声，乐于与同学进行交流，学习的主动性和积极性都会增强，利用维基百科主动获取信息的意识也不断增强。

（二）维基百科的在线协作写作模式有利于信息通晓环境的培育

信息共享空间是培育信息通晓能力的理想环境。2003 年，印第安纳大学学校图书馆与信息科学联合院主席及教授 Daniel Callison，在区分信息通晓与信息素养的过程中，结合以上各种观点，给出了一个相对完整的信息通晓模型。

Callison 提倡构建一种以培育学生各种素养为目标、以建构主义学习为指导、以学生学习为中心的环境，培育教师、学生及所有相关人员的信息通晓能力。几乎所有的正在或即将推行信息通晓培育项目的院校都在筹划一个集各种资源、人力于一体的环境或场所。这一趋势与当前以图书馆为主导构建的信息共享空间的目标和使命相吻合。由此可以预见，信息共享空间将成为培育个人信息通晓能力的理想环境。目前，它与大学教育中逐渐兴起的建构主义学习理论相呼应，将图书馆的信息资源和现代技术合为一体，由馆员、技术专家、教师与学生协同运行。在提供有序的印刷、电子、多媒体和网络资源的同时，也充分利用现代技术创造一个便于交流、共享、协作的学习环境（包括虚拟环境与实体环境）。[①]

美国南部联合会提出联合教师、图书馆员和 IT 工作人员，达成共识，共同面对当前新兴技术对教学学习方式提出的挑战，协同帮助学生达到信息通晓的水平。Jim Rettig 指出，信息通晓的承担者包含四种人群，即教师、图书馆员、技术人员和学生。2001—2002 年，ACS 下属的 16 所院校纷纷发起信息通晓培育项目，积极发动学院教师、馆员、技术人员和学生参与信息通晓培育模型的开发和推广。如戴维森大学以其生命科学学院为先导，进行从点到面的信息通晓培育。为将信息通晓的培育与生命科学学院的课堂教学相融合，他们组建了信息通晓项目开发小组，由负责课堂教学的教职工、一个自然科学馆员、一个教学技术专家和两名学生组成。

维基技术又称“维客”“共笔”，是一种网络环境下的超文本写作系统。它为用户提供了一套支持多人在线协作写作的新模式，通过维基，用户可以对相关的信息进行编辑、修改、删除或将其恢复到原始的写作状态。[②] 维基百科为学生提供了一个相对开放、多人协作的平台，形成可以自由探讨的文化氛围。通过它，学生可以在教师和图书管理员的指导下参与某个项目的写作，参与某个议题的探讨。维基技术提供的支持多人在线协作写作的新模式使得教师、图书管理员、学生成为信息获取、评价、创作的共同参与者，在这个空间共享信息，促进了良好信息通晓环境的形成。

（三）维基百科丰富的信息为培养大学生的批判性思维提供信息基础

1999 年美国南部大学联合会（ACS）认为在信息收集、评估、利用和表达的过程中全面而熟练地应用批判性思维和适当的信息技术时，便达到了信息通晓的水平。

在电子时代，互联网成为人们阅读和搜集信息的主要渠道。然而，互联网上有效信息少，无用信息多，许多信息并不准确，或比较片面。若想对信息的真实性、准确性及权威性等进行核实，则需要较高的批判性思维能力。

---

① 任树怀，盛兴军《信息共享空间理论模型建构与动力机制研究》，《中国图书馆学报》2008 年第 4 期。

② 汤代禄，韩建俊，边振兴《互联网的变革——Web2.0 理念与设计》，电子工业出版社 2008 年，第 21，93，144，201，245，378 页。

维基百科是一个简单的Web站点，它允许任何人添加和修改上面的内容。任何人都可以对站点中的各种资源如课件、论文、电子教材等进行添加、修改、完善，这样维基百科站点就成为积累该领域资源的一个丰富的信息源。利用维基百科创建教育百科全书，可以建立起更专业完整的教育信息源。如：教育技术百科、东行记百科、Cnic. org 百科、Ed Tech Wiki（国外）等。对于某一个主题，该领域的专家、学者、学生，以及对此感兴趣的任何人都可以添加该领域的术语词条，使与此主题相关的知识库不断地扩大，这样汇集众人智慧，日积月累，逐渐形成了一个完整的知识链条，形成了一个庞大的知识库。当然，维基百科中由众人协作参与共创的信息观点五花八门，需要学生具备批判的思维能力进行分辨、取舍。维基百科丰富的信息为培养大学生的批判性思维提供了信息基础。

（四）维基百科的开放共享、互动协作特性为培养大学生信息的创造与传递能力提供平台

信息通晓强调信息技术教育的目的，强调运用信息技术解决问题的重要性，信息通晓培育不是仅关注信息技术，而是把信息技术作为处理信息的工具、解决问题的工具、交流协作的工具。

创造、传递新信息的能力是大学生信息通晓能力的重要方面。获取信息是手段，而不是目的。个体应有在对所掌握的信息从新角度、深层次加工处理的基础上，进行信息创新并产生新信息的能力，同时，有了新创造的信息，还应通过各种渠道将其传递分享给他人，从而促进更多的新知识、新思想的产生。

美国南部中心大学就创建了网络教学模型，将技术引进课堂教学，推动师生从对简单的信息素养的了解向更高级的信息通晓的理解转变。其主题包括了如何在网页上有效地演示表达信息。

维基百科的开放共享以及互动协作等特性为培养大学生信息创造与传递能力提供了平台。（1）开放共享：维基百科大部分页面都可以由任何用户使用浏览器进行阅览、修改、创建等，任何用户都可以免费下载、引用、收藏及分享它的内容。开放共享性使得大学生可以简单方便地进行信息的浏览、修改以及新主题的创建和编辑。（2）互动协作：来自世界各地的用户都可以基于该平台针对某一主题展开交流研讨，通过不断地编写和

修订，最终完善相应的词条。在信息创造过程中，大学生可以自主进行信息的编写，也会看到其他人对自己编写的词条的修订，通过这样的方式不断训练自己创建新信息的能力，也从中体会到传递新信息的成就感。(3)平等中立：任何用户在百科网站上享有同等的自由度，且被要求本着以客观事实为依据的原则进行信息发布和修改，尽量避免主观性的言语。在维基百科的平台上，大学生在进行信息创造时依然要以客观事实为依据进行信息加工，养成创造信息的严谨性。

（五）维基百科的自我约束性影响着学生的信息道德培养

维基百科的自我约束性是对参与者的“无形尺”。维基百科认为人们不会恶意破坏维基百科网站，大家来参与修改、删除，都是为了共同学习、交流和提高，并会自觉遵守有关法规和道德。当然，防止道德和法规以外的不法之徒，乘机修改，甚至删除页面内容（不过这种情况极少），维基百科也有自己的安全机制，如维基百科有记录和封存 IP 的功能，可记录破坏者的 IP 并禁止访问，使其不能再“胡作非为”。这种自我约束性和安全机制会对任意散布无用信息和随意修改删除信息的行为有制约作用，有助于培养学生良好的信息道德。

四　维基百科培养大学生信息通晓能力的途径

（一）有针对性地培养学生的信息意识及快速获取信息的能力

在信息共享空间的信息能力培养环境中，教师和图书馆管理员都是培养学生信息通晓能力的指导者。教师和图书馆员可以让学生在维基百科中检索与课程议题相关的文章，并告知学生应该用什么样的标准判断检验所检索到的文章对其议题的有用性。同时，在维基百科的所有文章中可以选取一些有代表性的文章让学生对比，让学生思考这些文章的内容与他们已经知道和了解的有关这一议题的知识是否符合，如果存在出入，那么问题在哪里，这一疑问会为学生更进一步的探求打开思路。通过这种方式培养其信息意识和有效获取所需信息的能力。

开发基于网络的教育模型，将信息技术融入课堂教学是培养学生信息意识及快速获取信息能力的有效途径。戴维森大学信息通晓小组利用Dream Weaver和Blackboard等软件研发和设计了一个基于网页的IF模型。其培育主题涵盖：具体学科数据库的检索技能和策略；利用万维网收集信息；批判性的评估数据和信息，等等。同样，美国南部中心大学创建了网络教学模型，将技术引进课堂教学，推动师生从对简单的信息素养的了解向更高级的信息通晓的理解转变。[①] 高校应将维基百科的信息平台引入各相关课程，任课教师根据课程特点对大学生进行信息意识及快速获取信息能力的培养。此外，在维基百科的信息库中，英文信息占据比例很大，英语课的教学中应强化对于网络英文词条及文章的搜索和阅读训练。

（二）培养学生鉴别及选择信息的能力

在学生收集齐维基百科条目的引用文献之后，教师和图书馆员可以引导他们进一步阅读并评价这些文献，并启发他们思考。如让学生带着批判性思维来考虑这些维基百科文章所表述的观点是否中立而客观？文章表达的思想和内容是否准确地概括并反映了原始材料？文章所引用的文献哪些是可靠的？并且与其他同学展开讨论：维基百科的文章是否准确或存在偏见？如果存在偏见，应如何修改？这些文章的优点和缺点是什么？这些文章有没有遗漏的信息？使用维基百科的条目作为单一的信息源会带来什么后果？维基百科的检索界面与图书馆的有什么不同？图书馆借助这一过程帮助学生发展批判性阅读的能力，以及学会评价内容的有用性。[②]

（三）培养学生信息创造传递的能力

信息的创造传递是对信息的应用能力，利用维基百科搭建的网上交流沟通平台，引领学生参与某个主题的写作或某个问题的探讨来提高学生分析问题、解决问题的能力。教师可以把相关的教学内容和问题发布到维基百科中，由学生根据自己所掌握的知识进行添加、修改，维基百科具有历史恢复功能，教师可以在权限上放开，让更多的学生参与，达到真正平等的师生互动。还可以利用维基百科建立相关问题的讨论小组，让不同专业背景的学生自由参加，使具有不同专业背景的学生在彼此的讨论中互通有

---

① 尹雪，任树怀《从信息素养到信息通晓》，《情报资料工作》2009年第4期。

② 范翠萍《维基百科在大学生信息素养培养中的应用研究》，《科技广场》2010年第2期。

无，在此基础上进行信息的创造和传递。

另外，教师也可以鼓励学生参加科研工作，通过维基百科培养学生信息创造传递的能力。学生通过参加科研，在维基百科上查找学科信息资源，对信息进行获取、分析、评价、创造并传递给他人分享。利用学科信息资源的技能技巧，加深对学科内容的理解，培养学生综合利用信息的能力，增强学生知识创新的能力。

（四）培养学生的信息道德

维基百科体现了一种哲学思想——人之初，性本善，把来维基百科的人都看作是获取知识的参与者，而不是信息的破坏者，参与者在相互交流的过程中相互约束并自我约束。在维基百科的社群交流中，如果有人发表了与主题无关的、或有违道德的言论时，其他参与者就会放弃跟他交流，使他丧失与别人交流协作的机会。当然有些参与者也会删除讨论专题，但是维基百科平台有系统的后台管理，会对该专题进行恢复，但这样的现象在维基百科很少发生。所以，在现实生活中，教师和图书管理员可以针对维基百科体现的哲学思想和后台恢复功能进行介绍，针对发表恶意信息的行为，让学生进行讨论和评价，使学生在交流与学习中，规范自己的行为，培养自己的信息道德。

参考文献

王小梅．从传播学视角看 Wiki 的教育应用．软件导刊，2008（9）．

杨小锋，张全民．Wiki 在大学生信息素养培养中的应用研究．榆林学院学报，2009（3）．

尹雪，任树怀．从信息素养到信息通晓．情报资料工作，2009（4）．

范翠萍．维基百科在大学生信息素养培养中的应用研究．科技广场，2010（2）．

赵飞，周涛，张良，等．维基百科研究综述．电子科技大学学报，2010（5）．

莫怡．馆员信息通晓培育及信息能力的拓展．科技信息，2010（35）．

肖强．基于大学生信息素养教育的文献检索课教学改革．经济研究导刊，2011（14）．

（张燕：湖州师范学院文学院，湖州　313000）

下　　编

论汪耀楠词典学理论的释义思想及现实意义

杜朝晖

近代以来，由于认识到工具书对于现代学科知识的普及作用，① 一些学者开始了词典编纂的实践和词典理论的探讨。② 但是这些研究还只是零零星星的，构不成规模，直到20世纪70年代末、80年代初，随着《辞海》《辞源》的修订以及《汉语大字典》《汉语大词典》的编撰，有关词典理论的研究才得以全面展开。汪耀楠先生的词典学理论正是形成于这个时期，汪先生是《汉语大字典》的编委，编撰的中坚力量，曾参与《汉语大字典》编写方案、编写体例的制订和完善，从条目的编撰到审定，为大字典做出了积极的、有建设性的工作。③ 也缘于此，汪先生词典学理论就十分自然地带有浓厚的“从实践中来”的特点。另一方面，他详尽研究中国词典学历史文献，在对以往的工具书及各种辞书的论述中，坚持从历史唯物论和辩证法角度出发，深入分析前辈的观点，批判地吸收其合理成分，以过去和现在的辞书实践为借鉴来进行理论研究，因此，汪先生的词

---

① 20世纪初，清帝退位，民国建立。当时新旧文化、中西文化冲突激烈，商务印书馆决定编纂《辞源》，作为沟通中西文化的桥梁。《辞源》主编陆尔奎在《辞源说略》中说：“癸卯甲辰之际，海上译籍初行，社会口语骤变，报纸鼓吹文明，法学哲理名词稠叠盈幅。然行之内地，则积极消极、内籀外籀皆不知为何语。由是缙绅先生摒绝勿观，率以新学相诟病。及游学少年续续返国，欲知国家之掌故，乡土之旧闻，则典籍志乘浩如烟海，征文考献反不如寄居异国——其国之政教礼俗可以展卷即得。由是欲毁弃一切，以言革新，又竟以旧学为迂阔，新旧捍格，文化弗进。”其文道出了中国第一部新型辞典的诞生契机：一方面满足大众学习新词、新知的需求，一方面提供一条快速了解国故的道路。丁希如《〈辞源〉版本的百年流变》，《出版科学》2011年第1期。

② 汪耀楠《试论王力词典学思想》，原载《湖北大学学报》1983年第3期，后收入《词典学研究》论文集，四川辞书出版社1990年。

③ 许力以《〈词典学研究〉序》，《辞书研究》1991年第2期；ILSE KARL《论汪耀楠的〈词典学研究〉》，《辞书研究》1991年第2期。

典学思想又有强烈的理论色彩。[1] 汪先生的词典学理论十分丰富，本文仅就其释义思想进行讨论并重点阐述该理论的现实意义。

一

释义和义项是词典学理论的中心工作。《汉语大字典》的编纂涉及众多的学术课题，汪先生的词典学理论即以此为中心展开，包括义项本质（《多义词义项的概括和区分》《“义项分合”说质疑》），义项建立的原则和方法（《试论大型字书释义的历史性和科学性》《大型语文词典释义的特点和要求》），义项证明中注疏材料的运用和例句的选择（《大型辞书注疏材料的运用》《大型辞书引例略说》），还有词典条目的规范化问题（《名物字的正名与异名问题》《相关条目解释的平衡与统一》）[2]以及在《汉语大字典通论·释义篇》中所写的五论，即（一）义项论，（二）语词对译论，（三）释义层次论，（四）释语中有被释字论，（五）序列论。此外还有《书证篇》《名物篇》《虚字篇》和后来增补的《通假篇》等等。这是一个以释义为中心的整体研究，对于字典——尤其是大型字典的编纂有非常切实的指导意义。[3]

大型语文词典的释义与文籍注疏有着密切联系，汪先生在多篇论文中阐述了两者的异同，他说：“文籍注疏是词典释义的重要参考，但不是词典建立义项的直接根据。”[4] “文籍注疏对字词义的解释在于说明该字词在具体语言环境中的含义。词典释义则不同，它始终顾及整体和局部，在繁多的具体含义中就其共同点而归纳概括之，就其不同点而演绎区分之。在这概括和区分中，义项被逐个认识。大型语文词典的义项就是这样建立的。”[5] 又论及义项的概括性和可区分性：

---

① 魏世弟《中国现代辞书学派的生长》，《辞书研究》1992 年第 4 期。

② 汪耀楠《词典学研究》，四川辞书出版社 1990 年。

③ 诸定耕《汪耀楠词典学理论研究的独创性》，《四川师范学院学报》1989 年第 5 期。

④ 汪耀楠《多义词义项的概括与区分》，原载《辞书研究》1982 年第 2 期，后收入《词典学研究》论文集。

⑤ 汪耀楠《大型语文词典释义的特点和要求》，原载《辞书研究》1982 年第 3 期，后收入《词典学研究》论文集。

义项的概括性要求这个义项具有普遍意义，即通过这个义项来解释一系列相类似有时又有细微差别的语义现象，人们在阅读过程中遇到与此义有关的语义，都应从这个义项得到满意的解释；或者从这个义项中受到启示，去求得这个词的最确切的含义。义项的可区分性要求这个义项和与之相关联的义项，即同属于一个语义范畴的各个义项之间界限清楚，泾渭分明，从而排除那些胶葛纠缠的因素，即把同义词、近义词的某些非本质的差别当作本质差别，并强调到了不恰当的程度，致使义项交叉，例句可此可彼。①

认清词典义项确立的这个原则，对于编纂语文词典有很重要的现实意义。《汉语大字典》以前诸多辞书的编纂就是因为混淆了这个原则而造成了释义上的问题，汪先生曾在《评〈中文大辞典〉单字释义》一文中，就台湾编的这部大辞典作了个案分析。文章对《中文大辞典》陈旧的释义方式、缺少提炼和概括的义项以及释义范围扩大等问题进行了批评，文中引用大量例子进行了深入的剖析。如：

支（甲）章移切　④拄也，掌也。〔说文通训定声〕支，假借为榰。〔国语·周语下〕天之所支，不可坏也。〔注〕支，拄也。〔淮南子·齐俗训〕金之性沈，托之于舟上则浮，势有所支也。〔文中子·事君〕大厦将颠，非一本所支。⑥持也。〔玉篇〕支，持也。〔广韵〕支，支持也。〔后汉书·苏竟传〕天之所坏，人不得支。〔注〕支，持也。⑧堪也。〔国语·越语下〕皆知其资材不足以支长久也。〔注〕支，犹堪也。

例后分析："三个义项没有差别，均为支持、支撑。《国语》'天之所支，不可坏也'与《后汉书》'天之所坏，人不得支'，句法和字义毫无二致，而作为两个义项的例证，更属不妥。这种重复交叉的情形是较普遍的。"又说："形成上述缺点的原因，主要有两点：一是不明什么是义项，什么不是义项；义项的概括性和可区分性的关系又是什么？词典学和训诂学又有什么区别？二是不辨古人常常用表示相同概念的不同词语来训释同一个字。"关于第二点，汪文解释说："词语（包括单个的字）的一词多义

① 汪耀楠《多义词义项的概括与区分》，原载《辞书研究》1982 年第 2 期，后收入《词典学研究》论文集。

和一义多词，是极其普遍的现象。段玉裁注《说文解字》，常用凡‘某’之称皆言‘某’，可以说是一种可以笼罩一切的解释。然而正如上文所述，它却只能给人以模糊不清的、浮泛的认识。现在用这种办法，是编不成字词书的。因为‘凡某之称’，是包括从本义到引申义的所有意义的。我们翻开《尔雅》，却又是一番景象：一个‘某也’的解释，却统率了一大群字。这一群被‘某也’解释的字，历代小学家在注释文籍时又用来相互注释，因此《经籍籑诂》才罗列了那么多的解释，致使《中华大字典》《大汉和辞典》《中文大辞典》都大上其当，建立了那么多义项。”①

研究汪先生的释义思想，不能光看他在理论上对“注释的释义与词典的释义”所进行的充分讨论，还要看他在实践运用中所给出的指导意见。几十年的词典编纂经历，使得汪先生在致力于理论创新的同时，还是一个细心、贴心的实践引路人，很多汉语编辑室的编辑把《注释学》当作了案头必备之书。

汪先生善于从实践中研究问题，一方面以词典编纂为出发点，讨论了如何利用注疏材料概括和区分义项，另一方面他又从古籍注释的角度，对文籍注释的特点和要求进行了剖析。文籍释义和词典释义是汪先生释义理论的两个方面，两者密不可分但又有根本的区别。研习其释义理论并以其中任意一点作为考察角度，得到的感受是：不仅理论上呈现“横看成岭侧成峰”之妙，实际运用上也因为一物两面而常有“柳暗花明”的喜悦。

二

训诂学与词典学的关系十分密切，古人的训诂思想是现代词典学理论建设的重要依据，而传统的训诂实践也为词典的具体编纂提供了丰富材料。汪先生的词典学释义理论是建立在对训诂学深入研究的基础之上的，他的系列文章如《试论大型字书释义的历史性和科学性》《大型辞书注疏材料的运用》《王念孙、王引之训诂思想和方法的探讨》《朱骏声〈说文通训定声〉的假借理论和实践》《〈说文解字〉的产生及其由来》《纂集派

① 汪耀楠《评〈中文大辞典〉单字释义》，收入《词典学研究》论文集，四川辞书出版社，236—245 页。

训诂著作〈经籍籑诂〉》《〈汉语大字典〉对清以来训诂成果的利用》《〈本草纲目〉的辞书特征》等等，显示了他对传统训诂学的充分思考和深入认识。他说“词典产生于训诂，并依附于训诂，没有训诂注释就不会有词典，这是毫无疑义的。中国最早的的词典《尔雅》，就是秦汉间学者采集训诂注释，递相增益而成的。从《尔雅》到《康熙字典》，再到《辞源》《汉语大字典》《汉语大词典》，用例和训诂注释都是基础。”但是“不要以为产生于训诂、依附于训诂，词典就掉了身价。这是因为词典只能反映词义（义项），而不能创造词义（义项）。”①

训诂学是一门古老的学问，要利用它服务于现代词典学，需要理论上的自觉和完善。就释义而言，首先要清楚的是训诂学和词典学在释义上的区别是什么。王宁先生使用了“文意训释”和“词义训释”（又叫“言语意义的解释”和“语言意义的解释”）的概念。认为“文意训释”的对象是具体语境中的字词，因为语言环境对词语的使用意义有限定作用，所以语境中的词义具有单一性、具体性、经验性的特点，依赖语境的文意训释是个性化的，也就常常是唯一的，不能将它们普遍使用，自然也就不适合直接搬到辞书里去。而词义训释（也称语义注释）指的是表述或显示词语的概括义，因此，它往往是古代汉语与现代汉语的严格对应。词典应当吸收的是词义训释，而不是文意训释。文意训释转化为词义（语义）训释的关键是要把依附于具体环境的经验性内容——也就是在概括词义之外的个性化内容抽象出去。辞书如果误将文意训释当成词义训释，就会影响自身的准确性，甚至影响辞书的本质特征。② 王宁先生的这一观点，与汪先生多篇论文阐述的“词典释义”和“文籍注释”，以及“义项的概括与区分”等理论是一致的。

就汉语词典释义理论来说，汪、王二位先生的研究是十分深刻而又切合汉语词典的实际情况的。但遗憾的是，这些研究并没有引起足够的重视。目前所见有关释义研究的理论或综述文章（包括一些专谈释义的硕士论文），较多利用西方语言学理论指导汉语词典的释义研究，而于训诂学对辞书学的贡献方面涉及不多；或者是对后者有所认识，但认识又往往比

---

① 汪耀楠《注释学》，外语教学与研究出版社 2010 年，第 364 页。

② 王宁《单语词典释义的性质与训诂释义方式的继承》，《中国语文》2002 年第 4 期。

较片面。这种现象是不利于汉语词典的理论探讨和实际操作的，如王宁先生所说："训诂学、辞书学和词汇语义学的相互吸收和相互沟通，既是基础理论对应用的指导，又是应用科学对基础理论的检验；这是本世纪应当努力追寻的目标。"①

释义是词典学的中心议题。通过列举《中文大辞典》存在的释义问题，进而阐述大型语文词典释义的特点和要求，除汪先生外，还有多位学者参与讨论，② 研究不可谓不深入。这也使得类似的问题似乎不再成为词典学研究的一个新鲜话题。但是从词典的具体编纂实践看，恐怕情况并不容乐观。一些编纂态度很严谨的词典也会出现义项设置不合理的情况，这方面的指瑕文章很多。比如胡丽珍《〈现代汉语词典〉古词语释义研究》，③ 指出了《现代汉语词典》古词语释义中的七大问题，其中包括"义项的选择、分合失误"。谢序华《析〈辞源〉和〈汉语大词典〉释义失误例》，④ 从文意训释、释义片面和举例失当几方面，分析论证了《辞源》和《汉语大词典》对"何其"一词解释的错误，阐述了现代辞书解释词义不能把词语的文意训释作为词语义项的观点。另有利来友《专家会诊：〈现代汉语词典〉的伤与痛——1996 年修订版、2002 年增补本释义批评研究综述》，⑤ 总结了已有的对《现汉》释义进行的批评研究，其中包括《现汉》义项分合失当问题。这表明有关词典义项建立的标准、义项的概括和区分等理论仍然需要今天的词典编纂人员予以充分重视。

---

① 王宁《单语词典释义的性质与训诂释义方式的继承》，《中国语文》2002 年第 4 期。

② 此类研究文章有：钱剑夫《略谈台湾省编〈中文大辞典〉》，《辞书研究》1980 年第 1 期；闵龙华《谈辞书编纂中存在的几个问题——评〈中文大辞典〉》，《徐州师范学院学报》1980 年第 3 期；洪波《评〈中文大辞典〉编纂中的几个问题》，《杭州大学学报》1981 年第 2 期；郑异之《〈中文大辞典〉收词释文小议》，《南京师大学报》1981 年第 3 期；陈增杰《〈中文大辞典〉的优点和问题》，《辞书研究》1982 年第 1 期；周梦江《台湾〈中文大辞典〉巾部小议》，《宁波大学学报》1983 年第 2 期；祝注先《台湾省编〈中文大辞典〉单字解释失误举例》，《华中师范大学学报》1983 年第 5 期；锐声《〈中文大辞典〉月部字小议》，《武汉师范学院学报》1984 年第 6 期；宋子然《台湾〈中文大辞典〉释义方面问题商榷》，《四川师范大学学报》1989 年第 2 期。

③ 胡丽珍《〈现代汉语词典〉古词语释义研究》，浙江大学 2006 年博士论文。

④ 谢序华《析〈辞源〉和〈汉语大词典〉释义失误例》，《怀化学院学报》2005 年第 3 期。

⑤ 利来友《专家会诊：〈现代汉语词典〉的伤与痛》，《广西大学学报》2009 年第 6 期。

三

文籍释义，是汪先生释义理论关注的另一个方面，这一研究是在与词典释义的对比研究中确立的。汪先生在其著作《注释学》的第十三章对该问题专章进行了讨论。文中提到："文籍释义和词典释义的对象、目的不同。""辞书的解释对象是某一规定的系统内相对集中的系统的词汇或条目。文籍的注释对象是一本一本的书，一篇一篇的文章或一首一首的诗词。""词典以字词或条目为对象，逐一进行解释，而不问这个对象是否有这个需要。其目的在于描绘词义并力求以科学的排列梳理词义系统。文籍注释的目的是帮助读者阅读和理解，有时注家还要借助注释阐发自己的思想见解和政治主张。"又说："以训诂为宗旨的文籍注疏，主要是以特定语言环境中的语义现实为研究对象，以注释和疏通文意为目的，因此它可以只释一个词，有时在这个词下连带解释词组甚至句子，有时又加进语词义以外的其他因素。文籍注疏远比词典建立义项自由。它有时只述其所属语义范畴，有时又作细致具体的解释；有时用许多不同的语词解释完全相同的含义，有时又用同一个含义广泛的词来解释不同的概念。"接着以《列子·仲尼》"东里多才"为例对随文释义的具体性和词典义项的概括性进行了分析：

《列子·仲尼》："郑之圃泽（圃田也，在中牟县）多贤（有道德而隐默者也），东里多才（有治能而参国政者）。……大夫不闻齐鲁之多机乎（机，巧也，多巧能之人）？有善治土木者，有善治金革者，有善治声乐者，有善治书数者，有善治军旅者，有善治宗庙者，群才备也。（按：括号中为张湛注）

"东里多才"和"齐鲁多机"的"才""机"的性质是一样的，而张湛注却在内涵上有大的区别。"东里多才"注释得十分具体，不具备概括性，而"齐鲁多机"却是概括的注释。"才"就是"人才"，而"人才"因语境不同而有不同的所指，善治国者、善治土木者、善治金革者、善治声乐者，善治书数者、善治军旅者、善治宗庙者，都是人才，"群才备矣"是说的包括以上内容的各种人才都齐备了，"有治能而参国政者"是语境中的特定义，是不能进入词典义项的。[①]

那么在文籍注释中，如何利用词典学和词汇学进行实际操作呢？汪著又给出了例子并进行了分析：

《战国策·宋策》："车至门，扶。"高诱注："扶，谓下车。"扶字怎么也不会有这么一个含义。高诱注是就整个句子的意思说的。鲍彪补注："人扶妇下。"鲍注比高注要明白一些，但仍未释"扶"。不过他已经以"人扶妇下"使"扶"字得到了一个通常用法的环境，"人扶妇下"就是人搀扶妇下，"搀扶"是"扶"的词汇义。

古人注释，没有我们现在的词典义项观念。因此他们的随文释义自有其不科学的部分。如果"东里多才"注为："才，有才能的人。此处指有治能而参国政者。""车至门，扶"注为："扶，搀扶，此处指人搀扶妇下车。"那就将随文释义与词汇义结合起来，不致使读者发生误解。[②]

古籍整理和文籍注释离不开工具书的使用。人的知识是有局限的，从事文献整理，会时时遇到不懂的问题。大型词典是通过百千人的努力，汇集丰富的文献材料，经过了严谨的研究考证完成的。注释文籍必然要利用词典、辞书。但同时也要清楚，词典可以帮助人们注释古籍，但是不能替代文籍注释。因为词典释义概括性的要求，难免存在"言简"不能"意赅"的地方。故而注释古籍不能仅仅照搬词典释义，而要根据具体的语境曲尽原委。以下略举几例来说明这个问题：

例 1.《仪礼·既夕礼》："士处适寝，寝东首于北墉下。有疾，疾者齐，养者皆齐，彻琴瑟。"郑玄注："去乐。"[③] "彻琴瑟"一词，辞书有解：

《辞源》（修订本）"彻瑟"条："古代士人，遇父母有疾，撤琴瑟，以示孝意。见《仪礼·既夕礼》。后因常以'撤瑟'指死亡。"

《辞海》（修订本）"撤瑟"条："本谓撤去琴瑟，使病者安静。语出

---

① 汪耀楠《注释学》，外语教学与研究出版社 2010 年，第 363 页。

② 同上，159—160 页。

③ 骆伟里《〈三礼〉郑注与辞书释义》，《辞书研究》1995 年第 2 期。骆先生此文意在阐明《三礼》郑注对于辞书编纂的帮助，这原本是讨论词典释义对传注材料的运用。但是反过来，从古籍整理角度出发，此例亦可说明文籍注解依赖辞书，然而终究不能被词典释义所替代的道理。

《礼记·丧大记》。后称疾病危笃为‘撤瑟’。”

《既夕礼》记述了一般贵族从始死到埋葬的一系列详细的仪节。上引文字的大意是：按古丧礼规定，士平日没病的时候，居住于燕寝，[①] 将有疾，则寝卧于适寝[②]东首北墙之下。既有疾，患疾者自己要斋戒于住宅的正屋，以祈求平安。奉养自己的子女也都要斋戒，并“彻琴瑟”，即所谓“父母有疾，冠者不栉，行不翔，言不惰，琴瑟不御”。

古人认为“乐者，天地之命，中和之纪，人情之所不能免也”。“君子听钟声，则思武臣”；“听磬声，则思封疆之臣”；“听琴瑟之声，则思志义之臣”；“听竽笙箫管之声，则思畜聚之臣”。所以无灾患、疾病，“礼乐不可斯须去身”。古代悬挂乐器也有定规。《周礼·春官·小胥》：“（小胥）正乐悬之位：王宫悬，诸侯轩悬，卿大夫判悬，士特悬，辨其声。”

依据古礼规定，国君、卿、大夫无故不彻悬，士无故不彻琴瑟。郑玄在《礼记·丧大记》注中指出：“去琴瑟者，不命之士。”所谓“不命之士”，是指没有官爵名分的士。古丧礼中的“彻悬”与“彻琴瑟”均有特定含义。“彻悬”是对君王、诸侯、卿、大夫及有命之士而言；“彻琴瑟”则专指“不命之士”而言，并非凡是“古代士人”均可适用。而且“彻瑟”不仅适用于“父母有疾”，亦适用于“不命之士”自己有灾患、疾病之时。这样看来，如果有关《仪礼》的注释照搬《辞源》《辞海》释义，不仅不够准确，也不能曲尽这项礼制的原委。

例 2.《宋史·司马光传》：“繁缨以朝，孔子且犹不可。”[③]《汉语大词典》“繁缨”条：“古代天子、诸侯所用辂马的带饰。繁，马腹带；缨，马颈革。”如若迻录《汉语大词典》的解释，错是没错，但却使读者难得文意真谛。如果此处注文作：“繁缨，繁，通鞶，马腹带；缨，马颈革，指马饰。这是春秋战国时，诸侯才能享用的，不能赐予诸侯下面的人，故繁

---

① 燕寝：古代贵族安居休息的宫室，有别于正寝之室。

② 适寝：古代住宅的正屋。亦称适室。相当于天子、诸侯的路寝、正寝。古代礼法，平日居燕寝，斋戒及疾病，则移居正寝。

③ 王同策《就〈司马光传注〉的改笔谈古籍注释的标准》，《社会科学战线》1991 年第 2 期。王同策先生曾为《宋史·司马光传》作注，文稿修改多次，后来的刊出稿与原稿差异较大，王先生从中选取了若干条，借以探讨了古籍注释的标准问题。“繁缨以朝”条用于说明古籍注释“原委不可不清”，此例也是区别“词典释义和文籍注释”的极佳用例。

缨以朝，孔子且犹不可。在这里，司马光的意思是，不要违反礼仪制度给予中官麦允言卤簿待遇。”则文义豁通，始末了然。

例3. 叶调元《汉口竹枝词》卷五“杂记”：“贫人僦屋最艰辛，进屋搬家总费银。情理不通惟小礼，房东一两彼三分。”就“小礼”一词，翻查《汉语大词典》得到三个义项：①祭祀中群臣所行之礼。②细微琐碎的礼节。③附加的礼物。其中第三义项，与竹枝词所述最为贴近。但是这个“附加的礼物”是给谁的呢？房东不是已经收了房租吗？由诗中“房东一两彼三分”可知“小礼”是送与“彼”的，“彼”就是我们今天所说的房屋中介。关于“小礼”，作者有自注曰：“租屋有押租钱，进店礼，管屋租者每两另得三分曰‘小礼’。”由此可知“房东一两彼三分”意谓每付给房东一两租金，需抽取三分交与管屋租者，因此此处“小礼”应注为“租赁中介费”。

文献整理、古籍注释原本是极需学术功底的。然而目前发达的资讯，繁荣的工具书出版事业，使得这项考验功力、耐力的工作似乎变得容易起来。但如果就此认为古籍注释是人人皆可做的事情，那就大错特错了。汪先生《注释学》中有一段话特别适宜为本文作结，同时笔者也希望以此与读者诸君共勉：“区别语境义和词典义，是从事文献注释和词典编纂要特别留心的大事。弄不好，文籍注释成了词典释义，而无助于帮助读者扫清阅读障碍；词典释义成了罗列训诂，而不具备概括性特征。从理论上分清随文释义的具体性、单一性和词典义项的概括性、多义性，以及词汇的概念意义和指称意义，对提高我们的整理、注释古籍和词典编纂的水平都具有重要意义。”①

（杜朝晖：湖北大学古籍研究所，武汉　430062）

① 汪耀楠《注释学》，外语教学与研究出版社2010年，第364页。

学者当自树其帜

——黄建华教授对我国词典学的贡献

葛晓帅

黄建华教授是亚洲辞书学会首任会长、中国辞书学会原副会长，广东外语外贸大学原校长。

“学者当自树其帜”是清代文人郑板桥的一句名言，黄建华教授曾用这句话作为他的一次讲话稿的题目，黄教授用这句名言对当时与会的老师提出期望和共勉，希望大家做学问要有自己的见解和自己的创新。我借用这句话是指黄教授为我们树立的榜样及其对我国词典事业的贡献。

黄建华教授出身普通农民家庭，当他11岁的时候，他的父亲准备让他退学跟自己学木匠，还是他父亲的一个工友劝说，他才有机会继续学习。但当时国难当头，加上他患有肺病，严重时甚至咯血，他的小学是在断断续续中读完的。刚上初中时，他的成绩并不理想，英文考试才得四十几分，并且当时“运动”不断，客观上说是缺乏读书环境的，但他主观上争分夺秒，利用一切时间来读书，后来考入中山大学。还是靠着这种争分夺秒的精神，他在词典学界、翻译界等取得了瞩目的成就。他经常引用一句话来说明自己争分夺秒的时间观：“像自己还能活很长时间那样处事，仿佛死期临近那样安排。”他担任广外校长11年间从未休过假，很少有周末，这么多的理论著作和词典的问世靠的便是这种挤出来的时间。甚至在黄教授退休以后，他依然坚持每天按时到他办公室编写《现代汉法大词典》，连学校组织的退休教师旅游也婉言谢绝。

记得我们去年刚到广外，一位师兄带我们去黄教授办公室拜访他，当时已经晚上九点，我们怕黄教授已经回家，但师兄说黄教授每天都要工作到十点。我们来到黄教授办公室，门开着，眼前的景象让我们终身难忘，他一个人坐在电脑前，周围两张大书桌上摆满了各种打开的词典，有上百部之多，他编纂词典时要一一参考。现在这部词典还没有出版，黄教授依然每天工作到十点。每当看到黄教授办公室的灯光，我们的敬佩之情便油然而生。

一　学术刊物是“催化剂”

虽然1979年之前黄教授已经在主持编纂《新简明法汉词典》，但用黄教授自己的话说：“1979年以前，我连Lexicography（词典学）这个词儿也不知道”。1979年，辞书界的刊物《辞书研究》创刊，并向黄建华教授约稿，他将自己在编写过程中的体悟整理成《法汉词典选词、译义、词例问题初探》一文投去。不久，黄教授到联合国教科文组织工作，这时才收到《辞书研究》编辑部的用稿通知，并且被编辑部聘为特约撰稿人。此时，黄教授便将研究兴趣转向词典学，并利用在联合国工作的便利条件，阅读了大量词典学文献，并发表了许多词典学论文。这一时期的论文主要介绍和评述外国词典、词典家和著名辞书出版社等，给我国词典编纂界带来了一股新风，国内的辞书工作者可以从中了解到辞书强国的发展状况和经验。

这一时期黄建华教授发表的文章主要有：《法国词典学一瞥》，比较全面地介绍了法国词典学的现状；《一座语言的丰碑》，评介了《法语宝库》这一巨典；《好哇！大主笔——法国词典家罗贝尔小传》，评介了法国著名词典编纂家保·罗贝尔；《拉鲁斯出版社漫笔》，介绍了法国著名的辞书专业出版社。

后来黄教授陆续在《辞书研究》上发表的文章有：《双语词典类型初议》，介绍了前人的双语词典分类法并提出了自己的分类法；《拉鲁斯百科辞书巡礼》，综合介绍了拉鲁斯的百科辞书；《词典学》系列论文，是关于词典学的总论；《狄德罗与百科全书》，评述法国第一部百科辞书的得失；《〈现代法语词典〉试析》，用当代语言学的方法对《现代法语词典》进行评述；《再论“词典是词的一份单子”》，论述了“名”与“物”的关系；《从〈法汉科技词汇大全〉谈劣质大典》，对拼凑加抄袭的粗制滥造的词典进行了持之有故的批评；《关于DEC的思考》，对新的编纂方法进行了理论思考，并提出了编纂汉语 DEC 词典的期望；《视野广阔　贡献突出》，高度评价了《辞书研究》作为我国词典学界专刊的贡献；《新词典　新观念——关于网络词典的思考》，介绍了网络词典，并对其可能产生的理论影响做了前瞻性的预测；《双语词典的类别划分与评价》，对国内外之前的双语词典分类进行了介绍并提出了自己的分类方法和双语词典的评价标准；《改进双语词典的翻译》，对双语词典的翻译提出了分层次翻译的改进方法。

二　遍访名家，取其长处

黄教授在法国期间利用一切机会访问法国词典编纂家和理论家，并多次到专业的辞书出版社拜访求教。有时候无法找到某个人，他竟会在电话簿中找到相同名姓的人一一打电话，直到找到该人士。就这样，他和法国当时所有的词典学家都有过当面交流。通过这些访问和交往，他开阔了视野，增强了信心，对我国词典学的在国际上的地位也有了一定的把握。

我们读黄教授的《词典论》就可以感受到他的国际视野，他的引用贯通中西，特别是英法国家的论文著作，他信手拈来，这在 20 世纪 80 年代的词典学界是不可多得的。而在读他和陈楚祥教授合著的《双语词典学导论》时就更进一步发现作者对英法俄美各国词典学的理论和著作了如指掌。

黄教授曾在香港科技大学跟他们的语言中心主任 Gregory James 以及他的老师 R. R. K. Hartmann 交流，他们两位当时正在编《词典学词典》，于是他们向黄教授介绍说这本词典编出来以后将是世界上第一部关于词典学的词典。黄教授纠正他们说在两年前我们词典学界的老前辈杨祖希和徐庆凯编纂的《辞书学辞典》已经出版了。外国人不知道我们在做什么，也不知道我们做了什么；但我国的词典工作者对国外的理论和研究比较关注，在取人之长这方面，我们是做得比较好的。黄教授在这方面更是我们的表率。

三　“囊括”所有资料，登上一个阶梯

黄教授在法国期间将能够借到的词典学的书籍文章全部借到研习。黄教授讲过读书“博与约”的关系，“博”是讲读书要涉猎广博，“约”是讲读书要专而精。他在法期间阅读词典学资料便是这种读书方法的很好的诠释。他把基础性的词典学著作反复阅读，并经常与人讨论；而对于参考性的著作文章，则是广泛涉猎，这样就能掌握这一领域的各种动态、研究方向和研究空白等。我们看黄教授发表的一些文章，最早期的有《法国词典家罗贝尔小传》《法国词典学一瞥》等介绍法国词典文化的，然后就是《词典论》系列论文。当时国内仅有胡明扬和谢自立的《词典学概论》一书论述词典学，但《词典学概论》主要是对我国的辞书编纂经验的总结，对于外国词典学的系统介绍还是一片空白。黄教授把西方词典学与自己的编纂实践相结合，写就了《词典论》，其中很多概念都是最早在国内出现的，比如词典的宏观结构、微观结构等。

“囊括”所有资料以后，如果不能登上一个阶梯，那只是被动的吸收，不能为我所用。我们读《双语词典学导论》中讨论多语词典的排列方法的一节，便发现黄教授对霍姆斯特龙博士提出的计算方法进行了修正。

四　建造自己的“大厦”

介绍别人的理论和发现虽然也有一定的价值，但只满足于做知识和信息的“搬运工”，不去建造自己的学术“大厦”，那是不可取的。有志于学术事业的人要努力建造自己的学术“大厦”。“即使大‘大厦’建不成，能筑成一间‘小屋子’也好。因为这是你自己的创造。”

纵观黄教授的文章，我们发现除了最早期是介绍法国的词典和专业辞书出版社外，其他文章大都是他自己提出的见解。比如他在《双语词典类型初议》一文中提出了自己的双语词典分类法。后来又在《双语词典学导论》第二章提出了更为完善的新的分类模式。

该分类模式借鉴了法国词典学家雷伊的“发生类型”，将双语词典涉及的各个方面分为八个大项（Ⅰ. 词目语言　Ⅱ. 词目取材　Ⅲ. 收词规模

Ⅳ. 词目编排 Ⅴ. 释义 Ⅵ. 词例 Ⅶ. 意向 Ⅷ. 宗旨)，每一项下又细分若干小项。大项用罗马数字代表，次一级的项用大写字母代表，再次一级的项用数字代表，更小的项用小写字母代表。对于一部双语词典，我们按照分类表便可得出一组包含八段字母和数字的组合。这样就将一个词典的各种特征包含在一组字母和数字的组合里，输入电脑可以迅速地将词典归类并与别的词典比较异同。章宜华教授和雍和明教授在《当代词典学》中提出了词典分类学说应该遵循的四项原则：第一，它应该是开放的；第二，它应该在一个连续的框架中综合考虑编者视角、词典情景和用户需求；第三，它应该突出词典类型之间的区别特征；第四，它应该避免词典类型之间的特点过多重叠。我们对照这四项原则，除了第二项原则中的用户视角没有直接在双语词典分类表中体现外（但在表后的说明中提出“意向”中的“内向”，可以把不同使用对象考虑进去进而细分小项），其他原则都已经满足。

黄建华教授建造的“大厦”还体现在他为广东外语外贸大学开创了词典学这一新学科，被誉为我国理论词典学的开创人之一。从 20 世纪 80 年代开始，词典学成为广外原国际语言研究所的主要学科，90 年代中期，在研究所内成立了辞书研究中心，黄建华教授、陈楚祥教授和章宜华教授推出了一系列对我国辞书发展有较大影响的成果。随着词典学研究的发展和队伍的壮大，2001 年成立了直属于学校、独立运作的词典学研究中心。黄建华教授是首任主任。从某种意义上说，建造这样一座“大厦”，影响更加深远。

五　凌空而不落空

凌空是指搞学术的人思想要活络，不能太死板，但凌空不能落空，如果只搞理论不搞实践便是落空了。黄教授批评说现在搞翻译理论的不能做翻译，搞词汇研究的词汇量匮乏，搞语音研究的发音不准等等，这就是不注重实践造成的，虽然提出的理论看起来头头是道，但这理论不是来源于实践，更不能指导实践，这理论便是“落空”的理论。

黄教授在词典学方面是先实践后接触理论的，1979 年之前他已经在主持编纂《新简明法汉词典》，之后他也一直奋战在编纂的第一线，现在虽然已经退休，但仍在主持编纂《现代汉法大词典》。他的文章，不论是理论反思还是理论构想，都立足实践，比如《新观念 新词典——关于网络词典的思考》这篇文章，介绍重编《新简明法汉词典》的设想，并将设想运用到实践当中。

六 不妨选新一点、冷一点的课题

黄教授开始探讨词典学的时候，我国外语界关注这方面的人不多，他的《词典论》正好填补了国内学术研究的空白。后来他和陈楚祥教授合著的《双语词典学导论》再次填补了国内双语词典学的空白。

选新一点的课题，可以为这一课题做出开创性的工作，当然这是要以自己的兴趣和特长作为前提的。黄建华教授在接触词典学理论前就已经在做词典编纂的实践，而实践呼唤理论的指导，当他接触到词典学这一新的学科时，他的兴趣和特长就得以充分发挥和展现。

而所谓选“冷一点”的课题，我们不是怕这个学科“热”，相反，是预见到这一学科会“热”起来。如果选择一个日渐没落的学科，不仅无法对社会做出贡献，反而会浪费时间。黄建华教授在法国看到辞书在出版物中的比例越来越大，便预见到我国也会发生类似的情况，于是他选择了词典学作为自己的主攻方向，现在看来，他的预见已经在逐步成为现实。词典学这一学科也逐渐发展壮大起来。

黄建华教授最欣赏的格言就是“学者当自树其帜”，在我们看来，黄建华教授也是身体力行了这句话。他不受外界风潮的影响，坚持做词典学的研究和实践，推出了自己的研究成果，为我们后学树立了高扬的旗帜。

黄教授对我国词典学的贡献远不止这些，只是由于笔者自身的理论修养等各方面的不足，不能全面地介绍黄教授的成就，只能把自己看到的一些方面做一陈述。

参考文献

黄建华．词典学研究．广州：世界图书出版社，2000.
黄建华．词典论．上海：上海辞书出版社，2001.
黄建华，陈楚祥．双语词典学导论．北京：商务印书馆，2001.

黄建华，陈楚祥．双语词典学专集．成都：四川教育出版社，1998.
黄建华，章宜华．双语词典论专集．北京：北京出版社，2000.
黄建华，章宜华．亚洲辞书论集．上海：上海辞书出版社，2001.
黄建华．法汉词典选词译义词例问题初探．辞书研究，1979（1）.
黄建华．法国词典学一瞥．辞书研究，1980（2）.
黄建华．一座语言的丰碑——《法语宝库》简介．辞书研究，1980（2）.
黄建华．好哇！大主笔——法国词典家罗贝尔小传．辞书研究，1979（2）.
黄建华．拉鲁斯出版社漫笔．辞书研究，1980（2）.
黄建华．拉鲁斯百科辞书巡礼．辞书研究，1982（5）.
黄建华．狄德罗与百科全书．辞书研究，1984（6）.
黄建华．《现代法语词典》试析．辞书研究，1987（2）.
黄建华．改进双语词典的翻译．辞书研究，1998（2）.
章宜华，雍和明．当代词典学．北京：商务印书馆，2007.

（葛晓帅：广东外语外贸大学词典学研究中心，广州　510420）

序袁世全《辞书框架理论》

黄建华

我收到了袁世全教授关于“第四届全国辞书理论与辞书史学术研讨会”的邀请函，随即这样作答：“喜读大札及贵会的邀请函。我十分高兴能有机会参加此次会议。不过，按我目前的情况，也许未必能成行。”随后又接读袁教授关于约我写序的来信：“如蒙先生不弃，我的国家社科基金项目《创建工具书编辑出版的框架理论》的最终成果《辞书框架理论》，可否敬请先生作序?”我用电话作了回应：乐意为之，不过只能作个短序，而且留给我的时间要充裕一些。

不久，《辞书框架理论》两大卷寄来，真有“鸿篇巨制”之势，我断断续续花了好些时间才把它读完。掩卷之余，一些零星的感想不免油然而生。自知无甚高论，我就把这些断想记下来，姑且作为序言吧。

翻开《“辞书框架理论”述略》(代自序)，作者几句交代研究过程的话紧紧把我抓住：“我们在明知无可借鉴，研究手段复杂，难度很高，风险很大，而且研究经费告罄，十分困难的情况下，出于学术责任与学术敏感、学术情感，自找困难，自找麻烦……”“为什么? ……因为，我们对我国辞书事业这块土地爱得深沉!”好个“爱得深沉”! 的确，读者能看得出来，这是倾注了作者的热情和心血的著作，不同于时下某些靠外力催生、单纯适应“量化”要求而产出的成果。我们在这里能见到作者热烈拥抱自己的对象，感觉到他经历过艰苦的“孕育”和“分娩”的“阵痛”。我作为“先睹”的读者，之所以读出兴致，没有被这“大部头”吓住，那得感谢作者笔锋下捎带的学术激情!

《辞书框架理论》的阐述是从质疑中展开的，作者先后就“释义中心论”“两结构论”“四结构论”等发出疑问，盘根究底，指出其不合理的地方，道出其缺憾的原委；而他所质疑的人士不乏国际上成名的辞书学的前辈、大家，从中可见作者不唯书、不唯上、不崇洋的独立的学术精神。但这种质疑又没有落入某些“翻案”文章的窠臼——抓住一点，不及其余，而是以严密的逻辑、雄辩的文风，引领读者跟上作者的思路，令读者也不得不对那些几乎已成定论的观点重新思考。这里暂且撇开“框架理论”构建的成果不谈，容我先对作者的学术勇气表示由衷的赞赏！

我了解到，作者曾长期参加辞书编纂实践，主编过好几种取得良好社会效益和经济效益的大型辞书。据作者说，“是几十年辞书实践迫使我们做一点理论的总结”。可见，本书并非是内省式的架空推论，而是扎根于深厚的实践中的产物。辞书学，说到底是一种应用学科，以大量实践为依傍的学者研究起来自然更得心应手，在实践的千锤百炼下而绽放的理论火花会更加绚丽夺目。同时，作者还将其理论成果放到具体实践中加以反复推敲验证，最后发出结论性的强有力的呼吁：“走出训释辞书学，走向系统辞书学！”无论该书在细节上是否还有某些可以商榷的地方，作者所指出的总方向，我是毫无保留地赞成的。

在阅读过程中，我被该书的一大亮点所吸引：那就是对网络工具书的细致考察，归纳出其特点和长处，从而论证“框架系统”自觉构建的必要性和现实作用，并对其中的“框架”脉络以及可能改进的方面条分缕析。这是一般词典学著作较少论及的地方，值得我们认真关注。因为电子化和网络化为辞书发展提供了空前的广阔空间，而这方面的研究还有待进一步开拓和发展，作者的探索已在这方面迈出了可喜的一大步。

该书的最后一部分，是关于学生词典或儿童辞书的。作者强调辞书在青少年阶段的教育作用，引起我深深的共鸣。其实，我有这个认识，也并非自今日始。不过，我对此缺乏深入探究的自觉，自然不可能像作者那样，写出纵谈“辞书能力的功用结构”的宏论。但在这里，我愿意附和作者，多加一个声音发出呼吁：有关部门应当像重视一般儿童读物那样重视儿童辞书，要组织人力编出让孩子们百查不厌的、图文并茂的各类儿童词典。与这种词典配套的，还应编出一些带有游戏性质的查阅练习册子。如果我们对这个“小儿科”重视起来，我想是能为建立辞书强国的远大目标夯实基础的。

袁教授的这部新著还有很多引发我思考的闪光之点，不过我想，与其将其一一罗列陈述，倒不如诚邀读者跟我一道开卷。我相信阅后一定会有可喜的收获。要是读者稍微细心一点，在阅读过程中可能产生这样的疑问：作者在书中是批驳写序者早年曾介绍和阐发的“两结构论”的观点的，此人为何肯应约为此书作序？我就借此机会多说两句吧。

当年我曾经访问雷依·德布芙，也读了她的书，觉得她的一些见解对那时与外界接触不多的我们会有一些启蒙或启发的作用。然而我内心并不认为，她说的就是绝对真理。后来进一步接触当代西方语言学的各个流派，更了解到它们虽然对词典编纂和词典学建设有一定可供借鉴的作用，但我一直未看到，有哪一家可作为发展词典学的绝对依傍。菲尔莫尔（Fillmore）提出他的“框架语义学”之后，我就不由产生联想：既然词义也需要透过“语义框架”才能深刻辨识，向读者展示词义的词典又怎么可能只限于“两结构”那么简单呢？因此，十多年前，当袁先生发表“三结构论”的时候，我虽未对此作认真考察，但并不以此为“不逊”。相反，我一直认为，现代西方语言学（以及受其重大影响的词典学），是西方学者植根于其语言文化研究所获得的理论升华，其“普适性”是有待检验的。事实上，几个主要流派的成果已经表明：它们的合理性只体现于一定的阶段、一定的领域之内。袁先生的质疑可以说，正是国人自觉进行“检验”的一个好例子，是难能可贵的事。当然，这不等于说，我认为《辞书框架理论》已臻于完美的境地，是终极真理。其实，现今许多社会学科、人文学科的理论，也只能达到在一定时间和条件下的相对正确，而无数的“相对成果”的会合，才是迈向或逼近“绝对”的途径。袁先生等人在这个追求真理的长卷中完成了不可忽视的一页，读者也就不难了解为什么我愿附骥尾，乐意分享其成功的喜悦了。

临末，对这部大著的形式说几句议论的话吧：初看《辞书框架理论》的题目，我以为是那种分章分节的专著，细读下去，则觉得更像论文专集。如果按专著要求，则似乎缺乏严密的“框架”（这不是作者极力主张的么？对专著也可以有此要求的吧？），如果以论文集要求，似乎又缺乏原载处或其他的必要交代。此外，前后行文，多有重复的语句；参考文献的罗列，则更是大量重叠。当然，与本书的宏大内容比较而言，这些都是无关宏旨的小瑕疵，但如果能多花点时间去琢磨加工，岂不更为完美？

以上拉杂的话，就算是序言吧。祝愿本书在辞书界中树起指引框架设计的标杆！

（黄建华：广东外语外贸大学，广州　510420）

规范是为了更好地应用语言文字

——论李行健先生的辞书学理论与实践

郭龙生

一 引言

中共中央第十七届六中全会决议中对语言文字工作提出明确要求："大力推广和规范使用国家通用语言文字，科学保护各民族语言文字。"其中提到了"规范使用国家通用语言文字"。那么，怎样才算是"规范使用"呢？首先，应该符合语言文字规范标准，其次应该符合语言应用的时间、空间和交流双方的行为规范，即做到天时、地利、人和，就是要在合适的时间、合适的地方对合适的人说出得体的话，这才是规范使用。而得体，一般也应该符合语言文字的规范标准。语言文字的规范标准，具有不同的层次与呈现形态。既有强制性的标准，又有推荐性的标准；既有引导性的规范性文件，又有供人们日常使用参考查阅的规范性工具书等。在我国浩瀚的工具书海洋中，有一个以"规范"为标志的特色鲜明的工具书系列，该系列工具书的主编是李行健先生。本文试图沿着李行健先生的为学之道，分析其辞书学理论与实践的特色及成因，并预测其理论与实践的未来趋势，以丰富我国的辞书学理论。

二 语言规范与语言规范化

（一）规范的定义

规范，一般有三种含义：一种含义更多具有名词性色彩，指称静态的规范或标准文本等具体成果形式，属于事物范畴；一种含义更多地带有形容词性质，说明某种事物或行为是规范的、符合标准的，属于性质状态范畴；一种含义更多地带有动词性色彩，指的是使某种事物或行为符合规范与标准的要求，是为了实现这些静态的规范文本的内容而进行的具体工作，属于社会行为范畴。

（二）语言规范的性质

因此，语言规范一般也会有相应的三种含义：一种更多具有名词性色彩，指称静态的语言规范或语言标准文本等具体成果形式，属事物范畴；一种更多带有形容词性质，说明语言是规范的、符合标准的，属性质状态范畴；一种更多带有动词性色彩，指的是使语言符合规范与标准的要求，是为了实现这些静态的规范文本的内容而进行的具体工作，属社会行为范畴。

作为事物范畴的名词性的语言规范，具有权威性、稳定性、动态性与层次性的特征。

（三）语言规范化的必要性

语言规范化，更多地带有动词性色彩，属于社会行为、社会实践活动范畴。按照毛泽东在《反对党八股》中所讲的：“化”者，彻头彻尾、彻里彻外之谓也。“规范化”就是使事物及其发展符合一定的标准与规定要求。“语言规范化”就是使语言文字完全符合适应时代发展的规范标准的内容要求，就是要把那些符合语言发展规律的新成分、新用法肯定下来并加以推广，对那些不符合语言发展规律的、且又难以被社会公众接受的成分和用法，根据规范化的要求加以剔除，从而为共同语确定语音、语汇、语法方面的标准，并用这些标准去引导人们的语言使用，以使语言文字真正切实有效地为人民服务，为社会服务。

早在半个世纪以前，新中国成立伊始，百废待兴，百业待举，社会主义建设事业需要大量高素质的建设者，国民文化素质急需提高。1955 年，国家召开全国文字改革会议和现代汉语规范问题学术会议，提出语言文字工作三大任务，即促进汉字改革、推广普通话、实现汉语规范化，并提出一系列具体实现汉语规范化的措施。汉语规范化成为新中国成立后在语言文字领域着力要解决的一项关乎国计民生的全国性、全民性的重大课题。1958 年，在周恩来总理的报告《当前文字改革的任务》中又提出文字改革的三大任务，即简化汉字、推广普通话、制定和推行汉语拼音方案。这些都是实现汉语规范化的具体举措。语言规范化是不同地区间人们交流的迫切需要，是社会、经济、科技、文化、教育等发展的当务之急。

三 李行健先生词汇学研究的收获

（一）词汇研究的道路

1958 年，李行健先生毕业于北京大学中文系语言专业，后到中国科学院河北省分院语文研究所和天津师范大学中文系工作，历任语言研究室、语言教研室和《天津师范大学学报》负责人。从一毕业参加工作开始，李行健先生就投入到河北方言词汇的调查、研究和规范工作中来了，他对汉语词汇的研究与规范工作从此一发而不可收。1962 年，他以油印方式将其河北方言词汇调研成果编印成十几本的《河北方言词汇集》，该成果最终以《河北方言词汇编》为名于 1995 年由商务印书馆出版。1983 年调到中国文字改革委员会工作之前，他还进行了天津方言词汇的调查研究工作，并于 1986 年在《方言》杂志上（与人合作）连载了《天津方言词汇》（在日本翻译成书）。1985 年 12 月，“中国文字改革委员会”更名为“国家语言文字工作委员会”。新时期的语言文字工作范围扩大了，已不仅限于文字改革，需要在原来文字改革工作的基础上针对语言文字规范标准的制定、语言文字的信息处理、语言文字的社会咨询与服务等开展大量的现代汉语规范化工作。1986 年 1 月召开的全国语言文字工作会议，确定了新时期语言文字的工作方针：“贯彻、执行国家关于语言文字工作的政策和法令，促进语言文字规范化、标准化，继续推动文字改革工作，使语言文字在社会主义现代化建设中更好地发挥作用。”同时，也确定了“当前”语言文字工作的主要任务是：“做好现代汉语规范化工作，大力推广和积极普及普通话；研究和整理现行汉字，制订各项有关标准；进一步推行《汉语拼音方案》，研究并解决实际使用中的有关问题；研究汉语、汉字信息处理问题，参与鉴定有关成果；加强语言文字的基础研究和应用研究，做好社会调查和社会咨询、服务工作。”现代汉语规范化工作作为新时期语言文字工作的首要任务被提出来了。这是30年前提出现代汉语规范问题之后的持续发展，是为了适应新时期社会对语言文字生活的需要而开展的新一轮现代汉语规范化工作，时代赋予了现代汉语规范化以新的内容。此间李行健先生担任语文出版社社长兼总编辑和中国社会科学院语言文字应用研究所语言应用研究室主任。1985年被评为研究员，任中国社会科学院研究生院语言文字应用系教授。在对河北和天津两地方言词汇进行调查的基础上，他积累了丰富的调查经验和研究成果。后又与陈章太先生合作，共同承担国家社会科学“七五”规划重点项目“北方话基本词汇调查”。该调查在几十位专家学者的参与下历经六年才完成。1996年，语文出版社出版了五卷本的调查成果《普通话基础方言基本词汇集》。经过多年的方言词汇研究，李行健先生敏锐地认识到，词汇作为语言的要素之一，具有与语音和语法等极为不同的特点。词汇发展变化快，本身系统性又不强，经常处于一种开放性的流动状态，处于不断的发展变化之中，它对社会的反映最敏感、最快捷。鉴于词汇的身份特殊，而且数量庞大，变化速度快，内部分歧大，因此它就成了语文应用和语言规范工作的主要研究对象和难点。为此，他不仅研究方言词汇，还研究一般词汇。“文革”后期，他就与刘叔新先生合作出版了《怎样使用词语——汉语词汇学习》（天津人民出版社1975年；1979年再版时更名为《词语的知识和运用》）。这在当时国内整个学术领域很不景气的情况下是十分难能可贵的。此后，他陆续出版了《中学语文知识手册》（主编，天津人民出版社1984年）、《中华成语大词典》（合作主编，吉林文史出版社1986年）、《普通话和方言》（上海教育出版社1986年）、《词语学习与使用述要》（吉林文史出版社1988年）、《语文学习论集》（河北人民出版社1991年）、《语文学习新论》（陕西人民教育出版社1997年）等著作和工具书，并不断回顾、梳理和总结自己的研究成果，集中向世人展示了自己的学术思想与理论。

（二）形成词汇规范观

李行健先生深知语言规范的主要对象和难点是词汇，词汇问题是语言规范工作的主要矛盾。他对词汇规范的理论研究涉及词汇规范的方方面面，深刻而又全面，从词的构成到词汇意义的解释，从方言词、古语词、外来词到成语，从词汇的使用、词汇的规范到词汇的汇集注释即词典的编纂，而其中成就最大的莫过于其对词汇规范的研究和词典编纂的实践，并多有精辟论断。如：词语规范问题，是汉语规范工作中的一个重要组成部分。它必须在汉语规范工作总体中去求得解决。探讨词语的规范，首先应该对汉语规范化有一个正确的认识，对许多错误的看法应加以澄清，否则就没有讨论词语规范的共同基础。“应该说，规范的主要工作集中在词汇方面。这是由于词汇中方言分歧大，普通话词汇规范的标准也不可能像语音、语法那么明确，只能以北方话为基础进行规范，而北方话的词汇内部就存在不少分歧。”“词汇规范的艰巨性，还表现在语言中的词汇对于社会的变化是最敏感的，它处于几乎不断变化的状态中，随着社会的发展，经常有新词在产生，有旧词在消亡，有些词的意义和色彩以及用法在发生变化。这些发展变化必然会出现一些消极的因素和分歧的现象，就需要及时进行规范。”“对于‘规范’（标准），我们既要把它看成固定的，又要把它看成发展的、不是凝固的。不把标准看成相对固定的，就无法进行规范化工作，使用语言的人也会无所适从；但是，如果不把‘规范’看成发展的、非凝固的，就会妨碍语言健康地发展，甚至会使规范（标准）和群众活的语言形成对立，使规范工作处于被动地位。”“上面的讨论，展示了词语规范工作的复杂性和多样性，提醒我们在词语规范工作中不能简单从事，一定要从多角度和多层次去观察和考虑问题，并且要改变我们对词语规范工作的某些过时的观念和做法。我认为，下列三个方面最值得我们注意。（1）辩证地看待规范和不规范的词语。……（2）词语发展中出现少数所谓的完全同义词，这也是可以理解的现象。……（3）不时地按照语言的发展变化情况修订规范标准，也是我们词语规范工作中不可忽视的一环。语言的规范是积极促进语言健康发展；它绝不是消极地对语言进行管、卡、压。规范（标准）应该是一个引导人们去学习和仿效的典范，而不是什么僵硬的固定模式。我们在理解和制定规范时，一定不要只看到它是某种固定的模式，更应该看到它是引导语言健康发展的标准，是让使用语言的人自觉地去仿效的范例。这就要求我们的规范标准适应语言不断发展的需要，对语言的发展起推动作用，也就是说，规范标准应该站在语言发展的前列，而不是消极地站在语言发展的后面，更不是站在语言发展的对立面。”“就目前情况看，我认为词汇规范至关重要的有三项基本工作……它们分别是：（1）《现代汉语词典》。补编本的编写工作已经顺利完成，正在着手准备编写《现代汉语大词典》。词汇的规范必须寄托在有形的作品上，特别是规范性的词典上。（2）北方话基本词汇调查工作正在抓紧进行。（3）新词新语的研究和词典的编纂。"

这些论述，不仅从宏观角度说明了词汇规范的重要性、艰巨性，规范标准如何确立和认识等，而且还把词语规范化提到了一个相当高的高度来认识，把词语规范化放到一个更广阔的背景中来考虑。他还具体深入到词汇规范的各方面，以丰富、具体而生动的实例深刻论述了方言词、外来词、文言词、成语、缩略语、新词新语新义等的规范。其中尤其是关于成语的规范，有一系列的文章详细论述了成语的定义、活用、规范性和成语词典的编纂等与成语规范密切相关的各个方面。

理论以实践为基础，理论与实践密不可分。实践是检验真理的唯一标准。李行健先生语言规范观的形成与他日常所从事的学术研究和管理工作密切相关。他在国家语言文字工作委员会的语言文字应用研究所和语文出版社工作，作为研究室主任、出版社社长兼总编辑，作为国家语委委员，其日常工作几乎都与语言规范密切相关，无论是编辑出版语言文字规范方面的书籍，还是参与研究制定语言文字方针政策与规范标准，或者是参与撰写有关语言规范的文件报告、调研实践和词典编纂实践等，都成为其形成语言规范观的实践基础，成为检验其理论的试验场，同时也是实现其语言规范观的机会。

（三）词汇规范的实践

在职工作期间，李行健先生主持并从事了多项词汇规范研究与实践工作，先后出版了多部词汇研究专著、多篇词汇规范研究论文和多部词汇规范方面的工具书。如《中学语文知识手册》（主编，天津人民出版社 1984 年）、《中华成语大辞典》（合作主编，吉林文史出版社 1986 年）、《新词新语词典》（合作主编，语文出版社 1989 年）、《中国语言学年鉴》（1992—1994 年，主编，语文出版社 1993 年）、《生活常用百科词典》（主编，语文出版社 1995 年）、《河北方言词汇编》（主编，商务印书馆 1995 年）、《普通话基础方言基本词汇集》（与陈章太合作主编，语文出版社 1996 年）、《天津河北方言古词语汇释》（合作，天津教育出版社 1997 年）

等。他参加主编的工具书种类多样，不仅有知识手册类的工具书，也有新词新语词典，不仅有百科词典，也有语言学年鉴，还有方言词汇集等。退休之后，他退而不休，不仅主持国家语委“八五”科研规划重大项目“现代汉语规范字典”的编纂工作，而且酝酿着一个更为宏大的辞书编纂计划。之后，以《现代汉语规范字典》为基础而编纂出版的《现代汉语规范词典》《现代汉语异形词规范词典》《现代汉语成语规范词典》《现代汉语谚语歇后语惯用语规范词典》《学生规范字典》《中学生规范词典》等一系列规范工具书，一时间成为汉语工具书市场中一道亮丽的风景线。这些成果是他多年词汇规范研究的智慧结晶，同时其中也充分贯彻和体现了他的语言规范观，成为实践他词汇规范理论和辞书学理论的实验田。

四　李行健先生辞书学理论的核心

李行健先生在给北京师范大学汉语文化学院的博士生们开设的一场专题讲座《词典编纂和语言研究——我国辞书的历史和现状》中，从我国辞书发展史的角度，论述了辞书编纂与语言学之间的关系，论述了词典最主要的三个内容，即词典所汇编的条目、词典的注释（这是一本词典最重要和最核心的部分）、词典的检索系统（供检索用的索引系统是否科学），论述了词典的多样性与规范性是如何互相促进的（词典当中既有各种各样不同性质、不同规模的词典，同时也有要强调规范的规范性词典；在其他词典中本身即使是描写的也会含有规范的问题）和辞书编纂（就辞书学是一门独立的学问还是附属于语言学的这一问题进行了论述，分析了辞书学的学科定位问题）。在谈到词典的多样性与规范性这个问题时，他指出，无论是哪种类型的词典、字典，其中的“典”字就是“典范”的意思，就意味着其本身具有一定的规范性。但是，随着工具书的发展和社会的需要以及语言学的发展，现有的工具书市场上琳琅满目，品种多样。其中有像新词新语词典、方言词汇集这样的描写性词典，不太关注所收录的词语是否规范和能否站得住脚，只是客观地呈现与罗列出所汇编的词语；也有是备查、备考的工具书，如《成语考释词典》《汉语大字典》《汉语大词典》，其中收录了古今汉语的字、词与成语，方便查考；还有带有明确规范意识，并受编纂者规范意识主导的规范性的字典或词典。对词典的这种分类，不仅体现了李行健先生对当前辞书领域的认识，同时也客观地反映了词典编纂领域的不同的编纂指导思想，即不同的辞书学理论。

（一）规定与描写

规定（prescribe；prescription）与描写（describe；description），本是两个客观的动词和名词，然而，随着语言学的发展，尤其是语法学的发展，规定语法（prescriptive grammar）与描写语法（descriptive grammar），规定主义（prescriptivism）与描写主义（descriptivism），规定主义者（prescriptivist）与描写主义者（descriptivist），规定语言学（prescriptive linguistics）与措写语言学（descriptive linguistics）成了世界语言学历史上成对出现的两个概念，其中反映了针对语言事实的两种不同的态度。“关于英语习惯，向来有规定主义者（preseriptivists）和描写主义者（deseriptivists）之争。规定主义者从词源出发……描写主义者从语言实际出发……”“在规定主义和描写主义之间，语言教师似乎要采取中间立场。一方面，不能放任自流，说怎么样都行，另一方面，又不能死抱着老皇历，坚持不正视现实的态度。他觉得教师不能不起指导作用，有所赞成，有所反对，同时又要留心英语习惯的变化，注意说英语的人的观点的改变。这条原则，恐怕多数英语教师都会同意。这样看来，问题不是解决了吗？不，远远没有。原则是抽象的，可是语言教学上的问题却是具体的，需要一个个具体解决。知道了做菜要掌握火候，并不等于每做一次菜都能掌握火候。”“规定性和描写性原是语法学上的术语。但从广义上看，它们的意义又远远超出了语法研究的范围。而在整个语言科学，尤其是在语言规范化的理论研究与实际应用中占有一定的地位。”“规定性与描写性之间的对立并不是绝对的。在某些情况下二者是统一的。只要有语言，就有该语言里所客观存在着的规则。而有规则就有规定性。这一点无论对规定主义者还是对描写主义者都不例外。”

这两种针对语言现象的态度，反映在词典编纂方面，就体现为描写性词典和规范性词典两种类型。《中国语言学大词典》在解释词条“描写词典”时说：“同‘规范词典’相对。指应用描写语言学原理，采用客观地记述语言素材的方法编纂而成的词典。对有不同看法的语文现象不作权威性的裁定，而是如实加以描述。它以提供详尽的资料为特色，尤其适合学术研究者的需要。”在解释词条“规范词典”时说：“同‘描写词典’相对。以对语文现象确定规范的原则和方法，依据权威性的或约定性的标准对语言素材加以裁定而编纂的词典。它维护一切健康的有效的成分，排斥陈旧的有损共同语的成分和用法，维护民族长期使用而约定俗成的语言标准，对指导读者正确地运用语言文字有帮助。如《现代汉语词典》。”

实际上，正如李行健先生所言，词典类型中不仅仅包括描写性和规范性词典两种，还有一种备查、备考性的词典。我认为甚至还有正音、正形类的规定性词典一种，这是第四种。这种词典明确告诉读者应该怎样读音，应该怎样写字，否则就是错误的，不允许有规定答案之外的其他的选择。现实情况是，在描写性词典中，并非绝对没有规范的意识与行为存在。几种词典的分类结果，只是一种相对的归类，只是对编纂者主导思想的集中概括。其实几种类型的词典互相之间都是各有体现的。规范性词典中不可能没有描写，描写性词典中也不会没有规范。备查、备考类词典中也会有描写和规范，否则词典就无法编纂出来。规范，如前文所述，具有三种含义，在词典编纂领域，规范应该是一种理念，是一种指导思想。具体反映在词典中，就是在词条释义时告诉广大读者应该如何读或如何写，或者提示读者最好如何读或如何写，既没有生硬地规定必须这样读或必须这样写，也没有纯粹罗列现象，不加表态地让读者自己去判断选用。

（二）规范是为了应用

在接受《成都日报》记者采访时，李行健先生就什么样的语言是好的语言、为什么要对语言进行规范、语言规范化有什么必要性、他为什么要编写规范字典和规范词典、他所主编的字典与词典有什么样的规范特色等进行了详细的说明。他认为：“语言的使用标准有三条，其一是朴实无华，其二是得体，其三是交流双方畅通无阻。运用好了，就是好语文。”“进入信息化的社会，要建设一个现代化的国家，如果语言文字不规范，先进的信息技术就得不到很好的应用，即使用上了，效率也不高。语言规范化程度高低是国家精神文明程度的一种标志。”“吕叔湘先生在我们编的《现代汉语规范词典》前言里就讲到了这个问题：‘……随着语言的发展，总得有新的词典来反映语言的变化；随着国家有关规范标准的修订和增加，总得有词典来体现。我们是一个人口众多的大国，也应该有适应不同读者需要的不同层次和规模的各种词典，才能满足群众语文学习和教学的需要……’”“先生还说：‘新编词典的五个特色的构想和措施：1. 收词规范并能反映今天现代汉语词汇的基本面貌；2. 词的义项按词义发展脉络顺序排列；3. 给每条词标注词性；4. 把语言使用中容易出现错误的问题用‘提示’指出；5. 选择丰富的生活气息浓的例句等。’我是完全同意的。”“《现代汉语规范字典》和《现代汉语规范词典》，除了有合理的义项排列、多层次的实用功能、丰富的生活化例证之外，最大的特点在于自觉的规范意识。这部字典严格贯彻国家历年来公布的有关语言文字的规范标准，从收字、字形、注音、释义、检索等各方面达到规范化的要求，可以解决当前语文使用中的分歧，以及由于各种词典、字典处理不同而引起的混乱，引导语文使用者正确理解和使用祖国的语言文字。对于容易出现误用和分歧的地方，词典都用‘提示’加以说明。”

可见，李行健先生主编现代汉语的规范系列工具书，并不是为了规范而规范，而是为了让广大读者能够更好地、更加正确规范地应用汉语。现实生活需要语言规范，并且要实行规范化。这是国家既定的方针。国家语言文字工作的方针就是要实行语言文字的规范化与标准化。在李行健先生主编的规范字典和规范词典中，针对不同性质的语言文字问题，会采取不同等级和力度的引导措施，有一个明确的导向，告诉广大读者某个字词应该如何读或写，并且告诉读者为什么应该这样读或写。也就是说，不仅要让读者知其然，还要让读者知其所以然。因为学校是推广普通话的基础领域，学生是未来社会的主体，是祖国的未来，为了能够使语言文字得到更好的应用，需要培养人们的规范意识，培养人们规范使用语言文字的良好习惯，因此，语言文字的规范工作，重点在学校，重点人群是学生。规范字典和规范词典这类工具书就承担了这样的社会责任。

（三）规范能促进发展

语言具有一定的稳定性，这样它才能充当人类的交际工具；但是，语言又具有一定的动态性，处于经常不断的变化过程之中。因为社会在不断发展变化，语言生活在社会之中，如社会已发生翻天覆地的变化，而语言依然停滞不前，没有任何变化，那么，语言就会僵死而无法更好发挥其交际工具作用。长此下去，语言必将被人类社会所淘汰。语言如此，语言规范也必然如此。随着社会的发展变化，语言变化，语言规范也必然会与时俱进。因此，语言规范也具有一定的稳定性和动态性。

前边已经提到李行健先生对规范的动态性的认识，他认为，对于“规范”（标准），我们既要把它看成固定的，又要把它看成发展的、不是凝固的。不把标准看成相对固定的，就无法进行规范化工作，使用语言的人也会无所适从；但是，如果不把“规范”看成发展的、非凝固的，就会妨碍语言健康地发展，甚至会使规范（标准）和群众活的语言形成对立，使规范工作处于被动地位。

语言规范，是为了使语言得到更好应用。只有应用，语言才能得到发展。因此，语言规范是对语言发展的良好促进，是语言发展的基本前提。语言应该在规范的基础上发展，而规范也应该在发展的过程中不断确立、进步，并得到更好的贯彻与落实。

五　李行健先生辞书学实践的特点

李行健先生不仅在职期间主编并出版了多部工具书，在退休之后，他更是焕发了事业的青春，以编写《现代汉语规范字典》为基础，主编并出版了《现代汉语规范词典》《现代汉语常用词表》《现代汉语异形词规范词典》等数十部工具书，在中国辞书领域创造出一个惊人的系列规范工具书奇迹，为我国语言文字的规范化与标准化贡献了智慧与力量。综观该规范工具书系列，可以发现具有如下几个特点：

（一）遵循并体现规范

李行健先生在其主编的系列规范工具书的前言或凡例中，一再明确强调本字典（词典）是“全面严格地贯彻了国家有关部门所发布的语言文字的规范标准”，“全面贯彻国家有关语言文字的各项规范标准”。“规范词典的特色自然首先在于突出规范。经过十多年的实践和探索，我们对‘规范标准’的贯彻主要体现在三个方面：1. 凡是国家有关部门有明确规范标准的，《现代汉语规范词典》坚决全面贯彻落实。2. 根据设计需要确立收词标准，充分满足人们现实语文生活的需要。3. 力图按词义的发展脉络排列义项。”“本词典以促进语言文字规范化为主要目的。”李行健先生还在不同的场合发表自己的见解，强调指出在自己所主编的工具书中就是要严格地、全面地、毫不走样地、毫不动摇地贯彻落实国家有关的规范标准，并且在贯彻过程中，要有鲜明的态度，对读者有明确的引导，不模棱两可，不含糊其辞，哪怕因此而受到他人的质疑与责难也坚决不改变主意。因此，我们可以大胆地说，李行健先生主编的系列规范工具书，遵循并体现了国家语言文字的规范标准。尽管在国家有关规范标准中会有这样那样的不完善甚至是问题，但是，除了做积极的促进工作，希望尽快修改完善国家有关的规范标准之外，系列规范工具书依然坚定不移地贯彻相应的规范标准，直至其修改的那一天为止。

（二）宣传与弘扬规范

李行健先生在其主编的系列规范工具书中，不仅严格地坚定不移地全面贯彻国家有关规范标准，而且还积极主动、科学有效地宣传和弘扬国家的这些规范与标准。在词典释义过程中，针对语言文字规范标准中的一些发展与变化，编写者会通过科学的阐释与说明，告诉广大读者规范标准中为什么会出现这样的发展变化，其变化的过程与轨迹乃至结果是什么样子的，让读者在查阅工具书的过程中，不仅“知其一”还“知其二”，不仅“知其然”，而且还“知其所以然”。正是这一系列规范工具书，在不断地扩大着国家语言文字规范标准的影响，在宣传和弘扬着国家的规范与标准，为国家语言文字的规范化与标准化做出了重要的贡献。

（三）创造和引领规范

我们深知，一个国家的规范标准再丰富、再完善，也无法涵盖丰富的语言文字生活，也无法全面、准确地反映客观的语言文字生活现实。因为语言文字是无时无刻不在发展变化的，而语言文字规范标准的相对稳定性则要求其不能变化太快、太大。但是，信息化时代的社会发展一日千里，语言规范不可能一成不变。语言规范标准的动态性，要求这些规范标准也必须与时俱进，随时更新，以便跟上时代与社会的发展步伐。此外，在语言文字领域，有些领域容易制定规范标准，有些领域则是无法或者是很难制定统一的规范标准的。因此，在编写系列规范工具书的过程中，编写者们必然会面临大量没有规范可以遵循、没有标准可以参照的地方。这就需要编写者利用自己的知识与智慧，创造性地编写每一个条目与释义。李行健先生在专题讲座《词典编纂和语言研究——我国辞书的历史和现状》中，不止一次地提到“规范”除了国家有明确规定、规范与标准的领域之外，还有约定俗成的部分，还有一些没有规范标准或者没有办法制定规范标准的领域（如词义的解释部分），还有处于发展变化过程中的异形成语问题等。如何准确地、明确地表明态度，告诉读者应该怎样做，这就需要做大量的案头工作，需要进行大量的针对语言事实的调查研究，在调研之后，要形成自己的明确的认识，并以此作为示范性的解释，告诉广大读者应该如何去判断和选择，以作为消除语言应用与理解的歧异的一种手段和方法。为了保证在调研之后形成认识的过程中不出偏差，保证所形成的认识是正确的，能够引领语言规范的，编写者不仅需要有丰富的知识积累、扎实的语言文字功底，更需要有准确的判断与甄别能力，需要有敢作敢当的学术胆识与勇气，需要有坚持真理不为其他诱惑所动摇的意志、毅力与定力。

因此，我们可以毫不夸张地说，在系列规范工具书中，不仅严格地遵循与贯彻落实了国家语言文字规范标准，宣传与弘扬了国家语言文字规范标准，而且还引领着社会语言文字生活的发展脚步，引领着国家语言文字规范标准的前进方向。

六　结语——将语言规范进行到底

上文概要梳理了李行健先生的学术发展道路，简要分析了其辞书学理论与实践的特色。限于篇幅与笔者的语言表达水平，恐言不尽意，难免挂一漏万。但是，总体来看，也算大致勾勒了一个初步的轮廓，使广大读者能够从中了解李行健先生深厚的学术底蕴与辞书学编纂的累累硕果。李行健先生为什么会在词汇规范研究和辞书编纂领域有上述成就，从其学术特点与性格特征中也许能够找到部分原因。

（一）实事求是有创见

李行健先生在研究过程中，充分尊重客观的语言事实，善于从鲜活的语言运用现象出发，在理论中探求科学依据，提出见解。甚至对于一些长期以来人云亦云、习非成是的问题，他也能根据自己的调查研究和广博的知识提出修正意见。最为典型的实例就是对“救火”一词的意义解释及其内部结构的分析、对“江”“河”两词释义的订正、对普通话中有无 yō 音节的论述以及对“拆烂污”中“拆”字注音的分析与论证。他在《从“救火”谈释词》一文中，从实际语言现象出发，从古到今，寻根求源，详细论证了“救火”一词存在的合理性，澄清了自20世纪50年代以来一直存在争议的该词是否符合汉语构词习惯、是否违反汉语逻辑、是否属于约定俗成习非成是的例外现象的模糊认识。在《也说“江”“河”——从“江”“河”含义的变化看词义的发展和词语的训释》一文中，他从历时与共时角度，旁征博引，考证了大量史料，说明“江”“河”词义是否扩大的最可靠的标志，应当是看在其前面能否加限制修饰词语以用作区分不同河流的手段。该文还指出“江”“河”词义扩大的准确时间，并指出导致“江”“河”释义产生失误的原因在于没有注意词义的时代性与社会性。此外，李行健先生经过认真的调查，了解到在北京语音系统中没有“yō”这个音节，普通话又是以北京语音为标准的，因此，他认为现代汉语普通话中没有“yō”这个音节。作为语气词，根据读音轻重，北京人往往将这个音节读成“yōu”或“yāo”。在“拆烂污”这个方言词中，“拆”字读什么音，有的说读“cā”，有的说读“chāi”，一时争执不下。经过认真调查，李行健先生认为这里的“拆”应读“chāi”，而不应读“cā”。他认为，按照字的实际读音标注，这样才符合规范。

（二）兼具科学素养与学术胆识

作为一名学者，李行健先生不仅具有良好的科学素养，而且具有非凡的学术胆识，这就使他有能力而且敢于关注语言研究中的一些大问题、紧迫问题和疑难问题，如语言规范、词类、语言的社会本质、汉字的优劣评价以及汉字走拼音化道路等问题。俗话说，“艺高人胆大”。李行健先生的学术胆识就来自于他扎实的语言文字学术基础和勤于调研、尊重语言事实的良好学术习惯，来自于他善于思考、具有准确判断能力及思维方面高度的敏感性等优秀的学者品格。他曾不止一次说：你认准了自己是对的，那么你该怎么做就怎么做。敢于坚持己见，敢于冲破世俗的偏见与政治偏见，坚持自己认为是正确的科学决断。这一点集中体现在他对词语释义中过多“左”的政治影响的分析判断与批评性的论断上，这一点也受到了胡乔木同志的充分肯定。1981 年 6 月 11 日，胡乔木在给吕叔湘先生的信中说：

叔湘同志：

看了《辞书研究》1981 年第二期，我很专注地读了您的《辞书工作的艰苦和愉悦》一文。同时我也很注意地读了李行健同志的《概念意义和一般词义》一文，深觉《现代汉语词典》有许多词条有类似的毛病，很需要认真准备再修订。……不知你和有关同志（……）对该文的看法如何？

敬礼

胡乔木

六月十一日

在《概念意义和一般词义——从“国家”的词义是什么说起》一文中，李行健先生通过对“国家”一词释义的分析，提出“释义工作还需要进一步解放思想”“要从活的语言（口头的和书面的）中概括词的含义，作为词典释义的根据”“辞书注释的词义，应该是广大群众共同理解一致使用的意义，不能把专门术语的概念意义当作一般词义”等建议，对此后的词典编纂具有一定的指导意义。

（三）吾爱吾师，吾更爱真理

古希腊学者亚里士多德曾有一句名言：吾爱吾师，吾更爱真理。这一点在李行健先生的身上也得到了充分的体现。李行健先生在多年的学术研究生涯中，一向尊重前辈、老师和朋友，但是，他追求真理、不迷信权威的敬业精神使他能够以科学事实为重，尊重实践，不唯上，不唯权，常常将老师的言论与观点结合自己的反复思考与实际调研加以消化吸收，而不是盲目跟风、不加思考地听从他人意见、人云亦云。他曾经说过：“不对的你得敢于把它改正。哪怕是我们老祖宗定的，也没有关系。因为一切事实是检验真理的唯一标准嘛。既然事实不是这样，所以我说我们就要变。”最典型的例子就是他在读大学期间发表的《不分词类就没有了语法吗?》一文，不顾整个语言学界绝大多数人的观点，坚决支持自己认为是正确的高名凯先生的意见。此外，他的《汉字形、音、义辨》和《也说“江”

"河"——从"江""河"含义的变化看词义的发展和词语的训释》两篇文章，分别对他一向尊重的吕叔湘先生和王力先生的观点提出了自己的不同意见，并得到两位先生的认可与肯定。胡乔木先生曾经写过一篇短文，题目叫《"最好水平"》。文中胡先生认为"最好水平"是文理不通的说法，水平只有高低之分，无所谓好坏之别，好坏只是表明人们对于这种水平高低的喜欢或不喜欢。最后说："'最好水平'，希望马上就同你永别!"李行健先生在《从语言发展和社会心理看某些词语的规范》一文中，认真分析了"最好水平"说法的合理性，并以丰富的实例，以科学的动态的语言规范观证明了"最好水平"存在的合理性：

我们从英语中借过 level，译作"水平"。按原义把它用在表示事物高低不同的比较上（水平高、水平低），这是完全对的。但汉语不同于英语，同时语言又是不断发展的，当使用汉语的人认为"水平"高就是好，"水平"低就是不好时，他们进一步把"水平"用到好坏的比较上，我们又如何看待呢？即使像王了一先生那样渊博的语言学大师，指出"水平"按原义不能用到好坏方面时，群众也是不会去响应的。新华社 1985 年 12 月 13 日报道我国煤炭生产的一条消息时，说我国煤炭工业，"结束了五年徘徊；回采工效率为四点四三吨，创历史最高水平"。之后又说"商品煤灰分和矸石率分别比去年同期下降 0.34% 和 0.06%，事故率比去年下降 6%，均创历史最好水平"。（《人民日报》，1985 年 12 月 14 日）在同一篇文章中"最高水平"和"最好水平"都用上了，似乎我们也很难说记者用得不对。特别是因为后者是从坏事下降方面说的，显然用"最好"比用"最高"更恰当些。这就告诉我们，词典的注释要按语言实践不断修订。对过去某些专家的文章或著作中评论过的不规范的用例也要用发展的眼光去看，不能不管语言的变化，还死板地用它们作标准去搞规范工作。实践是检验真理的唯一标准，这个原则在语言规范中也是应该遵循的。

正是这种优秀的学者品格与性格特征，成就了李行健先生词汇规范研究及其对汉字、语法和修辞等的研究，助其创造了中国辞书编纂史上系列规范工具书的辉煌业绩。

综上可知，语言规范是李行健先生的学术理想与终生的科学追求。衷心祝愿他保重身体，为了祖国语言文字的规范化与标准化事业，为了构建和谐的语言生活，矢志不渝地将语言规范进行到底!

参考文献

戴维·克里斯特尔. 现代语言学词典. 北京：商务印书馆，2000.
郭龙生. 中国当代语言规划的理论与实践. 广州：广东教育出版社，2008.
哈特曼，斯托克. 语言与语言学词典. 上海：上海辞书出版社，1981.
胡乔木.《现代汉语词典》需要修订//胡乔木. 胡乔木谈语言文字. 北京：人民出版社，1999.
蒋蓝，祥惠. 李行健. 规范汉语就是为了大众化. 成都日报，2011-09-05.
拉迪斯拉夫·兹古斯塔. 词典学概论. 北京：商务印书馆，1983.
李行健. 不分词类就没有了语法吗？//汉语的词类问题（第二集）. 北京：中华书局，1956.
李行健. 词典编纂和语言研究——我国辞书的历史和现状//北京师范大学汉语文化学院. 应用语言学讲座. 北京：中国社会科学出版社，2008.
李行健. 词汇规范和对外汉语教学. 语言教学与研究，1987（4）.
李行健. 从“救火”谈释词. 辞书研究，1981（4）.
李行健. 从语言发展和社会心理看某些词语的规范问题. 语文建设，1985（5）.
李行健. 概念意义和一般词义——从“国家”的词义是什么说起. 辞书研究，1981（2）.
李行健. 汉语规范化问题浅谈. 天津师范大学学报（社会科学版），1979（1）.
李行健. 汉字形、音、义辨. 河北日报，1962-04-24.
李行健. 现代汉语规范词典. 北京：外语教学与研究出版社，语文出版社，2010.
李行健. 也说“江”“河”——从“江”“河”含义的变化看词义的发展和词语的训释//语言学论丛（第十四辑）. 北京：商务印书馆，1987.
林玉山. 辞书学概论. 福州：海峡文艺出版社，1995.
刘福长. 规定性和描写性：孰为语言规范的根据?. 语文建设，1993（8）.
毛泽东. 毛泽东选集（第三卷）. 北京：人民出版社，1991.
戚雨村，董达武，许以理，等. 语言学百科辞典. 上海：上海辞书出版社，1993.
王宗炎. 要规定主义呢，还是要描写主义？——米廷斯《对英语习惯的不同态度》读后感. 上海外国语大学学报，1979（3）.
中国语言学会《中国现代语言学家传略》编写组. 中国现代语言学家传略（第二卷）. 石家庄：河北教育出版社，2004.
中国语言学大词典. 南昌：江西教育出版社，1991.
周恩来. 当前文字改革的任务. 北京：人民出版社，1958.

（郭龙生：教育部语言文字应用研究所，北京 100010）

丁声树先生对我国辞书学建设的贡献

韩敬体

《现代汉语词典》（以下简称《现汉》）从提出选题到正式出版，用时达23年之久。《现汉》出版40年来，在我国内地已经印行20多种版本，480多个印次，发行量近5000万册。2002年11月还出版了汉英双语版，发行了好几个印次。《现汉》在香港不仅出版了内地的版本，还出版了繁体字版。在韩国、日本、新加坡等国家也有当地的版本发行。《现汉》在我国社会上有着广泛而深刻的影响，是我国许多同类型的词典和汉外以及汉语、少数民族语语文词典编写的主要参考书甚至蓝本，在我国现代辞书史上有着重要的地位。

著名语言学家丁声树先生担任《现汉》后期主编，完成了词典的正式出版，为辞书的编写做出了卓越贡献。他的业绩值得宣扬，他在词典编纂方面的思想、理念值得研究。

丁声树（1909—1989），河南邓县（现邓州市）人。我国著名的语言学家。中国科学院哲学社会科学部学部委员，一级研究员，在音韵、训诂、语法、方言、词典编纂各门学科上都有很深的造诣。1958年开始筹划编纂《汉语大词典》。在《现汉》试印本阶段就参与了该书语文词条的审定工作。1961年接任《现汉》主编，主持编写定稿工作，将“试印本”的词条全部加以修订、审改，并增删了许多内容，完成了《现汉》“试用本”的编纂，使词典质量得到显著提高。“文革”后期，又主持《现汉》第一版的编纂审定工作。

前期主编吕叔湘先生1958年拟定了《〈现汉〉编写细则》，还撰写了有关《现汉》编纂的几篇文章，成为词典编写方面的经典文献，为我国辞书学建设做出了突出贡献。丁声树先生接任《现汉》主编后，主持辞书编纂工作近20年。由于他一生谦虚谨慎，为人低调，在词典编纂方面留下的文章很少，这对研究他的辞书学思想来说不能不存在一些困难。但他对词典编纂、修订工作留下的极少的文章和有关谈话、做法，足以表现出他在词典编纂理论方面的真知灼见。

一　词典的定位

编纂一部词典，必须给它以确切的定位。只有对编纂的辞书的类别及其特点有明确的认识，才有可能编纂出有特色的辞书。丁先生筹划过《汉语大词典》的编纂，主持过《现代汉语词典》《现代汉语小词典》的编纂和《新华字典》的修订，对从事的每一本辞书的编纂或修订宗旨都有明确的认识。

1959年12月，他写出《关于编纂〈汉语大词典〉的若干意见》一文，张贴出来，征求全所人员的意见。文中明确提出要编写的《汉语大词典》全书收词约50万条，约5000万字，是一部历时性的大型词典，“应该包括古今词汇，尽可能顾到汉语历史的发展”[①]。编纂这种词典必须对有关问题进行各项专题研究，只有弄清楚历代各种文献中词语的意义才能整合出词义的历史发展脉络。他清醒地认识到：“由于种种限制，这部‘大词典’还不可能严格地按照历史原则编写”，“主要因为汉藏系语言的比较研究尚无显著的成绩，汉语各个时期的历史面貌还不清楚。古代文献未能通解的还不少。许多古书的真伪问题、著者问题、撰作年代问题、文字考订问题，等等，都还需要长期的细致的研究。清代的音韵训诂之学偏重先秦经子，汉魏以下成就不多。唐宋以来的语言研究，近年才开始”。[②] 由于对各种限制和困难有足够的估计，对工作的复杂性有充分的认识，他才提出要在培养人才、资料准备和课题研究等方面做大量准备工作。

由于历史的原因，他编纂《汉语大词典》的宏伟计划，胎死腹中，未能付诸实施，这不能不说是我国辞书事业的一大憾事。他接受过《汉语大

---

① 丁声树《关于编纂〈汉语大词典〉的若干意见》，《〈现代汉语词典〉编纂学术论文集》，商务印书馆2004年，第6、7页。

② 同上。

字典》编写组的咨询，指出编纂《汉语大字典》在注音、释义等方面需要注意的问题。认为历时性的《汉语大字典》要注出古代的和现代的语音，“中古音可取《切韵》音系，以《广韵》为代表”，“古文字如甲骨文已辨认清楚的，可进入字典”，“要广泛收集古籍中的注释，从先秦时代一直到后代的”。[①]

丁先生主持《现汉》编写工作，从他写的《现汉》“试用本”和第1版的“前言”中可以看出他对《现汉》性质的清楚认识。这部词典是现代的、规范性的语文词典。是“以记录普通话语汇为主的中型词典，供中等以上文化程度的读者使用”，“是为推广普通话，促进汉语规范化服务的，在字形、词形、注音、释义等方面，都朝着这个方向努力”。[②] 选词要注意普遍性、实用性，“一般语汇以外，也收了一些常见的方言词语、方言意义，不久以前还使用的旧词语、旧意义，书面上通用的文言词语，以及某些习见的专门术语。此外还收了一些用于地名、人名、姓氏等方面的字和一些现代不很常用的字”[③]。读者需要查的词语要多收一些，减少读者查不到的遗憾。在《现汉》第1版编纂修订工作的总结会上，他说过“要扩大收词，语词上人家在我们的词典里查不到的东西不少，‘夺情’一词，人家就查不到”。收录专科词语以常见的有常识性的为主，历史事件、人物收条要注意有典故的和有比喻意义的。[④]《现汉》注普通话语音，以北京话语音为标准。强调要尊重现代语言中的实际读音，地名尊重本地人的读法。既不能拘泥于书面上传承的旧的注音，又需要注意尊重语音发展规律，不能一味地迎合误读、俗读。他多次表示不赞成将“发酵”“龋齿”等词中酵、龋习俗的误读音 xiào、yǔ 收入词典。

《现代汉语大词典》是断代的大型语文性词典，收词要比《现汉》多一倍以上，注音、释义基本上依照《现汉》的编纂原则。《现代汉语小词典》以初中文化程度的读者为服务对象。词典有历时、断代之分，有规范

---

① 严学窘《一生严谨圣洁，风范长留青史——怀念丁声树先生》，《学问人生 大家风范——丁声树先生百年诞辰纪念文集》，商务印书馆 2009 年，50—53 页。

② 《现代汉语词典》第 1 版“前言”，商务印书馆 1978 年。

③ 同上。

④ 丁声树《在语言研究所词典编辑室全体人员会议上的讲话》，《〈现代汉语词典〉五十年》，商务印书馆 2004 年，第 186、187 页。

型、描写型之别。读者对象也大有区别。总体设计时都必须明确。正像建筑一样，只有图纸确定下来，才能建成符合预想的建筑物。编写辞书，特别是大中型辞书，本身就是一个系统工程，必须对辞书性质、宗旨、定位进行科学论证，再认真、再深入细致都是不会过逾的。只有对要编写的或修订的字典、词典的定位有明确的认识，主持编写工作才能目标清楚，心中有数。

二　词典的继承与创新

丁先生学术生涯开始的阶段从事的是训诂、音韵、文字研究，他对传统的小学有很深的造诣，对学习、传承国学知识十分重视。上世纪50年代中期曾多次给语言研究所的中青年研究人员上课，讲授小学（文字、音韵、训诂）常识，他还不止一次地要大家多学习语文知识，注意继承前人语言文字方面的研究成果。他主持编写词典时同样十分重视继承前人的学术成果和词典编写的传统。比如，《现汉》字头和所领两字以上条目的安排就是继承20世纪初期《辞源》开创的以字带词、分条注释的传统；再如《现汉》收词以语文词语为主兼收百科词语也是参照上世纪20年代《国语辞典》的编纂经验。他强调吸收前人的成果，广泛收集古籍中的注释，吸收前人关于声韵、文字、训诂、汉字的形音义等方面的研究成果。《现汉》在词语的注音、释义方面就很注重吸收前人的研究成果。比如，范雎，战国时人名，《史记》误为范睢，清代学者已考证清楚，《现汉》特意在“睢”“且”下注出。他强调要注意词语在使用中的发展变化及词典反映中的稳定性，认为“词典是记录和总结时代用法的，在反映时代用法方面，应该滞后一点，不可太超前”。他还说，“词典释义与现实使用上是有差别的”，不能一看到有新的变化，马上就反映到词典中去。[①] 对词语新出现的变化应该留心记录、观察，变化明显或较为稳定了再反映到规范性的词典中去。词语在语言生活中的沉淀和约定俗成决定了词典反映词语变化的滞后性。

---

① 金有景《一代语言学巨人——怀念丁声树先生》，《学问人生　大家风范——丁声树先生百年诞辰纪念文集》，商务印书馆2009年，第117页。

丁先生进行学术研究几十年，一直充满开拓、创新的理念，他的许多学术论文都能在前人研究的基础上有所发现，有所前进。上世纪三四十年代的学术界权威人士胡适就曾称赞过他的学术研究文章“真是巨眼，真是读书得间，佩服佩服”[①]。他主持词典编写，也同样突出这种创新观念。没有创新的理念、精神，不可能创作出创新的作品。丁先生曾不止一次地说，学术研究不能重复前人做过的并证明是已做得很好的课题，要做前人没有做过的或没有做好的。词典要求创新，不能把前人词典抄过来抄过去。要勇于做前人没有做过的工作，解决前人未解决的问题，纠正前人的失误。他说“我们要在前人已取得成绩的基础上，再向前进”[②]。编写词典，必须要有一定的学术研究引路，研究解决有关问题，才能廓清编写的道路。他认为，编写历时性的《汉语大词典》，必须“组织全国的力量进行《汉语大词典》所需的各项专题研究。例如：汉语史的断代研究、某一专书的语言研究，某一著者的语言研究，语音史的研究，语法史的研究，词汇史的研究，语源学的研究，外来语（借词）的研究，古书著作年代的研究，历代典章制度、文学艺术、宗教信仰、礼俗、名物的研究，历代民歌、民谣、成语、谚语、故事、传说的研究，地方志及其他文献中所记方言俗语的研究，现代方言的调查研究。诸如此类。”[③] 只有有了各种问题的相当深入的研究，有了理论的支撑或引航，编写工作才能较为顺利地进行。

他在辞书编写工作中，力求比已有的辞书要有所突破，有所前进。比如，“〇”字在现代汉语书面上已经使用得很普遍，但不少传统的文字学家却不承认它在汉字中的地位，以往的字典、词典也不把它当作一个汉字收入。丁先生主持修订《新华字典》时才把它作为一个大字头收入字典，承认它作为一个汉字的地位。后来主持《现汉》通读定稿工作时又把它收入词典。再比如，“癌”的读音，旧时传承下来的读音是 yán，与“炎”

---

① 丁声树《诗经“式”字说》（附胡适信），《历史语言研究所集刊》，1936 年，第 6 本第 4 分册 487—495 页。

② 严学窘《一生严谨圣洁，风范长留青史——怀念丁声树先生》，《学问人生　大家风范——丁声树先生百年诞辰纪念文集》，商务印书馆 2009 年，50—53 页。

③ 罗常培，吕叔湘《现代汉语规范问题》，《现代汉语规范问题学术会议文件汇编》，科学出版社 1956 年。

同音。如此，肝炎、肺炎、肠炎、胃炎之类与肝癌、肺癌、肠癌、胃癌之类语音雷同，在医疗卫生界和日常语言生活中，会造成很大的不便，丁先生征求了不少医务工作者和语言学者的意见，将“癌”字注音改作 ái，编入《新华字典》《现汉》中去，为社会所接受，给群众的语言生活带来方便。在一些词语的注音、释义方面，对前人的错误要摒弃，要避免，要能做到拾遗补缺、纠谬正误。丁先生编写辞书时改正前人失误之处很多，比如对郑阿春身份，《现汉》纠正了前此出版的旧《辞源》《辞海》的错误；对“匼”字的读音，丁先生经过缜密的研究、考证，摒弃了《韵会举要》、《洪武正韵》、《康熙字典》、旧《辞源》、旧《辞海》、《国语辞典》等的传统注音“邬感切”（ǎn），而改注为 kē。修订《新华字典》时纠正了对以前版本“垓下”的释义。《现汉》在我国辞书史上有一系列创新之处，比如区分同形同音词和多义词，将同形同音词加以标示分立；标示离合词；标示轻声、儿化和两可的词语；注音体现词儿连写；标注外来词语；标示词语尚未独立成为义项的引申性用法；整理、标识异形词，等等。这些做法，前期主编吕叔湘先生打下了良好的基础，作为后期主编，丁先生继承并系统化了有关的举措。

三　语文规范词典与语文规范化

“词典是进行规范化的最重要的工具。”① 《现汉》是国务院指定编写的确定现代汉语词汇规范的中型词典，贯彻国家已有的语言文字规范是理所当然的。

语言文字规范有国家语言文字有关管理部门制定的规范，也有由人民群众约定俗成或语言习惯形成的不成文的共识。辞书对国家规定的规范标准应该贯彻，对没有成文的语言习惯也要根据语言生活的实际情况总结出辅助性或补充性的语文规范。

《现汉》贯彻执行了汉语拼音方案、简化汉字表、异体字整理表、异读词审音表、计量单位表等，但对一些规定并非照抄照搬，而是参照执行

① 丁声树《关于编纂〈汉语大词典〉的若干意见》，《〈现代汉语词典〉编纂学术论文集》，商务印书馆 2004 年，第 6、7 页。

或进行了某些必要的变通。比如，1955 年文化部和文字改革委员会发布的《第一批异体字整理表》（简称“一异表”），由于当时学界思想认识不够全面和学术论证不到位等原因存在一些不符合语文实际的情况，《现汉》就没有不折不扣地贯彻，而是将一些异体字仍然处理为规范字。1986 年，国家语委修订简化字总表、通用字表，就恢复了 26 个作为异体字而淘汰的字的规范字地位，其中有 23 个就是采用了《现汉》的做法。《现汉》对当时的“审音表”也没有完全遵照处理。实践证明，丁先生的处理意见大多是合理的和有建设性的。

丁先生对一些规范标准采取的处理办法，充分表现出他的才学和胆识。他对“一异表”没有全部照章执行，对“第二批异体字整理表”则是提出了强烈的反对意见，致使此表未能出台。特别是对“第二次汉字简化方案”（简称“二简”）采取的不予理睬的态度更令人称道。众所周知，“二简”是“文化大革命”结束后中国文字改革委员会公布的，虽然时间在“文革”以后，但其指导思想和做法都还是深受“文革”的影响的。1977 年 5 月“二简”报上级审阅通过，1977 年 12 月 20 日在《人民日报》《光明日报》《解放军报》以及省、直辖市、自治区一级的报纸上发布。第二天，即 1977 年 12 月 21 日的《人民日报》即率先试用，其他媒体和出版单位也先后跟着试用。1978 年 3 月 2 日，教育部发布《关于学校试用简化字的通知》，要求学校教学试用，于是，中小学课本都遵照指示使用了“二简”的字。1977 年 12 月至 1978 年春天，正是《现汉》定稿、发稿时期，“二简”正式发布，并且为学校、媒体、出版物广泛使用，使《现汉》是否要贯彻“二简”面临十分急迫而又复杂、严肃的问题，也是对“文革”中曾受到过严厉批判的《现汉》主编的一个很大考验。当时曾有人提出要重视贯彻“二简”的问题。但是，丁声树先生坚决否定以“二简”改动词典的意见，认定不必干扰词典的排印计划。由于政协会议和学界的强烈意见，1978 年年中以后，媒体中止了“二简”的使用。原先提出词典中要不要贯彻“二简”的同事，无不佩服丁先生在这一问题上的锐利眼光和英明决断。但是，直到 1986 年 6 月，有关管理部门才正式通知废止“二简”。

四　释义的准确、概括、简明、平衡

释义是词典的核心，释义的优劣很大程度上决定着词典的质量。丁先生对释义的准确性十分重视，词典是教给读者正确的知识或信息的，知识不准确就会误导甚至贻害读者。比如在《新华字典》修订稿发排时，他得知“垓下”的释义仍然延续了以前版本的错误，就十分震惊和着急，马上打电话要出版单位改正。他对《康熙字典》的一些注音、释义不准确甚至错误很不满意，早有修订这部字典的意愿，但由于编写《现汉》和筹划编纂《现代汉语大词典》，再加上身体原因，他的宏愿终于无法实现。①

丁先生强调辞书释义要概括、简明，要全书协调。1994 年 7 月，在讨论一部词典编纂的会议上，吕叔湘先生介绍词典编写经验，谈起《现汉》修改“垫”字释义的一个鲜为人知的故事。他说：

另一点是词典要有整体性。一部词典许多体例要贯彻前后始终，不能够这个地方这样，那个地方又那样。有的出入一望而知，有的地方出入不大就疏忽了。我想举个例子。如“垫”字是我当时审定的，分辨一下“垫”字：是在一个东西底下垫个什么；两个东西中间垫个什么；一个东西上面还可以垫，如地不平把它垫平。垫在中间，垫在底下，例子很多了。当时就这样编了。后来丁声树同志提个意见，说这样编很好，但类似“垫”字的，整部词典恐怕不下 300 到 500 个，不能每一条都这样分辨。不如笼统一点，说成垫平、垫高，把它充实，定义不分一二三，别的类似条目就比较好办。有一个统一性，这个地方详细，那个地方也详细，绝不能每一条都这样细致地说明。这个地方详细，别的过于简略就不够一致，有个统一性很有道理。②

“垫”的基本义以往辞书的注释简略而不准确，如《国语辞典》就注为“衬托之使厚而高者”。吕叔湘先生详加考察，细加分辨。《现汉》“试

---

① 舒宝璋《细针密缕惠人间——缅怀丁梧梓先生》，《学问人生　大家风范——丁声树先生百年诞辰纪念文集》，商务印书馆 2009 年，第 161、171 页。

② 吕叔湘《编词典的两点经验》，《语文建设》1994 年第 11 期。

印本”由吕叔湘先生主编定稿为6个义项，其中前三个义项是：“①在物件底下放点东西，使加高，加厚或平正：……②在物件上面铺点东西，使加高，加厚或平正：……③在物件上面或底下放点东西，起隔离作用：……”。每个义项都举了三个例子。[①] 释义分辨详密而例句丰富。丁声树先生提出意见说，这样编法不能推广到同类的条目上，不如笼统些，可以跟同类的条目平衡。吕先生认为这样很好，全书有个统一性。后来《现汉》各版本“垫”的释义把“试印本”的前三个义项合成了一个，成为“用东西支、铺或衬，使加高、加厚或平正，或起隔离作用”，变得简洁而明确。吕先生四十多年后向后辈学人介绍这件事情，就是要强调词典的整体性，强调丁先生指出的同类词语释义处理的平衡性。

丁先生批评《汉语词典》有些词条注得太简单，释义语言半文不白。他强调语文词典释义语言要规范，“应该引用一般的合乎规范的语言材料”[②]。对语文词典中专科词语的释义，主张简明、通俗，努力避免生涩，不赞成使用行话和过多的术语。当时科技组组长总结为：释义要让内行人认为不错，外行人能够看懂。后来总结为专科词语释义要语文化。专科词语释义不能太专、太长，要与语文词语释义大致协调、平衡。

五　极为重视资料工作

资料是编纂辞书的基础。辞书收词、释义都是从资料的整合、分析中得出来的，举例或引书证也是选取资料或整合、升华资料得来的。可以说，没有丰富、扎实、合用的资料就无法进行辞书编纂工作，正像无米或无合用的米就难以做成合口的饭一样。在不合格的资料基础上是绝对编不出合格的辞书来的，正像不合格的原材料做不出合格的产品一样。丁先生十分重视资料工作，他曾对一位青年人说：“资料工作很重要，是有学问

---

① 《现代汉语词典》（试印本），商务印书馆1960年排印本、2010年内部出版珍藏本，第161页。

② 严学宭《一生严谨圣洁，风范长留青史——怀念丁声树先生》，《学问人生　大家风范——丁声树先生百年诞辰纪念文集》，商务印书馆2009年，50—53页。

的，千万别小瞧，我最早就是资料员。”[①] 资料要丰富，完备。宁滥勿缺，越多越好。“收集资料，应该是宁可滥一些，把它搞下来。”[②] 1959 年在准备编写历时性的《汉语大词典》时，就强调尽可能地收集资料。他说应“及早整理已有的资料，补充未有的资料。旧有的《中国大词典》卡片和《中山大词典》卡片，应该及早着手整理，去其重复，统为一体。再从经、传、子、史，诗、文、词、曲，小说、笔记，字书、类书、佛藏、道藏等各方面材料加以补充”。还要“开展群书索引工作。设索引组，在已出版的‘引得、通检’之外，编印古今文献索引。重要著作尚须逐字编成‘堪靠灯’，以供词汇语法研究参考”。[③] 他要求从早、从多地收集整理资料。从这里，足可看出他对资料工作是多么地重视了。

在编写、修改词典的间隙，他亲手勾乙资料，并手把手地教导年轻同事做资料收集工作。1974 年在《现汉》第 1 版编纂之前，词典编辑室在北京东城区南小街 51 号院暂借几间平房办公，进行资料收集工作，勾乙报刊资料，抄写卡片。他自己勾乙《四川日报》，鲁迅《汉文学史纲要》，同时指导青年同事勾乙、抄写资料。他不断询问一些同事的资料勾乙情况，指导他们要勾什么样的字、词，例句勾到哪里合适，抄写的格式，抄写时要注明资料中某些字、词的特别含义，等等。[④]

收集资料，还要认真地辨别资料。丁先生对书面资料的鉴别、版本的校勘十分重视。他曾批评过杨荣国研究中国哲学史和容庚研究甲骨文，使用伪古文《尚书》中的资料。学术研究如此，词典使用资料也是如此。他说“字典要求新，就要有比较丰富的第一手资料，不要像《中文大辞典》《大汉和辞典》，抄过来，抄过去，就那么一点点东西”，“释义尽量用第一

---

① 李志江《丁先生教我编词典》，《学问人生　大家风范——丁声树先生百年诞辰纪念文集》，商务印书馆 2009 年，第 243 页。

② 丁声树《在语言研究所词典编辑室全体人员会议上的讲话》，《〈现代汉语词典〉五十年》，商务印书馆 2004 年，第 186、187 页。

③ 丁声树《关于编纂〈汉语大词典〉的若干意见》，《〈现代汉语词典〉编纂学术论文集》，商务印书馆 2004 年，第 6、7 页。

④ 韩敬体《青年人的良师益友——怀念丁声树先生》，《学问人生　大家风范——丁声树先生百年诞辰纪念文集》，商务印书馆 2009 年，第 192 页。

手直接语言材料，少用第二手转引的间接材料，外语论文材料不宜使用”。[①] 丁先生一直不赞成使用翻译的语言资料，“文革”后期掀起大学马列六本著作的热潮时，词典编辑室有人提议勾乙马列经典著作的词语作为资料，丁先生表示反对。他认为翻译的语言往往用的不是规范的语言，词典室收集语言资料不要勾乙翻译的作品。也是那个时候，他看到《汉语大字典》编写的初稿中用了一些马克思、恩格斯、列宁、斯大林的话作为例句，就让人给大字典编写组的主编捎话，说这些革命领袖的话语是我们的人翻译的，用在汉语字典里面不妥当。当时“文革”还未结束，极“左”思潮泛滥，“四人帮”还在肆虐，一个曾被批斗的对象，在那种高压环境下竟敢于明确表达这种观点，需要何等的胆魄！

六　辞书编纂者的素质要求

词典是帮助读者释疑解难的工具书，编纂者责任重大，容不得出现错误，必须临事而惧，兢兢业业。丁先生总说自己词典越编越胆小，很怕弄错，以讹传讹，贻害读者。编写词典应该从使用者角度考虑，注重收入读者需要查考的知识。词典内容要相对稳定，不能跟风、赶时髦。编纂词典非一日之功，要花较长时间，为读者打算，编出的词典要能让读者使用较长的时间。

编纂词典需要学问，需要渊博的知识。没有学问、没有相当知识水平的人是编不好词典的。但是，有学问、有相当知识水平的人并不一定能够编好词典。这是因为词典作为一种学科，不同于教科书，不同于其他专业书，它有自己的特点，有自己介绍知识的体例甚至语体，编纂辞书有自己的学问，自己的行业规范。不懂得辞书编纂知识的人，不会编写出好的辞书。吕叔湘、丁声树二位先生都很有学问，都是语言学大家，又都经过编写辞书的训练、具有编写辞书的素养。丁先生是博古通今、学贯中西的学问大家，吕叔湘先生称赞他“确实是一个才、学、识兼备的研究工作

---

① 严学窘《一生严谨圣洁，风范长留青史——怀念丁声树先生》，《学问人生　大家风范——丁声树先生百年诞辰纪念文集》，商务印书馆 2009 年，50—53 页。

者”[1]。他多年从事训诂学研究，对词语释义十分熟练。他熟读《说文解字》，披阅六遍，在书上批注甚多。[2] 他在上世纪40年代后期，在美国曾协助赵元任先生编纂汉英口语双解的《国语字典》。[3] 他对音韵、训诂、文字、方言、辞书编纂都有所研究，都很有学养。所以，朱德熙先生认为，丁声树先生“是领导主持大型词典编纂的最理想的人选”。[4]

丁声树先生和吕叔湘先生一样，很注重组织和培养辞书编写队伍。在《关于编纂〈汉语大词典〉的若干意见》中，提出成立“编纂机构……网罗专门人才，培养专业干部”。他还要求“哲学社会科学部开办的大学应该为编纂《汉语大词典》培养专业干部。其他有条件的高等学校也应该开设词典编纂专业”。[5] 他在词典编辑室曾趁词典交稿排印的间隙，给编辑人员讲音韵课，还给听讲的人布置作业、批改作业，不遗余力地帮助青年人学习知识。[6] 他认为编纂人员应该有广博的知识，要多看、多查、多问，学习各方面的知识，越多越好。他说“我们要强调学习，语文性的书，四面八方，不管从哪里弄来的都可以学习”[7]。对学习的东西，要加以分析，要有判断能力，能辨别资料中的真伪。只有这样，才能成为合格的辞书编纂者，才能编写出合格的辞书。而有的人却不然，不重视资料积累，不注重辞书编纂知识的学习，不具备辞书编写的素质，“无知加大胆”，率尔操觚，在十几年时间内编纂出二十多部一两亿字的辞书，还自吹编出的词典有“最权威、最现代、最先进、最丰富、最有用”的“五最”，其实，那是极为可笑的，他们编词典不是抄袭拼凑，就是胡编乱造，编出的那些词典没有一本是合格的，只能是浪费人力、物力，贻误读者的东西，是辞书界乃至整个学术界的反面教材。

---

① 吕叔湘《丁声树同志的学风》，《中国语文》1989年第4期。

② 关学林《丁声树藏书，批校本所见》，《学问人生　大家风范——丁声树先生百年诞辰纪念文集》，商务印书馆2009年，第566页。

③ 赵新娜，黄培云编《赵元任年谱》，商务印书馆1998年，第277页。

④ 朱德熙《在丁声树先生学术活动追思会上的发言》，《中国语文》1989年第4期。

⑤ 丁声树《关于编纂〈汉语大词典〉的若干意见》，《〈现代汉语词典〉编纂学术论文集》，商务印书馆2004年，第6、7页。

⑥ 刘庆隆《丁先生是有远见的好领导人》，《学问人生　大家风范——丁声树先生百年诞辰纪念文集》，商务印书馆2009年，第153页。

⑦ 丁声树《在语言研究所词典编辑室全体人员会议上的讲话》，《〈现代汉语词典〉五十年》，商务印书馆2004年，第186、187页。

丁先生无论做什么工作都有一种敬业精神，除了积极、努力，兢兢业业外，他特别强调虚心、小心、细心。词典收词、释义都是反映语言实际的，语言本身就有某种模糊性的特点，因此，对一些词语的解释就不能死抠，不能太较真儿。他老强调话不要说满了，要留有余地。他做事总是谨慎、小心，他常常引用《红楼梦》中薛宝钗的话警醒自己："小心没过逾的。"所以编词典时，总是怀有敬畏之心，临事而惧，唯恐出错。他说过，"语文性的常识就不好搞，容易让人发生错误"，"科技上分门别类，越来越细了，也容易出错"。他"总觉得词典越编越胆小，常会出错"①。辞书是帮读者释疑解难的工具书，出现错误，哪怕只是极个别条目上的不大的错误，但它恰好是读者需要查阅的条目，就会误导读者，贻害读者。所以，工作时精心、细心、精益求精是对一个辞书工作者起码的素质要求。

（韩敬体：中国社会科学院语言研究所，北京　100732）

① 丁声树《在语言研究所词典编辑室全体人员会议上的讲话》，《〈现代汉语词典〉五十年》，商务印书馆2004年，第186、187页。

辞书学家朱祖延先生

李尔钢

2011年12月17日，朱祖延先生因病逝世，享年90岁。一个睿智的大脑停止了勤奋的思考，学界痛失资深博学的大师，湖北大学辞书之家痛失慈父般的家长，我也从此失去了可亲可敬的恩师。

一

朱祖延师是江苏宝应人。他于1943年入重庆国立中央大学中文系，师从汪辟疆、乔大壮、张世禄、朱东润、王仲荦等名师。1947年毕业，进入国立礼乐馆任助理编审，跟随汪东、汪辟疆、殷孟伦等专家学者从事古代礼乐制度的研究。1948年国立礼乐馆裁撤，他先后在南京及武汉23中学任教，并于1952年调入武汉教师进修学院，任中学教师进修部主任。1956年武汉师范专科学校成立，又调入武汉师专，任中文科主任，后担任武汉师范学院中文系副主任、主任。1960年，他奉派到埃及开罗高等语言学院任教，讲授汉语与中国文化，直至1962年归国。

1975年，为改变“大国家，小字典”的状况，国家出版局和教育部联合召开中外语文词典编写出版规划会议，确定由湖北、四川两省共同编写国家大型重点工程《汉语大字典》。祖延师担任《汉语大字典》副主编，以武汉师范学院为核心，负责《汉语大字典》武汉市编写组的工作。筚路蓝缕，艰苦卓绝，历时十多年，直至1990年一千多万字的八卷本《汉语大字典》出齐。其间，1978年，他还以武汉师院中文系主任领衔招收中国古代文学硕士研究生；1985年学校改湖北大学后组建古籍研究所，他出任所长，并领衔设立“中国古典文献学”硕士点，与汪耀楠、舒焚先生一同招收研究生。

朱祖延师一生著述丰富。1945 年还在国立中央大学读书期间，就开始以“朱棠”为笔名，在重庆《大公晚报》副刊上发表随笔性文字“闻见录”。1962 年从埃及回国，受高等教育部委托编写对外汉语教材《汉语读本》，其中两册于 1964 年由商务印书馆出版。1979 年，专著《汉语修辞例话》由湖北人民出版社出版。1985 年，专著《北魏佚书考》由中州古籍出版社出版。1994 年，《引用语辞典》由四川辞书出版社出版。他还主编了许多工具书，主持了许多古籍项目，如《汉语成语大词典》（河南人民出版社 1985）、《中华掌故类编》（河南人民出版社 1989—1992）、《尔雅诂林》（湖北教育出版社 1996）、《湖北地方古籍文献丛书》（第一辑 16 种，湖北人民出版社 1999）、《汉语成语辞海》（武汉出版社 1999）、《引用语大辞典》（武汉出版社 2000）、《湖北地方古籍文献丛书》（第二辑 19 种，湖北教育出版社 2002）、《清实录类纂》（科学卷，武汉出版社 2005），等等。在祖延师的带领下，湖北大学古籍所还先后编纂出版了《中华发明发现大典》《中国古籍书名考释辞典》《汉语常用字典》《中华成语全典》等二十多种辞书，以及大量辞书著作和论文。丰饶的著述收获，也为湖北大学古籍所带来“辞书之家”的美誉，2003 年，《光明日报》等多家报刊都以显著版面和篇幅报道了这个“辞书之家”，报道了这个大家庭的领军人物朱祖延先生。

二

我也有幸是祖延师“辞书之家”的一员。

祖延师与我的母亲李恺玲是重庆时期国立中央大学中文系同学，毕业后同在武汉中学任教，1956 年又一同调入武汉师专中文科。我从小称祖延师朱伯伯，称徐万寿师母徐伯伯。徐伯伯与我母亲也是国立中央大学的同学，我父亲与祖延师又在武汉教师进修学院时期有过同事和上下级关系，是祖延师的入党介绍人，所以祖延师是我的父挚。我在“文革”后毕业，到负责《汉语大字典》出版的湖北人民出版社工作，又因工作关系考研，竟和张林川、郭康松、王兴茂四人一起，成为祖延师在湖北大学古籍研究所的首届研究生。

那是1985年，祖延师在《汉语大字典》极度紧张和劳累的工作中发现结肠癌并做摘除改道手术还不到半年，坚持要亲自为我们讲授文献校勘学，课程每周四节，教材用陈垣先生的《元典章校补释例》。先生讲这门课真正是述而不作，他详列自己在读书和辞典编纂工作中遇到的大量实证，仔细讲解陈先生校勘四法的理论价值、原理及其运用。他讲课声音不高，在举例过程中反复强调证据对于校勘的重要意义，剥笋探赜，循循善诱，鞭辟入里。讲课时偶尔提及当年的老师，必尊称“（胡）小石先生”“（汪）辟疆先生”，这一点也给我们留下很深印象。一学期课程结束，他又开讲避讳学。教材仍用陈垣先生的《史讳举例》，仍使用大量例证，仍反复强调实证。他那时适逢《汉语大字典》杀青、《汉语成语大词典》结稿和几部著作的撰写铺开，古籍所几个小组同时开足马力运转，祖延师于讲课之外，忙得每天宵衣旰食，手不停批，但只要学生登门，再忙也撂下手边的事为我们释疑解惑，孜孜不倦，令人如坐春风，如沐春雨。我的学位论文，二十万字，稿边从头至尾，细细密密，朱墨斑驳，留有先生的大量批语，提出的问题，从语不蹈虚的实学诉求，观点的正误，证据的当否，直到标点符号的使用。我至今宝藏着这些钢笔铅笔的蝇头小楷，时时感受着先生那一份特殊的关爱温暖，觉得它们如同夜空中的点点星光，照亮着我前行的路径。

三

祖延师是实学理论的倡导者，更是脚踏实地的实践者。

在《汉语大字典》的编纂过程中，他一再强调大字典编写的质量高低，在很大程度上取决于资料的完备和准确。每一个字，从解形、读音到释义，都要有可靠的资料作为依据。字典的每一个义项，都要有坚实的材料作为佐证。他借用徐中舒先生“编好字典要抄好书”一句话，在大字典编纂过程中每每强调“抄好书”的重要意义：一、要读懂书，理解正确，取证切分适当，标点无误；二、要校对无误，不能错漏。在充分正确地掌握资料的基础上，他折衷权衡，对收字原则、虚字处理、名物字处理、异体字处理等问题都一一提出建设性意见，不仅指导湖北大学承担的占总量大约五分之一的字典稿的编写，也为全典工作做出了可贵的贡献。

在《汉语成语大词典》的编写过程中，他创造性地把“孤证不立”的原则运用于鉴定成语，在充分掌握资料的基础上，收入了许多在不同文献中使用两次以上的四字格固定词组，并引入一定数量的三字格、五字格、六字格甚至更多文字组成的固定结构，将当时进入辞典的成语数量从几千条一下子提高到一万七千多条，从理论和实践成果两个方面突破了固有界限，极大地丰富了学界的成语视野，引来了其后多年成语辞典编纂和出版的大繁荣局面。

他创造性地制定出《引用语辞典》的体例：一、所列条目都是经书、子书、史书或诗文、词曲、小说中的成句被后人引用而不注明出处的；二、所收条目，不论其是否为警句、名句，只论其是否被人引用。他在界定“引用语”这一语言中特殊现象的同时，以自己极高的国学素养和勤奋的工作完成了《引用语辞典》（后来又扩充为《引用语大辞典》）。这一实践成果，有力地证明和阐述了这一语言特殊现象的存在方式，丰富了汉语言文化宝库，也为后学查检典籍中经常使用的暗引之出处提供了极大便利。

他的专著《北魏佚书考》，首创我国断代辑佚书体例。从浩如烟海的现存文献之中，爬梳北魏一代佚书佚文。对每一著作，首考典籍所载著者其人，历代目录对其书的著录，次以“延按”提出其书存佚情况，历代辑佚情况，以及本书的增补和辨析，而将辑文经校核标点条列于后。总体按《隋书经籍志》四部及子目分类。该书仅征引书籍就达110多种，而辑佚北魏著作62种，显示出渊博深厚的考据功力，以及坚持不懈的治学功夫。在重新开掘珍贵的前人著述宝库的同时，也为后人展现了北魏一代的文化风貌。

他的专著《古汉语修辞例话》，重点介绍22种古汉语常见修辞格，原本作为一部知识性通俗读物撰写，但由于独具只眼并大量列举修辞例证，而显现出祖延师对于浩瀚的古代文献典籍的谙熟和古汉语修辞学理论的丰富素养。该书所列辞格多所创见，如“仿似”，如“错综”，以我不甚广博的所见，都是以前修辞学者所未言而古人却在作文中经常使用的；所举例证，亦多常人所未见。所有这些，都创造性地丰富了我国古汉语修辞理论，提高了我们对于古人修辞技巧的认识。

他主编的六卷《中华掌故类编》，对中国历代掌故进行系统全面的整理。共收录自先秦至民国的文献掌故5000多则。先生建纲定制，将所有这些掌故分为七大类，各类之下又分为若干小类，条分缕析，眉目清晰，共

300余万字，是经过精密整理的中华掌故集大成之作，在中华文化掌故方面兼收并蓄，有其特殊价值。

他主编的《尔雅诂林》，纂集自汉代以下治《尔雅》的重要专著共94种，以《尔雅》经文为纲，分条编列众说，按照祖延师所定体例，首列经文、郭璞注，次列邢昺疏、古注、补注、札记、校勘、音释，图附于末；同一类中，基本以图书刊刻时代为序，同时考虑内容相关性。经文的划分，以清代郝懿行本为主，入选书籍，分别剪辑影印而加标点。该书为历代《尔雅》研究资料的集大成，是两千年来历代《尔雅》研究的一次规模宏大的总结，它的编纂出版，为今后雅学研究奠定了深厚的基础，极大地方便了研究古代经籍和汉语言的学者。

四

辛勤的工作造就了累累的成果，而丰硕的成果也带来了辉煌的荣誉。祖延师的著作，多次获得“国家图书奖”“全国畅销书奖”“国家辞书奖”“全国古籍整理图书奖”“湖北省优秀图书奖”“湖北辞书奖”“河南省优秀图书奖”“湖北省社会科学优秀科研成果奖”等一系列奖项，而他本人也荣获国务院政府特殊津贴，获得“曾宪梓教育基金高等师范院校教师奖”，被授予“湖北省劳动模范”“荆楚社科名家”等光荣称号，荣获“辞书事业终身成就奖”。

他不曾停步，以耄耋之年，又担任《中华大典·语言文字典》主编，为一部新的大型工具书倾注心血。

他终于未能完成这最后的一个项目，未能看到这部大型工具书最终出版。但是他应无遗憾。1990年《汉语大字典》全书出版时他就曾经赋诗言志：“十年尔雅注虫鱼，翻检缥缃万卷书。留得藏山事业在，此生应不负居诸。”

“藏诸名山，传之其人”——祖延师的著作早已融为中国文化宝库的重要组成部分，注定要流传后世；他的未竟之业，后继有人。祖延师必将和他的事业一起千古流芳，永垂不朽！

（李尔钢：长江传媒有限公司编审委员会，武汉　430000）

词汇学理论研究与辞书编纂实践的有机结合*

——苏宝荣先生词汇学和词典学研究思想述学

李　智　李冬鸽

一部汇编和纂集语言材料的优秀辞书，除以“凡例”形式标明词典编纂工艺外，还承载着编纂者对于当时语言研究理论的应用和反思。因此词汇学和词典学作为不同学科虽各有独立的研究范围和研究内容，但“语言的本体研究”和“用语言解释语言的实践工作”，在研究方法、研究材料、研究理念上多有交叉。如何将词汇学的研究成果转化为辞书中具有可操作性的编纂实践，并不断地对词典编纂中遇到的问题进行语言学范畴的离析，拓展词汇学的研究视角，正是苏宝荣先生多年来从事的工作。在这一工作中，先生秉承着“古今研究沟通、传统与现代融会、理论与应用相结合”① 的治学精神，立足于汉语实际，对看似对立的现象或理论进行了辩证的分析、合理的沟通，在词汇学和词典学研究领域形成了较为系统的观点。

一　对词汇学研究理论的架构

（一）汉语语义基本研究单位的确立

纵观汉语的发展历史和研究传统，由于早期汉语以单音节词为主，加之汉字的表意特性，汉字曾经作为语言研究单位推动了词义的研究进程。

* 本文为河北师范大学重点研究项目（W2010Z01）的阶段性成果。

① 苏宝荣《词汇学与辞书学研究》，商务印书馆 2008 年，第 1 页。

但毕竟文字的发展除了对语言有依赖性外，还有自身独立的发展规律，因此章太炎先生提出将“小学”更名为“语言文字之学”，正是出于学科独立发展的目的。又因对现代语言学理论的借鉴和语言类型化研究的需要，将“词”这一印欧语言中的基本结构单位引入汉语的研究，而“词”的划分问题，使得一些学者对其作为汉语基本研究单位的身份产生了质疑。

在传统观念和现代理论的碰撞中，苏宝荣先生以其对汉语词汇发展的研究，对语言层级单位之间生成关系的认识，特别是性质不同的文字对于语言记录的对比分析，指出：“从文字与语音的关系讲，拼音文字所记录的最小独立书写单位是音素，而汉字所记录的最小独立书写单位是音节，汉字同拼音文字相比，相对粗疏；从文字与语义的关系讲，拼音文字所记录的最小独立书写单位是词，而汉字所记录的最小独立书写单位是语素（又称词素），汉字同拼音文字相比，相对细密。”① “汉语语素可分的现实性”正是先生在尊重汉语研究传统和吸取现代语言学理论的前提下提出的。此外，从意义和功能两个角度看，语素和词都存在差异性，因此汉语语义的基本单位应当分为“语素”和“词”两个层级。

汉语语义基本研究单位的确定，不仅为构建汉语语义学体系打下了基础，同时也明确了先生一以贯之的治学理念：“承认汉语词汇研究的民族特征，绝不是否认和排斥人类语言的共性；尊重汉语传统语言研究的优秀成果，绝不是否认和排斥现代语言学理论与方法在汉语研究中的重要作用。”②

（二）语素在历时发展和共时变异中的特点

在确立汉语语义基本研究单位的基础上，进一步研究语素在生成词的过程中具有的特点，主要从历时和共时两个层面观察。

1. 语素的层级性

在对联绵词如何确定的探讨中，阐发了语素具有层级性这一性质。苏先生认为联绵词的生成有两个途径，一是两个音节直接联缀形成一个意义，如崔嵬、澎湃，整体是一个语素；一是在形成之初，由两个均具有意

① 苏宝荣《汉语语义研究的基本单位应分为语素与词两个层级》，《河北学刊》1999 年第 6 期。
② 苏宝荣《本质的同一性与特质的差异性》，《语言研究》2004 年第 1 期。

义的原始语素构成，在历经变化后词义发生转化，造词理据消失，词义和原始语素义关系模糊，于是凝结成一个新的语素，也应看作联绵词，如狐疑、膏腴。语素的层级性实质上反映了汉语在向双音节词发展过程中，词组、复合词、联绵词作为一个连续统存在于语言中，而其内部构成成分就表现为语言层级上的变动性：两个具有意义的语素最终凝固为构词理据模糊的联绵词时，就从语素降格为音节，从两个语素凝固为一个语素。

2. 语素的融合性与变异性

语素的发展和变化除了在句子组合中实现，还可以在复合词内部更小的语境中完成，苏宝荣先生将其归纳为“语素义超常搭配时的融合互补”、“在特定的‘语法—语义’结构中语素义的变异”。[①] 由于在句子的组合中单音节语素较为独立，语义搭配更为自由，语境带来的意义变化比在复合词内部更具有稳定性。但不能忽略复合词内部的组合关系，在语义和语法两方面都可以对构词语素产生影响，当然在成词初期要将结构义和语素义进行区分，这在先生后期的研究中有所阐述。

（三）词义在两种状态中的特点及其原因

传统训诂学对语词的训释已注意到词义的不同状态，进而采取不同的释词方法。苏宝荣先生凭借对训诂学研究的积淀，将训诂学释词原则和现代语义学相联系，对不同状态中的词义特点进行区别和沟通，并且深入词义内部，寻求词义微观系统的阐释，主要体现为以下两个层次。

1. 词义的两重性

词义两重性的概括不仅显示了词义所具有的特点的对立性，更为重要的是这种二元对立的特点是相互依存并相互转化的，主要包括五个方面：[②]

（1）词义的概括性与具体性；

（2）词义的确定性与灵活性；

（3）词义的系统性与时代性；

（4）词义的精确性与模糊性；

（5）词内义与词外义。

---

① 苏宝荣《论语素的大小与层级、融合与变异》，《中国语文》2007 年第 3 期。

② 苏宝荣《词义研究与辞书释义》，商务印书馆 2000 年，75—105 页。

其中（1）—（4）是对语言义的研究，（5）则是对词的语言义和言语义的划分。（3）是从历时和共时的角度指明既要注意词义历时变化的过程，切勿以今律古，又要注意整理累积到一定时期的词义内部的规律性联系。（2）区分了词义贮存和使用的两种状态，（1）则是词义处在贮存状态中，其指称客观事物会有概括程度的不同。（4）对词义概括过程中产生的看似矛盾的精确性和模糊性，进行了语言哲学的阐释。词义两重性的理论体系，既关注词义作为客观存在的规律性，也没有忽略使用者和词义的关系，凸现了词义研究的民族性、文化性价值。

2. 词义的层次性与义素的两种类型

词义的两重性使词义的客观呈现往往存在差异，即词的“表层所指义”和“深层隐含义”。“词义的层次性导源于义素的层次性。构成词的表层‘所指义’的诸义素，我们统称之为表义素，由于这些义素对客观事物有具体的指称性，又可称为实义素。构成词的深层‘隐含义’的义素，我们称之为隐义素，由于这些义素体现指称事物内在抽象特征，又可以称为虚义素。”① 表义素和隐义素都可处于现实状态和潜在状态，通过对表义素的提取可类聚同类词、同义词，对隐义素的归纳可系联同源词，研究词义内部的引申线索和发展方向。

对词义存在状态的区分和义素类别的概括，既有利于从微观角度进行解释，又弥补了义素选取随意性和主观性的缺陷，使词义的复杂性转化为层次性，使整合的词义具有可分性。

（四）词义系统内部的演变规律

词义的引申规律是词义学研究的核心问题，苏宝荣先生基于对《说文解字注》一千多个汉语语词的引申线索整理，对国外语言学相关研究成果的反思，提出“词义演变的根本原因，是在一定外部条件下（主要是社会交际的需要）词义内部的矛盾运动”，② 总结了词义演变的矛盾运动和相应的词义演变形式。

---

① 苏宝荣《词义的层次与义素的类型》，《河北师范大学学报》1996 年第 3 期。

② 苏宝荣《汉语词义演变规律新探》，《山西师范学院学报》1984 年第 2 期。

词义演变的矛盾运动	词义演变的形式
广义与狭义	词义范围的扩大或缩小
褒义与贬义	词义感情色彩的变化
个性与共性	词义的比喻性引申
程度的轻重、浅深	词义程度的变化
主要意义与次要意义	词义重心的转移
上述各种矛盾的交错和连续运动	词义的辗转引申

鉴于词义是人们对客观事物的认识投射到语言中的产物，苏先生指出词义演变的矛盾运动和演变形式体现了两种思维方式，即逻辑性的和形象性的，这两种思维方式也同样反映到词内部结构的分析中。

（五）词的结构和意义的关系

1. 词的内部结构和意义的关系

（1）复合词内部结构的分析原则

由于汉语复合词结构的复杂、种类的多样，加之学者的研究角度、研究目的不同，因此对其结构的分析方法和原则一直是学界关注和争论的焦点。苏先生在对大量语料分析的基础上，总结了复合词的来源和生成方式，认为汉语复合词“具有来源多元性与构成方式多样性的特征”，其中传统术语界定的“联合式”和“偏正式”应属于“词法造词”，“动宾式、述补式、主谓式”应属于“句法造词”；新的词法造词类型需要进一步研究（如“名量结构”“跨层结构”）；还有在认知场景中凸显角色的提取，也难以用已有的分析方法进行研究；受外来词影响的复合词，又有着不同于本土复合词产生的原因和分析方法。仅从语法或语义角度研究复合词或失于空泛，或过于繁琐，应将语义研究和语法研究相结合，既切合语言的本质属性，又符合人类认知理性思维与具象思维的兼容性。“具备形式标志的语法结构具有相对直观性、概括性的特点，而语义关系则具有其特定的隐蔽性、主观性。因而，排斥具有形式标志的语法制约的单纯的语义分析，就很难不发生随意性的偏向。同时，由于有些复合词的语法结构分析具有歧义性，还有一部分复合词无法用目前已知的语法结构加以分析，这也就说明语法结构的分析需要语义关系分析相配合，作补充。”① 苏先生提出的复合词结构分析原则，不仅对以往看似有分歧的观点进行了梳理和沟通，而且对复合词的研究具有方法论的指导意义。

（2）复合词的词义、语素义与整体结构

复合词的构词语素义之间、构词语素和词义之间的关系，苏先生在前期的研究成果中已作梳理，并分析了构词语素和复合词之间意义不一致的原因。随着对复合词的深入研究，先生指出“汉语中有一部分复合词的意义，不仅与其所含语素的语义、语法组合有关，还与复合词特定的整体结构有关，复合词的词义大于或偏离所含语素义的总和。对于这种影响复合词词义的整体结构，尚没有引起人们的充分关注”，如“紧缩结构”“多层结构”“跨层结构”“准联绵结构”。② 提出“结构义”这一术语，认为“与汉语词（语素）自身意义相对的结构义”，“是指词（语素）在特定的组合机构（包括语法结构与语义结构、句法结构与复合词结构）中所显示的临时意义，这种结构义具有对特定语言结构的依赖性与附加性”。③ 这一术语的提出，拓宽了以往复合词内部结构研究的领域，指出了新的研究视角。

2. 词的外部结构和意义的关系

汉语词义的演变除了有其内部语义引申的途径外，也和词语的外部结构与功能分布有着密切的联系，后者作为词义演变的另一条途径是对前者的补充，也是苏宝荣先生在对语义和语法辩证关系思考后提出的：“要认识和把握汉语词义的发展变化，必须同时注意词义自身的语义延伸与功能对词义影响两个方面。”④ 从共时角度来看，汉语词义的演变主要是受在语义搭配关系中体现的“语境义”、借助语法结构关系来体现的“功能义”的影响。所谓“功能义”，“是指因词性（或语法功能）不同导致词的意义变化而形成的词义”。⑤ 词语功能义的提出和研究，不仅拓展了词义演变研究的思路，而且对语义语法关系的探讨提出了实践性的课题。

---

① 苏宝荣《词的结构、功能与语文辞书释义》，上海辞书出版社 2011 年，第 73 页。
② 同上，第 109 页。
③ 同上，第 96 页。
④ 同上，第 146 页。
⑤ 同上，第 150 页。

二　对辞书编纂实践的指导

在构建汉语词汇学理论的基础上，苏宝荣先生对辞书编纂的问题进行语言学层面的阐释，并将其运用到辞书编纂的实际操作中，进而丰富了词典学的研究。主要包括以下几个方面。

（一）语文辞书义项概括编排的基本方法

语文辞书释义遵循概括性、准确性、系统性的原则，义项的概括和编排则是对原则的具体实施。苏宝荣先生根据词义的两重性和层次性，提出“展示义点，排列义系，确定义位”的程序，从宏观和微观两个方面来把握义位，再根据词典的规模、性质和功用，对义项进行分合处理。语料的收集和对临时义的剔除，是保证义点归纳全面、提取准确的前提，加之义系对于各个意义之间位置关系的调控，避免了归纳的任意性。

（二）词（语素）义、结构义在语文辞书中的处理原则

苏宝荣先生认为“如果在特定结构中，词（语素）的基本意义没有变化（或者说其义位没有发生移动），只是增加了一定的结构附加义，脱离特定结构后这种意义无法捕捉和认识，在语文辞书中不必另立义项”，明确结构义和词（语素）义是不同层面的意义，可以避免语文词典义项设置过于繁琐，从而更好地体现词义内部系统。但先生又指出：“如果在特定结构中，结构反作用于语义，造成了语义的变化（或者说义位发生了移动），并且有相对的稳定性，脱离特定结构这种意义仍可以存在并为语言使用者所认识，则认为结构义转化为词（语素）义，在语文辞书中则需设置独立的义项。”① 由于语文辞书不仅解释词（语素）的意义，还要说明词的用法，因此必然要涉及结构义，有时在特定条件下，结构义会向词（语素）义转化。特别是复合词词义具有整合性，语素义在进行组合时，往往不像在句法层面那样直接发生语法或语义的联系，经过一定时期的发展，

① 苏宝荣《词的结构、功能与语文辞书释义》，上海辞书出版社 2011 年，第 101 页。

构词理据逐渐模糊，对于词义的整体认知会反向影响语素的意义，这时结构义就会融入构词语素之中。随着使用频率的增多和构词能力的增强，就具备成为一个新的语素义的条件。这种对语义语法关系的认识，有助于语文辞书客观全面地归纳语素义。

（三）语文辞书词性标注的研究

鉴于目前语文辞书词性标注随意性强的情况，苏先生提出应当注意区分词汇层面的词性和句法层面的词性，慎重标注兼类词；在以语法功能作为划分词类主要依据的基础上，参照意义，重视语感，避免“以释文的语法属性来类推被释词的词性”①。此外，还对语言学术语“泛化”现象做了剖析，探讨了语素的词性标注问题。词典编纂的结构系统性和释义模式化，对释词用语的词性和被释词的词性也提出了要求，苏先生认为，这一要求有其合理性，但为了增强释义的准确性，语文词典常用定义式对词义进行说解，这样释义用语不可避免地呈现为名词性。因此，对于词性的一致性不必强求。

（四）词的非常规功能义释义模式探析

词语的功能不同，不仅表现在词性标注上，对语义也会产生影响，因而形成不同的释词方式。目前语文辞书除了对词常规功能义进行说解外，对于非常规功能义的解释缺乏自觉性，因此苏宝荣先生对名词、动词、形容词的非常规功能义释义模式进行了系统的研究，总结出了逻辑语义模式，为辞书编纂的准确性和规范性提供了依据。

（五）词义的层次性在不同类型词典中的体现

随着科学技术的发展和科学知识的普及，专科辞典的编纂工作也逐渐完善起来，而对于其收录的词目性质和解释内容，学界曾展开激烈的讨论。苏先生通过对词和概念关系的探讨，认为专科辞典释义包含着知识性和语词性两部分，“概念释义在于揭示该术语的科学内涵，而语词释义则

---

① 苏宝荣《词的结构、功能与语文辞书释义》，上海辞书出版社2011年，第237页。

在于说明其得名的由来”。[①] 二者具有一致性，语词释义可以使概念释义通俗化，但也要注意“异名同实”和“名同实异”的情况，以保证专科辞典释义的科学性。

词的语言义和文化义是词义层次性的表现之一，特别是复合词，文化义常蕴含在构词理据中，对于文化义的说解有助于了解语言产生的文化背景，消除字面义和词义的障碍。成语词典由于典面、典源、典义的差异，往往具备负载文化义的功能，语文词典和对外汉语学习词典如何在符合词典编纂规模、实现语言意义传授目标的基础上，加入文化义的信息，将语言素质的涵养和文化知识的传承有机结合，也是今后词典的研究课题之一。

三　小结

苏宝荣先生对词汇学和词典学的研究，既有宏观体系的构架，也有微观问题的处理，注重古今语料的沟通，从传统纂集型训诂材料中整理词义的引申规律；将传统研究方法和现代理论结合，注重汉语本身的特点和语言研究的一般性规律；拓展了词汇语义学的研究思路，辩证地看待意义和形式的相互制约关系，将语法功能的研究引入语义学；注重词汇语义学的应用，针对辞书编纂的具体问题，有效地将语言学理论转化为可操作的编纂工艺，同时又从辞书编纂中寻求词汇语义学的研究课题。先生通达的治学思想，严谨的治学态度，是我们这些后辈晚生所应学习的。

参考文献

苏宝荣．词汇学与辞书学研究．北京：商务印书馆，2008.

苏宝荣．汉语语义研究的基本单位应分为语素与词两个层级．河北学刊，1999（6）.

苏宝荣．本质的同一性与特质的差异性．语言研究，2004（1）.

苏宝荣．论语素的大小与层级、融合与变异．中国语文，2007（3）.

① 苏宝荣《专科辞典的语词释义和概念释义》，《辞书研究》1991 年第 4 期。

苏宝荣. 词义研究与辞书释义. 北京：商务印书馆，2000.
苏宝荣. 词义的层次与义素的类型. 河北师范大学学报，1996（3）.
苏宝荣. 汉语词义演变规律新探. 山西师范学院学报，1984（2）.
苏宝荣. 词的结构、功能与语文辞书释义. 上海：上海辞书出版社，2011.
苏宝荣. 专科辞典的语词释义和概念释义. 辞书研究，1991（4）.

（李智，李冬鸽：河北师范大学文学院，石家庄 050024）

杨祖希的辞书编辑生涯

秦振庭

1994年1月12日，上海辞书出版社编审杨祖希的心脏停止了跳动。尽管他年过古稀，早已退休，但是直到脑溢血病发之日，他仍在为上海辞书出版社审读稿件。从1957年进新知识出版社当编辑开始，他把自己后半辈子的精力全部奉献给了编辑事业，勤勤恳恳，兢兢业业，数十年如一日，为辞书编辑树立了楷模。

一

杨祖希，字翰荪，笔名舒池等。上海人。1918年12月出生。1937年夏江苏省立南通中学毕业。一面工作，一面自学。先后在国民政府资源委员会浙江办事处、上海商业储蓄银行任会计、文书。曾于南平、屯溪、南京等地工作。1952年12月在上海公私合营的银行上海市分行任教育干事，1954年4月入中国人民银行上海分行，做资料工作。自学英、俄、德、法、西、日六国文字，熟练地从事英、俄笔译工作。1957年1月，转入新知识出版社，任《新知识辞典》地理学科编辑。1958年5月，调《辞海》编辑所，参加《辞海》的编纂工作，先后任哲学社会科学组副组长、科技组代组长、总编办公室主任、《辞海》编辑委员会委员、《辞海》编辑部副主任等职。1959年加入中国共产党。1980年任编审，1982年被选为上海辞书学会副会长。他担任繁重的行政工作和审稿工作，是中国辞书学的拓荒者。

1958年中华书局《辞海》编辑所成立（1978年改名为上海辞书出版社），他调入该所工作，自此与《辞海》结下了不解之缘。从编纂《辞海》的筹备工作开始，直到《辞海·未定稿》、1979年版和1989年版陆续问世，他参加了全过程。

1959 年，与李毓珍、祝百英、帅本华翻译了《百科全书・辞典及其他》（选译自《苏联大百科全书》），后又与杨立信等组织编译了《各国辞书编辑说明选译》，为《辞海》的编纂准备了大量可资参考的材料。

在《辞海》筹备工作期间，草拟了《〈辞海〉选词范围和各学科收词比例》，草拟了《〈辞海〉体例》第一稿，后经严霜、王自强同志修改定稿，是为今日《〈辞海〉编纂手册》之滥觞。

1960 年，杨祖希出席《辞海》初审会议，针对初稿中存在的主要倾向，提出“三多三少”意见（即空洞议论多，具体知识少；反面批判多，正面介绍少；题外之言多，实际内容少）的意见，并根据各方面的意见归纳为四条原则：“去标签”（周扬同志提出），“挤水分”（香港中华书局经理吴叔同提出），“割尾巴”（根据部门经济责编何德鹤意见），“定四至”（辞海编委、上海社会科学院庞秀云同志提出）。

1963 年，在杭苇、陈落同志主持下，具体编辑《辞海・未定稿》的审查本，起草了《关于〈辞海〉中政治性问题处理情况的报告》。12 月，与陈落执笔起草《〈辞海〉定稿复查会议情况汇报》，罗竹风同志修改后定稿。1964 年参加整理向中共上海市委汇报的《〈辞海〉校样重点复查中发现的一些问题》《〈辞海・未定稿〉最后复查情况汇报》，执笔了后者文件中的“继续注意反修斗争及摆脱苏联影响”与“教育、经济方面修改了一些涉及方针政策的条目”两部分。1965 年，在杭苇同志主持下，起草了《群众路线修订〈辞海〉》（刊发于《人民日报》）。是年冬，上海市出版局成立涉外问题研究小组，李俊民主持，起草《〈辞海〉修订工作中遇到的涉外问题》（后由王知伊同志修改整理打印成文）。

受束纫秋、巢峰同志委托，他执笔起草的《〈辞海〉1979 年版修订方案》《〈辞海〉1989 年版合订本汇编方案》《〈辞海〉分册总体结构方案》等文件，经《辞海》编辑委员会会议讨论修改定稿，成为指导《辞海》工作的规范性文件。

二

杨祖希除担任《辞海》编委外，还担任《哲学大辞典》《经济大辞典》《军事大辞典》《简明社会科学词典》《法学词典》《民族词典》等词典的编委，认真参加各词典的编撰工作，积极地提出自己的意见。

1978 年初，中国社会科学院规划办公室编的《情况和建议》刊发杨祖希的《关于编辑中国百科全书的一些粗浅设想》（1978 年 3 月 18 日第 15 期）。该刊第 63 期一篇关于编辑中国百科全书的小结特别提及姜椿芳和杨祖希两位专家的建议，认为“建议有周密思考”。1982 年，中国大百科全书出版社中国历史卷责编杨川就全书的文体发信征求意见，杨祖希根据《辞海》工作经验，提出“双靠拢”的建议，即介绍中国古代事物的笔法要向介绍中国现代事物和外国事物的笔法靠拢，介绍中国现代事物和外国事物的笔法也要向介绍中国古代事物的笔法靠拢，靠拢的基准是现代汉语书面语和浅近文言。姜椿芳同志于 1982 年 7 月 16 日致函胡乔木同志，引述了该建议。乔木同志批示：“我倾向于杨祖希同志的意见。”姜椿芳同志于 1982 年 7 月 16 日上海辞书学会成立大会上宣示了这一批示。

杨祖希还是《辞书研究》杂志的筹备小组成员，关于该杂志的结构，他主张力求照顾到辞书学的各个方面，大体保持“四四二”的比例，即语文词典占百分之四十，百科全书与专科词典占百分之四十，双语词典占百分之二十。初期要扶持辞书学理论、专科词典编纂的理论和实践及中国辞书史的研究。

《辞书研究》1982 年第 6 期发表杨祖希《中国式专科辞典的释义》，这是《辞书研究》杂志创刊后组织的大讨论——对辞书编纂的中国化问题的讨论。杨文起了带头作用。编辑部在为该文所加的按语中倡议就我国辞书编纂的中国化问题进行讨论。在《辞书研究》上参加这一讨论的人很多，如闵家骥（《辞书中国化小议》，1983 年第 1 期）、王知伊（《试析“辞书编纂中国化”》，1983 年第 2 期）、杨祖希（《对我国辞书编纂中国化的浅见》，1983 年第 2 期）、梁式中（《评“中国化”》，1983 年第 3 期）、舒辛（《明确辞书编纂中国化的内涵》，1983 年第 3 期）、尚丁（《我国辞书编纂的道路和特点》，1983 年第 4 期）、刘庆隆（《中国化，借鉴与国际化》，1983 年第 5 期）、祝注先（《“中国化”问题浅见》，1983 年第 6 期）、陈增杰（《大型语文词典编纂中国化之我见》，1983 年第 4 期）、卢润祥（《辞书选题与中国化的实践》，1983 年第 6 期）。讨论并厘清了中国特色辞书编纂的理论和实践问题，意义重大。有评论曰：“辞书编纂中国化，这是一个好题目。讨论得好，有利于我国正在蓬勃发展的辞书事业，进一步明确在‘四化’建设中辞书所能起的作用与贡献。但，这也是一个难度较大的题目。难在我国的辞书学还在青少年时期，不少理论上的问题还有待探讨、解决；建国以来辞书编纂的实践经验不够丰富；对外国的辞书编纂情况了解不多。还有一种思想，认为中国人编的各种汉语词典，‘理所当然’是中国化了的，讨论这个问题，似乎是‘天下本无事，庸人自扰之’。”1984 年《辞书研究》有统计说：“1982 年第 6 期（总第 16 期）到 1984 年第 2 期（总第 24 期），就时间而言已经经过了一年半，共发表了约占参加讨论的来稿总数 32% 的 21 篇。”《汉语辞书研究的热点与展望》（《辞书研究》2010 年第 3 期）一文谈及这次大讨论，认为“改革开放三十年来汉语辞书研究更呈迅猛发展势头”。

杨祖希的论文《建设具有中国特色的辞书学》获得上海市 1980 年哲学社会科学优秀学术成果奖。他和徐庆凯合作撰写的《专科辞典学》（四川辞书出版社 1991 年出版）以及他俩主编的《辞书学辞典》（学林出版社 1992 年出版），都是开拓创新之作，在中国辞书出版界引起了重视。关于《辞书学辞典》，辞书学家黄建华先生介绍了他的一段经历，他说：“张柏然君寄下快件，嘱我为他那编好了的《双语词典学论集》写一序言……从‘导读’二字我想起柏然君曾经导读的 *Dictionary of Lexicography*（《词典学词典》Hartmann，R. R. K. and James，G. *Dictionary of Lexicography*. Routledge，London and New York，1998.），此书的两位编者我都认识。他们正在编纂该书的时候，便在电脑上调一些词条给我看，当时他们以为，此书该是世界上第一本《词典学词典》了。我随即表示：不对，中国 1992 年即已出了《辞书学辞典》——杨祖希、徐庆凯，《辞书学辞典》，学林出版社，1992。他们有点儿惊讶。由于语言文字上的阻隔，许多西方人不知道我们中国人已经做了什么或正在做什么。其实我们有些方面，并不见得比西方落后。双语辞书工作者，都是起码通晓一门外语的人，我想我们有责任把我们的成就展示给他人，从而为中国词典学走向世界贡献一份力量。”章宜华教授则在“辞书编辑出版人员资格培训班”授课“西方词典学研究与词典编纂出版的质量保证”中称赞了杨祖希、徐庆凯合著的《专科辞典学》、Bergenholtz 和 Tarp 等著的《专科词典学概论》（*Manual of Specialized Lexicography*，1995）“是专科词典学的代表作”，内容精彩，话语惊人，充分展示了中国学者的骄傲。

三

杨祖希撰写《辞书的总体设计》(《辞书编纂经验荟萃》，上海辞书出版社，1992年)，他认为辞书的总体设计是至关重要的，“是为全书的编纂找到最佳方案”。而总体设计包括四个方面，即内容设计、形式设计、特色设想、编纂措施的拟定。他根据自己的实践归纳了四句话、十六个字：保证质量，体现特色，加快进度，避免弯路。同时，他非常赞赏陆宗达先生的见解：“辞书的编纂，成败不在一词一语诠释的得失，而在取舍、编排、查检方法和处理纷繁的具体问题的原则的科学而得当。”(《辞书研究》1982年第5期)

1982年，杨祖希和王兆藩共同担任《工业经济词典》(《经济大辞典》的一个分卷)的复审工作，其时拨乱反正伊始，《民法》(草案)刚公布，对不少词语如何撰写都拿捏不准，他们大胆提出了客观介绍国外管理理论的主张，增加了这方面的词目；提出了首先确定某词是古今中外通用的还是仅资本主义制度下使用的，是社会主义制度下使用的还是我国所独用的，然后分别撰写的原则。(今日看来事实上是区别“市场经济”与“计划经济”的问题)对《经济大辞典·会计卷》提出的与已经出版的相关词典的四种区别，使词典编者在构思框架时有了博采众长、编出特色的谋划；对《经济大辞典·农业经济卷》的词目提出五点意见，更被誉为“考虑全面”；在编撰《军事大辞典》时，针对如何按照国家的要求做到既全面反映我军各项技术水平的先进性，又“不泄密”，他提出了“保密三原则”，获得编著者的一致赞同，后来又运用到《海军大辞典》《空军大辞典》中。

杨祖希是位学者型编辑，他乐于助人，在他审阅《辞书研究》有关辞书学理论、辞书史、双语词典、专科词典等方面的稿件时，审稿意见力求具体，不轻易退稿，而持尽可能提出修改意见、帮助作者改好稿件的态度。如他审读《中国古代专科辞书漫话》(刊于《辞书研究》1982年第6期)一稿时，即毫无保留地把自己探索中国专科词典史中的心得告知作者，并诚恳地建议作者在文中补充有关政书、学案、《万姓统谱》等方面的内容，希冀增加中国古代专科辞书“一身二任”（既是专著，又是工具书）、世代相续等特点。作者苏州大学教授潘树广，十分感动，为此他在寄回修改稿时特附信说：“贵刊所提意见，既细又好，具见编辑功力。”当然，这种夸奖不是一般的称赞，对刚刚创刊的《辞书研究》不啻是一种学术上的认同。林玉山先生主编的《辞书学概论》，杨祖希为其作《序》，满腔热情地肯定了这部填补辞书学理论空白的力作：“是辞书学领域内一本开拓创新的专著，它的出版，标志着我国的辞书学研究已经进入一个新的阶段，既有重要的现实意义，又有深远的历史影响。”

四

杨祖希对辞书编辑提出了一系列见解。《辞书审稿的内容和态度》集中反映了他的编辑思想（收入《辞书编纂经验荟萃》）。其要点如下：

他主张辞书编辑“一专多能”，加强撰稿素养，加强理论研究。辞书的编纂，是作者和编辑合作的产物，辞书编辑可以发挥自己辞书学知识和杂学知识比较丰富的特长，来弥补作者在这些方面相对了解较少的不足。

他提出“审稿六忌”：1. 忌教训口吻，好为人师。2. 忌自以为是，乱改一通。3. 忌模棱两可，不着边际。4. 忌粗枝大叶，留下史实、资料错误等“硬伤”。5. 忌涂改过乱，勾勒不清。6. 忌审稿时用红笔，加工时用铅笔。

他还提出“审稿四多”：1. 多用请教、商量口吻（如可否、是否、似可、建议、请酌、请酌夺、请卓裁等），态度不卑不亢。2. 多提具体的建设性意见，少提空洞的否定性的意见。3. 多提有根有据的意见，不提灵机一动、想当然、拍脑袋式的意见。4. 多尊重作者，多发现原稿的优点，不以自己的意志强加于人。对原稿如有改动，凡涉及实质性内容的，原则上应请作者自行处理，由于时间紧迫而不得已由编辑代劳时，一定要以各种方式（如复印件）请作者过目，征得同意。

关于辞书编辑如何提高自身的政治修养、知识修养和文字功底，他归纳为“五勤一善”：勤读，千方百计扩大知识面；勤记，记录或摘记有助于审稿的各种资料；勤查，除作者原稿注明的资料来源外，善于印证作者所未使用过的资料；勤问、勤思，勇于提出独立的见解，以帮助增强本词典的特色；“善”，即善于掌握资料的线索和使用已经出版的各种工具书。

以上种种，他都身体力行，身教多于言教。

五

鉴于辞书的特殊性，杨祖希要求辞书编辑要加强在辞书知识、编辑职业道德、组织能力、杂学、辞书所要求的语言文字等五个方面的修养。他认为辞书编辑的优势在于“杂学”，杂学指的是编辑能涉猎多门学科，有广博的知识；积累杂学，在审稿时，不仅可以充当改错纠误的“守门员”，而且可以充当补漏添砖的“修建师”。1982 年上海辞书学会成立后，他向常务理事会提出举办辞书编纂讲座的建议，提出了十二讲的选题，由邓伟志制定具体计划。1984 年上海辞书出版社开始编辑培训讲座，他提出了培训编辑的方案，并作了两讲，题目是《辞书编纂的总体设计》和《外文工具书使用法简介》。随后，又在上海电视台作辞书知识普及讲课。

杨祖希认为，编辑学属于社会科学。在社会科学的范围之内，同文、史、哲、经、教、法等大学科相比，编辑学应该说是一门小学科。但是，“麻雀虽小，五脏俱全”，编辑学为它的性质和任务所决定，却非跟大学科一样建立起立体式的分支体系不可。从一定的意义上来说，没有分支体系，编辑学是建立不起来的；即使勉强建立了，也会因为框架残缺、门类不齐而发展不下去的。这是一方面。另一方面，编辑学的分支体系，必然是立体式的，而不可能是平面的。（见“立体式的编辑学体系”，《编辑学刊》，1986 年第 1 期）

杨祖希认为辞书编辑参加编写辞书的实践，取得直接经验，对于做好编辑工作有很多好处。他自己参加编写的辞书较多，主要有《新知识辞典》、《简明社会科学词典》、《辞海》哲学分册和政治学·社会学·法学分册的第二版、《外国人名辞典》、《毛泽东思想大辞典》、《“文化大革命”词典》，另外还曾为《中国大百科全书》的中国历史卷和图书馆学·文献学·情报学卷撰写条目。其撰写条目，总共估计约 10000 余条，230 万余字。

杨祖希非常重视辞书编纂者应有的职业道德。他认为编写辞书条目可以借鉴和参考其他辞书，但是决不能做“文抄公”，侵犯他人的著作权，这就需要对各种资料加以消化、改造。在借鉴的基础上有所发现、有所提高，达到开拓和创新，写出自己的特色。20世纪90年代初，中国辞书出版中抄袭剽窃、胡编乱造的歪风邪气已现端倪，杨祖希对此表示了严厉的谴责。

杨祖希还强调辞书编辑要不断总结经验，使之条理化、系统化，上升为理论，用以指导今后的实践。他积极从事辞书学、编辑学研究，除著述外，共发表辞书学论文40余篇。

杨祖希先生从事《辞海》工作三十六年，见证了中国辞书事业的迅猛发展。改革开放以来各类辞书的出版送他以研究之甘泉，解放思想、实事求是给他以气韵，深厚的编辑功底助他以灵焰，他在中国辞书学研究中的贡献将被后学铭记。

（秦振庭：上海辞书出版社，上海 200040）

试析徐庆凯的辞书学思想

秦振庭

徐庆凯曾任上海辞书出版社副总编辑、编审，现为中国辞书学会顾问，在辞书编纂实践和辞书理论研究两方面都颇有成就。

在辞书编纂工作方面，他于1972年开始参加《辞海》编纂工作，历经《辞海》1979年版、1989年版、1999年版和2009年版的编纂工作，至今仍任《辞海》编委兼分科主编，并任《大辞海》分科主编。自1978年起，参加了数十种专科词典的编纂工作。他任编纂处主任的《哲学大辞典》和《外国哲学大辞典》、任副主编的《法学大辞典》均获国家图书奖提名奖。

在辞书学著述方面，有《专科辞典学》（与杨祖希合作），《辞书学辞典》（与杨祖希共同主编），《辞书编纂纪事》（与周明鉴、秦振庭合作），《辞书思索集》（文集），《专科词典论》（辞书研究文库之一），并发表论文数十篇。

丰富的辞书编纂经验，正是他进行辞书理论研究的坚实基础。由于这两方面的成就，他自1993年起获得国务院颁发的政府特殊津贴，2006年获得中国辞书学会颁发的辞书事业终身成就奖。

徐庆凯以他从事的大型综合性词典和专科词典的编纂实践为基础，研究辞书学，具有"从实践中来，到实践中去"的鲜明特点，其研究对辞书学的学科建设不仅有独特的系统构建与论述，更对汉语辞书特别是大型综合性词典和专科词典编纂的理论、原则、方法、体例等做了细致的概括和总结，从而为现代辞书学的建立和发展以及专科辞书的编纂实践做出了十分重要的贡献。因此《辞书研究》1992年第4期所载魏世弟《中国现代辞书学学派的生长》一文，把他和杨祖希列为"实践派"的代表人物。

现将徐庆凯在辞书学方面的论述择要介绍如下。

一　论证辞书学的独立性

徐庆凯认为辞书学应视为一个独立的学科，是一门应用科学，又是一门新兴科学。他发表的《论辞书学的独立性》（《辞书研究》1989 年第 2 期），《辞书学不再从属于语言学》（《辞书研究》1991 年第 1 期），申述了他对这个问题的基本观点，引起了热烈的讨论。2006 年，他在上述两文的基础上，补充了一些材料，重新撰写了第三篇文章《辞书学的独立性》（收入《辞书思索集》）。其主要观点，可以用该文的三个标题来概括，即：一、由于研究对象的特殊性，辞书学的独立理有固然；二、辞书学要应用语言学的理论，不能成为辞书学从属于语言学的理由；三、由于实践的发展，辞书学的独立已经成为事实。讨论的结果，正如《辞书研究》1996 年第 6 期所载李行健《筚路蓝缕　功莫大焉——纪念〈辞书研究〉出版百期》一文所说："通过讨论，大家似乎接受了这样一个事实，辞书的过去传统一直主要是指语文词典的编纂和研究，辞书学自然也属于语言学，甚至更具体地划归到词汇学中去。可是现在'词典'的外延已经极大地扩展了，内涵也发生了不小的变化……这些变化已经成为辞书领域中不争的事实，再把辞书学依附于语言学就显然脱离现实发展了。因此，辞书学要从语言学中分立出来，也正是客观事实的发展和我们的认识顺应这一发展的必然结果。"2007 年出版的《中国辞书论集》（第七辑）所载陆锡兴《专业辞书编辑的三个境界》一文称："'辞书学学科地位的讨论'，资深编辑徐庆凯首先提出，辞书学创立的一个重要标志是开始从语言学中独立出来，它直接关系到辞书学的性质、内容、地位和发展，是辞书学理论的重大问题。"

二　论证词典的特有属性和本质属性

关于词典的特有属性和本质属性，在一段时间里众说纷纭，争论不断，但因偏离"特有属性"和"本质属性"的本义，未中肯綮。有的论者把词典的特有属性和词典的性质即属性等同起来，有的论者把词典的特有属性和词典的质量标准等同起来，有的论者认为只有词典的本质属性才是词典的性质，有的论者把词典的一般属性当作词典的本质属性，如此等等。徐庆凯认为，这些论点都不能成立，原因在于这些论者误解了特有属性和本质属性。按照哲学和逻辑学的科学定义，特有属性就是仅为某个或某类事物具有而为别个或别类事物所不具有的属性，而本质属性则是对该对象具有决定意义的特有属性。据此，他提出，词典的特有属性是：汇集一定范围内的词语作为注释的对象；通过对词语的注释帮助读者消除词语上的疑惑；以各个词语及其注释为单位，按一定方式编排，以便于读者检索。其中，第二个特有属性就是词典的本质属性。李行健认为："关于辞书的特性问题，也是众说纷纭莫衷一是的问题。就我个人的体会说，我认为徐庆凯同志的文章《词典的特有属性和本质属性》很有启发……不管怎样，庆凯同志的文章总算在力排众议中把问题的讨论引向了深入。"而《辞书研究》2008 年第 1 期刊载周伟良的《多层次全方位的高度相应性》一文认为，徐说"站在哲学与逻辑学的高度，探精索微，条分缕析，评判否定了前说，最终揭示了辞典的真正特性及本质属性。"

三　重新界定辞书编纂的某些基本术语

如"义项"，《术语工作·辞书编纂基本术语》（GB/T 15238-2000）将其释为："按一个字头、词目的不同含义分列的注释项目。"徐庆凯在《辞海论》中认为，这个定义优于以往学界对"义项"的定义，然而又是"不同含义"，又是"分列的注释项目"，那么单义字、词的注释就不是义项了，即使是多义字、词，如果编纂者误认为只有一个含义，因而只作一个注释，或者为词典的性质、规模所限，只需注释其中的一个含义，那也就不是义项了。这是明显的缺陷。因而将"义项"的定义改为："字典、词典中的一个条目中对字头或词目的含义所作注释的单位。"只有一个单位也好，分列几个单位也好，都是义项。

又如"交叉工作"，通常把它理解为处理条目之间交叉问题的工作。徐庆凯在《辞海论》中认为，不仅条目之间有交叉问题，要做交叉工作，而且一个条目中也可能有交叉问题，也要做交叉工作。例如"达·芬奇"条，不仅要介绍达·芬奇在美术方面的巨大成就，还要介绍他的哲学思想，以及他在数学、地质学、物理学、生物学、生理学等方面的见解和在军事、水利、土木建筑、机械工程等方面的设想，即使一笔带过，也不可不提。如果只由美术学科一家来撰写这个条目是难以周全的，必须由有关学科参与、协作，这也是交叉工作。因此将“交叉工作”的定义改为：“因一个条目涉及不同知识领域或条目间有关联需要协同处理而进行的各项工作。”

四　提出辞书体的八项要求

辞书体是撰写辞书释文所用的文体。它由辞书的性质、功能所决定，与辞书的性质、功能相适应。不少辞书编纂者不知道这个道理，用讲义、专著、论文、小品等文体来写辞书的释文，以致格格不入。徐庆凯的《辞书体的八个要求》（刊《辞书研究》2006 年第 4 期）一文，主要以百科性辞书为例作了说明。这些要求是：开门见山，开宗明义，一上来就直截了当地告诉读者他所要查的词语何所指；用第三人称作客观陈述，不作主观评判；只提供条目的题中应有之义，不引申，不发挥，不议论，更不打比方，说故事；按照每部辞书的体例中关于各类条目释文内容的项目和次序、关于条目的分级和各级条目的字数幅度等撰写释文，不可自行其是；文字尽量浅显，力求使读者能够看得懂；鉴于辞书的内容要求稳定，不宜用“近年来”“近来”“最近”“目前“今年”“去年”等词语以及相应的内容；语言朴实，不用华丽的辞藻，也不必绘影绘声；字斟句酌，惜墨如金，即使是可有可无的文字也在删除之列，更不能容许空话套话、重复累赘以及其他毫无意义的语句。

五　撰写国内唯一的专科词典专著

1991 年由四川辞书出版社出版的《专科辞典学》，是当时国内唯一的专科词典专著。因合作者杨祖希于 1994 年逝世，此书未能修订重版，国内亦未见出版同类书。2010 年上海辞书出版社拟出“辞书研究文库”，向徐约稿，徐即以《专科辞典学》中他所执笔的部分为基础，融入他二十年来的经验、体会和所发表的论文，写成《专科词典论》，于 2011 年出版。该书在求实、求新、求准、求深等方面都作了努力，从而把专科词典的理论推进了一步。

例如，徐庆凯对“专科词典”这一术语有新的探索和解说。我国国家标准《术语工作·辞书编纂基本术语》（GB/T 15238-2000）将其释为：“收列某个（或多个）学科或知识领域的术语和专名，给出专业性释义的词典。”他认为，这个定义大体正确，但有缺点。首先，“某个（或多个）学科或知识领域”不必提。一则“某个（或多个）学科”不够全面，此外还有收列所有学科的术语和专名的百科词典；二则将“学科”和“知识领域”并列欠妥，因为“学科”也是“知识领域”。其次，“给出专业性释义”欠佳。专科词典对词目所作的说明并不只是释义。术语条目当然有释义，但其他内容如追根溯源、介绍演变、提供重要的观点和材料、比较相近易混术语的异同等等，就不能称之为释义了。专名条目中的大部分，并不是对词目含义的解释，而是提供其他信息，如人物的生卒年，外国人姓名的原文，国籍，字号，籍贯，主要学历和经历，主要功过和思想学说，主要著作的介绍等，这些都不是“释义”所能概括的。此外还有插图，有些专科词典还提供参考文献名称。所以不能用“释义”来给专科词典下定义。他所下的定义是：“专科词典是收录专科词语（包括术语和专名）并逐一提供相应信息的词典。”

又如专科词典的类型。徐庆凯检查已出版的各种专科词典，在梳理、比较分析的基础上，深思熟虑地提出了新的分类方法。首先，专科词典分为四个大类：学科词典，专题词典，术语词典，专名词典。其次，大类中再可细分若干小类：学科词典按其涉及学科的多少，分为单科词典、多科词典、百科词典；专题词典中，较多的是专人词典、专地词典、专书词典、专事词典；术语词典按其涉及的范围分为关于某个学科、某些学科、各门学科和某个专题的；专名词典主要有人名词典、地名词典、书名词典。这一架构合理，分类比较严谨，现已为学界广泛认同。

六　在揭批王同亿伪劣词典的斗争中丰富和捍卫词典学

徐庆凯勇敢揭露和批评中国辞书界存在的不良倾向，他对“王同亿现象”的批评和揭露，更是吹响了中国辞书界的集体性书评的号角，为政府主管部门的决策提供了理论和实际的依据。从上个世纪 90 年代到本世纪初，他带头进行揭批王同亿伪劣词典的斗争，撰写了一大批文章。文中所涉及的，除了收词、释义、例证等问题之外，还包括一般词典学论著未曾论述过的问题。如鉴于以王同亿为代表的抄袭行为猖獗并为抄袭行为辩解的言行，徐庆凯撰写了《词典抄袭侵权的几个问题》，被编入《我们丢失了什么——“王同亿现象”评论文集》（商务印书馆 1999 年出版）。该文划清了词典编纂中的借鉴和抄袭的界限，确认词典有独创性、有著作权，抄袭别人编的词典不是“合理使用”“适当引用”，而是违法行为。王同亿因为词典学成了揭批他的伪劣词典的思想武器，就想用釜底抽薪的办法，编造理由，根本否认词典学，在《高级现代汉语大词典》的《前言》中说：“一个人苦苦干了一辈子能编出一部两部词典已经是很不容易的事情，哪里有基础归纳总结形成理论。”“词典的编纂方法，世界各国各家一般都秘不可宣。”言下之意，因其“秘不可宣”，故无从加以研究，进而形成理论。“词典具有承继性强烈的特点，按照传统模式，东抄西改而已。”言下之意，编词典无学问可言。“即使所谓有研究，不过是对语义学、语音学、训诂学的专门研究，而绝不是词典学。”针对王同亿的谬论，徐庆凯在《词典学是揭批伪劣词典的思想武器——兼驳王同亿否定词典学的谬论》一文（编入《中国辞书论集》第七辑）中予以彻底驳斥，论述了词典学成立的必要性、可能性、现实性及其在词典编纂中的巨大作用。

徐庆凯关于中国辞书学的论述很多，既有辞书编纂经验教训的概括和总结，又有辞书学理论问题的探讨和论辩，也有对伪劣辞书及其代表人物的奇谈怪论的揭露和批评。难能可贵的是他坚持“只就自己有所为、有所思、有所得者著文，不求面面俱到，不作泛泛之论，唯求实实在在地说清楚若干问题，以期有助于辞书质量的优化、辞书研究的深化和辞书园地的净化”。拳拳之忱，实为可嘉。

（秦振庭：上海辞书出版社，上海　200040）

胡明扬先生对我国词典学和辞书事业的重要贡献

孙德金

我国当代著名语言学家、语文教育家、中国人民大学教授胡明扬先生离开我们已经将近一年了。在深切缅怀先生一生语言学贡献的时候，不能忘记先生除了在诸多研究领域（语言理论、社会语言学、汉语语法、近代汉语、方言、对外汉语教学等）做出突出贡献外，还曾在一方园地辛勤耕耘过，并且做出了重要的贡献，这就是词典学及辞书事业。在这一领域，先生的主要贡献表现在三个方面：（1）词典学理论建设上的贡献；（2）辞书编纂人才队伍建设上的贡献；（3）辞书编纂实践上的贡献。限于笔者学力，本文恐难全面评价先生在词典学领域的贡献，只能就目力所及范围的资料从上述三个方面谈谈认识，也借此机会表达对先生的深切缅怀之情。

一　词典学理论建设上的贡献

（一）主持编写《词典学概论》

先生于20世纪80年代初主持编写的《词典学概论》（1982年），是国内第一部词典学研究著作，目前在国内还未见有同类著作。该书与国外同类著作的不同之处在于，考察了国内近几十年来（指的是截至1979年——本文引注）词典编纂的实际经验。内容包括单语语文词典的资料、选词、注音、释义，双语语文词典的资料和蓝本，词条的组织以及词条的体例、编排法等。因此，对我国的词典学研究和词典编纂工作有参考的作用。

关于这本书的编写缘起，先生在该书“前记”中说：“一九七八年夏中国人民大学复校，语言学教研室的同志先后回到人民大学。我们鉴于近年来词典编纂工作正在全国蓬勃开展，而国内迄今还没有一部词典学著作可供参考，为此，计划编写一本《词典学概论》。”凡了解历史者都知道，那是国家刚刚结束“文革”、走出混乱局面的百废待兴的年代，先生就能把学术目光聚焦在词典学领域，要为我国的辞书理论建设提供一些基础，这无疑是一种富有学术责任担当的高尚品格的表现，也体现了先生在其一生的语言学事业中不断创新的精神。

先生近些年一直希望修订《词典学概论》，但由于历史遗留下来的问题，未能如愿，成为先生的一大遗憾。他临终前说：“（《词典学概论》）出版若干年后，商务印书馆的张万起先生曾与我讨论过改编事宜，但由于种种原因，未能实现，至今遗憾。”① 至于先生说的“种种原因”，其实就是我们这个国度人人痛恨又感无奈的“谋人内耗”。许多人不清楚《词典学概论》为什么是五个人署名，而不是“胡明扬主编”。先生生前和我谈过，当年先生提出编写《词典学概论》的计划后，当时的中国人民大学中文系主任在全系明确宣布“这本书由语言学教研室主任胡明扬担任主编”，但后来由于某人“不服”，先生为了“成事”，把书写出来顺利出版，委曲求全地接受了此人的“不服”。试想，如果当年先生不是顾全大局，着眼团结做事，纠缠于“主编”的名分，很可能就没有这样一部对辞书事业有重要贡献的《词典学概论》了。也正因为有了这种“原因”，后来的修订工作未能实现。这不能不说是我国辞书事业的一大损失。

（二）提出词典编纂的一些重要原则

1. 强调语料

先生在语言研究中非常强调一切从语言材料出发，反对“空对空”。在辞书编纂实践方面，先生更是十分重视语言材料。先生在总结吕叔湘先生在词典编纂事业上的贡献时指出：“从原始语料出发，而不靠编辑凭自己的脑袋去冥想苦想，这可以说是词典编纂现代化的一个重要标志。吕先

① 胡明扬《胡明扬语言学论文集》（增订本）“增订本序”，商务印书馆2011年。

生开了一个好头，遗憾的是后人并没有都继承这种优良作风，遵守现代词典编纂的这一经典准则。一个人的学问再好，知识面再宽，记忆力再强，也是有限的，没有语料，凭个人拍脑袋，怎么都比不过白纸黑字的语料……有了语料，例句就比较可靠，义项也不至于遗漏，释义也不至于太离谱。这也是语料的价值。”① 先生 1993 年在谈到规范词典的编写问题时也指出：“新编一部规范词典没有丰富的语料是不能想象的。凭编纂人员拍脑袋或冥思苦想去写词条是早已落伍并且很不科学的方法，结果会是灾难性的……国家语委正在建立大型语料库，应该把语料库的建设工作和词典编纂工作紧密结合起来。规范词典要充分利用语料库的语料，把词典的内容建立在足够数量的语料的基础上，这样才能保证词典的科学性和权威性。”先生的上述主张无疑是十分确当的，理应尽早在我国语文辞书的编纂实践中加以实现。② 大家在分析包括《现代汉语词典》在内的一些语文辞书时常常会发现一些释义、标注等方面的问题，这些问题很大程度出在语料上，没有对大规模语料的调查和分析，遗漏或偏误也就在所难免。

2. 关于义项排序

义项排序是语文辞书编纂中的一个重要问题，也是理论上必须面对的问题。先生在担任《现代汉语规范词典》顾问的过程中，因为义项排序问题和词典主持者曾发生分歧，他不主张按照词义的演化过程来安排义项顺序。李行健在怀念先生的文章中具体谈了这件事：“其中最激烈的一次就是词条的义项要不要按词义引申脉络排列的问题。这本来是王力先生早年编‘理想的字典’时提出的主张，我们词典开编时又经过论证，词义按引申脉络排列也得到吕先生认可，没想到胡先生坚决反对。我仍坚持原来的做法和理念，争论得很激烈，胡先生甚至提出‘顾问我就不当了’。他的理由是这件事很难，担心我们做不好；现代汉语词典也无须这么做。”最后这部词典仍然按照词义引申脉络排序，并没有接受先生的意见，但我想我能够理解先生这样主张的意图，更倾向于赞同先生的主张。他之所以如

① 胡明扬《吕叔湘先生对汉语词典编纂事业的重大贡献》，载人民网（www. people. com. cn）“纪念吕叔湘先生百年诞辰”专题，2004 年。

② 据说由张志毅先生主编的一部当代汉语词典实现了基于大规模语料库的目标，果如此，当可喜可贺。

此固执己见，很重要的原因是先生亲自做过“打”这个词的研究（见下文），深知义项引申问题之复杂、之困难。某些词也许容易搞清楚义项引申的脉络，但要把所有词的义项引申脉络都搞清楚，恐怕很难。如果做不到这一点，就应该务实地采取其他的排序原则。特别是对于一部中型的规范性语文词典，主要是满足大众语文生活需要，义项引申脉络并非词典使用者最关注的，按照义项的常用度排序或许是更切合实际的做法。这一点应该并且可以和大型语文辞书有所不同。因此我认为这恰恰是先生实事求是的科学态度的表现。

3. 关于收词

收词是词典理论和实践中的一个重要问题。在这方面，先生既坚持不同种类的词典应有不同的收词原则，同时又能够持有客观公允的态度。比如在谈到《现代汉语词典》收方言词和文言词问题时，他说：“那么《现代汉语词典》为什么要这么做？这么做符合不符合一部规范词典的要求？我们认为《现代汉语词典》当时这么做是做对了。”为什么这么说呢？他认为：“现代汉语的情况和西方国家语言的情况很不相同。真正的现代汉语规范化工作是在五十年代才开始的，即使是在今天，哪些是现代汉语的规范词语，哪些不是现代汉语的规范词语，如果不掺杂三分主观武断，是谁也说不清楚的。”这无疑是一种尊重客观现实的态度。同时我们也要注意到，他的话里含有的一个意思是，《现代汉语词典》当时这么收词是对的，但就规范词典的性质来说，则未必是无可挑剔的，只不过是作为一个未来的目标，把真正意义上的规范词典的实现作为一个努力的方向。所以他说：“当然，现在来看，文言和方言词语可能收得多了一点，像‘纪纲（法度）’、‘圭臬（标准）’这样的文言词语也许可以不收，像‘趿拉板儿’（没有帮而只有襻儿的木底鞋）、‘倔巴（倔）’这样的方言词语收不收也可以商榷。”这表明，先生基于规范词典的基本属性，认为必须坚持非全民性的、非规范的词语不收的基本原则，但同时又能够历史地看待问题，不超越现实地苛求《现代汉语词典》。此外，在讨论到新词语的收词时，他强调了两个原则：稳定性、全民性。对此或许有不同的主张，但反映了先生在这方面的思考。

4. 关于注音

注音是语文词典的一个重要内容。他对《现代汉语词典》的“名从主人”原则提出了商榷意见：“最近在安徽听说六安的青年人不少已经不说lù'ān而说liù'ān，看来向普通话靠拢是一种不可抗拒的趋势，人名、地名一律按普通话读音读恐怕也是大势所趋，所以‘名从主人’的原则值得重新考虑。”这是基于对民族共同语和方言之间的共变关系的认识提出的重要主张。这一主张也通过先生的顾问工作落实到《现代汉语规范词典》中。李行健在追忆文章中谈到：“方言词进入普通话后的读音问题，一直有‘音从主人’还是按普通话音系改造的争论。这既是一个理论问题，又是实际读音规范问题。《现代汉语规范词典》在给‘拆烂污’注音时，就有注‘cālànwū’或‘chāilànwū’之争，经过两次讨论，大多数同志认为应按普通话给‘拆’注音，不应因吸收某个方言词打乱普通话音系，给‘拆’增加一个又音。但为了稳妥处理这个问题，我认为应听取胡先生意见后再敲定。我们专门请胡先生来指导讨论，他的意见很明确，方言词进入共同语后读音就应按共同语音系标注，因为它的身份已经不是方言词，而是共同语的成员了。如方言中来的词按方音标注，必然会打乱共同语的语音系统。于是我们决定，《现代汉语规范词典》‘拆烂污’标‘chāilànwū’，不标‘cālànwū’。又如‘哟、唷’的注音问题，一般词典注‘yō’，我们认为不妥，因为既为推广普通话的规范型词典，就不能按方音注音，而应按普通话注音。普通话音系中y和o不相拼，也就是说普通话音系中没有这个音节。但具体怎么注音，还是找词典顾问胡先生请教。胡先生对普通话很有研究，先生说‘哟、唷’不应注“yō”，应按北京人读音，重读时注‘yāo’，轻读注‘yōu’。这同我们的想法和调查北京人读音的结果完全一致。于是就不管别的词典怎么注音，我们决定不能标注‘yō’，而改注‘yāo’和‘yōu’。这些都是胡先生为提高词典的规范性做出的贡献！”

5. 关于标注词性

《现代汉语规范词典》2004年第1版开始标注词性，《现代汉语词典》2005年第5版也标注了词性。但在是否给非词（语素）标注词性问题上，二者处理不同，前者在第1版给语素标注了词性，后者只给词标注词性。先生在这个问题上有自己明确的主张。程荣回忆说：“我曾在相当长的一段时间里，经常去胡先生家请教，或是通过电话就某些疑难问题听取胡先生的意见，其中较多的是关于现代汉语辞书中的词类标注问题。从20世纪90年代初期开始社会上对汉语辞书加标词性的呼声越来越高，而此项工作涉及的问题较多、较复杂，胡先生不赞成给非成词语素加标词性，并提醒标注词性不能忘记释义的概括性原则，要防止随文释义、把义项划分得过于琐碎。”然而不知道作为顾问的胡先生关于词性标注的意见没被采纳还是其他什么原因，总之《现代汉语规范词典》（第1版）给非成词语素标注了词性，由此引起了普遍的质疑。比如笔者从词性标注的目的性角度认为：“词性标注的前提是要承认有词的存在。‘词性’是词的句法属性。只有承认一种语言有词存在，才谈得上标注词性的问题，所以词性标注的基本原则是只能给词标词性。”我们看到，2005年出版的《现代汉语词典》（第5版）和2010改版后的《现代汉语规范词典》（第2版）都执行了只给词标注词性的原则。

（三）在有关“规范词典”的论争中提出客观公允的意见

随着2004年《现代汉语规范词典》的问世，一段时间里出现了辞书界众所周知的关于“规范词典”的论争。各方火气都很大，以各种方式展开了论战，其中也不免有些过激的言行。胡先生和论争的各方都有密切的学术联系，如何处理好这一关系到语言学界（具体到语文辞书界）团结的大问题，对先生来说确实是个难题。现在看来，先生完全站在学术的立场上，通过对“规范词典”类型的划分和解读，为各方能够心平气和地化解纷争起到了十分积极的作用。早在1993年，先生就对现代汉语规范词典的编写从规范词典的性质、收词、注音、释义、词性标注等八个方面发表了重要的意见。1998年先生再次就规范字典和规范词典问题发表意见。面对上述棘手的问题，先生通过对词典史的回顾指出：“尽管《现汉》并没有标明是‘规范词典’，《约翰逊博士词典》《简明牛津现代英语词典》也没有标明‘规范词典’的字样，但谁都承认这几部词典是规范词典。因为这几部词典的共同点是词典编纂者个人或集体经过研究，确定和推广赢得了广大群众认可的语言文字规范。这是一类原创性的规范词典，有关的规范也是词典的编纂者确定下来的，当然必然要取得广大人民群众的认可才能推行。还有一类规范词典，编纂宗旨是以推广已有的语言文字规范为己任，这类词典往往标明‘规范词典’字样，意思是关于某种语言的规范的词典。‘规范’不是修饰词典本身的，而指的是词典收录和推广的是有关语言的词音、词形、词义等方面的规范。”① 正由于先生能够从学理出发，以科学的、实事求是的态度处理这样一桩学界“公案”，所论持之有据，以理服人，所以能够赢得各相关方的认可和接受，为促进学界的团结做出了贡献。

二　辞书编纂人才队伍建设上的贡献

20世纪80年代初，中国人民大学和中国出版工作者协会联合举办词典班，先生主其事，为这个班的组织和教学殚精竭虑，培养了包括冷玉龙（现任四川辞书出版社总编辑）等在内的一批辞书事业骨干人才。在怀念先生的文章中，冷玉龙说道：“胡先生和谢自立、梁式中等先生先后邀请王力、杨伯峻、姜亮夫、陈原、吴小如、曹先擢、许嘉璐等知名专家、学者前来授课，培养了出版界和辞书界的一批力量，自己就是当时词典班的一员，有幸成了胡明扬先生的学生。胡明扬先生在中国辞书史上是不能忘记的人。如果要写中国辞书史，请不要忘记他和同仁谢自立、梁式中等先生编写出版的我国第一部词典学专著《词典学概论》，也不要忘记他们为中国辞书事业培养人才而开办的人大词典班。”

除此之外，先生还以其他方式指导、鼓励、培养辞书编纂人才。先生指导了不少辞书的编纂，并作序。② 在此仅举一例。先生特别为彭泽润等主编的《中国当代语言学学者词典》写了序言，他说：“陈建初、吴泽顺两位先生主编的《中国语言学学者大辞典》是一本朴实无华，信息量特别大，非常有用的工具书。现在彭泽润等主编《中国当代语言学学者词典》，是继承和发展这个好传统，值得提倡和推荐。”在给彭泽润的信中先生说道：“你编写的人名词典好处就是不限于少数人，而是可以包含讲师以上多数发表过文章的语言学者，查找很方便。我始终觉得这两条标准很民主：（1）讲师以上，（2）发表过语言学论文。也许只要后面一条更加民

① 胡明扬《规范化和规范词典》，《语言文字应用》2004年第4期。

② 黄涛《袖珍分类成语词典》，知识出版社1993年；高进智《湖北常用方言词典》，湖北人民出版社1994年；冷玉龙《中华字海》，中华书局、中国友谊出版公司1994年；陈刚，宋孝才，张秀珍《现代北京口语词典》，语文出版社1997年等。

主，有的发表了不少论文还是农民。”在非语文类辞书的收条原则上先生能够强调“民主”，这突出反映了先生可贵的人文精神。①

三　辞书编纂实践上的贡献

先生在语文辞书和非语文辞书的编纂实践中都曾留下过耕耘的足迹。

语文辞书方面，虽然先生没有亲自主编过语文辞书，但实际上他在20世纪六七十年代做的“打”的研究就是一次语文辞书编纂的实践活动。先生在1984年的《说“打”》一文的“前记”中说：“1962年至1964年间，为了摸一下词汇研究，也因为当时有的单位计划要编纂一部汉语历史词典，想试写一条词条，选择了‘打’这么一个常用词进行了一番摸索……当时这篇稿子没有最后定稿，但有一定数量的资料，并已经过初步整理，对词汇研究和词典编纂工作或有可供参考之处，这恐怕就是唯一的价值吧。”② 后面我们还会谈到，这一经历对于先生在词典学理论和实践上的影响都是很大的。

在非语文词典方面，先生主持编写过《中外名诗赏析大典》。在谈到先生主编《中外名诗赏析大典》时，冷玉龙回忆了一件事：“先生是主编，我是责任编辑。在审稿过程中，我们免不了就书稿问题通信。记得一次在信里我谈到个别书稿引录原诗有误的问题。先生很重视，为此专门开了一次编写人员会，会上念了我给他写的信，严肃指出问题的严重性，要求所有作者把自己引用的诗根据权威版本再核对一遍。一百多万字的书稿，编写人员硬是全部重新核对了一遍。由于严把质量关，编纂有特色，此书出版后社会反响不错，后被评为四川省优秀图书。”这件事看起来很小，但却充分反映出先生严谨、科学的态度。正因为他能够充分认识到“典”的特殊意义，才会在辞书实践中抱持着如履薄冰般的谨慎态度去处理每一个问题。这种精神是需要很好地发扬光大的。

更为重要的是，先生通过担任《现代汉语词典》《现代汉语规范词典》《汉语大字典》等多种辞书顾问、审订专家等学术职务，为我国辞书编纂

① 孙德金《学生眼中的胡明扬》，2012年3月19日《中国社会科学报》“学林”版。
② 胡明扬《胡明扬语言学论文集》（增订本）“增订本序”，商务印书馆2011年。

实践做着或宏观（包括编写原则等）或微观（包括一个词条的收条、一个义项的设立与解释等等）的重要贡献。

谈到先生在审稿方面的贡献，冷玉龙回忆了一段往事："作为审订专家，胡先生参加了《汉语大字典》第二版审稿工作，为了不耽误出书时间，许多时候先生在身体不适的情况下仍然坚持审稿。他审读得很仔细，字斟句酌，大小问题都不轻易放过，为提高书稿质量提出了不少宝贵意见。如'嚍'字第二个义项，原释义为'吃'，引例是《唐语林·德行》：'肃宗举饼嚍之，上大悦。'此处释义举例都没问题。'肃宗举饼嚍之'，'嚍'就是'吃'的意思，义例吻合，无可挑剔，但先生在'吃'字前添加了一个'啖'字。收到稿件后，我仔细琢磨，此字加得实在太妙！尽管原释义从准确性的角度来讲并无问题，但它没有揭示与被释字在语音和通行字使用上的关系，添一'啖'字，则脉络清楚，关系昭然。这不是是与非，而是优与劣的问题，添加此字，可谓精益求精，锦上添花。《汉语大字典》第二版此处采用的正是先生的审稿成果。"

关于《现代汉语词典》的释义，先生也曾提出过自己的意见。先生在充分肯定《现代汉语词典》的释义后以"裁决"为例，指出"经过考虑，做出决定"的释义"不很全面"。他认为："至少缺少两个主要内容，一个是'裁决'必须是权威机构或权威人士做出的决定，一个是'裁决'必须是对有争议的问题做出的决定，至于是否'经过考虑'倒是不重要的。"显然，先生指出的这两点是"裁决"一词具有的关键性语义要素。我们注意到《现代汉语词典》（第5版，2005）"裁决"一条仍保留原来的释义。作为该版《现代汉语词典》审订委员会委员，胡先生当时是否已经提出该条的修改意见，现不得而知，但显然这个意见是应该吸收的。先生还担任了《现代汉语词典》（第6版）的顾问，不知道这个正确的意见先生是否已经再次提出并得到采纳。

四　先生何以有此重要贡献？

先生之所以对词典编纂理论和实践有比较多的思考，做出以上诸方面的重要贡献，概括说来，至少有以下几个方面的因素：

（一）中外、古今兼通的通才素养

先生从小接受过私塾教育，打下了良好的古文基础。对古典文学，先生有特殊的喜好，他说："虽然我没有系统学过《说文解字》《尔雅》等古籍，但是我对中国古典的东西非常有兴趣，这可能与我爱好古典文学有关。"① 正因为先生在古文方面具有深厚的基础，因此才能在理论和实践上具有敏锐的眼光。比如前文冷玉龙提到的审读《汉语大字典》时的精彩处理，如果没有这种素养，是不可能做到的。

先生毕业于上海圣约翰大学（教会学校），专业是英美文学，自然英语水平很高，晚年还曾在《世界汉语教学》等刊物上发表过直接用英语写作的论文。此外，他还在法语、德语、俄语等方面有良好的造诣。这些外语方面的优势使他具有了广阔的视野，可以方便地获取国外的信息、资料等，掌握第一手的学术资源。比如他之所以率先提出编写《词典学概论》这部著作，很大程度上就得益于此。先生在谈到《词典学概论》编写经过时说："虽然没有编过辞典，但是联合国辞典学家编著的《词典学概论》（兹古斯塔 1971 年版）中译本是我校对的，也算是一点经验吧。"② 事实上这恐怕不只是"一点经验"，其实校对的同时也是学习词典学理论的过程。再以先生对语料库的重视为例，先生在 1992 年就对英语语料库的情况做了调查和介绍。

先生晚年对我国的教育问题有深入的思考，认为国家要从根本上改变自 1952 年形成的过于专门化的教育模式，主张通才教育，这是切中要害的重要主张。先生自己就是在 20 世纪三四十年代通才教育的模式下培养出来的"通才"，因此才能在包括词典学在内的多个语言学领域做出开创性贡献。这一点值得我们深思。

（二）勤于学习、勇于实践的精神

先生一生在语言学领域贡献卓著，这与他的勤奋刻苦是分不开的。先生去世后林师母勤明先生告诉我，"文革"结束后，先生为了抢回被耽误

---

① 胡明扬《胡明扬语言学论文集》（增订本）"增订本序"，商务印书馆 2011 年。

② 同上。

的时间，常常同时做四五个项目。《词典学概论》就是在那个时期先生同时做的诸多项目中的一个。[①] 在谈到《词典学概论》编写过程时先生还说道："我还仔细阅读了《简明英汉词典》《简明牛津辞典》以及《法兰西学院词典》的前言部分，并且进行了翻译，这也是词典学的一部分。"[②] 虽然没有词典学的基础，但是先生凭着扎实的外语基础，以及可贵的学习精神，在词典学理论建设方面做出了突出贡献。可以说，这种精神一直贯穿于先生的整个学术历程，是我们需要继承并发扬的。

（三）理论与实践紧密结合的理念

在先生的语言学生涯中，无论是哪个领域，先生都十分强调理论和实践的紧密结合。既反对照搬理论、空谈理论，也反对轻视理论。他在《词典学概论》"前记"中就说："词典学理应兼顾理论和实践，我们正是努力这样去做的。针对国内目前的实际需要，我们在兼顾理论和实践两个方面的同时更偏重实践。"这无疑是非常务实的。先生是这样说的，也是这样做的。在给周荐的《词汇学词典学一得集》所作的"序"中，先生谈到："1979 年我带了《词典学概论》的初稿到上海、南京、杭州、广州等地的词典编写组去征求意见，事先没有想到的是各个词典编写组都反对插入词汇学这一章，认为词汇学对词典编写毫无用处。"姑且不论词汇学和词典学的关系，这番话至少让我们了解到，先生在主编《词典学概论》过程中，绝不是像现在的一些理论著作那样闭门造车，而是主动地结合实践。

先生在辞书理论和实践中能够提出很多精到的主张，与他在实践上的躬身亲为有很大关系。前文谈到，先生在 20 世纪六七十年代曾写有《说"打"》一文，发表于中国人民大学中文系编的《语言论集》第二辑（1984）。先生在去世前还说到这件事："为了学词典学，我还做了一项十分具体的工作，在吕叔湘先生的具体指导和帮助下，试编了一个长条，那

---

① 我知道的还有对北京话做的社会语言学调查等。《北京话社会调查（1981）》是先生在国内最早采用拉波夫创立的社会语言学研究范式进行研究的重要成果。当年在该成果的发表过程中还有过曲折。在全文收入《胡明扬语言学论文集》时，先生加了一段说明：本文（不包括第二次调查的资料）曾在成都中国语言学会首届年会上宣读，后由《中国语言学报》编委会摘录其中部分资料改写为《关于北京话语音、词汇的五项调查》，刊于该学报第 1 期。

② 胡明扬《胡明扬语言学论文集》（增订本）"增订本序"，商务印书馆 2011 年。

便是对‘打’进行了详尽的考察。我搜集了6000多条关于‘打’的例子，梳理了从东汉到现代各个不同时代‘打’的意义，分成100多个义项，最终写成了《说‘打’》一文。”① 正如有人在追忆文章中评价的那样，这“实际上是一条汉语历史大词典的词条”。正因为有了这样一种扎扎实实的编纂实践（也是语言研究实践），先生无论是在词典理论上还是在编纂实践上才会有诸多令人信服的见解，先生在这方面为我们树立了光辉的典范。

近些年来，先生还积极推动辞书理论研究。程荣在回忆中谈道：“胡先生不止一次地跟我说，应当认真总结《现汉》的编纂经验，原来写过的一些挺好，应当继续深入地做下去。他希望我配合他写一部现代汉语词典编纂研究的专书，把所有优秀汉语辞书的编纂经验和方法都归纳进去，加以提升，启迪后人。然而由于胡先生年事已高，我调语言所之后，工作更加繁忙，此项研究一直未能启动。”“2010年参加第6版审订工作会议时，他再次跟我谈起词典研究的重要性，并告诉我，关于出版词典研究专书的想法已跟商务印书馆谈妥，具体如何操作等《现汉》第6版完成后再具体商量。然而在半年前——2011年6月22日可敬的胡明扬先生却永远地离去了，留下的是那尚未开始的词典研究写作计划，成为世人永久的遗憾。”先生去世前还告诉过我，上海辞书出版社要推出系列的辞书研究著作，要他为这套书作序。在第四届全国辞书理论与辞书史学术研讨会（芜湖，2012年4月）上，徐祖友老师向我介绍了此事的详情：“2011年5月，遵江蓝生先生推荐，我给胡先生打电话，请他为‘辞书研究文库’写序。胡先生欣然同意，只是说‘近来胃不舒服，等好一些就写’。没想到不久就听到了胡先生去世的噩耗。文库已出版的书上就只有曹先擢先生的序了，实为憾事。”

或许是因为在先生的心中词典学、辞书事业占据着特殊的位置，有份特殊的“情结”，当笔者2011年5月30日到病床前告诉他商务印书馆希望先生为《胡明扬语言学论文集》（增订本）写个序时，先生略作思考，口述了一份增订本序，其中主要谈的就是词典学。先生说完这番话后不到半

① 胡明扬《胡明扬语言学论文集》（增订本）“增订本序”，商务印书馆2011年。

个月（6月22日19时零3分）就离开了我们，带着他的诸般遗憾走了。斯人虽去，薪火未熄。先生在词典学、辞书事业上的贡献将永远铭记史册。

补记：

本文已刊于《辞书研究》2012年第5期，此次收入本书，再做校订，以此稿为准。

参考文献

胡明扬．英语用法调查语料库及其他英语语料库（附文：英语用法调查）．国外语言学，1992（4）．

胡明扬．编纂现代汉语规范词典的几点意见．语文建设，1993（4）．

胡明扬．《现代汉语词典》的收词、释义和注音//《现代汉语词典》学术研讨会论文集．北京：商务印书馆，1996．

胡明扬．规范字典和规范词典的重大社会作用．语文建设，1998（3）．

胡明扬．《词汇学词典学一得集》序．汉语学习，2003（5）．

胡明扬．吕叔湘先生对汉语词典编纂事业的重大贡献．人民网（www.people.com.cn）“纪念吕叔湘先生百年诞辰”专题，2004．

胡明扬．规范化和规范词典．语言文字应用，2004（4）．

胡明扬．《胡明扬语言学论文集》“增订本序”．北京：商务印书馆，2011．

胡明扬．《词典学概论》．北京：中国人民大学出版社，1982．

《胡明扬先生纪念文集》编委会．烛照学林——胡明扬先生纪念文集．北京：商务印书馆，2013．

孙德金．略谈词性标注的目的性问题．语言文字应用，2004（2）．

（孙德金：北京语言大学对外汉语研究中心，北京　100083）

《辞书学丛稿》序

宛志文

邹酆先生于2001年出版了《辞书学探索》一书，在学术界引起了较大的反响，几十位知名学者专门致信祝贺和赞誉。著名语言学家、北京大学教授何九盈先生致信说：“先生为辞书学家，无论是宏观或微观研究，均造诣颇深。四大板块，块块有新章。大著为中国辞书学研究作出了重要贡献，特此祝贺。”何先生表达了学者们的热忱和心声。可喜的是，邹酆先生继《辞书学探索》之后，又拟推出《辞书学丛稿》。本人有幸先睹为快。《丛稿》研究的对象和范围虽然仍为辞书学诸问题，但决无重复之嫌。

揣摩其志，首先是拾遗补阙。

在《探索》中，有一个板块——《中国辞书学史》，从两汉至明清(分别为两汉、魏晋隋唐、宋元、明清)，每个时代一篇专论。这些专论高屋建瓴，形成了两千年来中国辞书学史的基本构架。明清以下，更有一组论文，分别论列现代词典学的萌芽、生长、形成和系统化，重点突出，体现了作者厚今薄古、古为今用的治史思想。惜乎中间缺了一截，即近代的字典编纂理论。翻阅《丛稿》，有一篇专论——《近代字典编纂理论概观》，正好补足《探索》之缺遗。

其次，拓宽加深。

应该说，《探索》已从辞书原理、辞书编纂、辞书评论和辞书学史等方面构架起中国辞书学，其涉及的领域之宽和论证之深，都令人欣慰。而《丛稿》又在《探索》已有成就的基础上有所突破，有所前进。从涉及词典的类型看，已由词典而及百科、专科；在语词词典中，由通用字典、词典而及成语；从涉及的地域看，由海内而及海外。

在辞书评论方面，就原则、标准和方法诸方面进行立论，进展相当突出。《丛稿》站在时代的前沿，关注、思考辞书学的现实和迫切的问题，有感而发，与时俱进。虽为一家之言，但与同类文章相比，视野更开阔，意见更具体，可操作性也更强。

在理论建树的进展方面，《丛稿》关于辞书编纂法的探究尤为突出。准确地说，对语义派生的探究成绩卓著。词语有形，有音，有义，音和形是词语的物质外壳，义是词语的灵魂。词义是词语诸因素中最富于变化、最难把握的因素。辞书编纂者，特别是大型语文辞书的编纂者，最大量最要紧的工作是对词义的认知和处理，诸如义项的概括、区分、系联，常常面临剪不断、理还乱的困境，往往出现概括不周、区分不妥、系联不当的偏差。如何解决好这些问题，向来是辞书学界关心最多、议论最热的问题。尽管如此，但多半就事论事，难中肯綮。而《丛稿》则从语义派生的规律中，特别是从修辞派生、语音派生和语法派生的规律中去探索词义的变化，这就抓住了词义发展变化的源头。虽然个中观点未必尽善，辞书同仁亦不免见仁见智，但只要假以时日，充分研讨，就不难逐步精进，弃异趋同。果如此，必将启发我们清醒地认识语义派生的规律，引导我们在认知和处理语义的过程中实现由必然王国向自由王国的飞跃，从而大大增强辞书编纂工作的科学性。因此，其启导作用当毋庸置疑。

邹酆先生的《探索》与《丛稿》都是论文结集。两本著作共收集论文83篇，计72万字，看似单篇散论，实为一个整体。正是这一篇篇彼此独立而又相互关联的论文，共同构建了一个比较完备的中国辞书学史和辞书学体系。邹酆先生本来是一位文艺理论工作者，从事辞书编纂和辞书研究是进入天命之年以后的事。正因为这种特殊经历，他开始并没有构建辞书学或者中国辞书学史的宏愿，甚至也没有写作辞书学专著的打算，只是结合工作的需要关注和研究辞书学方面的某些问题。但他能锲而不舍，推而广之。二十几年来，他凭一己之力，不惮年老和病痛，一方面，密切关注辞书学的热点问题，积极投身于各项讨论和研究；另一方面，注意深深植根于我们民族文化的土壤之中，在浩瀚的典籍中披沙拣金，勤勤掇拾。可以说，凡是中国近代的重要辞书著作，包括这些著作的重要注本，即所谓“字典的字典”，他都一一仔细研究过，而且上挂下连，左右比较，屡有创获，咸有专论。正是众多的个案研究和专论，牢牢地夯实了根基，因而《探索》和《丛稿》所建构起来的辞书学和中国辞书学史，必将卓立于学术之林。

是为序。

（宛志文：湖北人民出版社，武汉　430022）

符淮青先生在词典学研究方面的贡献

万艺玲

符淮青先生是著名的语言学家、词典学家，他将词汇学、语义学和词典学研究有机地融合起来，注重理论和实践相结合，在词汇学、语义学、词典学方面，尤其是词义分析和词典释义研究方面建树颇丰，有许多深刻、精辟、影响深远的见解，对词典学的发展做出了非常重要的贡献。本文主要从以下几方面谈谈符先生在词典学研究方面的思想和贡献。

一　重视词典学与词汇学研究的相互促进作用

关于词典学的学科地位问题，符淮青先生认为："词典学、词典编纂虽然因为绝大部分的工作是研究、处理语言，或许要利用语言学相关部门的成果，但它有自己独特的内容、独特的工作范围。"词典学在学术上占有相当独立的地位。

符先生在认同词典学的独立学科地位的同时，非常重视词典学与词汇学的相互促进作用。他认为："辞书纪录了一定时期的词语，说明词语的形、音、义，有的还溯源及流。辞书本身体现了词语汇集考释的成果，又成为词汇研究的基础。"同时，词汇学对词典编纂又有重要的促进作用：一方面，词汇研究的深入促成了各种类型的词典的产生；另一方面，词汇学研究的成果对解决词典编纂中的各个问题，如词典的收词、词语单位的确定、意义单位的确定、词义的解释、词义和词的组合等，提供了理论的说明和指导。

在这种思想的指导下，符先生词汇学的论文经常谈及词典学问题，在词典学的论文中也常常用到词汇学的理论和方法。符先生将词汇学的理论研究和词典编纂的实践有机地融合起来，极大丰富了词汇学和词典学理论。

二　提出“词义成分—模式”分析理论

解释词义是词典的重要内容，如何准确、有效地解释词义是不少学者关心的问题。

符先生根据词义在意识中呈现、表述的形式分析，认为词义最终要用扩展性词语表述。他认为词典使用的扩展性词语是经过分析、概括、提炼的，因此可以以词典的释义为基础，去探讨各类词释义中内容和形式的共同的东西。

符先生首先以词典释义的材料为根据，分析比较表述词义的扩展性词语的内容和结构，归纳出系统的词语释义模式：

表名物词的释义模式绝大多数都是归类、限定型，可表示为“m＝tL”（m 代表被解释的词，L 代表类词语，t 代表种差），它有六种变化形式。

表动作行为的词的释义模式可以表示为：$A+{}^{b}B+{}^{d1}D1+{}^{d2}D2+\cdots\cdots+{}^{e}E+F$（A 代表原因、条件，B 代表施动者，b 代表施动者的各种限制，D1 代表动作 1，d1 代表动作 1 的各种限制，D2 代表动作 2，d2 代表动作 2 的各种限制，E 代表关系对象或关系事项，e 代表关系对象或关系事项的各种限制，F 代表目的、结果）。表动作行为词释义的不同，正是由于模式中各项出现的情况及其内容不同，其中 D1 为必然项，否则就不是表动作行为的词了。

表性状词的释义模式主要有四种：“（适用对象）+性状的说明描写”式，准定义式和定义式，“形容……”式，“……的”式。

符先生受西方“义素分析”理论和方法的启发，在总结词典释义模式的基础上，提出了“词义成分—模式”分析。他认为可以以普遍性最大的释义模式为基本框架来分析词义。表动作行为的词的意义可以以谓词性的扩展性词语的释义模式、表名物的词可以用“种差+类”的释义模式、表性状的词可以以“（适用对象）+性状的说明描写”的释义模式为框架进行词义分析。具体做法是：以词典对词的释义为基础，考察其在语言中的运用情况，加以适当的调整、限制，使其规整，表动作行为的词、表名物的词、表性状的词分别运用不同的框架来说明、分析词义。

符先生总结的词的释义模式具有相当的普遍性，我们可以将它运用到词典编纂实践中。首先，我们可以以此为基本框架进行词语的解释；其次，可以运用“词义成分—模式”分析检查词典的释义。如：

砍　①用刀斧猛力把东西断开。（《现代汉语词典》第3版）

d1　d1　E　D1

“砍”的释义的D1是“断开”，但“砍”可能断开也可能不断开，《现代汉语词典》第5版就改为：

用刀斧猛力切入物体或将物断开。

d1　d1　D1　E　E　D2

再如：

亮晶晶　形容物体明亮闪烁发光。（《现代汉语词典》第5版）

n　t

“亮晶晶”用“形容nt”式释义，n为物体，但实际上这个词的适用对象并不是一般的物体，而应该是“体积小的物体”，因此释义可以改为“形容体积小的物体明亮闪烁发光”。再次，还可以应用“词义成分—模式”分析，具体展示不同义项的划分依据，据之评论得失。下面举一个简单的例子：

瘦　①（人体）脂肪少，肉少。

n　t

②（食用的肉）脂肪少。（《现代汉语词典》第5版）

n　t

瘦　①含脂肪少。（《新华字典》第10版）

t

从两部辞书的释义我们可以看到，《现汉》“瘦”①②义的划分，是由于强调适用对象不同，表示的性状有差别，《新华字典》则不强调适用对象的不同，因而合为一个义项。

符先生的“词义成分—模式”分析理论，为词义的分析描写和词义解释提供了科学的、操作性强的研究方法，是汉语词义研究、词典释义研究的重要理论成果，它的理论价值和实践价值有待我们深入发掘。

三　从义项的客观性和主观性两方面认识词典义项的设立

确定义项是词典编纂中遇到的最复杂的问题之一。符先生根据我国已出版的几本词典对汉语实词义项的处理，探讨了义项的性质和分合问题。

符先生认为词典中义项的内容不是单一的，至少可以分为三种类型：一个义项是一个意义；一个义项是几个相近意义的排列；一个义项是某个方面意义的概括，其下细分不同的意义。只有第一种类型的义项（狭义的义项）是词典经过细致分析后得到的词义单位，才是词义的最小单位。

符先生认为影响词典义项划分有多方面的因素，包括语言运用的实际情况、词典的性质和任务、语言表述的多种可能、语法因素等，其中语言运用的实际情况是基本的、决定性的因素，它决定义项的真实性和客观性。此外，符先生提出还应该重视人的主观因素对词义单位划分的影响。

符先生认为义项是人们主观对客观语言材料进行分析归纳的产物，义项的表述是用语言来解释语言，语言表述有多种可能，这就使得人们对同一语素同一词的意义表述有多种可能性。当人们根据不同的标准原则划分义项时，正是利用了语言多种表述的可能，由此就出现了不同辞书对同一语素、同一词义项的划分，有概括范围、概括程度上的差别。

不同历史时期的词典义项划分有差别，符先生认为：“现代人所编的词典是根据现代汉语的词汇系统、词义系统，现代人的概念、观念，对古代语言的词语的意义进行分析、概括，区分出意义的单位，其中有许多是同古人的分析、概括是一致的，但有一个明显的变化：随着社会生活、思想意识、语言语汇的发展，人们对客观事物的区分越来越细，许多概念、观念的区分越来越细，对词义的划分也越来越细，特别是出现了表示新概念、新观念的词语时，人们会利用这些新的词语去帮助区分词的意义内容，分出新的词义单位。例如现代人编的词典，用‘大地’‘地方’‘陆地’‘田地’‘疆土’等来说明‘地’已包含在古代语言中的意义，正是利用了主要是近代、现代在语言中新产生的这些词。人们的主观因素受语言系统，受语言的词汇、语义系统，受一定时期形成的概念、观念的制约和影响，因此距离较远的历史时期人们对词义的分析、概括有明显差别。”

关于表名物词义项划分的问题，符先生认为一般表名物的词作为指示整体对象的代表，在一定的上下文中或语境中有表示所指对象不同数量范围、不同部位方面、不同具体对象的作用，对一般表名物的词，并不因此而分出不同义项。只有当这种区分对社会生活、对思想表达、对阅读理解、对交际交流显得非常重要时，词典才会在不同程度上反映这种要求，将这些特指的不同意义分立义项。如《现代汉语词典》为“人”立了“④指某种人。⑥指人的品质、性格或名誉。⑦指人的身体或意识”几个义项，这可以理解为义项的主观性在义项分合上的表现。

四　从语素和词在组合中语义范畴的变化探讨词性的标注

语文词典的词性标注是个棘手的问题。语文词典应该以义项为单位标注词性，这大概已是学界的共识，但是要不要给所有义项标注词性，义项的词性如何确定，不同学者却有不同认识。

符先生认为义项可以分为词义义项和语素义义项两种，词义指可以作为词来运用的意义，语素义指只存在于合成词、固定语中的意义。词典编纂者应该区分义项是词义还是语素义，词义标注词性，语素义不标注词性。某些词典给语素义义项标注词性是不合理的。符先生认为词典给语素义也标上“名”“动”“形”等词性，可能误导读者把这些义项当作名词、动词、形容词，以为它们是能单说或独用的。其次，语素的同一个意义在构词中表示的语义范畴是有变化的，它随着构成的词指示的对象的不同、随着组合的另一个语素意义的不同而变化，如“牧”的“放养牲畜”的意义，在“牧马”“畜牧”中表示的是行为范畴的意义，而在“牧童”“牧民”等词中，表示的是性状范畴的意义。因此给语素义标上固定的“名”“动”“形”等标志，往往不能全面合理地说明语素义在构词中意义的变化。

至于词的词性标注，符先生认为：“语法学一般根据词的基本义在组合中的特征，通常都有几个特征（如形容词能充当谓语、定语，能受

‘很’修饰，不带宾语等)。词的常用义的组合活跃，可以按这个标准来操作。但不少词发展出多个意义，这些意义仅存在于有限的组合中，仅凭有限的组合特征划定词性，不能不让人困惑。”对这种情况，符先生总结了几种不同的处理方式：1. 词在组合中语义变化，语义范畴变化，据其意义和组合特征确可划分为新的词性，新的义项标注不同的词性。如“一”的“同‘就’等呼应，表示先做一下某个动作，紧接着引起某种动作或情况”意义标为副词是可以接受的。2. 组合中语义发生变化，语义的范畴也发生变化，但这些意义多出现在合成词、固定语中，或者组合有较大的限制，如“一”表示“整个；全”，此义仅做定语，同其组合的词语有限制，如“一年”“一屋子”“一书桌”，此义不能做谓语。这个义项具有形容词的特点，但不完全具备形容词的功能，属于非自由义（指属于某一词而不完全具有该词类的组合功能的意义，又有同熟语联系的意义、受句法制约的意义和受结构制约的意义等不同情况)，可以考虑标明词性后再标明其为非自由义。3. 传统的词类划分主要根据词的基本义、常用义在组合中的特点来确定，不少词发展出多个意义，但仅存在于有限的组合中，可以把整个多义词作为一个整体，其发展出的新义表义作用、组合特征有变化，但其组合有很大的限制，可以看作语义范畴改变，而不改标它的词性。对那些语义范畴明显改变，有新的组合特点，并且组合较自由的新立义项，则可以标注它的词性。如“一”的“整个；全”的意义仍标注为数词，“一”的“表示突然出现某种情况”（如“眼前一黑”“心里一慌”）标注为副词。

五　从理论上探讨词典释义中抄袭和继承、借鉴的界限

近三十年来，中国的辞书事业有了飞速发展，但是辞书著作权纠纷也屡见不鲜。“词典（包括字典）一般都是在继承前代及先出词典成果的基础上编成，这在词典的释义中有明显的表现。后代辞书吸收前代辞书的释义成果，使立义有历史的、语言的根据，义项汇集更加丰富，这是人所共知的事实。编得好的词典在继承中总是有鉴别，有增益，有改进，有发展。”但继承不等于抄袭，如何划分词典释义中的继承、借鉴和抄袭的界限问题曾引起学界不少争论。符先生从学术的角度探讨了词典释义中抄袭

和继承、借鉴的界限。

符先生认为认识这个问题应该联系我国词典编纂的历史，区分古人编的词典同现代人编的词典产生的不同社会条件，具体分析编纂者的工作情况和处理语言材料的方式，才能有一个恰当的认识。古代辞书主要收集解释先秦古籍、历代文籍中古语词的意义，目的是“明经”“明古”。“古代辞书对语词的释义多采用一词释一词的方式，由于语言中可供选择的同义近义词有限，有些难以更换，因此后出辞书的释义差不多都是照字汇录前代词典的释义，这容易给人一种词典释义都是辗转相抄的印象。”但是，古代辞书“对语词意义的说解尽量交代出处（所依据的词典或何种古籍注疏），引述例证，这体现了古代词典穷求其字义所出，释义信而有征的科学态度和优良传统，同时也体现了对前代学者的尊重”。另外，从辞书出现的社会条件看，由于书写、印刷、其他物质条件的限制，古人编的辞书都是耗资巨大的学术文化事业，能拥有这类词典的只能是少数人。古代辞书出版在当时难以成为经济效益可观的商业活动，这与现代社会的现代人编的词典是不同的。

现代人编的收集解释现代语言词语的辞书与古代辞书明显不同，现代辞书以解释现代语言词语为主，对词语多采用扩展性词语的释义方式。从理论上讲，语言中表述词的同一个意义的扩展性词语是相当多的，就如我们问“10 是多少？”可以说是1+9，12−2，2×5，20÷2 等等。《现代汉语词典》对现代汉语语词的释义成就最高，但它的释义并不是不可逾越的最高境界。对于现代汉语词语的释义，符先生根据“词义的表述有多种可能性”认为“人们可以从不同的角度，用不同的方法、不同的措词表达词义，强调的方面、详略也可有差异，有创造性的编者正是在这方面发挥自己的才能，使词典的释义各具特色。我们只要比较几部编得好的词典的好的释义，就可以发现各家的释义各有所长，可以相互补充”。词典的编纂者只要在词语的释义方式、释义内容上下功夫追求开拓，在借鉴的基础上，词典释义总会有所前进和创新。

符淮青先生著述颇丰，涉及词典学研究多个方面，除上面我们谈到的以外，他对虚词的释义、释义语句显示被释词语法性质等的论述也颇引人关注。符先生的词典学研究对于辞书编纂质量的提高、词典学理论的建设有重要贡献。

参考文献

符淮青．汉语词汇学史．合肥．安徽教育出版社，1996.

符淮青．指号义的性质和释义．辞书研究，2002（5）.

符淮青．现代汉语词汇学．北京：当代世界出版社，2003.

符淮青．词典学词汇学语义学文集．北京：商务印书馆，2004.

符淮青．对在现代汉语词典中标注词性的认识．语言文字应用，2004（2）.

符淮青．词义的分析和描写．北京：外语教学与研究出版社，2006.

符淮青．略论《现代汉语词典》（第5版）标注词类的作用．辞书研究，2006（2）.

符淮青．组合中语素和词语义范畴的变化．江苏大学学报（社会科学版），2007（1）.

符淮青．词在组合中语义范畴的变化和词性标注．辞书研究，2010（5）.

（万艺玲：北京大学中文系，北京　100871）

赵振铎先生辞书学理论与实践述论

汪启明　夏　宇　吴　迪　刘　亚

我们敬爱的赵振铎先生已过八秩。先生之德山高水长，先生之学宏富博赡，使我们这些学生终身受其荫惠。无论从哪个角度向先生学习，我们也不能望其项背。先生的学问举凡文字、音韵、训诂、文献，均博大精深，尤其值得一提的是，先生与辞书有不解之缘。除多年以来对历史上的重要辞书不懈地进行研究外，从1975年起，先生便投身于《汉语大字典》的领导与编辑工作，一干就是十六年。先生最近几年又将几十年治学的重要成果《集韵疏证》稿进行全面整理，并被列入国家"十一五"重点出版规划。2002年，先生获得辞书学会的最高奖项"终身成就奖"，这既是对先生为我国辞书学界所做贡献的肯定，也是对先生治学成就的高度概括。

一　辞书学思想总论

（一）辞书意义论

先生认为，编辑辞书的意义首先在于文化的积累作用。人类文化与辞书编纂这二者是相辅相成的，文化积累要体现在书面形式上，而其最终会通过辞书编纂人员的劳动反映在辞书上；同时辞书也为文化积累奠定了基础，为文化的发展提供了保证。辞书的出现，满足了人们的文化需要，"文明社会，人们更无法离开辞书"。

要了解辞书编辑的意义，首先得知道什么是辞书。"辞书是工具书，但并不是所有的工具书都是辞书。"辞书不包括年鉴、表谱、手册、索引、引得、通检、地图等，他们是工具书，但并不是辞书。"辞书是一种供检索的工具书，它以词目和解释的形式汇集大量的知识信息，并且按照一定的方式有规则地排列起来。”先生还归纳了辞书的三大特征：1. 从形式上看，任何一部辞书都要收列一定的词目，并且按照一定的方式把它们编排起来；2. 从内容上看，辞书收词以后必须注释；3. 提供知识信息的浓缩性和密集性。辞书的概念和性质决定了辞书的四大要素：收词、释义、解形、注音。辞书可以分为不同的类别，最常见的分类方法是把辞书分为两大类：一类是语文性词典；另一类是百科性词典。通常我们说辞书主要指语文性的工具书，由于汉语和汉字的特点，语文性工具书又包括词典和字典。字典以收字为主，由于有些字的意义只在复音词中出现，所以字典也要收录一些复音词；词典以收词为主，也收一些短语。

1. 文化学意义

先生从中国的历史出发，认为辞书的产生与社会的需要密切相关。当社会不断发展的时候，随着时间的推移，有些前代典籍读不懂了，就需要进行注释。把这些注释汇集起来，便成为人们传统意义上的辞书。最典型的莫过于中国古代的《尔雅》。后代要了解、学习前代的文化，需要借助辞书。辞书是凭借前代文献的注释这种载体而存在的，它又是文献注释的集中体现。辞书这个载体起着传承文化，将生产、生活中的经验、知识和技能传授给下一代的重要作用，成为学校教育和家庭教育的重要工具，成为一个人一生中不能须臾离开的不说话的老师。辞书的使用与人们的文化程度成正比。也就是说，一个人、一个民族的文化程度越高，越需要使用辞书。

辞书本身又是人类文化精华的再浓缩，是知识之母。它在有限的篇幅里向读者提供尽量多的知识和信息，每种辞书都应是一个信息密集的大系统。辞书中的大量信息不是无序地堆砌起来的，而是相互紧密衔接、环环紧扣的一个有机整体，形成一个完整的封闭系统。所涉及领域的知识，在辞书中要不缺漏、不脱节、不重复、不矛盾，并且相互呼应。作为供读者解惑释疑的工具，辞书也必须做到体例统一，文字通顺，术语、符号规范，检索方便。由此，它成为了文化传递最重要的工具。

2. 语言学意义

先生将现代各家对辞书地位的不同观点作了分析，认为辞书学是语言学的一个组成部分，从时代的发展来看，辞书总是由简单到复杂的。语言学和辞书相互影响，其中语言学处于主导的地位。“在现代社会，特别是一些发达民族，他们民族语言的规范形成以后，辞书又将是巩固民族语言规范的一种重要手段。”如在中国历史上，是先有了专书的训诂，然后才有了收集训诂的专书，先有了语言的词汇研究，形成了可供归纳、排列、解释的语料库，才可能有辞书的产生。从文章注释到辞书，从词汇学到辞书学，这个过程是不可逆的。

（二）辞书编纂原则论

1. 继承与创新的原则

先生认为，我国历史上出现过许多各种各样的辞书，这些辞书，都不是前代辞书的简单重复，而是既继承了前代字典有用的成分，又给辞书带来了新的内容。不同时代编写的不同辞书，他们既有共同的规律，也有不同的地方，在辞书编写中，要注意学习和借鉴。

2. 适应与反映社会生活的原则

先生认为，辞书是由于社会文化生活的需要而产生的，那么，在编写辞书时应该首先重视紧密结合社会文化的需求。社会是不断发展的，新的事物不断产生，新的词汇也不断地产生，词汇系统是发展变化的，但也有一些沉淀下来，成为全民的基本词汇。同样，辞书是搜集和解释词语的，也是静态与动态的统一，是发展性与稳固性的统一。

3. 重视历史传统的原则

我国有丰富的文化遗产。用汉字记录汉语中的词有无比的优越性，历代的文化积累，为我们留下一大批语词类的辞书。先生提到，我们的辞书编纂，只能在已有辞书的基础上进行，历代为辞书编写工作积累了丰富的经验，汇集了一大批资料，这些都是我们今天编纂辞书必须要继承的宝贵遗产。

4. 收词释义考虑历史文化因素的原则

先生多次强调，语言的历史和人民的历史密切相关，要在辞书体例许可的范畴内，结合使用那种语言的人民的历史，对事物的名称、生产活动的方式、典章制度进行释义，或者在选择用例时考虑历史文化因素，这样才会大大增强辞书的知识性。

5. 以学术为基础，不断吸收语言研究成果的原则

语言在不断地发展，语言文字学家也在不断地进行研究，辞书总是在

语言文字的研究发展到一定的水平上才产生的。没有语言文字的理论的指导，辞书是无法进行编写的。就传统的辞书而言，总是学术在先，没有学术的基础，不可能编出高质量的辞书。到了现代更是如此。在电脑时代，编写词典变成了一项百科全书式的工作，需要庞大的知识积累，不仅要对语言文字本身有深邃的研究，对民俗学、地理学、天文学，乃至相关的现当代科学技术知识的储备、要求更是永无止境。请教业内专家、查找各种资料、建立语料库，都是必不可少的，但是最后都要经过学者型的编纂人员的理解与体会才能行诸文字。

6. 系统论原则

先生指出："编纂辞书有很强的针对性，即使是一个人编一部辞书，也不是信笔而至，以意为之，而是要对所决定编纂辞书的读者对象、内容等各个方面进行精心的设计。"不同的辞书框架设计不同，释文模式不同，行文语体不同，每一部辞书都是一个无比浩大的综合工程。即使到了辞书最后定稿的时期，哪怕一个词头的修改，也可能引起全书的相关改动。所以编纂辞书要一开始就设计好体例，做好规划。

（三）辞书学科建设论

辞书在国家、社会和历史、文化发展过程中非常重要，但是辞书能不能成为一门学科呢？辞书学的内涵和外延是什么呢？先生提出了自己的看法：以辞书作为研究对象的学问称为辞书学。虽然许慎的《说文解字叙》可以是一篇有水平的辞书学论文，但这不能说就是辞书学这门学科的建立标志。当前的辞书学仍然是一门非常年轻的学问，许多问题都还需要研究。先生提出了辞书学科建设的三大范畴，这就是"辞书学的理论""辞书学的历史"和"辞书的编纂"，并且认为这些内容都还在建设阶段，辞书学是一门新兴的学科。

关于辞书学的地位，一般认为是语言学的一个部门，现在随着专科辞书的出现，有人提出不同的观点，认为应该从语言学中独立出来，成为一门新的学科。先生认为，辞书所收的是语言中的词，"辞书学的核心是编纂辞书的工艺，这些工艺以语言学理论为指导"，"辞书学涉及的问题很大一部分都和语言学特别是词汇学有密切的关系"，"它是从解释和编排的角度来处理语言词汇"，"它只能够从属于语言学。"

二　辞书学思想分论

（一）收词论

收词（字）是辞书编纂首先应该解决的问题，它是辞书编纂的第一道程序。哪些词（包括收字，单指字典时例外。下同）该收，哪些不收；传世典籍、出土文物、方言、外来词、新词等该如何收录；异体字、异形字该怎样清理；字典收复音词的标准是什么，等等，这些问题所涉及的许多细节都要考虑得清楚明白。辞书收词是否得当，直接关系到一部辞书的质量问题。

对这个问题，先生做了深刻的论述。辞书收词的原则是由它们的性质和任务决定的，大型辞书要考虑到辞书收词的历史继承性。古代典籍中的词可收得宽泛些，近现代新出的词要严些。要坚持辞书收字的典范性和描述性原则，在遇到具体问题时从语言实际出发，具体问题具体分析。

先生举例说，《汉语大字典》以《康熙字典》为底本，在此基础上扩大了收字范围，收录了《康熙字典》中漏收而又见于传世典籍中的字，如《墨子》中的“傂”字；元、明、清一些文学作品中的字，如“踓”；秦汉时期的竹简、帛书，汉代以来的碑刻文字，晋以下的抄本，历代的出土文物，只要音义明确的字，字典也应该收；至于有影响的方言和日本字，字典也要收录，如四川方言“趿”字和日本字“畑”等等。

异体字的出现是由汉字本身的特点决定的，异体字的清理是大型辞书的一项重要任务。先生提出的方法是：首先要确定正体字。通行的楷书繁体字，最有资格作为一组异体字的正体，如《简化字总表》《新华字典》《现代汉语词典》《辞海》等收录的简体字后面的括弧内的繁体字都是通行的楷书繁体字，应选为正体；没有简体字的异体字应以《第一批异体字整理表》《印刷通用汉字字形表》所列正体字为正体；以上书中没反映的异体字，以文籍中通行习见的为正体；篆体隶定中的几种形体，以通行的楷书繁体字为正体；形体差异大的异体字以《辞源》《康熙字典》《中华大字典》三本辞书所取字形为正体字，没收的也以它们所取的字形为正体字；冷僻罕用字，以有用例的为正体，没有用例的应对历代辞书中的材料分析后再作决定。总之，异体字的情况很复杂，遇到具体情况要用不同方式处理。

先生认为，字典收录一些复音词，是由于汉语的一个字有时并不代表一个词，字典在收字时应该处理好字与词存在的矛盾，字典不是词典，某些单字的义项只出现在复音词中，那么只需收录这些复音词便可，《汉语大字典》在收列复音词时只要单字有义项就不必在单字下再带出复音词，这一点比《康熙字典》和《中华大字典》做得好。

又如外来语词汇的收集。我国从汉代以来便有外来词传入，“葡萄”一词最为典型，明朝李时珍写《本草纲目》时便已经不清楚它的来源了，“南无”是一个佛教用语，宋人已经不懂得它的意思了。因而需要对其进行解释，也应该收入辞书中。

（二）释义论

释义是辞书编写的关键，是辞书的灵魂所在，它在很大程度上决定了一部辞书的优劣。

先生认为，辞书释义的原则是要求简洁和准确，要注重词义的历史性和概括性，尊重语言事实，从语言的社会性出发，用语言学的观点、历史的观点来解决大型辞书的释义问题。应该当分则分，当合则合，既注意释义的“圆”，又注意释义的“专”；既注意释义，又注意排序。严格从语言事实出发，在遇到具体问题时还要具体分析。在涉及释义的诸多问题上，如建立义项、释义方式、义项排列、多义词的解释、造字之义和用字之义的辨别、本义和引申义、假借义和通假义的处理、异体字、名物字的解释等诸多问题上，先生都作了论述。

先生认为，词典里词的义项，应该是词的理性意义，词义要有概括性。虽然义项历来没有一个被公众认可的定义，但是义项还是容易被感知的，辞书的编纂者完全能够通过概括、综合、分析来归纳出义项。确立义项的方法有三条：首先要充分利用前代辞书，其次要占有大量的语言材料，再次要对语言的用例概括分析。在利用前代辞书建立义项时，增删义项一定要仔细推敲，有凭有据。

在字典释义的诸多问题中，通假字的释义是字典释义的难点，先生在《字典论》一书中，用了整整一章来谈字的通假义。首先，可以通过通假字的性质来辨认通假字。通假字是一个历史平面上用字的分歧现象，它与那个时代的读音相同或相近有关，通假字还必须有用例和其他证据。其次，必须把通假现象与假借字、古今字区分开。许慎解释假借是“本无其字，依声托事”。而古今字是指古代字少，一字多义，后来由于交际需要，创造了后起区别字。三者虽然各有特点，但在辞书释义时有交叉重叠的地方。再次，处理通假字要注意吸收前人成果，汉代的学者已经注意到通假现象，清代学者的成果也要注意吸收。最后，通假现象要严格从语言事实出发，有无用例是确定通假的重要标志。通假现象是客观存在的，但由于个人认识不同，解释的时候存在分歧。

先生认为，举例和释义有密切的关系，它是佐证释义的重要手段。有位外国学者形象地比喻为“一部没有例句的词典只是一具骷髅”。由于辞书里面的义项具有概括性，有时词义不易理解，这时举例更为重要。所举书证要和义项一致，还要尽可能使用始见书证。

（三）解形论

汉字是一种形体结构复杂的表意文字。汉字发展到今天，字体经过了多次变化，加上字的孳乳，形成了一个庞大的汉字体系。因此，字典有必要分析汉字的结构，说明它的源流演变。

先生在总结前代字典编纂中关于字典解形部分的经验教训后，认为在大型字典中，解形部分应该占有重要的地位。因此，应将字形的解说作为一个独立的部分，而不并入有关义项的释文中。同时，他还认为字典的解形一般包括两个部分：一是古文字形体的收列，一是字形结构和它的源流演变的说明。在解形时要做到选字合理，解说准确。由先生主持编纂的《汉语大字典》正是这样处理的：在楷书字头下面收列能够反映字的形体演变关系的、有代表性的甲骨文、金文、小篆、隶书形体，并且简要地说明它们的源流演变。这样做不仅可以把一个汉字的形体演变情况清楚地呈现在读者面前，而且在古文字形体之后所附的简明说解为读者进一步认识一个字的形体结构和源流演变提供了方便。此外，先生还认为，楷书字形发生了各种变化，有些字还经历了复杂的演变过程，也应该对此进行研究，这样可以大大丰富字典解形的内容。

在选取古文字形体时，先生认为，应该精选具有代表性的、能够反映造字本源和字的源流演变的古文字形体，并且要注意它们的特点。同时也要注意收录《说文解字》以外的古文字形体。他还特别强调古文字形体的收列一定要注意材料的翔实性，不主张使用转手材料。这一观点对于字典的编纂很重要，但又是最容易被忽略的。比如《康熙字典》在释义时总是先引《说文解字》；《中华大字典》虽在单字下面收列甲骨文、金文、小篆等各种形体，但他们多利用第二手材料，存在不少问题。至于那种在古文字中只有一个形体，而后世分化为几个不同音义的字，应该据实际情况分别收录，并且所收列的那个字在原文献中的意义应该和楷书的字头相应，切忌张冠李戴。

在对字形结构和源流演变进行说解时，先生认为《说文解字》是一部必需的参考书，但不可盲从。应先对材料谨慎鉴别，去伪存真，方可加以利用。同时还应慎重地吸收新的语言研究成果，从历史的角度分析汉字的结构，力求做到古今结合，既符合语言发展规律，又能客观真实地反映文字的源流演变情况。先生这种科学公正、实事求是的治学态度值得古汉语辞书编纂者认真学习。

（四）辨音论

注音是辞书编纂的又一重要问题，任何辞书都离不开它。《说文》中的“从某，某声”、“读若”、“读与某同”就是表示字音的。反切发明之后，字典的注音采用反切方式。而《康熙字典》除大量使用前代韵书的反切之外，还在反切之后标注直音。汉语拼音方案公布以后，辞书的注音则采用拼音方案了。但是，正如明代学者陈第所说“时有古今，地有南北，字有更革，音有转移”（《毛诗古音考自序》），先生从辞书编纂工作的实际出发，就反映字音的古今变化关系，对字进行合乎规范的标音，在总结前代字典注音得失的基础上提出了自己独到的见解。

关于注音的原则及方法，先生认为“大型字典有重点地、适当地反映汉字字音的历史演变和发展的注音原则无疑是正确的”。字音与字形、字义相互协调的问题，先生主张采用三段注音法，即注音分现代音、中古音、上古音。现代汉语以具有规范性的普通话读音为准。中古汉语以《广韵》《集韵》为主要依据，注出反切并标上音韵的地位。上古汉语则因声类和声调的研究存在不少争议，而主要标出韵部，以近人归纳的三十一部为主要依据。这样根据每个字的历史面貌注释其今音、中古音（反切及声韵调）、上古韵部的方式，能更好地反映古汉语的客观面貌，给读者一个完整准确的概念。

先生对字典注音问题的认识有几点值得注意：1. 先生认为，“字音的标注应注意汉语和汉字的特点，注意字的形、音、义三方面的联系”。汉字是形音义的结合体，音随义转，义以音生，义既寄于音又托于形。由于字的形、音、义的变化发展不平衡，彼此间的联系错综复杂。因此，确定一个字的读音不能够单纯依据音切资料，而应该多方取证。2. 注音工作既要注意正确掌握和运用语音演变规律，又要注意语言的社会性。语音要受社会的制约，按照音变规律类推出来的音，一定要服从普通话语音结构规律的支配。在对字进行注音时，不能因为类推而出现普通话里面不存在的音节。因此，遇到这种情况时，赵先生建议标注一个声韵相同而声调有别的音。这种实事求是的处理方式便可将汉字的古今音完美地贯通。此外，先生还强调：“字音的标注不是一劳永逸的，这是一项经常性的工作。在字典的修订工作中也要考虑字音的修订。”先生在字典编写成书后，有暇进行字音的审订工作，写了一些短文，如认为古代西南少数民族“冉駹”的“冉”不音“nán”。又如“枳”和“稄”两字有异体关系，注音应统一。可见，在注重语音共时研究的同时还应特别注意语音的历时研究，既注意语音的发展变化历史，又注意语音的现实情况，真正将“古今兼收，源流并重”的辞书编写原则贯彻到底。

三　辞书学史论

我国辞书编纂的历史源远流长，面对先辈们为我们留下的众多的辞书，我们只有了解古代辞书的编写情况，总结编纂的经验教训，从中汲取有益的东西，才能编出更多高质量的辞书，为提高全民族的文化水平做出贡献。

为此，先生以他亲身参与《汉语大字典》的编纂工作体会出发，大致梳理了辞书发展的历史，写了一系列的辞书学的专著，包括《辞书学论文集》《古代辞书史话》《辞书学纲要》和《字典论》等专著，还有关于《方言》《尔雅》《释名》《集韵》等辞书的多篇论文。

（一）辞书史的研究为今天的辞书编纂服务

辞书史的研究在辞书学中占有重要的地位。任何一门学科的发展都要经历过去、现在和未来三个发展阶段，我们只有总结过去的经验教训，面向今天的辞书编纂，才能推动未来辞书编纂的繁荣与进步。因此，对这门学科的历史发展演变进行追溯，学习和研究已有的辞书及相关学术著作，揭示辞书发展的规律，显得十分重要。

研究古代辞书史就必须对古代标志性辞书进行研究。古代的辞书众多，质量也参差不齐。要从众多的辞书中找出最具代表性的书，需要下功夫来取舍，这只有具备专业素养的学者才可能做到。在《古代辞书史话》一书中，先生精心挑选了古代最重要的几部辞书，采取以点带面、点面结合的方法勾勒出古代辞书发展的历史，总结了这些辞书在编纂中的得失。

例如，总结《尔雅》在辞书编纂中的得失时，先生认为《尔雅》的释义方式“在今天的辞书编写中仍然没有失掉它的意义，只是更完善更细密罢了”，但是《尔雅》中的互训、递训和声训三种解释词义的方式已经被淘汰了，所以在辞书编纂中不能再用这三种释义方式，同训的方式也是不可取的。《方言》虽受到《尔雅》的影响，但是两者还是有区别的，《方言》“主要目的在于探明词语在时间和地域上的差异”。先生对扬雄搜集材料的方法表示赞同，认为这是我国历代方言调查所采取的主要方式之一，对我们今天进行方言调查和方言词典的编纂都是大有裨益的。先生还充分肯定了《说文解字》在部首编排上的创建和许慎对“六书”的正确认识，肯定《说文解字》在释义时对不好解释的字采取引用例证来解决它，这是最早的辞书举例释义法。《释名》是声训词典，先生从辞书编纂的角度探讨了声训在《释名》中的重要作用。在总结古代韵书编纂经验时，先生选取了《广韵》作为代表，认为它对保存古代文献材料和中古音系，并以此为基础上推上古音，下贯近代音，有重要的作用。《佩文韵府》是辞藻和典故的汇编，是“以词语下字相同来归并词语的逆序词典，这在辞书史上是独树一帜的”。《康熙字典》在辞书编纂的经验中有许多可取之处，如部首编排，体例，字典前面的凡例、总目、检字、辨似、等韵各一卷，这些对于今天的字典编纂都有借鉴作用。关于古汉语虚词词典的编纂，先生以《经传释词》为代表作了分析，认为王引之发明的虚词条例和规律较其他学者多，采用的方法更严谨。最后先生总结了《经籍纂诂》在辞书编纂中的经验，认为它在义项的丰富上值得肯定。

（二）辞书史与语言学史相互依存，相互为用

古代辞书并不是为语言学的目的而编写的，但其中却反映了我国古代学者已有的进步语言学思想。对古代辞书史的梳理也是对古代语言学思想的梳理，辞书史和语言学史是相互依存的。对古代辞书史的介绍，先生紧紧抓住了两者的相关之处，以一个语言学家的视角来审视辞书发展的历史。在《古代辞书史话》中具体介绍每本辞书“一般包括编者、编写年代、编写方式、基本内容，它从前代辞书吸收了什么，有什么特色，对后世辞书有什么影响等等”。这些内容既是辞书史的内容，也与语言学相关。既然辞书史的考证涉及了语言学的问题，我们可以把它的成果引用到语言学的研究当中，如《方言》中扬雄把“不同意义的词都归入到同一词条而注明它的方言来源”来编纂辞书，比古代许多国家都要早。《说文解字》首创“部首检字法，解形、释义、注音、引证各方面具备规模”，而西方到十六七世纪才有人做这方面的工作。“《释名》对事物的命名由来虽然带有很多的主观猜测成分，但还是有其合理的成分。”在语言学史上，《释名》提出了事物得名由来的问题，还根据发音部位对语音进行了分析描写。这些不仅在中国语言学史上，甚至在世界语言学史上也居于领先地位。

（三）对一些有争议问题的独特认识

在对古代辞书的研究中，有些问题争议较大，先生能够从众说纷纭中独辟蹊径，而他的创见却又是使人信服的。如关于《尔雅》的作者和成书年代，先生认为“古书不一定出自一人一时，可以设想，西汉初年就有个《尔雅》的本子，后人不断增加”。长期以来学者们一直争论是《毛传》抄《尔雅》，还是《尔雅》抄《毛传》，先生认为“在没有足够材料证明《方言》不是扬雄作的之前，把这部书的著作权归给扬雄是恰当的”。关于《释名》，有的学者认为它是“主观的、唯心的训诂理论，从唯物的语言学观点来看，它在中国语言学史上并不占有重要地位”。先生认为“这种看法是不公允的”，“从语言学的历史发展来说，在科学的词源学产生以前，

人们对词源的研究都经历了这样一个主观猜测的阶段”，对书的评价要放在当时的具体发展历史中来看。对《经典释文》是不是辞书的看法，先生根据判断辞书的标准，主张不应把它看成是辞书。关于《切韵·序》，学者有不同的看法，先生详实严谨地论证了“《切韵》一书要解决的四个问题是：1. 校正方俗音；2. 严格规定切语用字；3. 评论各家韵书得失；4. 确定正音规范。确定正音规范是中心”。

四 辞书实践论

（一）几部重要辞书的编纂实践活动

除了系统而全面的辞书学理论构建，先生还先后参加过《汉语大字典》《成都大辞典》和《四川百科全书》的编纂工作。

1. 《汉语大字典》

《汉语大字典》是先生的辞书学理论与实践相结合的集中表现。

先生从 1975 年起，便参加到《汉语大字典》的编纂工作中，并且受托担任常务副主编之职。当时徐中舒先生已 77 岁，在此后的字典编纂工作，比徐先生小 20 岁、正当年富力强的先生便承担了主要的工作。

《汉语大字典》是为了改变“大国家小字典”的现状，由国家出版事业管理局提出，由周恩来、邓小平批准组织编写的，是一项重要的政治任务。先生提出：“资料建设工作非常重要，它是字典能否达到高质量的基础。”从 1975 年起，四川、湖北两省有关人员参加了这项重要的工作。当时仅有一个领导小组，确定体例，组织编辑队伍，而且用两年的时间做了七万多张卡片。最早有李格非、冉友侨先生等参与其事。1979 年 11 月，根据组织上的安排，徐中舒先生出任《汉语大字典》主编一职，先生与李格非则为常务副主编，其他副主编有冉友侨、朱祖延、李运益、晏炎吾四人。先生负责四川方面日常的编务工作，徐先生则发挥所长，对古文字的字形工作做了许多重要的指导。到 1985 年 1 月，徐先生因身体的原因，没有能继续参加《汉语大字典》的工作，这样，四川方面前期的资料工作和日常的编辑工作以及整部《汉语大字典》后期出版前的终审工作主要落在了先生身上。《汉语大字典》十六年的编纂过程，正好是先生最年富力强的时期，这是先生用自己的辞书学理论指导实践，并从中总结经验，再上升到理论的重要时期。《汉语大字典》的编纂实践，是先生近年来出版《辞书学纲要》《字典论》《辞书学论文集》的实践基础。

2.《四川百科全书》

《四川百科全书》是先生辞书学理论的又一重要实践活动。这部书历时三年，最早有关方面要先生担任主编一职，先生以为“主编”要“主”又要“编”，自己事务较多，就婉言推辞了。先生认为，主编不能虚设，辞书编纂工作尤当如此。他虽然只担任了副主编，但对编纂工作仍然悉心指导，认真审稿，仔细修改，保证了这部书的质量。

3.《成都大辞典》

这也是先生辞书学理论的又一重要实践活动。先生担任编审委员会副主任。写了“成都概况”，审读了“成都方言”的书稿，并多次在有关编写会议上提出了自己的建议。

（二）辞书队伍建设

先生认为，好的辞书离不开好的编纂人员队伍。出版社的编辑是编纂队伍中非常稳定的部分；许多大型辞书都是国家组织力量进行编写，但是“一部大型的辞书，仅靠出版社的力量，即或是有很强的力量，也是难以完成的”。不仅要专业化，还应该依靠集体的力量，“集体的力量来自社会，动员社会力量编辑辞书是一项行之有效的办法”。在先生领导《汉语大字典》的过程中，这两种力量，既有数量不足的问题，又有质量亟待提高的问题。先生提出，数量不足，可以发挥学校的作用，即培养辞书学方面的研究生来解决，这是一个行之有效的办法。当时四川大学专门收了一届字典学研究生，他们后来都成为《汉语大字典》工作的重要编辑骨干。通过出好一部辞书，带出一支队伍，这是先生在实践中总结出的一条重要经验。这个队伍可以用培养研究生的方式，“但这不是唯一的方式”，还可以通过从社会上招收的方式，在实践中加以培养，《汉语大字典》从社会上招收录用的人员，后来相当一部分都成为辞书学界的重要力量。

（三）辞书的修订工作

先生认为，辞书定稿后，修订的工作应该马上进行。大型辞书往往动辄有上百人参加。这些人水平参差不齐，对编写条例领会程度不一，甚至认真的程度也不是一样整齐的。所以，时时修订辞书是他辞书学理论的一个重要观点。这是因为：一、编写者无论多么地小心，多么仔细地修改，想毕其功于一役，而不出现任何错误是不可能的。政府组织多人完成的大型辞书更是如此。二、时代在前进，社会在变化，对于同样的词，有不同的看法。词义也有扩大、缩小和转移等情况。三、新词不断地产生，新知识不断地更新。所以，出版界曾被人讥之为“无错不成书”。辞书也概莫能外。那种辞书一旦出版，队伍就解散，即便挂一个牌子，也名存实亡的情况，于一部辞书无益，对整个辞书编纂事业也是有害的。

能否及时地进行修订，是决定一部辞书生命力长短的重要一环。先生提出，修订可以是局部的，既可以保持原有面貌不改变，对存在的一些错误进行纠正，也可以对原有的体例做一些改正。“辞书本身是一个系统”，在修订中，注意辞书各个组成部分的相关照应是非常重要的。先生还具体提出了辞书修订的几项重要工作，一是要有一支队伍，二是要有一个机构，三是兵马未动，粮草先行，四是要有一个规划。这些都是辞书出版后应该加以注意的。

国外的辞书一般都是两年就更新一次。从理论上讲，词典应该3—5年更新一次。在修订中要时时注意新的研究成果。要处理好稳定与修订的关系。《新华字典》45年间修订了8次，平均每五六年修订一次，在我国的字典界中可谓绝无仅有。修订是保持字典词典青春活力的唯一法门；但是修订绝不等于新编，必须吃透原来的编辑意图，保持它原有的特色。可以在原来的特色基础上加以发展，但不能不顾原来的设想，实施另外一套方针——修订者没有权利这样做。可惜有些字典修订得过了头，修订者过分热心，不愿多花力气去熟谙原书的底细，有时没有经过深思熟虑（其实他并非反对原来的意图），只是仓促地凭着自己的学识或习惯大刀阔斧地操作，这是修订字典的大忌。这样做，还可能把正品修订成废品。

《汉语大字典》出版后，社会各界提出了不少的建议意见，而编纂处名义虽在，但实际上没有专门的班子负责修订，导致了目前《汉语大字典》修订滞后，先生于此十分焦虑。他认为，这部书已经出版了十多年，应趁还有一些编写者健在的情况下，将全面修订提上议事日程。

五　结语

先生的辞书学理论既继承我国辞书编纂的优良传统，又注重吸收国外先进的辞书学理论，并在此基础上有所发现、有所发明、有所创造、有所前进，挖掘出了许多新的东西。无论是在理论的建构方面，还是在具体的方法如收词、释义、解形、注音等具体方面，都为我国的辞书学做出了重要的贡献。

参考文献

赵振铎．辞书学纲要．成都：四川辞书出版社，1998.
赵振铎．字典论．上海：上海辞书出版社，2001.
赵振铎．辞书学论文集．北京：商务印书馆，2006.
赵振铎．古代辞书史话．成都：四川人民出版社，1986.

（汪启明，夏宇，吴迪，刘亚：西南交通大学艺术与传播学院，成都　610031）

李尔钢《词义与辞典释义》平议

汪耀楠

在辞书学界，李尔钢的论著是引人注目的，毫无疑问他是一位后起之秀。我一直在关注着尔钢的论文，希望他能在辞书学领域有大的建树，提出并解决一些理论问题，为我国蓬蓬勃勃进行的辞书编纂事业提供理论参考。

尔钢的第一本辞书理论著作是2002年出版的《现代辞典学导论》[①]。2001年夏，他拿着打印稿，希望我能写一序言。我当时正因颈椎疼痛难忍，不能伸直，准备住院治疗，且手头又有邹酆先生的《辞书学探索》序言待写，就把为尔钢写序排在后面，准备在住院时写作。哪知一住进医院，打吊针、服药、牵引、推拿、电烤，医院把十八般武艺都用上了，我则像明星赶场一样，一场一场地赶，真个是忙得不亦乐乎，哪里还有心思和时间写序！结果呢，一个多月过去了，序未写，事未做，颈椎照样痛，头照样偏，奈何！

我亏欠了尔钢的一次重托，心里一直不安。待到2006年尔钢的新著《词义与辞典释义》出版，我就想着写篇评论，来补偿我的亏欠。

直到最近，在崇文书局召开的一次辞书新闻发布会上，与尔钢谈起这事，才最后决定写这篇文章。

---

① 李尔钢《现代辞典学导论》，汉语大词典出版社2002年。李尔钢《词义与辞典释义》，上海辞书出版社，2006年。

一

词典学在欧美已成显学。一位德国友人曾寄给我一本欧洲语言学术讨论会论文集，那里面的大部分论文都与词典有关，不少论文都是通过对词典的研究讨论语言学问题的。在我国，有的学者就是引进西方的语言学理论来构建自己的理论体系。魏世弟在《中国现代辞书学派的生长》一文中曾分析过这一现象，把中国现代辞书学分为三个派别，即理论派、实践派、传统派。

尔钢不属于其中的某一派，他的论著给人的深刻印象就是兼收并蓄，视野开阔。《词义与辞典释义》主要参考文献有121种，其中西方的有20种，这还不包含征引多种字词典的例字和条目。他征引的文献包含人类学、符号学、认识论、语言学、语义学和词典学的著作。我们看看《词义与辞典释义》谈“词的由来”的征引情况就能窥见一斑。他先后提到的人物有古埃及的索斯神、日本的太阳女神天照、古巴比伦的那布神、古印度的创世神婆罗贺摩之妻萨拉斯洼蒂神、古希腊哲学家柏拉图、普鲁士科学院士苏斯米希、我国宋代的王安石、古希腊哲学家伊壁鸠鲁、英国达尔文、法国卢梭，叙述了与他们有关的语言起源的观点。而征引的书目先后则有《荀子·正名》、恩格斯《自然辩证法》、《圣经·旧约·创世记》、许国璋《论语言和语言学》、巴奇《埃及巫术》、《孟子·滕文公上》、刘师培《小学发微》、章炳麟《国故论衡·语言缘起说》、赫德尔《论语言的起源》、高名凯《语言论》、王力《汉语史稿》、利奇《从概念及社会的发展看人的仪式化》、萨丕尔《语言论》、《周易·同人》、《淮南子·主术》，一万字的篇幅征引26种有关论述，然后得出自己的结论或者归纳成若干问题进行分析。词的由来，语言的起源，本书讨论了四点，即神创造语言说、语言起源于感叹说、语言起源于契约说、劳动创造语言说。作者写道：

这些解释，应该说都还有待于证实。神授说不必详论了，世上本来就没有神。感叹说解释不了个人的情感与语言的社会性之间的关系，毕竟语言是一种社会现象，而个人的感情更多是个人的生理—心理的问题。社会契约说看到了语言的社会性，但是讨论契约需要使用语言，社会契约说解释不了最初没有语言如何达成契约这一问题。劳动说合理地解释了语言产生的最根本的社会需求，但它指出的是语言产生的社会条件，还不是人们所需要的对于语言产生历程的具体描述。

接着作者叙述了为探求语言产生的真谛，人们对灵长目动物大猩猩等、幼儿、处于原始状态的部落语言进行的研究，感叹道：

但是，迄今为止，人们仍无法获得令人满意的关于语言是如何产生的解释。

征引文献材料，旧时和当代的难易程度是很不一样的。过去学富五车的人方能做到把论点或结论的确立放在记诵或翻检大量资料的基础上，现在在电脑中寻检即可获得。因此见到我上面抄录作者征引的人名、书名，可能会说，这也值得一提么？而我却不仅提到，还在那些征引之后又引出了作者的议论，这是我要说的重点。

评价论文，有多方面的标准，而知识的广度和识断的深度是一个重要标准。从我上面的介绍和全书征引的材料看，这本著作对所征引的材料保持着清醒的头脑和自己的识断。在我们国家，马克思、恩格斯的观点往往是具有权威性的。所谓权威性，就是颠扑不破、不可改易、人人得绝对认同服从的真理性质。恩格斯对权威曾有过专门的论述。本书对语言神授说、感叹说、社会契约说和劳动说逐一说明其问题之所在，表明了一种求真求是的精神。在评价恩格斯的观点时，把这位马克思主义的创始人之一的革命导师放在同其他学者平等的地位来进行讨论，指出不足，尤其难能可贵。

语言或词的起源尚无一致认同的结论，作者采取“知之为知之，不知为不知”的态度，只谈到了人们所达成的一些共识，而不是“强不知为知”，作出某种结论。这是做学术研究应有的态度。

二

把词义看作是一种结构，把释义看作是解构，是这部作品展现给我们的新的内容。在讨论“实词的意义”中，作者引出索绪尔表示对语言符号认识的椭圆图和奥格登-理查兹的语义三角图，说明了词义结构及其解析，指出，后者以三元（即①事物；②符号；③思想或所指内容）解释语义，相对于索绪尔的二元（符号与概念，亦即椭圆图所说的音响形象与概念）解释“是一种历史的进步”。

作者对二元这种其来有自的解释语义方法，援引古今中外学者的观点进行了介绍和分析，对古希腊柏拉图以“词”和“事物”二元对举、中国先秦荀子的“名”“实”对举，以及公孙龙子、韩非子并英国罗素等人的有关论述都进行了深入讨论。接着又介绍和分析了古今中外使用三元法解释语义关系的情况。《周易》的物、意、言三元说，《墨子》的实、举、言三元说，《庄子》的物、意、言三元说，都是饶有意味的。作者介绍论述先秦的三元说，指出近现代学者对古代学说的继承，对所论对象古今中外的重要论说，都作了交代。

对词及其意义的论述，既是语言学、词典学的问题，也是逻辑学、哲学的问题。在中国哲学史上，名学是一个备受关注的课题。胡适早年所著的《先秦名学史》为我们理解词、词义或者说名和实提供了很好的参考。例如孔子把“正名”看作是“为政”的第一要务，所谓“名不正则言不顺，言不顺则事不成，事不成则礼乐不兴”，所谓“君君、臣臣、父父、子子”，都包含着词和词义这两个方面，孔子强调正名和正辞，远比我们现在所说的术语规范深刻，他是要以严格的思想的确定性和伦理道德的约束性来规定“名”的内涵和外延，以实现他生活在乱世之中对社会思想和政治制度重建的追求，这是具有立法性质的“拨乱世反之正”的学说。

我们知道，《春秋》是先秦时代最重要的一部史书，那里面的记事用词方法有着特别深刻的内涵。所谓孔子作《春秋》，使乱臣贼子惧。惧什么？惧的是“春秋笔法”和“微言大义”，惧的是历史对他们罪恶的记载，遗臭万年。而这个记载往往就是一个动词，如“杀”“弑”“侵”之类：“卫州吁弑其君完”“晋赵盾弑其君夷皋”“卫人杀州吁”。“弑”用于犯上，“杀”用于被杀的本人是杀人者或篡位者。这种现象，不仅仅是可以作为词义二元解说的事例，也可以从三元方面去理解。

本书的写作，十分注重历史。不论是解释语义关系的二元法、三元法，凡关涉历史诠说者，不论中外都作了介绍。19 世纪末，德国学者弗雷格发表的《论意义的所指》和《对意义的所指的解释》，区分了符号、意义和所指，指出在一般情况下，符号有相应的意义，意义有相应的所指，所指有不止一个符号；而在有些情况下，一个符号有意义，但没有所指。又说，把握了意义，并不一定就把握了所指。这些征引介绍，对我们理解词义和释义都是至关重要的。

三

本书的第一、二、三章从语言学理论上论述了词和词义的问题，而四至十四章论述的是释义。

这是一个完整的释义体系，它包含了“注释的释义与辞典的释义”“定义释义”“辞典释义方式”“专科释义与知识附加”“虚词释义”“多义词的释义”“同形词及其注释”“词类与词性标注”“解释使用中的语言”“释义元语言”“双语释义”。

逐一评价这些问题，在一篇不长的文章中是困难的，我只想就“注释的释义与辞典的释义”和“定义释义”谈谈作者所做出的贡献。

所谓释义，就是用解释语言解释被解释或被说明语言，也就是西方所说的以元语言解释目标语言，在词典中也就是用右项来解释左项。中国传统训诂学在这一方面是做得很深入的。黄侃在《训诂学要略》中曾以“用语言解释语言”作过概括的说明和深入的分析，成为了训诂学理论的圭臬。然而训诂不同于词典，训诂著作如《尔雅》之属虽属于辞书，但大量的训诂则是对古代文献的传注笺疏，也就是对具体语言环境中的某个字词或句子的解释，因此文籍训诂释义对象的单一性和释义的具体性同词典释义的概括性和多义性就成了二者的最根本的区别。我在几篇文章（见《词典学研究》四川辞书出版社 1990 年）和《注释学纲要》（语文出版社 1991 年）一书中谈到过这个问题，在《注释学》中又以专章“辞书与文籍注释”进行了论述。王宁教授在《单语词典的性质与训诂释义方式的继承》（见《中国语文》2002 年第 4 期）对这一点曾作过深入的分析。《词义与辞典释义》对这一问题的讨论是深刻的。作者写道：“注释的释义的特点，首先是它的对象，是存在于具体语言环境中的具体的词语意义”，“首要要求就是准确，即不要让读者误解了这个具体环境中的具体意义，也不要将不是这个语言环境中该词语应有的意义错误地当作这个具体环境的具体意义。因此注释的释义最重视的是揭示目标语言的概念意义，附加意义如色彩、文体意义等等，由于具体语言环境的存在而可由读者自己认识，相比之下就不那么重要，所以注释的释义可以较多采用同义词对译”。

在讨论注释的释义时作者又以王引之《经传释词》卷九所举训诂名例《诗经·邶风·终风》的“终”字释义与词典释义的关系，并引出英人李约瑟的话作为支撑。

王念孙、王引之的训诂名例，我曾在《注释学纲要》第八章“古汉语词义注释中的若干问题”的“误虚为实”中作过专门的讨论，并向研究生和同事特别推荐过这个例子。《终风》有“终风且暴”“终风且霾”等句，毛传释为“终日风”，郑笺释为“竟日风”。而王念孙以“终……且……”关联，释“终”为“既”，为表已然之词，而其子王引之又以大量用例进行考证、分析，从而使“终……且……”“终……又……”这种固定结构，经过类比归纳，得到正确的解释。

尔钢的这部著作对这一事例作了分析后感慨道：这“已经具有了相当的归纳概括的性质”。接着又作了下面的论述：

> 李约瑟指出：“归纳法作为研究方法的重要性，首先是中国人在语音学中阐明的。17世纪初期，中国学者就系统地应用了归纳法，并使用了我们西方人在归纳中所使用的术语。”归纳概括方法的使用，使学者的眼界超出了具体文献和孤立的语言环境，并为辞典释义奠定了坚实的基础。当辞典在此基础之上眼界进一步开拓，进一步采用了完全不被具体文献所范围的形式时，也就获得了自身的长足发展。

这是十分精彩的议论。文籍注释的具体性、单一性和词典释义的概括性在这里得到了很好的说明。

注释方法或演绎、或推理、或类比、或归纳，在我国先秦诸子中是运用得很普遍纯熟的，《墨子·别墨》有一套完整的理论。这种理论用之于观察分析客观世界，就是由个别到一般，以求得“对于整类事物都适用的一个普遍性规律”，较之于类比，“归纳不过是建立在更广泛的事例观察上的类比”。胡适在《先秦名学史》中对这些问题的论述是很充分的。

我们现在讨论的是词典的释义，逻辑学上的这些方法对考证、释义，尤其是多义词释义都是适用的。

李约瑟说归纳法是中国人在17世纪研究音韵学时提出的。清代学者对方音声类和韵部的研究和他们的训诂研究一样，取得了超越前人的成就。引得式地掌握材料，进行类比分析，然后归纳出若干规律，至今还值得我们借鉴、学习。而在词义的注释上，产生于先秦，完成于汉世的《尔雅》则是运用归纳法训释同义词的一个典范。“初、载、首、基、肇、祖、元、胎、落、权舆，始也。”“绍、胤、嗣、续、纂、绩、系，继也。”这和词典从大量用例中归纳词义是相通的。

作者又以较多的笔墨回顾了西方的有关情况，介绍了有关《圣经》经文和法律条文意义阐释的“释义学”、以古希腊文献为研究解释对象的“古典文献学”和19世纪德国哲学家施莱尔马赫等人的观点，把读者的视野带到了十分宽广的领域，使我们能够从一个更高的层次来观察作者所讨论的问题。

第五章“定义释义”是本书写作的一个重点。作者引用布龙菲尔德对词典释义的要求，将定义释义确定为比一般成熟的词典释义更高出一个级别的、具有现代词典特征的释义方式。这一章的第一节，使用了大量篇幅论证定义释义的现代性，指出定义释义符合使用简练的语句揭示概念所反映对象特有属性的特点。作者在这一节中揭示释义的过程，“大体就是使用元语言显性的义位，来置换被释词的隐性义素，从而使被释词的意义由隐到显的对等置换的过程”。应该说，作者在该书中所作出的这一概括表述，揭示了定义释义功能之所以能够发生的原因，使我们对于定义释义的认识，能够更加接近于理性。也是在该章节中，作者指出，由于概念是被释词最核心的意义，因而定义释义方式理所当然是词典释义最合乎逻辑的选择。为了论证这个观点，该书在这一节中对自兹古斯塔以下许多认为词典释义并不需要准确、科学和本质地界定词的意义的观点进行了批评性的分析，有破有立，在论辩中阐述了释义应有的对于准确性和科学性的追求。

这一章的第二节，是在肯定定义释义是最具有现代词典特征的释义方式的前提下，进一步对词典释义语言种差解释所作的补充探讨。作者将语言种差界定为“辞典定义所包含的所标示事物及其概念以外的只涉及语言这一特殊事物本身的那些部分的种差”。这读起来有些拗口，但在这一界定之下所做的分析工作对于揭示被释词与其他词之间的细微差别却颇有好处。一般讨论释义的著作很少做这种分析，而对于释义精细化和科学性来说，具备理性的认识确有必要。

第六章论述词典释义方式，在列举了几种对于释义方式有代表性的看法之后，分析了所谓附设语境式释义方式的利弊，然后提出了作者自己的“释义方式的定义式视角”。在更换一个观察角度之后，指出了多数研究者容易忽视的在释义的撰写过程中又可能确实存在的“省略”的问题。

以下直至第十章，是对专科词、虚词、多义词、同形词进行的分类的研究。

四

从以上对于该书主要内容的简述可以看出，由于将语言学理论较好地结合词典编纂实践且勤于思考，尔钢能够做到在学术问题上不守樊篱，勇于提出自己的看法，许多观点有相当的学术深度。赵振铎先生在为该书所作的序中评论说“胜义纷呈，令人应接不暇”，并不是溢美之辞。需要指出的是，尔钢在提出自己这些看法的时候，很注意提出扎实的证据来支持。例如“丹铅”这个词条，《辞源》仅立“丹砂和铅粉，古人多用来校勘文字，所以称考订工作为丹铅”这一个义项；《汉语大词典》增立“古代妇女化妆用品”义项。李尔钢认为《汉大》增补是对的，但仍不够，还有漏收。他自己依据元马祖常《李后主图》诗：“江南后主丹铅手，画尽冰丝世无有”，以及清林则徐《题朱久香学使学士兰花间补读图》诗、唐张彦远《历代名画记・论画体工用搨写》、刘知几《史通・叙事》、《宋史・职官志五》等语料，证实还应补充一个义项：“绘画用的朱砂铅粉等颜料。亦指画事”。举证除了支持该词条确实应该增设一个义项之外，还有力地支持了该书坚持的义项客观性的观点。又例如第十一章讲词性标注，其中谈到“连忙”和“急忙”的不同，经作者的分析我们看到词性标注与词例的正确搭配，对改进释义有积极的作用，在理论与实际的结合上，把问题讲清楚了。

在学术方法上，使用历史的方法，回到问题的根源处进行探讨，是尔钢在这部书中表现出的又一个特点。这个特点，赵振铎先生称之为“根据结构的原理进行解构”。例如第一、二章从词义的形成过程概括实词和虚词的特点，第四章探讨词典释义与注释释义的关系，第七章由社会生产的分工论述专科词的产生及其与社会共同语汇的关系，第九、十章从造词的角度追溯词的多义和同形词的发生发展，等等。这种历史的观点在学术研究中是很有意义的。顺便提一下，尔钢在作历史回顾的过程中，也常常提出一些很有意思的判断，例如第九章说汉语单音词多义的激增以及同形异音多义词和同音异形同义词的大量增多是魏晋时期语言发展的特点；十二章说大量的带有个人风格的不稳定的双音合成词的出现是“五四”时期先进文化人白话作品的特点，等等。都具有一定启发性。

由于来自于词典编纂编辑的第一线，尔钢在进行理论探讨的同时，还十分注意操作的层面。例如我们前面提到的对于虚词释义公式的探索，以及第九章关于义项概括准确度“实例代入验证法”等等，都反映了他基于经验基础以及对于词典编纂操作实践的重视。在敢于提出自己看法的同时，尔钢也敢于拿起批评武器进行学术论争。在这部新书中，他旁征博引，条分缕析，辩驳举证，言词时时充满激情。我认为这一点也难能可贵。学术只有在自由争鸣的情况下勇于创新，才能获得更好的发展。

（汪耀楠：湖北大学古籍研究所，武汉　430062）

谈谈张志毅先生的词典理念

王东海　孙彩惠

张志毅先生是“中国辞书事业终身成就奖”获得者，从事词典编纂有五十多年，最突出的成绩不是词典编纂实践，而是词典理论的归纳总结与演绎生发，他的词典理念体现了词典编纂实践、词典学本体理论、词汇学语义学交叉理论的有机结合。张先生在词典学方面的主要成绩体现在四大方面：

一　五十多年丰富的词典编纂实践成为理论升华的资源宝库

从1955年开始，还在读高中的张先生即开始编纂《简明同义词词典》，此词典初稿在1959年完成，在吕叔湘、孙常叙先生的亲自指导下，有创新性地厘清了有关同义词理论问题，确定了自己的同义词内涵与处延界定、辨析角度和操作方法，而且这些理论和原则都经过了词典编纂的检验与进一步修正提高，具有很好的理论普适性。

此词典在1981年由上海辞书出版社出版，吕叔湘和孙常叙先生亲自为之作序，称赞该词典“简明扼要”“体例严整”“辨析中肯”，出版后发行近百万册，并被译成多国语言使用。

1982年《中国语文》第3期发表卢润祥先生的专文，对《简明同义词词典》进行评介。而与此相配合的，当时张先生在语言文字学核心期刊《语文建设》上连载同义词辨析文章多达二十余期。

但张先生的同义词词典编纂之路并没有停止，他在继续为中型本大型本同义词词典积累理论和材料的同时，把词典编纂的领域扩展到广义同义词的另一分支——反义词专项词典。2001年由上海辞书出版社出版了他和张庆云先生的《反义词词林》，收反义词共8万条，组配成2万多组相反或相对的反义词，与梅家驹先生《同义词词林》在类义词典方面互补发明。《反义词词林》不仅收录单音词、复音词、成语，而且还收有许多在公文、韵文等语体中对举连用的短语、短句、重叠式等，这些形式在书面和口语表达中有着强烈的对比作用，体现着丰富的表现力。殷焕先先生称赞“这是词库式语文词典的新突破、新趋势。这是很可贵的”。

而近十几年来，张先生借助前沿的词汇学及语义学理论研究，基于大规模海量文本的分语体平衡语料库，对同义词辨析和反义词系联进行了大量的探索，成果主要体现在由商务印书馆出版的《新华同义词词典（中型本)》及《新华反义词词典（中型本)》两部词典中。这两部词典是两位张先生最新理论思考的实践化和形式化。《新华同义词词典》出版后反响很大，《辞书研究》2007年第7期上专门刊发书评进行推介，初版后短短三年内已经再版三次。

张先生的词典编纂不仅集中于同义、反义专项词典，他还是我们国家著名的四大工具书工程之一的《汉语大词典》第二卷的主要编写者，是编写组组长之一。能参与编纂这一大型历时词典，得益于张先生的硕士导师孙常叙先生对其进行的扎实的传统语言文字学功底训练，得益于以编写《古辞辨》闻名的王凤阳先生为代表的东北师大语言文字学优秀团队的集中培养，在这一学术背景的影响下，张先生有了对甲金文的词义材料、对《说文解字》《广雅》等历史词汇与词义的根底书的精深研习，这些研学经历都为其编写高层次历时语文词典打下了扎实的基础。

张先生在七十多岁的时候，老骥伏枥，又转向了共时性语文词典的编纂，目前担任《当代汉语词典》的主编，进行了“现汉”“牛津”的对比、“现汉”“柯林斯”的对比、“柯林斯”常用词选译、国标汇集等学术准备，为词典精心编写了具有前沿性的编写大纲、细则、样稿、元语言。这一词典的成书，将成为共时语文词典的又一部佳作。

这些编纂实践方面的成就得益于张先生的勤奋刻苦，以及精到的理论思维和广泛的学术视角。五十多年的编纂实践中，张先生积累了大量的编纂实践经验，这使其在词典的宏观架构、选词立目、义项分立与归并、释义、辨析、例证设置、元语言处理、规范化策略等方面都建立了独到高效的操作模式，这些经验成为理论升华取之不尽用之不竭的宝库。

二 词典学、词汇学与语义学交叉理论的升华

张先生多次提倡做学问要“脱去匠心，升发师魂”，这需要以有前沿性的深而广的理论积淀为核心。五十多年来，张先生一直没有停止理论探讨的步伐，从而形成了扎实的词典学本体理论，以及与词典编纂实践交相辉映的词汇学、语义学交叉理论研究，这些理论大多与张庆云先生合作，其余多是与弟子及同事合作（以下不作特别注明），体现了张先生在研究上的团队协作精神，体现了提携同事、培养后人的无私品格。

（一）词典学本体理论

词典学本体方面的理论研究的代表作是张先生在语言文字学权威期刊《中国语文》上发表4篇万字以上的词典学论文以及在辞书学会会刊《辞书研究》上发表30多篇词典学论文，特别是发表于《中国语文》1999年第4期的《现代语文辞书整体观》，发表于《辞书研究》2006年第4期的《语文辞书的历时原则》、2007年第5期的《理念演绎辞书》，这三篇文章点明了词典编纂的宏观与微观、历时与共时的辩证关系，是词典学基础理论方面的重要著述。

在词典编纂操作理论方面的代表作则是分别发表于《中国语文》1980年第5期、1989年第4期的《同义词词典编纂法的几个问题》《反义词词典收的应该是词的最佳反义类聚》。这两篇文章是同义词、反义词词典编纂的重要操作理论，在周荐先生编写的、商务印书馆出版的《二十世纪现代汉语词汇论文精选》一书中，只收录了二十世纪全国词汇学、词典学、训诂学领域中的50篇代表论文，而张先生的这两篇论文均入选。周荐在自己的著作《汉语词汇研究百年史》中重点推介了《同义词词典编纂法的几个问题》一文，认为“该文为同义词辨析作了条分缕析的说明”，“……从他论文中对同义词辨析所论之细来看，不但超过了此前的学者，而且本时期的其他学者也无人如此细论过”。[①] 在词典编纂操作理论方面的代表作还

① 周荐，杨世铁《汉语词汇研究百年史》，外语教学与研究出版社2006年，第327页。

有《辞书研究》2004 年第 5 期的《语文辞书元语言的规则》，这是当前词典释义元语言研究的基础之作之一。

发表于《中国语文》2006 年第 5 期的《现代汉语词典释义体系的创建与完善》一文则可看作是张先生在词典评价与修订理论方面的代表作，这篇文章在用自己构建的骨干系统（语义意义）、次要系统（语法意义）、更次要系统（语用意义）三位一体的释义体系来关照和评价《现代汉语词典》第五版，是词典评介与修订理论中的典范之作。张先生在这方面的研究还有《现代汉语词典的性质及缺欠》《现代汉语词典释义的语文性》《中国语文词典的新里程碑——现代汉语词典半世纪》等。

（二）词典学与词汇学、训诂学、语义学的交叉理论

在张先生的词汇学与语义学研究中，我们可以看到很多地方都涉及词汇学、语义学的最新研究与词典编纂的结合。张先生的很多著述在介绍了理论上的最新探讨后，笔锋一转，马上转到了词典编纂中如何应用和体现，体现了词汇学、语义学、训诂学作为词典学背景支撑理论的重要性，体现了本体理论、交叉学科理论与编纂实践三位一体、紧密结合的特点。例如张先生在 1997 年就曾专门从词典本体出发，研究语文辞书和语义学的互动关系，发表了《语文性辞书的语义学原则》，着力于词典学与语义学的沟通。正如张斌先生在《词汇语义学》专著的“序言”中谈及张先生的词汇语义研究成就时所说的：一是长期从事词义研究，积累了丰富的资料；二是熟悉有关词汇学的理论和方法，能察其得失；三是能多角度分析汉语词义之间的关系，并着手进行系统描写。

另外，在外研社出版的“现代汉语词汇学丛书”的“序”中，张先生认为：“本丛书是现代汉语词汇学的轨迹史册，是语义学的一条源水，是信息处理的一块基石，是语文辞书的一支血管。”这也是张先生五十多年来一直坚守的研究宗旨。

张先生在词典学与词汇学、语义学交叉研究方面的代表作是专著《词汇语义学》以及 2000 年发表于《中国语文》第 2 期的长文《柏拉图以来词义说新审视》，后者对词义这一词典编纂所涉及的基本对象本体的内涵与外延进行了全面的历时梳理，并提出自己的在词汇语义学理论上有创新性、在词典编纂实践上有操作性的“词义观”，成为张先生词典编纂实践

的理论出发点和立足点。而其学术思想集大成者则是由商务印书馆出版的专著《词汇语义学》，该书于2004年被国务院学位办评定为研究生教学用书。张斌先生为该书作序时认为该书“是汉语词汇学和语义学园地中新的硕果”。近些年在核心期刊《辞书研究》《外语与外语教学》《中国外语》有三篇书评加以推介，在CSSCI索引统计中的引用率也非常高。该书具有多项理论创新，周荐先生在专著中用很多篇幅介绍了该书在义位结构、义位定性、义位语用、义位演变的“新论”。[①] 书中很多地方直接针对的就是词典释义和元语言，如“义位描写论”一章，其余理论经过改造，均可移植进词典编纂，成为词典编纂的操作性理论，直接指导编纂实践。

该书的核心思路是义位的系统观，其对义位的宏观、微观的研究与词典中义项的宏观、微观、中观系统的研究有紧密的对应性关系。例如：义位结构论，研究了义位的微观系统，不但界定了学科义位和普通义位，又将义位分为义值和义域，义值又分为基义和陪义。这一微观结构是清晰而适合的。用这些结构关照词典的义项描写将提高义项的操作化及模型化，而义域和陪义的更为细致的分类，又为同义词辨析提供了新的细致的辨析点。另外，将意义分为语义意义、语法意义和语用意义，体现了现代语文词典的整体观及总体描写的倾向，为学习型词典的编纂提供了释义结构。书中有些地方直接讲到了词典编纂如何吸收这些词汇语义学原理，如讲到义素的分类时，直接指出“一部好的语文词典应该精选上述义素，特别是核心义素”。讲到九类陪义时，要求语文词典要“简明扼要注明上述陪义”，讲到义域时，提出“一部好的语文词典应该在释文的正文、夹注或例语里界定义域”。[②]

该书中的其他内容也都可与词典编纂结合。如“义位语用论”，侧重于义位组合的动态性，其归纳的几十种义位组合规则非常有创新性。英语界权威王宗炎先生为《词和词典》作序时评价该书中“义位的组合”和“义位的组合意义”两节内容时，认为“我们很高兴，关于义位组合问题，书中讲得很详细”。而后出益精的《词汇语义学》专著则将这一亮点中的组合规则进行大量全面细致的描写与归纳，建立起影响面很大的义位组合

① 周荐，杨世铁《汉语词汇研究百年史》，外语教学与研究出版社2006年，第550页。

② 张志毅，张庆云《词汇语义学》，商务印书馆2012年。

体系，这些规则直接移植进词典编纂，结合语料库，可以编写全新规则的实用性很强的词语搭配词典。而本章节中的语境论则为词典静态义与动态义之间的关系的种类做了细致的厘析与描写，为词典编纂时从语境中归纳义项提供了重要的理论依据。

再如“义位演变论”中详细介绍了义位演变的规则，开创性地厘定出语言模式中的义位演变的语义、语法、语用参数体系，并重点介绍了九种参数。这一全面的、立体性的参数体系大大突破了传统的词义扩大、缩小、转移的三分限制，既是对这三种演变方式的扩充，也是对这三种演变方式的细化与层次化。这一研究可以直接用来指导解决历时语文词典中义项按历时顺序分合、排列等方面遇到的难题。再如“义位的模糊论”提供了词典对模糊词义描写的方法与原则，而“义位的民族论”则对双语词典及文化词典的编纂，以及语文词典释义中的文化陪义有重要的指导作用。

张先生在理论方面的其他研究成果集中体现在《词与词典》《词汇语义学与词典编纂》两本论文集中。前者曾获山东省社科优秀成果二等奖，外语界泰斗王宗炎先生在序言中认为该论文集是“汉语词汇学的新探索”。后者是这些年张先生对词汇学、语义学、词典学研究的新的思考。

论文集中很多经典的论文能直接为词典编纂所用。例如《确定同义词的几个基本观点》一文在词汇学史上有重要地位。20世纪60年代大家倾向于用替换法界定同义词，但张先生于1965年在《吉林师大学报》发表《确定同义词的几个基本观点》，旗帜鲜明地加以反对。周荐认为：“张文说理充分，论析深透，指出了替换作为确定同义词方法的弊端。张文发表后，未见有人再专把替换作为一种方法用于同义单位的确定上。”① 这一结论直接为同义词辨析词典中的同义词选词立目规定了基本原则。再如《论泛称词和特称词》，该文于1989年10月译成俄文，1990年6月4日于莫斯科语言学讨论会上作了专题报告。苏《语言学问题》1991年第6期有报道，认为：“很有意义。”该文对词典上下位词的关联释义有新的指导视角。

再如论文集中《词位的语义结构》一文提出的“语义桥”理论，并提出词典释引申义时要“寻找三点以上的桥接义素”。《古今汉语词类活用同

---

① 周荐，杨世铁《汉语词汇研究百年史》，外语教学与研究出版社2006年，第167页。

异论纲》《同义词在语法上的一些区别》对语文辞书的词性标注，《新时期新词语的趋势与选择》中的“词竞”理论对新词语词典中词语的立目及修订都有重要指导作用。《异形词是词位的无值变体》《试论异形词的整理》不但可用于词典异形词目的处理，后者提出的“异形词的研究有助于推广简化字”的观点颇具创新性，打通词典中汉字与汉语的界面。《汉语缩略语的特点》中提出界定缩略语外延的两大原则：原语和目标语具有由正到逆的二向性，缩略关系才成立，要遵守语义信息量守恒，具有从全体提取部分的关联性；原语不具有复呈性稳定性，其临时的缩略不是缩略语。这两条原则直接影响术语词典和缩略语词典的编纂。

论文集中的研究还体现训诂学原理与词典编纂的结合，代表性的著作主要有宏观的《词源学的流派和理论》《词的理据》，微观的研究有古今结合的历时研究《汉语面部语义场的历史演变》《古今汉语词类活用同异论纲》，历史研究《〈说文〉的词源学观念》等。这些研究中有专章探讨词典中的词源义、理据义在词典中的表现方式，反映了对词典中历史和历时因素的处理策略。如对于理据义，文中认为，词源词典、历时词典应较多注明，而中小型共时语文词典，也应选注少部分词的理据，不应回避，因为“理据义对词的释义有补充作用，是词的解释因子之一”。

三　词典理论研究与编纂实践研究中所推崇的三大范式

张先生词典理论研究与编纂实践研究中所推崇的研究方法主要有演绎、分析、实证三大范式。

重视演绎法，将新的语言学、词典学理论演绎到词典编纂中。张先生喜欢引用爱因斯坦总结他自己的科学成就时说的一段特别引人深思的话：“适用于科学幼年时代以归纳法为主的方法，正让位给探索性的演绎法。”①他在《科学术语研究》2005 年第 1 期《中国术语学的理论建设》一文中认为，中国的术语学理论建设，已经有一个良好的开端，但是，距离立足于世界的学派理论，还有一段较远的路程。要达到这个目标，至少必须连

① 《爱因斯坦文集》，商务印书馆 1976 年，第 262 页。

续经过四条途径：一是继承，二是借鉴，三是移植，四是升华。这四条途径可以说是正确使用演绎法的根本性原则，也体现出演绎法与归纳法在语言研究中是不可分割的。在张先生发表的论著中，词源学、理据方面的研究即是继承，介绍俄罗斯语义学中的词汇函数理论与语义搭配词典的编纂即是借鉴，介绍新词语词典编纂中的“词竞”理论则为移植，而其同义词词典编纂理论、义位组合规则和义位演变参数系统及其对搭配词典及历时词典的指导则是在演绎的基础上结合归纳法而产生的理论升华。

对理论研究的推崇也体现在先生对学科理论的思考上，这主要表现在《词汇学的现代化转向》《汉语词汇学的创新问题》《词汇语义学的新进展》《词源学的流派和理论》《谈中国术语学的理论建设》五篇文章中。

在具体的释义、同义词辨析研究中，张先生推崇基于弗雷格、罗素、维特根斯坦、奥格登、胡塞尔、海德格尔、伽达默尔、莫里斯、蒯因、密尔、休谟等哲人所从事语言哲学研究中采用的分析法，认为我们的词汇学和词典学的创新，归根结底要从科学哲学、分析哲学那里获得思想源泉。分析哲学直接进入到张先生同义词词典编纂的分析思路和方法中，具体的例子在同义词辨析中比比皆是。

在词典编纂所需要的语言材料资源的研究方法上，张先生特别推崇封闭域的定量和定性相结合的分析法，这是一种实证的编纂思路。美国模糊数学的创始人扎德（L. A. Zadeh）教授指出，“一种现象，在能用定量的方法表征它之前，不能认为它被彻底地理解，这是现代科学的基本信条之一。”① 在词典的具体编纂中，他推崇语料库的研究法，其词典编纂理论与实践的成就也得益于大规模的海量语料库，他认为：“今天的语料库已经成为能量巨大的语言样本集。它对一个义位的义值（含基义和陪义）和义域、同义词辨析、词位及其变体、词汇的同质和异质、词的各种定量分析、义位的组合、词的动态参数等研究，能提供足量的组别语料，借以印证、充实、修订，甚至颠覆以往的结论。”② 张先生所说的这些语料库支持下的研究内容同时也是词典释义不可回避的参数因子，可以说语料库在某种程度上是现代词典编纂的重要支撑，缺少了大规模的语料库，现代词典

① 扎德《模糊集合、语言变量及模糊逻辑》，科学出版社 1982 年，第 1 页。

② 张志毅，张庆云《词汇语义学与词典编纂》，外语教学与研究出版社 2007 年，第 35 页。

编纂可以说举步维艰。目前张先生的词典编纂已经搭建起了作者风格平衡、语体平衡、时间平衡的几十亿字的语料库平台，这为他在词典编纂中准确、全面地确定一个词的义项及用法提供了重要的基础保障。

四 结语

张先生曾将个人创新分解为非智力因素或非知识因素、知识因素、智力因素三个方面二十个子因素，认为“非智力因素，尤其是勤奋，是最主要的因素”[①]。而五十多年来，张先生也正是坚持在这二十个方面，特别是勤奋方面为我们这些后辈做出表率。

参考文献

张志毅.《简明同义词词典》序. 上海：上海辞书出版社，1981.
张志毅，张庆云.《反义词词林》序. 上海：上海辞书出版社，2001.
张志毅，张庆云. 词汇语义学与词典编纂. 北京：外语教学与研究出版社，2007.
中国辞书学会学术委员会. 中国辞书论集. 北京：商务印书馆，1997.

（王东海，孙彩惠：鲁东大学汉语言文学院，烟台 264025）

① 张志毅，张庆云《词汇语义学与词典编纂》，外语教学与研究出版社 2007 年，第 18 页。

双语词典译义的认知阐释

——意义驱动译义理论述介

夏立新

一 前言

新中国诞生以来，我国双语词典编纂和出版得到了长足的发展，尤其是改革开放后，我国双语词典更是进入了一个快速发展的繁荣期，无论是词典出版数量，还是编纂质量都是以往任何时期所不能比拟的。仅以数量而言，“到世纪末，据网络上的资料统计，北京大学图书馆和中国图书馆所藏各类英汉、汉英词典在1000种以上”。

双语词典编纂和出版的繁荣带动了双语词典理论研究的发展，众多学者（黄建华、雍和明、李明、李尔钢、魏向清、万江波等）通过出版词典学专著对双语词典的译义进行了探讨，其中章宜华从认知和意义理论出发对双语词典的译义进行了系统的研究，经过持续数年的探索和发展，形成了一套完整的意义驱动的双语词典译义理论体系。本文将对该理论体系作简要的介绍和评论，旨在让更多的词典学同行对此予以关注和研究，以便进一步完善我国的双语词典译义理论。

二 意义驱动的双语词典译义模式的构建

章宜华（2005）从认知研究出发，阐述了双语词典释义的性质与特征。从理论上来说，被释义词具有丰富的语义信息，词典释义就是要用元语言把语词的固有语言属性表述出来，这些属性构成双语词典被释义词的认知语义结构（见图1）。在单语词典释义中，词典编者用与词目词相同的语言把这些语言属性表述出来，而双语词典译义则是用与词目词不同的另一种语言把这些属性表述出来。

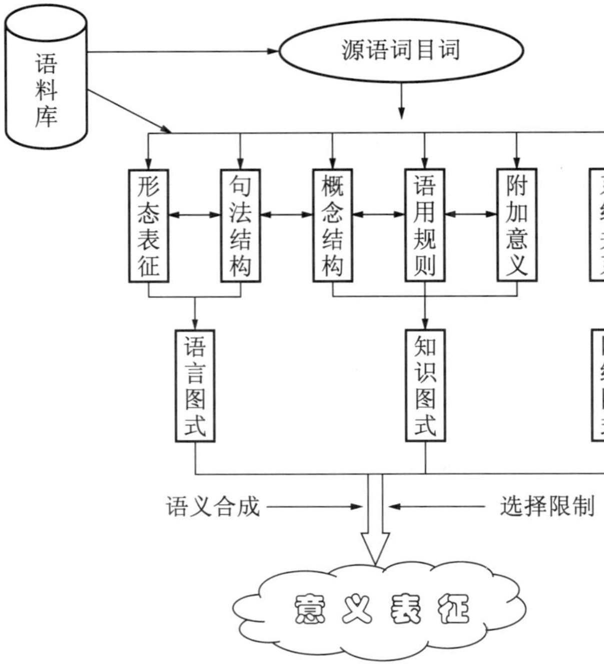

图 1　双语词典被释义词认知语义结构的构建图

双语词典编纂的传统做法是寻找源语词目词在目的语中的对等词，这种做法只完成了图 1 中有关概念成分的转换，忽视了对其他意义成分的处理。从图 1 中我们可以看到，被释义词的语言属性包括形态表征、句法结构、概念结构、语用规则、附加意义和系统关系等方面，概念结构只是其中的重要成员之一。因此，双语词典译义要将词目词的所有认知语义结构转换成目的语的认知语义结构，这种译义关系如图 2 所示。要完成这一转换，词典编者要通过源语与目的语之间的联想、映射来实现。

接着，章宜华详细论述了双语词典译义的内容。从认知角度来说，双语词典译义应包括被释义词“在人们的意义表征中的全部或主要认知图式，包括音频图式、视频图式、概念图式和语言图式，后者包含了支撑意义表述的所有语言规则”。从词典编纂角度来说，双语词典译义是“围绕被释义词所作的一切语义注释活动，如对等词、拼写和发音形式、曲折变

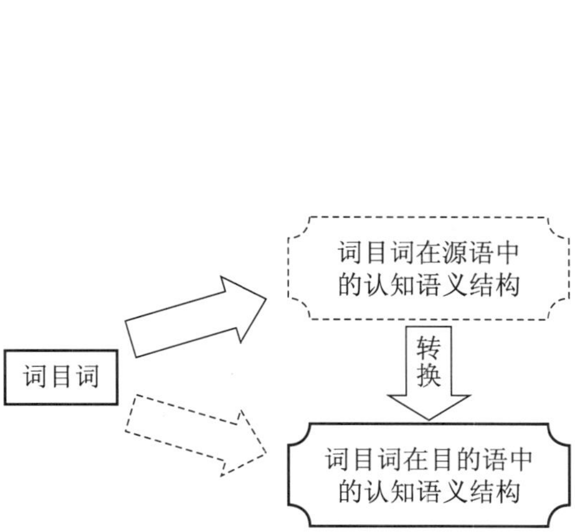

图 2　双语词典的译义关系图

化形式、组配关系和分布特征，包括配例和例证翻译，以及标注、用法说明、同义辨析、参见、语义网络和插图等”。

在双语词典译义中，词典编者从被释义词的意义表征出发，通过图式分离和概念合成，触发目的语中相应语词的交际结构，再将目的语对应图式进行概念化处理，其语义结构转换的过程如图 3 所示。

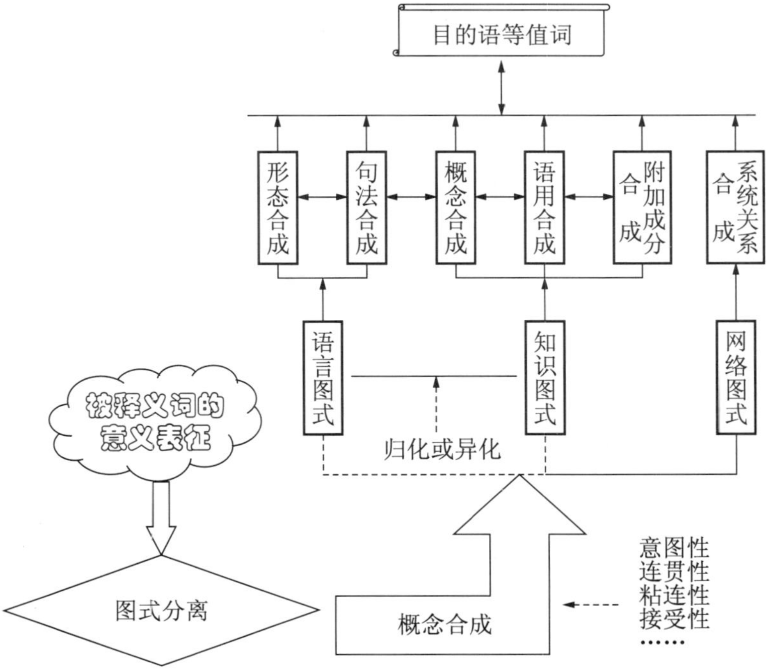

图 3　双语词典被释义词意义表征的翻译或转换图

以上研究界定了双语词典译义的性质和任务，但图 1 所示的源语语义结构和图 3 所示的目的语语义结构的转换为独立的两个模块，似乎没有很好地反映二者之间的关系。因此，为了更好地诠释双语词典译义从源语到目的语的转换，章宜华又进行了深入的研究，将图 1 和图 3 整合成一个整体模式（见图 4），该模式完整地反映了双语词典译义转换和构建的具体过程。

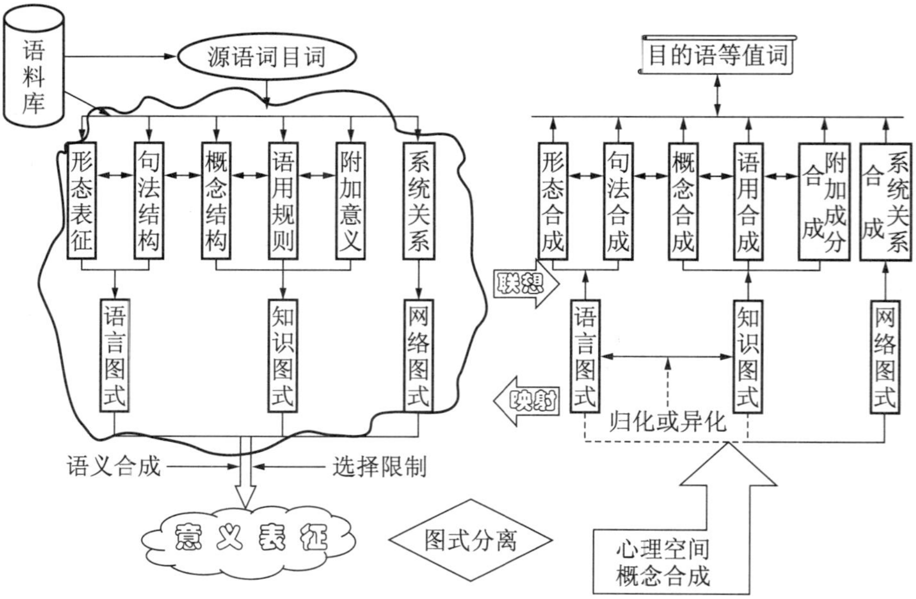

图 4　双语词典被释义词认知语义结构的构建与翻译转换图

具体来说，双语词典译义分为以下四个步骤：

第一步是构建，即通过分析和投射得出源语语词的语言图式、知识图式和网络图式，并将这些图式进行合成，以形成完整的语义框架。

第二步是识别，即根据单语蓝本词典，识别源语词目的意义结构，再结合在编词典的编纂宗旨和原则对此进行修改、充实和完善，以形成符合词典编纂目的的原型语义框架。

第三步是转换，即利用从源语语词的意义表征中分离出来的概念和语言图式来触发目的语中的对应图式，然后进行跨空间的映射。这一过程涉及原型交际模式中各种原型特征和选择限制条件、语言图式、知识图式和网络图式各单元的投射与合成，涉及语言表达形式的归化与异化问题。

最后一步是表述，即在对源语意义表征经过映射、重构的概念化处理后，用目的语将其意义表征表述出来。这一过程涉及语用合成、概念合成、句法合成、形态合成以及表义附加成分和语义网络的合成；在合成过程中，各框架成分之间交互作用，相互制约，同时受文本性规则的限制。

三　意义驱动译义模式的理论和实践价值

意义驱动译义模式从语词的意义出发，抓住了双语词典译义的本质，形成了自成一体的双语词典译义理论体系，对我国双语词典编纂和研究具有十分重要的意义。

（一）重新界定双语词典译义的性质和任务

可以说，自从双语词典出现以来，寻找对等词就成为双语词典编纂的基本任务，甚至是唯一任务。对等模式在中西方双语词典编纂中占有重要的地位，对双语词典的编纂产生了极其深刻的影响。Zgusta 指出："双语词典的基本目的是在一种语言的词汇单位与另一种语言的词汇单位之间找出意义相等的对等词。"这一有关双语词典编纂的经典论述进一步巩固了对等模式在双语词典编纂中的地位，使其成为长久以来双语词典编纂的唯一模式。

对等模式在一定的历史阶段满足了人们对双语词典编纂的需求，但是，这种单一的对等模式也有其严重的局限性，它不仅使双语词典的研究缺乏创新，而且导致双语词典的编纂长期处于裹足不前的局面，难以满足当今词典使用者的需要。因此，双语词典编者和研究者必须重新审视双语词典的编纂目的和任务。

意义驱动译义模式认为："译义是以意义为驱动对源语词的认知语义结构进行构建和转换的过程，首先从源语词的交际模式入手确定源语词的意义表征；然后，以源语语义表征为触发介质对目的语进行认知联想，寻求目的语相应语词的交际模式；最终，通过映射来确定目的语的对应图式，并进行概念化处理。"

根据上面的论述，我们可以看出双语词典译义的基本目的并不仅仅是寻找对等词，而是对两种语言的认知语义结构进行构建和转换，因此，“双语词典释义的本质特征是译义，是两种语言交际模式或语义框架的对应和映射”。这一定义首次从认知角度来阐释双语词典译义的本质和任务，打破了传统双语词典译义“对等词”模式的桎梏，给双语词典编者提供了双语词典编纂的新思路。

（二）为双语词典译义正名

我国双语词典编者根据双语词典编纂的实际提出了译义这一理论，最早在文献中提出“译义”的是商务印书馆于 1963 出版的《简明英汉词典》，该词典在其体例说明的“词义诠释”中指出：“从某一角度上来看，译义相当于英语的同义词，意义上既然各有偏重，在范围上有所不同，程度上也有轻重。例如 work 这一单词和汉语‘工作’，有同有不同。”它明确指出了双语词典的译义与源语语义存在差异，就像同一种语言中的几个同义词一样，其实它们并不是完全意义上的同义。

其后，国内一些学者对译义进行了多方面的研究，江希和从英汉词典编纂的角度将“译义”定义为：“译义，是指编纂外汉双语词典时，对词目消化其概念，通过翻译，在内涵外延上，准确地用汉语表达出它的内容，即语义所反映的事物对象。”该定义首次明确地提出了双语词典的译义是完整、准确地表达源语语词的语义，双语词典译义与单语词典释义最根本的不同之处在于，单语词典是用同一种语言，用下定义的方法去释义，而双语词典则是用另一种语言，用翻译的方法来译出源语语词的意义。

黄建华是我国较早地系统论述“译义”的词典学家，他在 1987 年版的《词典论》中就采用了“译义”的概念。在其另一部有关双语词典编纂的专著中，他指出：“双语词典作为对译词典，如前所说，不是释义，而是译义，而且不是照译原语词典中的解释或定义（双解词典另当别论），而是根据原语词的意义，采用恰当的方式译为归宿语中对应的词语。”

然而，早期的学者对“译义”并没有十分清晰的认识，例如，江希和甚至将“译义力求译出对等词”列为译义的第一条准则，反映其心目中的“译义”仍然是传统的“对等词”，仍然没有摆脱“对等词模式”的约束。因此，传统双语词典的译义在词典编者和使用者看来就是一个个孤立的对等词，相互之间缺乏必要联系，译义不能形成一个系统的整体。这些孤立的对等词人为割裂了译义之间的相互联系，不能全面反映译义的系统性和多维性。

意义驱动译义理论则认为，双语词典是译义，不是释义，而且译义的范围不再局限于对应词，也就是说，对应词仅仅是译义的一部分，是对源语词概念成分的描述，双语词典译义还应该把源语词的其他意义成分用适当的方式转换成目的语，以实现两种语言的认知语义结构的构建和转换。意义驱动译义理论是建立在科学地处理概念范畴以及范畴结构的基础上，它与传统译义理论的最大区别就是以意义为核心，以语义为纽带，实现双语词典的译义功能。该理论从认知角度明确界定了双语词典学界一直以来混淆不清的“释义”与“译义”问题，为双语词典译义正了名。

（三）双语词典译义是交际模式的转换和构建

受对等词模式的影响，传统双语词典的译义模式只重视两种语言间词汇层面的对应，并试图用等值的目的语翻译出源语语词。然而，由于文化差异和两种语言间的不同构性，两种语言词汇之间的不对等现象比比皆是，在目的语中经常无法找到源语每个意义的对等词。这种不对等现象反映在语言的各个层面上，既可能是语法上的，也可能是语用上的；既可能是语义上的，也可能是功能上的；既可能是语言内的，也可能是语言外的。双语词典编纂者要在这些不对等的情况下去寻找对等词，显然存在着极大的困难。

意义驱动译义理论认为双语词典的翻译对象是语言的一个“片段”，它具有表义、表知和交际的三种功能，其中，表义和表知服务于交际功能，而交际则是表义和表知功能的具体体现。从这个角度来讲，双语词典翻译是对语言交际功能的抽象描述。

尽管两种语言可能存在着不对等现象，但任何一门语言“在一定的交际环境中都有特定的语言和概念图式，反映为一种交际模式，语词的意义功能就蕴涵在语言的交际模式中”。个人交际模式可能因为个人语言使用习惯和交际目的的不同而存在差异，但建立在个人交际模式基础上的社会交际模式或原型交际模式则反映语言的共性，双语词典译义就是要通过对两种语言交际实例进行抽象分析，得出语词的原型交际模式，从而实现两种语言交际模式的等值转换和构建。也就是说，双语词典译义不是传统意义上的等值翻译，而是交际模式的等值转换，虽然译义中具体成分的转换仍然是一种翻译，但是，这种翻译是在整体语义框架关照下来进行的，而不是直接在目的语中寻找对应的概念或语词，因此，基于原型交际模式转换的双语词典译义模式既能反映语言单位意义的普遍属性，又具有一定的动态性，从而可解决语词或概念一对一的机械对等所带来的问题。

四　结语

意义驱动译义理论以意义为核心，词典编者经过对两种语言交际模式的感知、认知语义结构元素的识别、语义表征的构成、图式映射、概念合成和概念化等一系列认知活动，形成既保持源语主要语义特征，又符合目的语文本属性的译义。但是，由于语言的语义成分十分复杂，因此，在进行原型交际模式等值转换的具体操作中还存在许多问题，例如，如何提取双语交际模式，如何确定文化特色词在双语词库中的共享概念、分别结构和非对称模式等，这些问题还有待于深入的研究。

参考文献

黄建华．词典论（修订版）．上海：上海辞书出版社，2001.
黄建华，陈楚祥．双语词典学导论（修订本）．北京：商务印书馆，2001.
江希和．双语词典译义问题．辞书研究，1982（3）.
李尔钢．词义与辞典释义．上海：上海辞书出版社，2006.
李尔钢．现代辞典学导论．上海：汉语大词典出版社，2002.
李明，周敬华．双语词典编纂．上海：上海外语教育出版社，2002.
彭宣维．20 世纪中国英语类双语词典发展史．辞书研究，2001（2）.
万江波．双语词典的翻译研究．上海：复旦大学出版社，2006.
魏向清．双语词典译义研究．上海：译文出版社，2005.
雍和明．交际词典学．上海：上海外语教育出版社，2003.
章宜华．内向型汉外学习词典如何全面反映词义信息．辞书研究，1998（1）.
章宜华．语义学与词典释义．上海：上海辞书出版社，2002.

章宜华. 双语词典翻译的等值原则：兼谈双语词典翻译与文学翻译的区别. 学术研究，2003（5）.

章宜华. 双语词典释义性质和内容的再思考：外汉双语词典的认知语义结构暨译义模式的构建. 广东外语外贸大学学报，2005（16）.

章宜华. 意义驱动翻译初探：基于认知语言学的综合翻译法. 学术研究，2006（1）.

章宜华. 认知语义结构与意义驱动释义模式的构建：兼谈外汉双语词典的释义性质与释义结构. 现代外语，2006（4）.

章宜华. 浅析词典在翻译认知过程中的作用. 广东外语外贸大学学报，2007（11）.

章宜华. 学习词典的中观结构及其网络体系的构建. 现代外语，2008（4）.

章宜华. 对外汉语词典多维释义的概念结构探讨. 学术研究，2008（5）.

章宜华. 语义　认知　释义. 上海：上海外语教育出版社，2009.

章宜华. 基于用户认知视角的对外汉语学习词典释义研究. 北京：商务印书馆，2011.

章宜华，雍和明. 当代词典学. 北京：商务印书馆，2007.

Zgusta，L. *Manual of Lexicography*. The Hague Paris：Mouton，1971.

（夏立新：广东外语外贸大学词典学研究中心，广东　510420）

漫漫辞书路　悠悠“圣人”心

——《辞书行思录》自序

徐成志

自上世纪70年代后期投身《汉语大词典》编纂工作，至今年3月将拙著《中华山水掌故辞典》修订本书稿交付商务印书馆，不知不觉间我和“编词典”打交道已三十余年，当年“而立”刚过，如今白发苍颜！凝望着书架上从《汉语大词典》到《成语小词典》那大大小小十余部由我参编、主编、合著和独著的各种辞书，还有那一摞摞凝聚有本人思绪与足迹的《辞书研究》及多种学报、期刊、论文集等，三十多年的辞书之路随之浮现于我的脑际，使我心中百感交集，五味杂陈。

记得辞书界前辈陈原先生有句名言：“编词典的工作不是人干的！”这也是我回顾这段辞书路的第一感受。最能体现这一感受的，便是那千百万张为辞书之路作“铺路石”的资料卡片。正如今天的学子不知资料卡片为何物一样，那时的我们也不知电脑为何物，更不知还会有个用“任意词”搜索的互联网和电子书库。我们这一代辞书人便老老实实地继承了前辈学者“抄资料制卡片”的原始治学方法，从制作一张张资料卡片开始。如今《汉语大词典》那上千人在数千种古今图书中辑录的千万张资料卡片已归总于编纂处（出版社）资料库，本人为编纂其他辞书而搜辑制作的数万张资料卡，仍储存在书房的卡片柜中。这些卡片比《大词典》那些卡片更为寒碜：多以印刷厂废弃的边角料切割而成，每张卡片上抄录的是一条对所编辞书可能有用的文字资料及其出处，分部归类后以“指示卡”分隔开来，整齐地排列于卡片柜抽屉中。当年为这些资料跑了多少图书馆，查阅了多少图书，已经无法统计了。资料基本齐备后，为编撰一条释文，往往面对几张、几十张乃至上百张资料卡片，扒罗剔抉、遴选比较，分析归纳、斟酌推敲，日复一日、年复一年，真的“不是人干的”！但是，看着案头日见增长着的书稿，即便“为伊消得人憔悴”也心甘情愿、在所不辞。就这样，那一屉屉的资料卡片渐渐转化成眼前这一部部辞书。

人们喜欢将一部好的辞书视作“良师益友”，我曾将自己编纂的辞书比作“爱子”。对“爱子”的培养教育、打磨锻炼，为的是使它“成人”后能“为人师表”，给人真知，成为受人喜爱的“益友”。从这些辞书问世后的社会反响来看（参见本书《附编》），我的努力和愿望并未落空。这也是三十年辞书编纂艰苦实践所带来的一份甘甜和欣慰吧。

实践出真知。艰苦细致的辞书编纂实践，常常促使并引导着我去思考辞书编纂中深层次的问题。这些思考零零碎碎、不成系统，却也是在实践中有所发现、有所发明、有所感悟甚至有所不平而发，触及到微观辞书学与宏观辞书学的诸多方面。

首先是在各个项目进程中和结束时，结合编撰所得进行的微观方面的思考。如结合语文词典编纂，将语义研究的义素分析法应用于多义词释义中，对汉语多义词词义的发展变化与义素变化的关系有了较清晰的认识，从而对词典释义如何利用这种关系问题作了有益的探讨。再如，在典故词典和事物异名词典的编纂中，对于汉语中典故词语、名物词及其别称的研究，更多地掌握了这些词语的形式内容、源流演变方面的规律和特征，对这类词典的收词释义有了新的认识，从而也易于发现前人辞书中在这类词语上的各种失误和原因。这些在编纂中所思考的问题，在课题结束时我都要尽可能深化思考并系统整理出来，既是个人思考的记录，也希望它对遇到同类问题的人有所裨益。

其次是宏观方面的思考。检点旧作，从宏观高度探讨辞书理论问题的文章并不多，却自我感到对这方面的问题更为看重。这些问题是：辞书是什么书？辞书编纂是不是科学研究？用什么标准来要求现代辞书？辞书编纂者是否应当成为严谨治学、受人尊重的学者？这些是直接关系到辞书质量、辞书编纂工作性质和辞书编纂者道德学养的核心问题。中国传统辞书，从《尔雅》《说文》开始就被奉为儒家“经典”，《尔雅》还被直接列为“十三经”之一，直至《康熙字典》仍被御定为“善兼美具，可奉为典常而不易者”的宝书。即便近现代《辞源》《辞海》的编纂，也都是学界泰斗式人物主事、饱读诗书的学者加盟，众人齐心协力奋斗多年的血汗结晶。所以陈原先生又说："编词典的工作不是人干的，但它是圣人干的。""圣人"者，忘我无私、敬业奉献之人也。

本人一贯主张辞书编纂应当继承并弘扬古代"经典"辞书的优良传统、前辈"圣人"的治学态度和奉献精神，给社会奉献精美多样、能"奉为典常"的极品辞书。但是，在上世纪 80 年代，正当新兴的辞书事业蓬勃发展的时候，辞书界少数人以追名逐利为目标，兴起一股粗制滥造、抄袭剽窃之风，不仅有其代表作品、代表言论，而且有其代表人物。在中国辞书事业的健康发展受到严重挑衅的时候，我按捺不住内心的不平之气，愤然提笔参加了辞书界批劣打假驳谬论的战斗，纵论辞书的科学性、典范性，辞书编纂的科学研究性和实践创造性，辞书编纂者的治学态度与学术道德的重要性，对于辞书编纂中的借鉴与抄袭、"共识"与别识、求实与创新等重要问题进行了深入的探讨；与此同时，以科学理论为武器，以古今中外重要辞书编纂的历史事实为依据，对粗制滥造、抄袭剽窃之风及其代表作品，对其代表人物散布的"共享共识"说、"抄袭有理"论等，进行了坚决的揭露、批判和抨击。其中得意之作至今读起来仍不乏痛快淋漓之感。

遗憾的是三十余年中的后十多年由于工作变动，主要精力转向了古代文学的教学和研究，辞书编纂和研究不得不放到次要的位置，很多辞书理论问题只能浅尝辄止，遗憾多多。故而我将在辞书方面的践行与思考总为一体，名之曰《辞书行思录》[①] 以献同仁，见笑大方。

最后，对安徽大学汉语言文字学学科点、四川辞书出版社及各界朋友给予本书的支持帮助表示诚挚的谢意！是为序。

（徐成志：安徽大学文学院，合肥　230039）

① 徐成志《辞书行思录》，四川辞书出版社 2012 年。该书辑录了作者历年来发表的辞书研究文章 30 篇，附编选录了社会各界对作者编著的若干辞书的评论。

赵振铎先生辞书学成就论略

——精博深邃的小学根底　丰富多彩的理论实践

杨文全　李　韵

一　引言

赵振铎先生，男，1928 年生，笔名天水、赵怿伯、萧芸，四川成都人，我国当代著名语言学家。1952 毕业于四川大学中文系。现为四川大学文学新闻学院教授、博士生导师。1992 年起享受政府特殊津贴，1998 年被省政府评为学术带头人。曾先后担任四川大学中文系副主任、古籍整理研究所副所长、汉语言文学研究所所长、《汉语大字典》常务副主编兼编纂处副主任（1975—1990），兼任《汉语大词典》（第二版）副主编、《成都大词典》编审委员会副主任、《四川百科全书》副主编、中国语言学会理事、中国音韵学研究会理事、中国训诂学研究会副会长及名誉会长、中国辞书学会副会长、四川省语言学会副会长及学术委员会主任等职务。

赵先生一生笔耕不辍，出版专著《古代文献知识》（四川人民出版社 1980）、《古代辞书史话》（四川人民出版社 1986）、《训诂学纲要》（陕西人民出版社 1987；修订版 2003 年由巴蜀书社出版）、《辞书学纲要》（四川辞书出版社 1998）、《中国语言学史》（河北教育出版社 2000）、《训诂学史略》（中州古籍出版社 1988）、《音韵学纲要》（巴蜀书社 1990）、《字典论》（上海辞书出版社 2001）、《集韵研究》（语文出版社 2006）、《辞书学论文集》（商务印书馆 2006）、《集韵校本》（上海辞书出版社 2012）等 10 余部，先后在《中国语文》《古汉语研究》《辞书研究》等刊物发表论文 100 余篇。

赵振铎先生在学术上的杰出成就和他的求学、治学经历密切相关。他出身书香世家，幼承家学。祖父赵少咸教授是国内知名的音韵学家，对《广韵》和《经典释文》有深入的研究；父亲也有不俗的史学成就，曾是郭沫若亲定的中科院副研究员；姑丈殷孟伦教授在传统语言学的文字、音韵、训诂方面建树颇丰。在家庭的熏陶和影响下，先生自幼便开始学习《三字经》《诗经》《左传》《礼记》《说文解字》及《说文解字》段注，尤其是在祖父赵少咸教授的严格要求下，专攻声韵训诂，打下了坚实而深厚的“小学”根底。四川大学本科毕业后，赵先生即前往北京大学中文系进修（1953—1955），师从理论语言学家高名凯教授学习语言学理论，同时问学语言学大师王力、岑麒祥等先生。深厚的传统小学功底和广阔的现代语言学视野使赵先生的学术研究集精深与哲思于一身，从而能够自成一家。

二　辞书研究的成就与特色

赵先生博学宏赡，在音韵、训诂、文字、辞书学、汉语史、语言学史等多方面都建树颇丰，其中辞书学方面的研究对于中国现代辞书学的学科建设无疑具有奠基与开创之功。除多年来坚持不懈地研究历史上重要的辞书外，从1975起的十六年时间里，他一直投身于《汉语大字典》的领导和编纂工作，其后又参加了《成都大词典》和《四川百科全书》的编纂工作。鉴于赵先生对辞书学的突出成就，2006年他获得了中国辞书学会颁发的最高奖项“终身成就奖”，2013年他又以皇皇巨著《集韵校本》荣获了第15届“王力语言学奖”一等奖。

赵先生辞书研究的最大特色，是始终贯彻着对传统小学精华的继承和发扬。这不仅是赵先生的辞书研究和辞书编纂的精髓，也是区别于其他研究者的鲜明个人特色。正是由于建立在对文字学、音韵学、词汇学等的精深研究之上，先生的辞书研究和辞书编纂才真正具有“登泰山而小天下”的气势。魏世弟（1992）将赵先生作为辞书学中传统派的代表人物，认为其代表作《字典论稿》“不仅是对《汉语大字典》的全面总结，也是对我国传统辞书的主要成分——字书理论的系统归纳。从根本上改变了我国字典编纂成果多理论少的状况，丰富了汉语语文字词典编纂理论的研究”。

赵先生辞书研究的另一大特色，是从辞书编纂实践中总结出系统的辞书理论。他先后主持和参与了多部重要辞书的编纂，包括《汉语大字典》《四川百科全书》《成都大辞典》等，在学术界深孚众望，在中国辞书学会第七届年会上被授予“辞书事业终身成就奖”。这一奖项是我国首次专门为在出版社、高等院校和科研机构中长期从事辞书事业的专家学者设立的重量级奖项。在赵先生众多的辞书成果中，最为人熟知的当属《汉语大字典》。其时，先生任常务副主编，负责四川方面日常的编务工作。整部字典的编纂工作历时十六年，现为当今世界上规模最大、收集汉字单字最多、释义最全的一部汉语字典，被誉为“共和国的《康熙字典》”。从1979年开始，赵先生便注重从字典编纂的实践中总结相关的理论、原则和方法，在《辞书研究》上连续发表《字典论稿》，后经修订后结集出版，即在辞书学界有着广泛影响的《字典论》。

可见，赵先生的辞书研究正是用理论指导编纂实践，再从实践中总结理论的螺旋式上升过程。在辞书研究中以传统小学之精华为基石、以理论实践之互证为指归，是赵先生辞书研究和辞书编纂的总体特征与基本特色。

三　辞书史的研究成果

赵先生认为辞书是文化发展的产物，因为个人的精力是极有限的，而知识又是无限的，那么“必须借助前人的经验和知识。这些经验和知识记录在丰富的文献里面，只有通过文字的桥梁才能理解”。辞书可以说是文化的浓缩和知识传承的桥梁，因此我国历代都很重视辞书的编纂。辞书的传承性要求现代辞书编纂和研究都必须以传统辞书作为基础，那么，首先要做的就是整理和研究经典辞书，总结传统辞书编纂的规律和得失。在这方面，赵先生做了大量深入而细致的工作，其代表性的成果主要有专著《古代辞书史话》及关于《方言》《尔雅》《释名》《集韵》等的多篇论文。在这些著述中，赵先生对古代具有标志性成就的辞书的编纂得失进行了一一总结和评价，从而为现代辞书编纂和研究提供了不可或缺的指导性意见。

例如，关于我国现存最早的一部按照意义编排的词典——《尔雅》，赵先生在《〈尔雅〉——古代辞书史话》一文中，总结并归纳了《尔雅》

解释词语的方式，共分三大类："第一类，把许多意义相近的词类列在一起，然后用一个通用的词去作解释。这一类解释，有的用当时的话去解释古语，有的用共同语去解释方言，还有只把古今方俗语中意义相同或相近的词排列在一起，因此，每一条里解释的词语和被解释的词之间的关系是复杂的，必须经过深入细致的研究才能弄清楚。例如：允、孚、亶、谌、诚、亮、询，信也。（释诂）……仇、雠、敌、妃、知、仪，匹也。（同上）绩、绪、采、业、服、宜、贯、公，事也。（同上）……第二类，属中求别。"释亲"以下十六篇有不少地方采用这种方式。例如：木豆谓之豆，竹豆谓之笾，瓦豆谓之登。（释器）……夏曰岁，商曰祀，周曰年，唐虞曰载。（释天）……山大而高，崧；山小而高，岑。（释山）第三类，描写。凡是实物都可以用描写的方式去表示。《尔雅》里有些描写已经非常细致。例如：罴，如熊，黄白文。（释兽）狒狒，如人，被发迅走，食人。（同上）……蝮虺，博三寸，首大如擘。（释鱼）"这一体例对后代辞书的编写，包括扬雄的《方言》、刘熙的《释名》、许慎的《说文解字》等产生了很大的影响，直到今天，辞书编写也常常采用类似的释义方式。

但赵先生同时指出，《尔雅》一类的分类词汇在释义方式和编排上也存在一定的缺点。具体表现为：第一，按照意义分类，也就是从概念范畴来进行分类。这种分类方式由于受到不同时代社会风尚、生活习惯、科技发展水平的限制和影响，往往会造成当时容易理解的分类今天理解起来就会产生困难。第二，用单词解释多义词容易引起误会。第三，没有对近义词的细微差别进行细致区分。这些认识对于现代辞书的编写无疑具有高屋建瓴的指导意义。关于《尔雅》编排与释义的第一点不足，赵先生举表示旌旗的词为例，说："照今天的认识，可以列入'释器'一类。但《尔雅》却列在'释天'。有人曾怀疑它和祭名、讲祭各条都是《尔雅》佚亡的'释礼'那篇的文字。其实旌旗是古代讲武所必需的，讲武的名称古代列在'释天'。因为天以春夏秋冬而殊号，祭礼田猎亦随四时而异名也。关于这一点，联系当时的历史情况和社会风尚来认识是完全可以理解的。"针对《尔雅》用单词释多义词容易引起歧义和误解的缺陷，赵先生的分析也深中肯綮："例如'贻，遗也'（释言）。在古代汉语里'遗'可以表示赠送，也可以表示遗亡。这里的'遗'是什么意思，如果没有郭璞注'相归遗也'，单凭它的正文是不容易弄清准确含义的。"对《尔雅》中出现的训诂学上所谓的“同训”和“训同义异”现象，赵先生举“释诂”的“台、朕、赉、畀、卜、阳，予也”为例，指出“予”有“赐予”（如“台、赉、畀、卜”）和“我”（如“朕、阳”）两个义项，认为对这类现象尤应注意仔细辨析，否则就会犯宋人郑樵的错误。

再如，有人认为刘熙的《释名》主观性过强，因此学术价值不高。而赵先生的《刘熙〈释名〉在语言学史中的地位》一文，则从两个方面肯定了《释名》在中国语言学史上的贡献：第一，正确地提出了事物得名由来的问题。……第二，根据发音部位对语音进行了分析描写。赵先生认为，刘熙首次提出事物得名由来的问题，从理论上和实践上补充了“约定俗成”的原理，从而肯定了《释名》这部我国最早的词源学词典的历史地位。但同时，赵先生也实事求是地指出，刘熙利用声训来解释事物得名的由来，多凭自己的学识和经验，因此他的分析里面主观任意性占很大的比重。此外，刘熙对语音进行的分析描写在《释名》里数量虽不多，但却难能可贵，尽管这种分析还比较原始、不够细密，跟当今的语音学还有较大的距离。

由上可见，赵先生对传统的继承，并非一味地拔高或盲目地推崇，而是从客观实际出发，去伪存真，去粗取精。这一精神也体现在他对扬雄《方言》、张揖《广雅》、陈彭年等《广韵》、丁度等《集韵》等辞书和郭璞《尔雅注》、陆德明《经典释文》、王念孙《广雅疏证》等注疏类著作，以及阮元编《经籍籑诂》等训诂资料汇释类著作的评论之中。由于赵先生持论公允平实，并能古为今用，因而所论多为学界所重，对《汉语大字典》等大中型汉语辞书的编纂提供了非常有价值的理论指导。

四　辞书学理论与辞书编纂研究

汪启明（2007）等在《赵振铎先生辞书学思想述学》一文中总结：“先生的辞书学理论既继承了中国历史辞书编纂的优良传统，又注重吸收国外先进的辞书学理论，在此基础上有所发现，有所发明，有所创造，有所前进，挖掘出了许多新的东西。无论是在理论的建构上，还是在具体的方法如收词、释义、注音等具体方面，都为我国的辞书学做出了重要贡献。”

（一）学科理论的建设

赵先生对辞书学的学科意义、学科特点、学科内涵和外延等理论问题都作了深入的探讨。先生认为，辞书学是以辞书为研究对象的学问。辞书学的核心是编纂辞书的工艺，这些工艺以语言学理论作为指导，因此辞书学从属于语言学。赵先生对辞书学的学科理论的建构，体现在他对字典和词典特点、分工的论述以及对字典编纂原则等的概括和总结之中。

1. 论述字典和词典的区别及其相关理论问题

赵先生在《字·字典·字典学》和《我国字典编写的传统》两文中多次论及字典和词典的区别与联系。他指出：“字典和词典是一组对立面，这是由汉语和汉字之间的矛盾决定的……汉语和汉字的特点决定了汉语里面字典和词典的区别……词典收词，重在注音释义。而字典收字，它除了注音释义之外，有的时候还兼有解形的任务。”赵先生还结合《说文》《康熙字典》《中华大字典》《尔雅》《辞海》《辞源》《汉语大字典》等的编纂情况，说明要把字典和词典的界限规定得一清二楚，说一不二，在目前是有困难的。他认为，只有先把各自的特点找出来，弄明白，然后研究字典和词典的分工才有根据。为此，他从解形、注音、释义、举例等方面归纳了字典的任务，从而为字典的类型划分以及字典与词典的区分做了科学而翔实的理论探讨，并在其他相关论文中对字典的收字（含字头收列、字形解说）、注音（含音项建立、字音标注）、释义（含义项的概括性、词义的历史性）、举例（含义例一致、提示语源）等的原则和方法进行了一系列的细致论述，内容涉及辞书学学科理论的方方面面。

2. 总结字典编纂的总体原则与辞书的三大特征

在这些深刻而系统的理论总结中，最引人注意的论述是对字典编写原则的总结：第一，紧密地结合社会的文化需求；第二，面向古代，注意历史；第三，字义的解释要充分考虑到文化历史因素；第四，不断吸收新的语言研究成果。其中对于第二点的解说尤为精彩。赵先生指出，由于汉字历史悠久、形体复杂，因此收录古字古义是字典（包括中小型字典）的重要任务。原因有三：第一，不少汉字所代表的事物现在已经不存在了，但在前代文献里面还可以见到，学习历史，阅读文言都不能不知道；第二，文言模式与活的口语相比，变动比较缓慢，因此古人运用语言文字的习惯，可以在词义的引申、文字的假借等方面得到体现，那么字典把它们记录下来，将会给阅读的人带来很大的方便；第三，词义的变化，特别是单音词词义的变化，比起合成词的产生，数量要少得多，因此汉字记录单音词，在字义上具有一定的稳定性。再如，赵先生还归纳了辞书的三大特征：一、从形式上看，任何一部辞书都要收列一定的词目（且一般不重复收录），并且按照一定的方式把它们编排起来；二、从内容上看，辞书收词以后必须注释；三、提供浓缩性和密集性的知识。这样就把辞书与注疏类和资料汇编类著作区分了开来。

虽然我国的传统辞书著述丰富，但一直没有形成系统的辞书编纂理论。“在我国，真正的学科意义上的辞书学理论研究，以《辞书研究》创刊为标志，至今不过10多年的时间。”从某种意义上讲，赵先生对辞书理论的努力探索与建构，对确立辞书学的学科性质，突出学科特点，廓清学科研究的内涵和外延等都做出了卓越的贡献。

（二）辞书编纂的方法论总结

丰富的辞书编纂经验不仅使赵先生的辞书理论研究能够站在一个旁人很难企及的高度，而且更使先生的方法论总结具有具体而微的视角，因而具有极高的学术价值。先生对于辞书编纂的方法论总结可以分为收词、解形、辨音和释义，几乎囊括了辞书编纂的所有重要环节。

1. 理清历史源流

辞书是民族文化的高度浓缩和历史传承，那么在一部辞书中必然存在古今的交汇和碰撞。中国文化源远流长，各种文献的年代、真伪等可谓错综复杂。因此，理清字、音、义等的历史源流应该是一部辞书最重要也是最困难的工作之一。赵先生在这方面见识精深，令人叹服。例如，有一部分字除了辞书记录外，找不到用例，有的人把这类字称为“死字”。但赵先生则指出：“这些字在某一个时期应该是通行过的，只有这样，它们才会被字典记录下来。现在没有发现用例，并不足以说明它们不重要，随着古籍整理和考古工作的开展，有些‘死字’能够找到例证，或者在文献考释上起重要的作用……因此，不宜给一个字‘宣判死刑’，不宜用‘死字’这个名目。比较好的想法是把字分为常用不常用，在不常用字中甚至还可以划出一部分生僻字。”随着出土文献等的增加，辞书也应该不断根据新发现的语料对词条、义项等进行修订。

赵先生认为，“义项的建立是辞书编写的关键”，而谈到释义这个问题时，他指出：“词义是一个历史现象，它存在于一定的历史时期。有些词义从古到今没有变化；有些词义只存在于某一个特定的历史时期；有些词义古今的差别极大，一眼就可以看出来；有些词义古今之间只有微小的差别，需要仔细地观察才能够发现。”先生博闻强识，在论证自己的观点时往往看似信手拈来，实则考据严密，令人信服。在说明词义的历史性时，赵先生举“谤”字为例。现代汉语中“谤”的意思是“表示恶意攻击别人”或者“说别人的坏话”，但是就古代汉语来说，这个字还有别的意思。赵先生引述了《淮南子》《说文通训定声》等文献证明了“谤”的上古含义是表示公开地议论或者评论人的过失，是一个中性词。关于义项的编排，赵先生最后总结说：“要历史地处理字所表示的意义，划清时代，明白词义的孳乳。根据字义的类型、按照历史的顺序排列义项，就是在一个字头下面先列这个字最初表示的意义，然后按本义、引申义的顺序排列，再后是假借义和通假义。国名、民族名、地名、姓氏，一般排在最后。”这些论述不仅对辞书编纂具有纲领性的指导意义，更以具体的操作显示了实践功能。

2. 尊重社会现实，强调规范性

有人认为强调历史容易使辞书编写脱离现代语言规范。对此，赵先生指出，经过历史筛选出来的文献是比较规范的，因此不仅不会破坏语言的规范，反而更能体现语言的连续性。因此，赵先生总结说：“当前大型辞书的编写，提出‘古今兼收，源流并重’的原则。就是说：既要注意历史，不要割断历史，同时也要注意现实，不要脱离实际；把古今关系处理好，正是这一传统的发展。”可见，赵先生在尊重历史的同时充分考虑了古今的关系，以变应变，其研究最终的落脚点是社会现实。

在谈到建立音项的时候，赵先生认为某个音的确立应该首先以通行读法作为标准，有时即使和音变规律不一致，没有书面材料作依据也应该从俗从众。为此，赵先生举了一系列例子来证明：光荣的“荣”按照《广韵》“永兵切”的读法应该音 yóng，但今天读 róng；帆船的“帆”在《广韵》中音“符咸切”，按照音变规律类推，应该念 fán，今天念 fān。对于这些例子，赵先生认为应该尊重大多数人的读法。有些只能按照音变规律类推出来的生僻字字音，也一定要符合普通话语音结构规律。实在遇到矛盾的时候，必须改变声调来配合普通话语音结构规律。最后，赵先生总结说：“字典的注音具有规范性，它一旦确定下来就将对社会产生影响，对人们的交际具有某种约束力，成为民族语言的正音规范。但是，随着时间的推移，人们会发现其间某些不完善、不妥当的地方；有的群众不‘遵从’规定，另外读他们容易读的音……逐渐形成了一种习惯势力，规定的读法又会失去约束力，出现了新的混乱。为此，需要作新的审定。”

在论及字典收字的问题时，赵先生强调：“我们的字典编纂应该认真贯彻国家有关语言文字方面的政策法令。在字典收字方面要考虑到国家有关的规定。比方正体和异体的确定，该把《现代汉语通用字表》上面规定的字作为正体收列，其他的字应该服从于这个大的规则。”赵先生举了“真”字为例，虽然《说文》和《康熙字典》都以“眞”为正体，但是现在既然规定了“真”为正体，那么现代的辞书就应当将“眞”作为“真”的异体收列。同时，在有关偏旁的收列上，可以收“真”旁的字，而不收带“眞”的。

3. 突出汉语和汉字的特点

赵先生的专著《中国语言学史》是在学界影响颇大的一部语言学史著作。刘利及符永兰评介此书时认为：“《史》是作为教材来写的，但在我们看来，它也具有王力先生所说的‘科学论文’的性质。因为在这部著作里融进了作者几十年来对于中国语言学史的思考和研究的成果。”正是有了通览语言学史的深厚功力，赵先生的辞书编纂和研究真正达到了“胸中有丘壑”的境界。只有从一个全局性的视角理清语言要素和文字的历史源流，才能真正认清汉语和汉字的特点，而赵先生的研究处处闪耀着对这一问题的思考和探索。

例如，赵先生认为“字的形体不是孤立的，它和字音、字义都有密切的联系”。在我国传统语文学中，很多学者都积极利用汉字字形来研究字义和字音，从而沟通音、形、义的研究：训诂学上的“形训”是通过字形了解字义，“右文说”则是探讨同谐音偏旁的某些字在意义上的联系，而清代的古音学家则通过字形来论证古音。因此赵先生指出，汉字系统的独特性要求字典编纂要把解形作为重要的组成部分，为读者提供字形结构和源流演变的信息。但是“字的意义有发展，其间存在引申关系；词的音读有变化，其间有演变规律；文字形体有递嬗，则有正体异体之分。而这些变化发展的不平衡，使彼此之间的关系错综复杂，或一字多音，或一音多义；或同字异形，或音同假借”。因此，不管是收字、审音还是释义，都必须综合考虑三方面的情况：有的字曾经是一个字，那么收列的时候必须根据意义放在不同的楷书的字头下面；另外，确定一个字的音读也应该多方取证，不宜只单纯依据音切资料。

再如，通假字是汉语文献中一种独特的现象，对此赵先生辟有专章对通假字进行说明。他基本同意一些字典把通假现象限于两汉时期的做法：魏晋以后由于正字字典、科举制度、雕版印书等的出现限制了人们使用通假字。但是现在看到的敦煌变文、元曲、明清白话小说里面仍然存在通假字，因此字典还是要对其进行收列，只是挑选要从严。例如《儒林外史》第十五回：“楼中间挂着一张匹纸，上写冰盘大的二十八个大字。”这个“匹”字一般写作“皮”，此处疑为通假。但赵先生指出这种用法属于单文孤证，缺少其他语料的支撑，因此不可在“匹”字下面建立一个通“皮”的义项。

可见，赵先生在辞书编纂和研究中充分考虑了汉语和汉字的特点，从而突出地体现了汉语和汉字的独特发展规律。

五　辞书编纂实践的概括与总结

除了对辞书编纂的原则和方法做出总结以外，赵先生还对辞书编纂实践工作的其他重要环节进行了归纳。赵先生长期参与主持《汉语大字典》的编纂工作，其中的经验和反思无疑是一笔宝贵的财富。先生细致地将其记录在《字典论》中，涉及资料搜集、队伍建设、审稿与定稿、字典修订等重要的环节。

在谈到资料的搜集工作时，赵先生提出了几点重要的意见：第一，资料工作是字典工作的重要基础，没有资料是不可能编出好字典的；第二，工作要细致，例如《汉语大字典》就规定，凡是不见于《康熙字典》的字都作为新收字，需要多方寻找旁证；第三，认真阅读所指定的文献，勤查辞书，多看旧注；第四，要有严格的检查制度，决不可盲目追求速度。

而在谈到辞书编纂的队伍建设的时候，赵先生总结了参编人员应该具备的学科知识，共分为七大类：第一，文字学；第二，语音学、音韵学；第三，词汇学、语义学、训诂学；第四，字典编纂学；第五，文献知识；第六，文化知识；第七，自然科学知识。

对于辞书的审稿工作，赵先生总结为：第一，字典是一个统一体，各个方面都需要相互关照；第二，终审定稿的时间应该长一些，至少要多于初稿编写的时间；第三，编辑要有责任感，把好审稿的最后一关。

最后，赵先生强调了字典的修订工作：第一，保持一支队伍，修订时最好有参与过字典编写的人员参加；第二，抓好机构，做好周密的组织工作；第三，筹措经费；第四，拟定切实可行的规划。

从这些细致的工作总结和反思中，我们可以深刻体会到赵先生对辞书编纂事业的热情和诲人不倦的精神。这些经验总结实际上就是一部汉语辞书编纂的工作指南。

六 结语

赵先生的辞书研究建立在深厚的传统语文学基础和广阔的现代语言学视野之上，具有鲜明的以传统小学之精华为基石、以理论实践互证为指归的学术特色。先生不仅对辞书学的学科理论做了系统的探讨，更对辞书编纂的原则、方法、内涵和实践工作做了细致的总结，从而为现代辞书学的建立和发展以及汉语辞书的编纂做出了十分重要的贡献。

参考文献

刘利，符永兰.《中国语言学史》评介. 古汉语研究，2003（4）.

汪启明，夏宇，吴迪，等. 赵振铎先生辞书学思想述学. 汉语史研究集刊（第十辑），2007.

魏世弟. 中国现代辞书学学派的生长. 辞书研究，1992（4）.

赵振铎. 古代文献知识. 成都：四川人民出版社，1980.

赵振铎. 古代辞书史话. 成都：四川人民出版社，1986.

赵振铎. 训诂学史略. 郑州：中州古籍出版社，1988.

赵振铎. 音韵学纲要. 成都：巴蜀书社，1998.

赵振铎. 辞书学纲要. 成都：四川辞书出版社，1998.
赵振铎. 中国语言学史. 石家庄：河北教育出版社，2000.
赵振铎. 字典论. 上海：上海辞书出版社，2001.
赵振铎. 训诂学纲要. 成都：巴蜀书社，2003.
赵振铎. 辞书学论文集. 北京：商务印书馆，2006.
赵振铎. 集韵研究. 北京：语文出版社，2006.

（杨文全，李韵：西南交通大学艺术与传播学院；
四川大学文学与新闻学院；四川大学海外教育学院，成都 610064）

辞书理论的一朵奇葩

——辞书框架理论研究述评

袁世旭

张志毅先生在2010年10月12日的《人民日报》上发表题为《“辞书强国”究竟有多远》的文章①，文章指出要走向辞书强国必须解决以下三个问题：人才、理论和辞书文本。先生认为：“辞书强国，理论必须先行。我国辞书理论研究的现状，可以概括为四多四少：跟踪研究多，原创研究少；描写多，理论少；模仿多，创新少；整合或综合研究多，独创研究少。当然其中也不乏真知灼见，但是不少人却是在瞎子摸象，瞽者论日。”

袁世全先生的“辞书框架理论”引导辞书研究者、编纂者更多地关注辞书的框架、结构、组织，是近些年来为数不多的创新型理论，具有创新性、全面性、系统性和批判性。

一　创新性

“辞书框架理论”并非人云亦云地总结现有辞书学理论，而是另拓疆土，开辟了辞书学研究的新领域。

（一）提出了辞书学的新范畴

“辞书框架理论”提出并论证了“辞书框架”“辞书框架机制”“结构辞书学”“系统辞书学”“横向中观结构”“纵向中观结构”“准自造例”

① 后在此基础上扩充为《辞书强国——辞书人任重道远的追求》，《辞书研究》2012年第1期。

"准附录"等辞书学的新范畴。

辞书框架"成书之前是指以一种特定的编纂宗旨为指导，以词目（条头）为基本单元，以体系规范、主旨突出、收词得当、布局合理、功能强化、多方相宜以及编纂和查阅方便为目的，并体现知识内在逻辑（或历史）联系的科学系统，是建立在各类多维多层词目基础上的宏观设计与微观反映的有机结合，是辞书编纂之初乃至全过程的一项根本性的、奠基性的系统工程，成书之后，则指这种科学系统，这种有机结合，这种系统工程在一部辞书中的对象化，成果化，丰满化，是这种科学系统、这种有机结合和这种系统工程在一部辞书中的逻辑反映和直接现实"。①

"所谓准附录，一般来说，是正文内容条目形式的补遗或另置。所谓补遗，或因原版正文有所遗漏，或因新出现收列对象，在不动原书原版的情况下，予以增列；或虽为初版而未印行，为了不动既成稿或既成版，而将这些内容单列于原正文后。所谓另置，是指出于词目的某些特殊性考虑，集中安排，另放一处。原委身"附录"篱下，后多为正文后，附录（狭义）前。"② 限于篇幅，其他新范畴的论述可参见袁先生相关论著。

（二）提出了辞书学的新命题

"辞书框架理论"提出并论证了"辞书排列组合论"，"排列组合是一个数学名词。在辞书编纂实践中，在辞书框架的总体设计中，有个条目安排问题，也是一种排列组合，一种在理论和实践上似乎没有引起足够注意而又应当重视的排列组合"。③

关于内部关系，提出、论证并处理了典故辞典的十大关系。典故辞典的十大关系是指"典"与非"典"、常式与变式、常见与偶见、显性与隐性、系统性与游散性、单一性与多重性、真源与伪源、成词与拟词、事典与语典、"古典"与"今典"等。④

提出"附录不姓'附'（副）"的观点，"我们建议，淡化甚至淡出

① 袁世全《框架和框架机制：立名与正名》，《辞书研究》1996 年第 5 期。

② 袁世全《附录三论：必也言顺乎——关注"准附录"这一新样式》，《辞书研究》2005 年第 1 期。

③ 袁世全《辞书排列组合论——兼论辞书功用》，《淮北煤师院学报（社科版）》1991 年第 2 期。

④ 袁世全《关于典故辞典的十大关系》，《安徽广播电视大学学报》1999 年第 2 期。

附录的附属性，改变附录姓‘附’的宗法观念，让它改姓‘正’（当然，只是在实际中以‘正’相待，至于正文与附录的区别，也是客观存在），建立和加强主体意识和主体性。这样，对于从根本上改变附录的历史地位与生态环境，可以提供意识上、观念上和理论上的支持”。①

提出了辞书附录“兼容论”等。所谓“兼容论”，即认为辞书附录有广义附录、狭义附录以及准附录三种。②

二 全面性

“辞书框架理论”研究的辞书类型、涉及的辞书元素、辞书结构及辞书编纂环节比较全面。

（一）辞书类型的全面性

“框架不是某一种，某一类辞书所专有，而是各种各类辞书都有的。”③研究范围内涉及的辞书类型比较全面，包括语文词典、百科（专科）辞典，甚至网络工具书等。

基于《中华典故大辞典》的编纂实践，袁先生以《中华典故大辞典》这一专门词典为主要研究对象，取得了丰硕成果。具体来说：主张建立和加强语文词典的框架意识，研究辞书框架理论，建设系统辞书学，从根本上提高语文词典的整体水平。④将《中华典故大辞典》这一编纂工程的理论与实践总结为：强化框架意识，加强总体设计；坚持依靠第一手资料；研究基础理论，敢于立异标新，从根本上解决收词问题；强调再溯源；追求明晰精当的释义；强化书证的能动作用；加强检索功能；不唯成说不唯书，注重匡谬纠偏，有所发现；注意语言的辞典体。⑤

关于百科（专科）辞典，提出了大型百科辞典的“框架二分法”。

---

① 袁世全《附录再论：必也正实乎》，《浙江海洋学院学报（人文科学版）》2005 年第 3 期。

② 袁世全《附录初论：必也正名乎》，《集美大学学报（哲社版）》2003 年第 4 期。

③ 袁世全《框架和框架机制：立名与正名》，《辞书研究》1996 年第 5 期。

④ 袁世全《建立和加强语文词典的框架意识》，《语言文字应用》1999 年第 1 期。

⑤ 袁世全《大中型典故辞典的编纂——《中华典故大辞典》的理论与实践》，《辞书研究》1998 年第 6 期。

“框架二分法”又称为“排检二分法”，“简而言之，就是分一二级学科和类别，分条目的内在联系即逻辑关系编排百科辞典条目的方法”。“特点之一，使条目孤立化、知识无序化这一现代辞书的通病基本得以整治，从而使条目网络化，知识系列化，信息序列化。”“特点之二，强化检索功能，使查阅更为方便。”①

关于网络工具书，主要是以《中国工具书集锦在线》为研究对象，对网络工具书的宏观结构、中观结构、微观结构进行研究。

（二）涉及辞书元素的全面性

辞书框架理论涉及辞书的方方面面，包括选词立目、编排、体例、注音、释义、例句、附录等辞书的各个元素。

关于辞书排检，提出并实施了大型“百科辞典的排检二分法”，提出并论证了辞书知识系统链、系统树问题。关于立目，提出并实施了典故辞典“两无两有”的立目原则。关于释义，提出并实施典故辞典“明晰精当式”的释义方式，归纳并论证了“典故辞典释义方式”六种。关于例证，提出并论证、实施了语文词典“选择书证七原则”，提出并研究了“准自造例”的概念。关于附录，较系统集中地研究了辞书附录这一经常被人忽视的问题，总结了辞书附录“六可”现象，提出“附录不姓‘附’（副）”的观点，提出并论证了辞书“准附录”的概念，提出了辞书附录“兼容论”，提出并论证了“辞书附录设置的五原则”（方法），主张附录是辞书宏观结构中的一个特殊的中观结构，而其中的附录单元，则是这个中观结构中的微观结构。

（三）辞书结构的全面性

辞书框架理论不仅研究了辞书的宏观结构和微观结构，而且还重点研究了辞书的中观结构。

辞书的中观结构可分为横向中观结构（块块）和纵向中观结构（条条）。虽同为中观结构，从量的角度考察，却多有不同。因而，一般情况

---

① 袁世全《大型百科辞典的“框架二分法”》，《社会科学战线》1999年第6期。

下，中观结构之中，无论横向中观结构（块块），还是纵向中观结构（条条），又可以分出多个更小的结构，往往还可以分出一个甚至多个亚中观结构，直到微观结构。横向中观结构，指的是在辞书中左右相连，块状相系，以内容明显不同相区隔，以内容相关联而结合，许多是对学科知识树的提炼与描写，形成了以横向块状连贯全书的走向，其内在联系主要是以内容上的联系为主要特征的块状系统（块块）。纵向中观结构，指的是在辞书中通上贯下，条状相贴，一般是对微观结构进行切分之后组合的“同类项”，以类型明显不同相区隔，以类型相同而结合，形成了以纵线条连贯全书的走向，其内在联系主要是性质上、类别上的联系为主要特征的条状系统（条条）。①

（四）辞书编纂环节的全面性

辞书框架理论不仅研究辞书编纂的过程及其成书后的理论，而且涵盖了辞书从编纂前到编纂中再到编纂后的传播、教育、使用、评价等各个环节。

辞书框架理论是从辞书编纂的实践中总结升华的，是理论演绎和经验归纳的综合产物。上文已较多介绍了辞书框架理论，此处只简要谈谈框架理论关于辞书功用及辞书教育的理论观点。关于辞书功用，主张辞书功用多元化，提出并论证了“一书变多书，一用变多用”。关于辞书使用，提出“辞书不仅要被动地查，还要主动地读，系统地读”的观点。关于辞书教育，主张编辑出版学专业的学科定位，尤其应当加强辞书知识与能力的培养，认为各级各类学校辞书教育普遍虚无化，是知识结构中的严重问题。

三　系统性

所谓系统性，是指理论本身应该具有整体性、自组织性，各组成部分具有关联性、层次性和等级结构性。同时，理论还具有开放性和动态平衡

---

① 袁世全《三个结构与第三结构——九论辞书框架，兼与三种观点商榷》，《辞书研究》2000 年第 4 期。

性，处于不断补充完善、不断扬弃修订的过程中。

辞书框架理论具有这样的特征。首先，辞书框架理论具有整体性。辞书框架理论有整体研究的逻辑框架，既包括关于辞书框架理论的一般研究，即辞书理论的共性部分，是基础研究；还包括不同种类辞书框架理论的专项研究，即分门别类的深入研究，是个性研究。其次，辞书框架理论包含若干组成部分，并且各组成部分之间具有关联性和层次性，包括辞书框架理论的概念、作用、提出的背景、研究的对象、主要的内容等等。第三，辞书框架理论具有开放性，处于不断补充完善、不断扬弃修订的过程中。袁先生也指出："这不仅因为它的内涵与外延大于'两论'之和，还因为它借重哲学尤其是系统科学、信息科学等学科的理论，把辞书描写成、透视成一个（或一个个）系统。这些系统的主要特征显现为整体性（各要素是有机组合而不是简单加合）、层次性（纵向、横向、平行并立等）、相关性（相互联系、作用、依存、制约）、动态性、开放性等。而它的基本特点是整体性、目的性、最优化。如果真正实现了，则辞书的总体设计和框架方面的问题将迎刃而解，包括释义在内的其他方面问题，也将得到系统的解决。这对于提高辞书的整体水平，或者说整体性地提高辞书的水平，肯定是大有好处的。"①

四　批判性

袁先生不是简单地总结归纳辞书学理论，而是在批判前人甚至词典学权威的基础上展开研究的，这与辞书框架理论的创新性是一致的。辞书框架理论是在批判"释义中心论"、辞书"两结构论"和辞书"四结构论"及吸收相关研究成果的基础上建立起来的。

袁先生在前人研究的基础上，结合自己的思考，认为："辞书结构有两大类，即内容方面和形式方面。两大类均有三个结构，即宏观结构、微观结构和中观结构。研究辞书结构，以内容方面的结构为主。所谓宏观结构，又叫总体结构，就是辞书中按照一定的内在联系编排的各个部分的总

① 袁世全《兹古斯塔、陆宗达与"两论"——六论辞书框架》，载《亚洲辞书论集》，上海辞书出版社2001年。

和。所谓微观结构，又叫条目结构、词条结构，就是条目中按照一定内在联系组成的各种信息的总和。所谓中观结构，就是泛指大于微观结构而小于宏观结构的那些结构。中观结构，又可分为横向中观结构（块块）和纵向中观结构（条条）。而无论横向中观结构（块块），还是纵向中观结构（条条），又可以分出多个更小的结构。"①

辞书框架理论对于辞书学研究长期以来过分倚重"释义中心"的现象有所纠正，肯定了辞书框架在辞书研究中的重要地位。但是，辞书框架为外在组织形式，辞书释义为内在实体内容，二者的研究缺一不可，要坚持"两手抓，两手都要硬"，坚持形式和内容兼顾的原则。正是因为两者是形式和内容的关系，是骨架和肌肉的关系，因此不能说谁包括谁，不能将"辞书释义"纳入到"辞书框架"的内容体系里面。而且，二者其实并不矛盾，在辞书系统性、完整性的最终编纂目的上，二者是有一致性的。例如关于辞书释义功能性元语言、释义提示语、搭头字（吕叔湘先生提出）的研究，控制工具词条的数量，用有限的元语言描写词义特征，也正是为了追求辞书释义的系统性、结构上的一致性，在力求精确释义的基础上，达到形式上的和谐，达到内在美与外在美的统一。例如张志毅先生基于义位从感觉场（即具体、知觉）到心理场（即抽象、意觉）的演变研究，提出义位演变的"同场同模式"原则，张志毅先生、李智初先生在此基础上提出现代语文辞书释义的"同场同模式"的理论原则，也是为了辞书释义同场间前后照应，进而达到系统性的目的。

参考文献

袁世全．排列组合论——兼论辞书功用．淮北煤师院学报（社科版），1991（2）．
袁世全．框架和框架机制：立名与正名．辞书研究，1996（5）．
袁世全．框架作用面面观——再论辞书框架．辞书研究，1998（3）．
袁世全．大中型典故辞典的编纂——《中华典故大辞典》的理论与实践．

① 袁世全《三个结构与第三结构——九论辞书框架，兼与三种观点商榷》，《辞书研究》2000年第4期。

辞书研究，1998（6）.
袁世全. 建立和加强语文词典的框架意识. 语言文字应用，1999（1）.
袁世全. 关于典故辞典的十大关系. 安徽广播电视大学学报，1999（2）.
袁世全. 框架系统中的新老关系初探——五论辞书框架. 辞书研究，1999（3）.
袁世全. 典故辞典总体设计的又一前瞻性问题——八论辞书框架：关于释义方式. 六安师专学报，1999（3）.
袁世全. 大型百科辞典的"框架二分法". 社会科学战线，1999（6）.
袁世全. 中观结构再探——十论辞书框架：第三结构的特性及其他//中国辞书论集（1999）. 上海：上海辞书出版社，2000.
袁世全. 向兹古斯塔问一个为什么——兼论从语文词典理论的一大误区中突围//全国第三届语文词典理论研究会论文集，昆明，2000.
袁世全. 典故辞典总体设计的一个探索——十一论辞书框架：关于"两无两有"的立目原则. 安徽教育学院学报，2000（1）.
袁世全. 三个结构与第三结构——九论辞书框架，兼与三种观点商榷. 辞书研究，2000（4）.
袁世全. 兹古斯塔、陆宗达与"两论"——六论辞书框架//亚洲辞书论集. 上海：上海辞书出版社，2001.
袁世全. 合称、并称"分家"论. 辞书研究，2003（3）.
袁世全. 附录初论：必也正名乎. 集美大学学报（哲社版），2003（4）.
袁世全. 附录再论：必也正实乎. 浙江海洋学院学报（人文科学版），2005（3）.
袁世全. 附录三论：必也言顺乎——关注"准附录"这一新样式. 辞书研究，2005（1）.

（袁世旭：河北师范大学文学院，石家庄 050024）

“词典比小说更引人入胜”*

——著名词典学家李锡胤教授主要建树简介

张春新

一　引言

李锡胤教授生于 1926 年 5 月，浙江绍兴人。他是我国著名的语言学家、词典学家，是第一届“中国辞书事业终身成就奖”的获得者。因其在学术研究和词典编纂等方面的卓越贡献，曾多次获得省、市级劳动模范称号，曾担任第七、八届全国人大代表，被国家教委评为全国优秀教师，获得普希金奖章，他的传记被收录到《中国社会科学家大辞典》（英文版）。

李锡胤教授涉猎广泛，精通多门外语，翻译了《聪明误》（俄：格里鲍耶陀夫）、《老人与海》（美：海明威）、《伊戈尔出征记》（古俄语文献）、《现代逻辑》（法：布莱斯·格里兹），与人合译《俄罗斯抒情诗百首》、《俄语语法》、《词的语法学说导论》（苏：维诺格拉多夫）等。他在国内较早地把符号学、逻辑学的方法引入语言研究领域，在数理逻辑学、认知心理学、语言哲学等方面也有很深的造诣。他受家庭熏陶，酷爱中国古代文学，自编《霜天星影李锡胤诗存》，喜好书法篆刻，堪称是一位真正多才多艺的学者。

---

* 本文为国家社科基金“中俄两国汉俄词典编纂的诸参数比照研究”（项目号：12BYY142）、教育部人文社科研究一般项目“以字为中心的对俄汉语教学字典编纂研究”（项目号：10YJC740129）、黑龙江省高等学校哲学社会科学学术创新团队“俄语语言学创新研究”（TD201201）的阶段性成果。

二　李锡胤教授的词典编纂实践与理论研究

（一）词典编纂实践活动

李锡胤教授的词典编纂实践与词典学理论研究起始于上世纪50年代。他凭借着自己的执着与通晓英、俄、法语，谙熟社会学、人类学、诗词学的深厚根底，在50多年的辞书编纂与理论研究上数十年如一日，辛勤耕耘。由他主持的《大俄汉词典》耗时十载，出版之后引起了强烈的反响，被俄罗斯科学院院士誉为“具有创世纪意义的词典”。其后，他又和赵洵、潘国民共同主编了《俄汉详解大词典》（四卷本）。如今，《大俄汉词典》和《俄汉详解大词典》已成为每一个学俄语的人案头必备的工具书。《大俄汉词典》荣获首届中国辞书奖一等奖（1995），《俄汉详解大词典》获第四届国家图书奖及第三届国家辞书奖一等奖（1999）。《大俄汉词典》出版发行时，前苏联有5种杂志进行了报道介绍；《俄汉详解大词典》更是被作为国礼送给了原俄罗斯总统叶利钦。

除了上述两部词典，李锡胤教授还是《苏联百科词典》中译本译审委员会副主任，《俄汉成语词典》《俄语新词新义词典》《外国文学大词典》的编者。

（二）词典学理论研究

在长期的词典编纂实践过程中，李锡胤教授一直对词典学理论孜孜以求，著有多篇词典学学术论文，涉及词典学一般原理、词典类型学、释义、配例、语义学及语用学与词典学的关系及相互作用等多方面的问题。

1. 对国外词典编纂理论与经验的推介

李锡胤教授非常关注世界各国词典学理论研究的动向，尤为注重向我国词典学者推介俄苏及其他国家的词典编纂理论与经验。俄罗斯的词典学理论研究处于世界领先地位，他们的词典编纂实践有着非常优良的传统，参与词典编纂的大多是俄罗斯科学院著名的语言学家，因而他们编纂的词典在世界享有盛誉。李锡胤教授专门撰文介绍了苏联科学院四卷本《俄语词典》，对该词典的收词原则、句法特征标注、动词对应体的处理方式、

修辞标注体系、词义解释和例证等各方面的特点进行了详细归纳。在《词典的广度、深度、词义层次及体系》一文中，他借用苏联词典编纂理论中的“词义、意味、用法”这种词义划分方式，来阐明“覆盖深度”[①] 这一概念，指出“词典要正确区分同音现象和多义现象；词条中要区分出各义项；义项中要区分出各意味和‘用法’——这样就使词条成为多层次的结构，形象点说，成为立体的了”。这种释义方法被他身体力行地应用在他主编的《俄汉详解大词典》中，该词典的编纂细则明确提出：“采用多层次释义法，区分出意义、意味和特用三个层次”，“意义和意味、用法不在一个平面上。意义是总括的。意味用‘‖’号隔开，加解释，注意传达其细微差别。特用用‘|’号隔开，一般不给解释，有时给解释或翻译，或加‘指……’。”这种释义方法使《俄汉详解大词典》在我国双语词典之林独树一帜，更加符合双语词典的特点和中国读者的需要。在 2005 年发表的《辞书中的十种关系》一文中，他根据多年编写双语词典的经验与体会，对辞书中的深度与广度问题做了进一步阐释，同时还对断代和历代、能指和所指、严师和益友、求解和应用、规则和特例、纵轴和横轴、定义和详解、单语和双语、体式和内容等其他九组关系做了介绍。这篇文章对于词典学研究者和词典编纂者从总体上了解词典学理论和词典编纂的一般原则具有很重要的指导作用。

2. 对语义学与词典学的关系的论述

李锡胤教授非常重视语义学与词典学的关系，著有《双语词典的灵魂——语义对比》《双语词典与语义比较》《词典中的几个语义理论问题》等多篇论文。他认为，“双语词典作为一种词典类型，特点就在于条目中被定义者与定义者是两种语言手段。因此双语词典中词义反映得正确与否、精确程度如何，都取决于两种语言词汇的语义对比”，而词汇的语义对比应该从两个方面着手：“第一，从词的某一意义与另一种语言中对应词的对应意义进行对比；第二，从同一语言中对应词义的对应关系及联系为一方面，与另一语言中对应词义的对应关系为另一方面来进行对比，前一种我们称为意义的对比，后一种称为义值的对比”。李锡胤教授将词义

① 这一概念是 S. M. Katre 教授在其所著的《词典学》一书中所提出的。

分为四类：1）事物、现象的名称：名词词义；2）性质的名称：形容词、表示性质的抽象名词等的词义；3）动作、状态的名称：动词、动名词等的词义；4）关系的名称：介词、连词及表示关系的名词、形容词等的词义。通过语义对比可知，这四类词义都有一部分词义在另一语言中没有“等价物”，李锡胤教授通过俄汉两种语言的语义对比举例说明了双语词典对这一问题的处理办法。除此之外，他还认为，双语词典应该像单语词典一样，从索绪尔提出的聚合关系、组合关系和语义场关系等方面客观地反映词在词汇系统中的“价值”。这对我国双语词典学理论研究与编纂实践来说都有很重要的意义。

3. 对词典释义问题的研究

词典的首要任务是解释词义，对于释义这个重要的任务来说，词典编纂者本身对词义的理解是非常关键的。李锡胤教授强调，编者自己必须首先要“吃透”词义，才能给查词典的人讲清词的意思，而不应该“以其昏昏，使人昭昭”。在《编词典要从多方面理解词义》一文中，他指出，编者要从下列几个方面理解词义：1）实物理解：即弄清词指的是什么东西；2）概念的理解：即理解概念的内涵和外延及其感情色彩和联想色彩；3）文化、历史背景的理解；4）词源的理解；5）词汇、语义学的理解：指同义、反义关系，近义关系，同根关系，同前、后缀关系，同音异义关系，多义性问题等；6）语法的理解：指与某些特定语法特征联系在一起的词义；7）语境的理解；8）语用的理解：指表达说话者对话语内容以及听话者的态度等有关系的词或词义的理解，例如俄语的指小（表示爱昵）和指大（表示谦卑）的词汇；9）语义比较的理解：指从两种语言的词汇意义出发比较其异同。他还专门撰文谈了双语词典中名物词释义的问题。他将双语词典中名物词的释义方式归结为四种：第一种方式是同义对释，如：гора——山。第二种方式是内涵定义，又可分为三种方式：1）“属+种差”式逻辑定义，如：локатор——（中世纪经封建当局准许而）开办移民居住地的人；2）描写法，如：альпака——铜、镍、锌合金；3）功能定义，即指出事物的用途和目的，如：цвин——鞋匠修鞋时把鞋后跟钉在木楦上进行加工时用的钉子；4）“发生定义”，即说明事物是如何发生、形成的。第三种方式是外延定义，如：бельё——内衣；床单，枕巾；餐室用的桌布、餐巾。第四种方式是列举若干同义词或近义词揭示共有属性。

上述的四种方法中，后面的三种和单语词典对名物词的释义方法是一样的。李锡胤教授的这篇文章发表于1982年，他是我国较早地对双语词典释义问题进行专门理论探讨的学者。

4. 对词典中的语用学问题的探讨

作为语言高度形式化研究的反作用，语用学蓬勃兴起，在理论上和实践中为词典编纂提出了新的要求，开辟了新的途径，例如《Colins精选英语词典》系统地说明词的语用特点（如so词条等）。词汇研究的语用学原则受到越来越多词典学家的关注。李锡胤教授也敏锐地捕捉到了这一现象，并对此进行了探讨。他在《词典中的语用学问题》一文中指出，从语用方面着眼来编纂词典，至少须详细而系统地反映词的下列几种用法：1）与语义引申相关的用法特点，尤其是带普遍性的引申用法；2）与句型相关的用法特点；3）与形态学范畴相关的用法特点；4）由于内部形式两可理解而引起的用法特点；5）与不同使用场合相关的用法特点；6）由于视角不同而出现的用法特点；7）由于词义十分笼统而引起的用法特点。这为词典编纂者如何选收例证以反映词的用法提供了理论依据。

5. 对词典与小说关系的对比

很多人都认为，编词典是非常枯燥的工作，就像是“做苦工”一样，而李锡胤教授却曾对他的朋友说过：“词典比小说更引人入胜”。这种对词典及词典编纂工作“甘之如饴”的境界，恐怕不是一般词典工作者能够达到的。他在《词典中的婚事“马赛克”》一文中对他的这一认识做了说明。他将俄国19世纪最著名的《达里词典》[①] 中有关“婚事”的词语、俗语及例证收集起来，生动描绘了一幅由婚礼酝酿、相亲、请媒人、许婚、举行婚礼、婚后酬宾、回门等一系列活动构成的俄罗斯民族传统婚礼的画卷。例如，最初男家开始酝酿（семейный совет），派一名“空口媒人”（пустосват）非正式地向女方兄弟悄悄探听口气，说“你家中有货色，我手头有买主”（У вас товар，а у меня купец）。接着介绍“他家什么都有，只缺了飞鸟的奶”（только птичьего молока нет）之类的情况，反正“做媒就是得吹大牛”（сватать，так хвастать!）等等。词典中这些

① 达里是一位大词典学家，也是一位作家、民俗学家。他的词典收词20万条以上，是名副其实的《活俄语大词典》。

语料都是离散的，而李锡胤教授不仅从浩瀚的词典语料中将它们整理出来，还按时间顺序构架成了有完整情节的小故事。这个摘录、整理、拼接的整个过程的确已经超出了单纯的词典编纂的范畴，上升到了“小说创作”的层次了。不用说词典中所涉及的反映 19 世纪俄罗斯民俗和日常生活的词语、谚语、俗语等的理解需要多么丰富的俄罗斯民族文化底蕴和深厚的俄语功底，单单是静下心来将一部大部头的词典通读一遍甚至更多遍，这个行动本身就是非常了不起的！李锡胤教授从阅读词典和繁重的词典编纂活动中体验到了真正的乐趣，他本身渊博的学识则为他的词典学研究提供了其他研究者所不具备的得天独厚的条件。比如他的《俄语词典与格里鲍耶陀夫的〈聪明误〉》一文，正是在他翻译了《聪明误》一书的基础之上才得以成文的。他深厚的逻辑学功底则反映在《郝恩贝：他的词典与动词型式》一文中。在这篇文章中，李锡胤教授再次阐述了他的“词典比小说更引人入胜”这一观点。他认为，词典也是有“主题思想”和“故事线索”的。郝恩贝《流畅英语词典》的“主题思想”便是编者所说的“……在培养说、写、读三种语言技能上给予学习者最实用的协助”，而“故事线索”则是贯穿词典中动词条目的二十五个动词型式。李锡胤教授将现代逻辑的三个部分——类逻辑、谓词逻辑和关系逻辑与述语的最基本的三个范畴——实体范畴、属性范畴、关系范畴对应起来，用抽象逻辑推理公式的形式列出了 25 个述语表达手段转换模式，他还将这些模式与郝氏词典做了对照，并在郝氏词典里找到了这些动词型式。由此可见，对李锡胤教授来说，词典并不仅仅是工具书，还是将词典学、语言学、逻辑学、语言国情学、文学乃至更多学科知识集于一身的集大成者。只有像他这样真正欣赏词典、热爱词典编纂事业的人才能发现这种乐趣。

三　结语

李锡胤教授今年已有 87 岁高龄，从事词典工作 60 多年，至今仍学习不辍。笔者从本科开始就读于黑龙江大学俄语系，有幸亲耳聆听了李锡胤教授讲授的课程，他也曾对我学习和研究中遇到的问题作出耐心的指导。他谦虚的为人、渊博的学识、严谨的学风深深地感染和激励着后辈学者。

参考文献

李锡胤．介绍苏联科学院四卷本《俄语词典》．外语教学与研究，1963（2）．
李锡胤．双语词典中名物词的释义．辞书研究，1982（4）．
李锡胤．词典学中的矛盾——百科性释义——插图．外语学刊，1986（4）．
李锡胤．李锡胤论文选．哈尔滨：黑龙江人民出版社，1991．
李锡胤．双语词典与语义比较．外语与外语教学，1994（3）．
李锡胤．词典中的语用学问题．外语与外语教学，1996（1）．
李锡胤．辞书中的十组关系．辞书研究，2005（1）．

（张春新：黑龙江大学俄罗斯语言文学与文化研究中心，哈尔滨　150080）

论袁世全先生对辞书理论的探索与创新*

张道升

我国古代辞书学、现代辞书学，没有本体意义上的辞书理论，更没有创新的、较系统的辞书理论——甚至世界辞书学，也为数甚少。至今还较有市场的所谓“辞书无理论”，不仅是一种认识，也是一定意义上的客观存在。没有理论指导的辞书不可能是高水平的辞书；没有理论的辞书编纂家，只能是工匠，而决不可能是辞书学家。

袁世全先生是当今著名的辞书理论家和编纂者。“知人论世”，了解一个人的主要学术经历，有利于分析他的学术观点。三十多年来，他一直专攻辞书学的理论与实践，其主要学术经历有：一、专职全程参编国家重大科研项目《汉语大词典》十多年，此后又独立主编出版了各具特色的各类大中小型辞书十多部（累计总字数达 1000 多万）。二、作为安徽大学新闻传播学院编辑出版学系负责人、传播学研究生学位点负责人，多年组织并从事编辑出版学专业本科生与传播学研究生的辞典工具书教学。三、作为中国辞书学会理事会的成员之一、中国辞书学会辞书理论与辞书史专业委员会的负责人之一以及语文辞书专业委员会成员之一，长期担任安徽省辞书学会的主要负责人，经常组织或参与组织各种辞书学术会议，主持辞书学国家社科基金等科研课题。四、经常开展工具书编辑与应用的社会调查。总之，在三十多年的学习、编纂、应用与探索中，他积累了很多的体会与教训，对辞书学与辞书编纂学的理论与实践，尤其对辞书框架、辞书

* 本文为全国高校古委会项目“《海篇统汇》校注”（2012-007）、安徽省教育厅人文社科研究重点项目“明代伪汤显祖字书研究”（SK2013A158）、安徽省社科联立项课题“安徽省辞书学会的现状和发展对策研究”（B2013027）的阶段性成果。

结构、辞书系统及其相关问题，有相当深切的学术感受与收获。

近年来，他陆续发表“辞书框架”系列论文30多篇，形成了他主持的国家社科基金项目《创建工具书编辑出版的框架理论》的最终成果《辞书框架理论》的主体。

一　关于辞书基础理论、共性理论的探索与创新

（一）关于辞书框架、辞书框架（结构）机制、辞书框架理论

袁世全先生提出并论证了辞书框架、辞书框架（结构）机制、辞书框架理论的概念，揭示了框架与结构的联系和区别。

1. 提出并论证了辞书框架

框架的本义是提供形状或强度的结构系统，如房屋框架，因此用来比喻事物的组织、结构。所谓“辞书框架”（特定意义上又称“辞书结构”），成书之前，以一种特定的编纂宗旨为指导，以词目（条头）为基本（但不是唯一）单元，以属性规范、体系完善、主旨突出、立目得当、布局合理、内部协调、功能强化、结构科学、多方相宜以及编纂和查阅方便等为目的，并体现一般的学科知识系统、特定的辞书的内在逻辑（或历史）联系的科学系统，是建立在各类多维基本单元（元素）基础上的宏观设计、中观链接与微观组合的有机结合，是学科知识系统树与某一特定的辞书编纂宗旨所要求提供的知识系统树的合理嫁接，是一项奠基性、根本性的科学系统。

2. 提出并论证了辞书框架（结构）机制

所谓“辞书框架（结构）机制”，指的是在一种特定的编纂宗旨的指导下，以科学的成书框架为直接目标，用系统的方法选择一部辞书的各个解释对象，设计与调整它们之间的结构关系、相互作用和运行方式的总和。学科体系或知识网络是框架机制的基石，框架思想和编纂宗旨是框架机制的始发站和行为规范——较多地活跃在编纂前期（即收词立目阶段）而作用于编纂全过程，是框架机制运行的大致轨迹。编纂框架的基本形成，不是框架机制的最终目的。编纂框架和框架机制之间的关系，就好比前者是一个系统工程的施工蓝图，后者则是设计这个蓝图以及蓝图在付诸

实施的全过程中所起的各种作用和有关活动方式的运行机制。

3. 提出并论证了辞书框架理论

所谓“辞书框架理论”，要言之，是对中外辞书学某些传统理论与实践有所批判、扬弃与解构，试图在一定意义上建构一种新的可供辞书编写、编辑、教育、应用、评价乃至规划诸方面参考的一种理论探索。辞书框架理论认为，辞书无论什么类别，多大篇幅，都是一项系统工程。因此，整体的、系统的、逻辑的、辩证的、有机的、动态的、高效的、科学的指导、考察与建构辞书的编写、编辑、传播、教育、应用与评价体系，才是最为重要的，也是它所要研究与回答的。这就是“辞书框架理论”的核心所在。当然，作为一个较系统的理论，辞书框架理论的内涵与外延不限于此。辞书框架理论的主要内容是：以辞书框架、辞书结构、辞书框架机制为中心，从辞书框架理论问题的提出，到问题提出的中外学术背景、必要性、重要性、可行性、功用性，辞书框架理论的理论支持与客观依据、辞书的内部结构与走向、各要素之间的相互关系与作用、辞书框架理论的运行机制，探讨辞书的一般框架（结构）问题，探讨语文辞典、百科（专科）辞典、网络工具书几类辞书框架（结构）问题，探讨辞书附录框架（结构）问题，乃至辞书教育框架（结构）问题。既有从宗旨、体例、立目、释义、注音、例句、语用、语体乃至附录等方面的具体分析，也有辞书一般规律的探讨。总之，辞书框架理论试图在一定意义上建构一种新的辞书编写、编辑、教育、应用、研究的理论体系与评价体系。

4. 揭示了框架与结构的联系和区别

框架与结构有什么联系？框架的本义是提供形状或强度的结构系统，所以结构也是框架的题中应有之义，框架，说到底也是结构问题，两者很难截然分开。但是，随着研究的细化与深化，在特定的语境中，又必须将框架与结构分别加以研究。

辞书框架与辞书结构以及系统的主要区别在于：

（1）辞书框架一般研究辞书的存在形式，辞书结构一般研究辞书的内部组成与内部走向；

（2）辞书框架一般从总体上研究辞书的存在形式，辞书结构既研究辞书的宏观，也研究微观与中观；

（3）辞书框架一般研究辞书的存在形式，辞书结构既研究辞书的存在形式，更关注其内部联系、整体性、系统性、体系性与逻辑性；

（4）辞书是个系统工程，辞书框架是这个系统工程的蓝图，辞书结构则是这个系统工程中的核心问题。

（二）关于辞书结构的探索与创新

关于辞书结构，中外辞书学界一直是宏观结构、微观结构“两结构论”。

袁世全（1999）提出“三结构（亦即多结构）论”。他在《三个结构与第三结构——九论辞书框架，兼与三种观点商榷》《中观结构再探——十论辞书框架：第三结构的特性及其他》《结构三论：由不等式向德布芙问一个为什么》以及《结构四论：由中观结构呼唤系统辞书学》等论文中，对辞书结构问题进行了较系统、较深入的开拓性的研究。

袁世全先生认为：辞书结构有两大类，即内容方面和形式方面。两大类均有三个结构，即宏观结构、微观结构和中观结构。研究辞书结构，以内容方面的结构为主（本文凡未说明者，均有内容方面的结构）。所谓宏观结构，又叫总体结构，就是辞书中按照一定内在联系编排的各个部分的总和，一般包括正文（全部条目）、前言、后记、凡例、索引、图表、附录等，其中又以正文（全部条目）为主。所谓微观结构，又叫条目结构、词条结构，就是条目中按照一定内在联系组成的各种信息的总和，一般在词目、释义、注音、例句（书证）、词源、词性以及语用提示等项中有若干项，较多的是前两项或前四项。所谓中观结构，就是泛指大于微观结构而小于宏观结构的那些结构。中观结构，又可分为横向中观结构（块块）和纵向中观结构（条条）。虽同为中观结构，从量的角度考察，却多有不同。因而，一般情况下，中观结构之中，无论横向中观结构（块块），还是纵向中观结构（条条），又可以分出多个更小的结构，往往还可以分出一个甚至多个亚中观结构，直到微观结构。

袁先生在这方面的主要探索与创新有：

1. 提出并论证了“辞书结构是一分为三的”；
2. 提出并论证了“三结构（亦即多结构）论”；
3. 提出并论证了辞书“中观结构”“亚中观结构”；
4. 提出并论证了“横向中观结构”“横向亚中观结构”；

5. 提出并论证了“纵向中观结构”“纵向亚中观结构”；

6. 提出并论证了“微观结构设计”；

7. 提出并主张“一定意义上，结构就是质量，而且是更重要的质量”。

中观结构是中外辞书学界逐步关注的一个重要的创新的学术范畴。于方屏、杜家利《汉英学习词典对比研究》，对近年来中外辞书学界关于辞书中观结构问题的研究有如下较全面的综述：

威甘德（1996）在对词典中观结构的论述中，区分了下列参见形式：从一个词条到另一个词条；从一些词条到词典前置页、中置页或后置页；从词条到插图；或者从词条到索引；甚至是从一部词典到另一部词典……

哈特曼（2001）结合现代语言学理论，提出词典中存在六种结构：语篇结构、宏观结构、微观结构、中观结构、检索结构和分布结构。词典结构的六分法是目前为止较为详尽的词典结构分类。

国内词典学文献中，关于中观结构的研究非常少，并且为数不多的研究中，对“中观结构”这一术语的使用也不尽相同。在国内学者中，较早提出“中观结构”术语的是袁世全（2000）。针对被国内学界普遍接受的词典的“两结构论”——宏观结构和微观结构，袁世全推断，在微观结构和宏观结构之间，应该存在一个中观结构——泛指大于微观结构而小于宏观结构的那些结构。并将其分为“横向中观系统”（比如语文词典中的普通语词词汇系统与专科词汇系统）和“纵向中观系统”（比如词目系统、注音系统、释义系统，等等）两类，认为在“中观结构之内，往往还有一个甚至若干个亚中观结构”。可见，袁世全对中观结构的分析明显不同于威甘德（1996），表现在两个方面：一是袁世全更偏重对中观结构的存在进行逻辑上的推演和理论上的构建；二是对中观结构的界定有明显的差异。

在国内学者中，章宜华（2008）对学习词典的中观结构进行了最为详尽的剖析。章宜华认为，学习词典的结构体系包括总体结构、框架结构、微观结构、分布结构和索引结构。

章宜华（2008）对有关中观结构的三种主要观点进行了全面总结，现转录如下：一是将中观结构等同于参见；二是认为中观结构是由参见系统组成的特别网络结构，使相关知识之间形成连接关系；三是把中观结构看成是各种词典关系的集合，是语言关系在词典中的反映。

通过《汉英学习词典对比研究》一书的研究，我们可以发现：

1. 威甘德（1996）所说的中观结构，仅仅是指参见形式、参见对象或者参见关系，远没有涵盖两结构（宏观结构、微观结构）之外太多的结构成分，因此，不说是否科学，对于辞书结构的分析，可以说没有什么助益。

2. 哈特曼（2001）、章宜华（2008）的分类，不符合逻辑学上划分的原则，如果论提出“中观结构”的时间，已经是袁世全（1999）之后了。《汉英学习词典对比研究》一书说是 2000 年，其实，作者可能没有看到《中观结构再探——十论辞书框架：第三结构的特性及其他》一文。“中观结构”这一概念引入国内，至少是新世纪后几年的事情了。

3. 中观结构已经逐步引起深层次的重视，一些持“二结构论”观点的学者，也开始关注中观结构了。

中观结构的内涵与外延究竟应当是什么？随着研究的深入，应当渐渐清晰了。

（三）质疑权威理论与传统学术观念

1. 对世界词典学权威兹古斯塔以及我国辞书传统的“释义中心论”进行了较系统的批判

袁世全指出，长期以来，兹古斯塔主张的，实际上主要是“释义（词义）中心论”。从一定意义上看，这是一种残缺、偏颇的理论。在实践上，语文词典宏观方面如总体设计、框架体系等问题得不到应有的重视，词典质量或大面积滑坡，或难以整体性提升。我们早已走进兹氏理论的误区，在理论上，一是让辞书学戴着语言学的镣铐跳舞，辞书学尤其是语文词典学的本体精神迷惘，学科地位朦胧；二是使得辞书学一条腿走路，向微观畸形发展；三是问题的复杂性还在于，不仅缺少这些研究，更重要的是，缺少对这些研究的必要性与重要性的共识，缺少对“兹古斯塔公式”“释义中心论”问一个“为什么”的自觉。因此，向世界权威问一个“为什么”，从“释义中心论”的误区中突围，整体地、系统地、有机地、动态地、辩证地对待辞书编纂出版这一系统工程，研究辞书框架理论，建立系统辞书学，对于辞书学尤其是语文词典学，理论上会产生一种突破性、飞跃性的发展，实践上也有一种普遍的可操作性。

2. 探讨并质疑雷伊·德布芙、黄建华、杨祖希、徐庆凯等先生主张的辞书“两结构论”

通过系统的分析与解构，揭示了“两结构论”不符合辞书的客观存在，逻辑上也不周延，提出并论证了“三结构（多结构）论”，提出并论证了辞书的“中观结构”“亚中观结构”。

3. 探讨并质疑林玉山先生主张的辞书“四结构论”

袁世全先生经过分析后认为，林先生的“四结构论”，内容上、实质上其实仍然是“两结构论”。

（四）关于辞书功用的探索与创新

袁世全先生主张并探索辞书功用多元化，提出并论证了“一书变多书，一用变多用”。

他在主编《中国百科大辞典》中，探索出一定的方法，初步解决了大型百科辞典的分学科分类别编排问题，维护了学科分类中体系的完整性和系统性，从内容即内在联系的深层，使条目乃至全书变无序化为有序化，变孤立化为网络化，在既避免重复，又不增加总体篇幅，还能提高辞书检索系数的背景下，使一书变多书（一部百科大辞典，同时也是某种意义上的几十部专科小辞典）成为一定意义上的可能。在不妨碍并能强化辞书本质功用的前提下，拓展辞书的功用，使一用（单个词目的查阅功用）变多用（系统阅读、人类知识系统树、百科信息库等功用），是使辞书功用从一元化向多元化发展的一个开拓性的尝试。

二　关于语文词典框架（结构）的探索与创新

袁世全作为主要撰稿人参与《汉语大词典》编纂工作十多年，此后，独立主编出版了《中华典故大辞典》《名言警句辞典》《中外名句大辞典》等多部语文辞书。《中华典故大辞典》是我国第一部收词达万条、200多万字的大中型典故辞典。因为编纂始于上世纪90年代初，当时没有大中型典故辞典面世，缺少前人经验的借鉴，袁先生在艰苦的实践中探索与总结出一些与之相适应的应用理论。语文词典是辞书的重点，典故辞典是这个重点中的一大难点，而典故辞典的总体设计与框架问题，则是难点中的难点。

（一）关于内部关系的探索与创新

袁世全先生探讨了典故辞典框架问题的基本范畴的基础层面，提出、论证并较好地处理了典故辞典框架结构问题中的十大关系，即：

1. “典”与非“典”（非“典”，似是而非的“典故”）。

2. 常式与变式（变式，各种各样的变化形式）。“巫山云雨”这一常式，在编纂《中华典故大辞典》时，就发现近200条变式。

3. 常见与偶见（偶见，偶尔一见的表现形式）。

4. 显性与隐性（隐性，隐匿的表现形式）。

杜甫《丽人行》：“杨花雪落覆白苹，青鸟飞去衔红巾。”暗用后魏胡皇后与杨白花私通故事，暗讽杨国忠与虢国夫人的暧昧关系；元人钟霖散曲［双调·清江引］：“戴胜雨余桑，谢豹烟中树。”化用唐人顾况《送张卫尉》“绿树村中谢豹啼”诗句。“谢豹”又是什么呢？原来是用唐人《树萱录》故事：“昔人有饮于锦城谢氏，其女窥而悦之。其人闻子规啼，心动即谢去。女甚恨，后闻子规啼则怔忡若豹鸣，使侍女以竹枝驱之曰：‘豹汝尚敢至此啼乎？’故名规曰谢豹。”真是峰回路转，典中有典。

5. 系统性与游散性。

典故语词具有游散性、混沌性和不确定性，表现形式极不稳定，不同时期、不同作家、不同作品的用典情况极不相同。现有典故辞典有“四多四少”：多唐以前而少唐以后典故；多“经史子集”典故而少民间文化的典故；多事典而少语典；多常式而少变式。现有典故辞典框架结构上的这些不足，有典故和典故语词自身的特点、规律等原因，也有编纂者的某些人为因素。

6. 单一性与多重性。

第一种情况，指语词类别上、属性上的单纯性与复杂性。譬如，在普通语词、专科语词、成语、典故、掌故的归属上，某些语词只属于其中一类，而某些语词则一身二任，甚至一身数任，因此既是“典”与非“典”的问题，也是单一性与多重性的问题。第二种情况，指典故的单纯性与复杂性。所谓单一性，指某典故的常式或变式与其他典故的常式或变式，文字不同，没有内涵或外延上的某种交叉；所谓多重性，指典故的常式或变式与其他典故的常式或变式，文字相同或相近，或者有内涵或外延上的某种交叉。以“题诗”为例，就有“汉宫题柱”（汉田凤、灵帝典）、“司马题桥”、“桃叶题诗”、“击钵题诗”（南朝齐萧文琰、丘令楷典）、“汉上题襟”（段成式、李商隐典）、“刘郎题糕”（刘禹锡典）、“宋江题诗”等至少十个以上的典故，都有“题诗”这一文字形式。第三种情况，不仅同为典故，而且同为同一典故，或虽为不同典故，但有共同的人物。以“相如”为例，仅司马相如故事，就从各个不同角度衍生了“题桥”“琴挑”“夜奔”“当垆”“消渴”等若干个相对独立的小故事。因而，同是这一个“相如”，就会因用典角度不一，语境相异而意义不同。因此严格地说，它们就不是同一个典故。但出现在诸多场合的，字还是“相如”这两个字，人还是“相如”这一个人，只有洞幽烛微，才不致搞错。另外还有字还是“相如”这两个字，但人却不是“相如”这个人的（在另外的用典场合），如蔺相如非司马相如。“相如”和“司马相如”的例子还可以作为单一性中包孕多重性的佐证。有些看似单一，实为多重。这个例子还可以作为一个个案，考察如何处理典中套典的典故的单一性与多重性关系。

7. 真源与伪源（伪源，似源非源）。

如太多的典源标明为《后汉书》，其实其中大多典源为更早成书的《东观汉记》，后者是前者的写作资料。

8. 成词与拟词（成词，客观存在的固定词语；拟词，编纂时人为拟定的作为词目的词语）。

李商隐《病中早访》诗：“相如未是真消渴，犹放沱江过锦城。”钱惟演《梨》诗：“自与相如解消渴，何须琼蕊作朝餐。”元好问《后芳华怨》诗：“长门晓夕寿相如，尽著千金买消渴。”这三个例子，都用了“相如消渴”这一典故，但“相如消渴”这四个字却身首异处，并非完整的字面。因此，不少辞书就从中概括出“相如消渴”“相如渴”，甚至颠倒词序，概括为“消渴相如”“渴相如”这样的语词来做词目。

9. 事典与语典（事典，典源为故事；语典，典源为话语）。

10. “古典”与“今典”（“古典”，典源为古代的典故；“今典”，典源为现代的典故）。

“今典”是袁世全提出的又一个词汇学范畴。今典即典源为现代的典故，也可以分为事典与语典两类。事典如“阿Q”“祥林嫂”“白毛女”“马大哈”“阿庆嫂”“两个凡是”“折戟沉沙”等；语典如“冒号（领导）”“牛棚”“三突出”等。至于处理的原则与方法，限于篇幅，不能一一详述。

二十几年过去了，时至今日，典故辞典框架问题中的十大关系的探索与创新，依然焕发着它的生命力的光彩。

（二）关于立目理论的探索与创新

1. 在典故与成语、掌故三者的界说上有所开拓

长期以来，成语、典故与掌故这三个貌似简单、实易混淆的对象，缺少明晰的、具体的界定，在教学研究中，纠葛纷繁。在典故辞典中，典与非典鱼龙混杂，为数不少。通过研究，他认为，典故是“后人引用的有来历出处且有特殊意义的语词”；成语是“习用的固定短语”；掌故则是“人物事物、制度沿革的传说或故实”。这三个界说，字面上似乎并没有多少“专利”，但是，他以大量例词、例句、例文为研究对象，从成立的必需条件、音节情况、结构情况、有无来历出处、源于何处、有无派生义、交叉情况、是否含故事情节、社会文化蕴含、属何类语词、使用频率、词义是否稳定、变化形式、词义的字面能见度和主要功用等十五个方面，进行全面解剖，把各项研究结果以一览表和示意图的形式列出，以便严格分清典故与成语、掌故的界限。这样，比较彻底地解决了收词过程中以及词目结构里的典与非典的问题。同时，在典故与成语、掌故三者界说的研究上有所深化，有所创新。

2. 提出了“述典（涉典）”与“用典”一对范畴

袁世全又提出了“述典（涉典）”与“用典”一对范畴，并作了清晰的划分：“述典”，只是叙述这个“典故”（典源）本身，丝毫没有引申义；“用典”则是借用某事某语（事典和语典），表达某事某语以外的意思，有引申义，往往作为典故语词进入词汇系统。显然，后者才是严格意义上的典故，同时，也是读者所需要查阅的对象。“用典”，是一个古已有之的概念，毫不新鲜。但是把“用典”与“述典（涉典）”作为一对（而不是互不联系的两个）范畴，研究两者之间的关系，并且应用于实践，取

得较好效果，这却是他的创新之处。

3. 提出并实践了典故辞典“两无两有”的立目理论

袁世全在主编《中华典故大辞典》的实践中发现，长期以来，典故辞典与非典故辞典中的典故条目没有形成立目规范、立目理论，客观上使得选词立目和总体设计处于一种非理性状态，以至矛盾重重，问题多多。为此，他在艰苦的实践中探索出“两无两有”的立目原则。

“两无”——“无证非典，无证不立”。即，如果没有或者总是找不到书证、用例，便暂时一律不作为典故看待；没有书证便不作为典故，因此也就不能立目。

“两有”——“有来历出处，有派生义才考虑立目”。“述典（涉典）”，直陈其事，并不旁涉，仅此而已；“用典”，婉曲朦胧，由此及彼，暗度陈仓。直陈其事的词目本身，直白单纯，多为一人一事、一时一地偶而一用，使用频率低，很不稳定，数量没有统计学意义，收不胜收，词目缺乏词汇学意义，诠释的价值不大。

在一部篇幅有限的典故辞典中，为了最大限度地提高利用率和使用价值，坚持“两无”“两有”的立目理论的指导，其意义是显而易见的。

黄建华先生有一个著名的观点：“词典是词的一份单子。”可见词、词目在词典编纂中的重要地位。典故语词的特殊性与复杂性乃至不确定性，使得典故辞典比起一般语文词典（如规范性语文词典），收词立目要复杂得多。不少典故辞典所收立的词目，并非严格意义上的典故，甚至根本就不是典故。实践证明，典故辞典“两无两有”的立目理论，对解决典故辞典的（宏观结构中的）词目的界说与认定，有着很强的可操作性。《中华典故大辞典》上万条词目的立目实践充分证明，只要遵循这一立目原则，可以完善典故词典的词目结构。长期以来，典故辞典的收词立目一直没有形成规则与理论，从而造成典故辞典收词立目理论的空白。典故辞典“两无两有”的立目理论，正好填补了这一空白。

（三）关于释义的探索与创新

1. 归纳并论证了典故辞典释义的六种模式

在总体设计方面，释义方式是典故辞典编纂中的一个必须重视的问题。典故条目的释义方式可概括为六种：

（1）述而不作式。只叙述典故、典源，而不解释典故的语词义。

（2）粗放式。虽然也释义，但不作具体而微的解释，往往泛泛地说“用作××的典故”。

（3）集合式。将同一典故的常用形式与各种变化形式（不同的词目）集中在一起，笼而统之地在一处作一个或几个解释，而不逐条分别释义。

（4）随文式。根据语词在某一特定语言环境中的临时用法具体而微地释义，而忽视它的一般意义。

（5）明晰精当式。逐条释义，且力求从具体的语言环境中的意义与语词的一般意义的联系上，建立一种尽可能明确、具体而普遍的释义机制。

（6）混合式。上述几种方式兼而有之，很难划归哪一种方式。

2. 提出并实践典故辞典“明晰精当式”的释义方式

逐条释义，且力求从具体的语言环境中的意义与语词的一般意义的联系上，建立一种尽可能明确、具体而普遍的释义机制。《中华典故大辞典》就是这样做的，而且做得比较成功。

三　百科辞典框架（结构）的探索与创新

袁世全主编的《中国百科大辞典》（全书含58个一级学科，880万字。华夏出版社1990），是我国第一部大型综合性百科辞典。此前我国并无百科大辞典，中国百科大辞典编撰委员会编的《中国百科大辞典》（中国大百科全书出版社2005年第一版），是15年以后的事。

（一）提出、论证并实践了大型百科辞典的“排检二分法”

1990年，袁世全主编出版的《中国百科大辞典》，分一二级学科和类别，按条目的内在联系即逻辑关系编排，使条目孤立化、知识无序化在某种程度上得以扭转。在不是妨碍而是增强了查阅功用的同时，增加了系统阅读的功用及人类知识系统树等功用。这种“百科辞典的排检二分法”，不同于《辞海》，不同于《苏联百科辞典》，也不同于15年后中国大百科全书出版社出版的《中国百科大辞典》的编排方法，不仅有独特性，而且有生命力。

（二）提出、论证并实施了大型百科辞典的“同一词目一主多副法”

对同一词目，多学科同时立目释义。以这一词目所侧重的学科（一处）为主条，综合释义，全面概括；其他学科（几处）则为副条（附条），只管专门介绍本学科的内容。这样，有主有副，主副结合；有总有分，总分并网；既相互独立，又互相联系；既错落有致，又连缀成片；既是一元，又是多维。

如人物类条目“孔子”，历史、哲学、美学、伦理学、教育、政治学、法学、文学、人口学、体育等10个学科领域都有必须介绍的知识（这些知识都已进入本书质的规定性所允许的释义层次、所界定的信息范畴）。因为孔子是一位对人类整个历史走向产生深远影响的人物，不专属于某一学科。因而，在“历史”中列为主条，全面介绍。这与一般辞书相同。但不同的是，在哲学等9个学科领域中，“孔子”仍然立目，作为副条分别释义。不过，生卒年，头衔、籍贯以及与本学科无关的经历、成就、著述等，则一概略去，专作本学科内容的介绍。然后，主副条相互参见。

上述探索与创新，有什么意义呢？

第一，创立了大型百科辞典有序化、网络化、立体化、有机化的信息机制。

第二，探索出一定的方法，初步解决了大型百科辞典的分学科分类别编排问题，维护了学科分类中体系的完整性，凸显其系统性，从内容亦即内在联系的深层，使条目乃至全书变无序化为有序化，变孤立化为网络化，在既避免重复，又不增加总体篇幅，还能提高辞书检索系数的背景下，使一书变多书（一部百科大辞典，同时也是某种意义上的几十部专科小辞典）成为可能。

第三，在不妨碍并能强化其本质功用的前提下，拓展辞书的功用，使一用（单个词目的查阅功用）变多用（单个查阅、系统阅读、人类知识系统树、百科信息库等功用），一用共多用，多用促一用，一用带多用，这是使辞书功用一元化向多元化发展的一个尝试。

第四，强化了信息的深度与广度，初步解决了囿于某些难以改变的传统机制（如人物条目不能突破按级别分配的字数等），使那些应该但却无法充分反映（如“孔子”在美学、人口、体育等诸多学科）的内容，终于有了出头之日，从而使条目乃至全书在一定程度上变浅表化为深层化，变平面化为立体化，变无机化为有机化，百科辞典少了专科辞典之短，却有了些专科辞典之长。从这个意义来说，这又是一种（百科辞典）变多种（多种专科辞典），一种共多种。

四　专科辞典的探索与创新

袁世全主编出版的《百科合称辞典》《誉称大辞典》《中外誉称大辞典》等，实行了先于辞书框架设计的“所指”与“能指”的探索与创新。

《百科合称辞典》是我国第一部以合称为专门研究对象的中型专科辞典。《誉称大辞典》是我国第一部以誉称为专门研究对象的大型专科辞典。一般来说，辞书的早期工作应当是辞书框架设计，然而，由于作为专门研究对象的合称、誉称，其内涵与外延，并不清晰稳定，而且时常出现同一事物在同一论著、同一语境相互矛盾的说法，所以这里就有一个必不可少的、先于辞书框架设计的研究合称、誉称的“所指”与“能指”的问题。“词典是词的一份单子”，词目是辞典的基础。收词立目的准确、恰当，就是辞书宏观结构的题中应有之义。基于此，他在编纂之前，对誉称的定义、形式、功用、应取的态度以及使用原则等，作了较系统深入的探讨。这些先于辞书框架设计的“所指”与“能指”的探索与创新研究，都是开拓性的。

五　网络工具书框架（结构）的探索与创新

这方面的探索与创新主要有：

1. 首次在国家课题中较系统深入地研究了网络工具书框架理论这一前沿问题，系统分析了网络工具书中的个案；
2. 首次探讨了电子网络工具书与《中国工具书集锦在线》的宏观结构；
3. 首次探讨了《中国工具书集锦在线》框架系统的特点；
4. 首次探讨了《中国工具书集锦在线》框架系统的特性；
5. 首次探讨了网络工具书中一种独特的中观结构（知网节）；
6. 首次探讨了网络工具书的微观结构；
7. 首次探讨了《中国工具书集锦在线》框架系统的作用、价值与不足。

六 辞书附录框架（结构）的探索与创新

附录是辞书框架系统中的有机组成部分。然而，对于辞书附录，编纂者轻视，研究者忽视，是普遍的现象。专论辞书附录问题的论文，更是屈指而数。袁先生可能是迄今关于辞书附录的论文发表得最多的人了。他在这方面的研究论文有：《附录初论：必也正名乎》《附录再论：必也正实乎》《附录三论：必也言顺乎》。

这方面的理论贡献主要有：

1. 首次在辞书学界较系统较集中地研究了辞书附录问题。

2. 总结了辞书附录“六可”现象。

3. 提出“附录不姓‘附’（副）”。

他强调不能忽视、轻视附录。主张：第一，摒弃虚无主义，建立和加强附录是辞书有机组成部分、有益组成部分的意识；第二，淡化附属性，建立和加强本体性的意识；第三，规避游离性，倡导理性的多样性；第四，告别机械而单调，走向新鲜和丰富多彩；第五，防止不对称性，建立和加强科学得体的对称性的原则观念；第六，克服不平衡性，建立和加强动态平衡的意识和原则。

4. 提出并论证了辞书“准附录”的概念。所谓准附录，是辞书正文条目形式的补遗或另置，放在正文后面，兼备与正文内容统一、形式统一的特点。

5. 提出了辞书附录“兼容论”。

6. 提出并论证了“辞书附录设置的五原则”（方法）。

一为环绕主题型。所谓“环绕主题”，就是全部附录的设置，直接服务于本书编纂宗旨。二为延展主题型。所谓“延展主题”，就是附录的设置，并非完全在主题的框架内，而是有所延伸，有所拓展。三为性质相谐型。所谓“性质相谐”，就是附录的设置，应当与辞书的性质协调一致。四为互补型。其中又可分：（1）异质互补型。所谓“异质互补”，就是附录的内容，与正文恰为两种性质、两种类型。如语文词典设置百科类附录；（2）强弱互补型。所谓“强弱互补”，就是设计附录时，应以附录之强补正文之弱。五为综合型。所谓“综合”，就是说附录的设置，各种性质内容，兼而有之，或有本书题中应有之义，或有本书触角尚未延伸到的，或有更新勘误，等等。

7. 主张总体意义上的附录是辞书宏观结构中的一个特殊的中观结构，而任意一个单元附录，则是这个中观结构中的微观结构。

七　辞书教育的探索与创新

1. 主张辞书不仅要被动地单个地查，还要主动地系统地读；

2. 提出知识结构、能力结构应加强辞书能力的功用结构，各级各类学校工具书教育普遍虚无化，是学习与创新能力培养中的严重问题；

3. 提出并论证了辞书学在编辑出版学专业及相关专业中的学科定位。

八　结语

周有光先生说："学问有两种，一种是把现在的学问传授给别人，像许多大学教授做的就是贩卖（传授）学问；第二种是创造新的学问。现在国际上的看重的是创造学问的人，不是贩卖（传授）学问的人。贩卖（传授）学问是好的，但是不够，国际上评论一个学者，要看他有没有创造。可能你的知识范围并不大，可是你有创造，就是高等的学问。"通过上述七个方面，我们可以看到，袁先生的辞书框架理论从实践中来，系统性较强，富有创新性。

总之，袁先生从基础研究、共性研究、个性研究、特殊研究入手，对辞书框架理论进行了深入的研究。袁先生为中国辞书事业奋斗了 30 多年，他的教学、研究涉及辞书学的方方面面，做了许多开创性的工作，提出了许多中外辞书学界过去没有提到过的新概念、新观点、新方法、新视角。笔者不揣简陋，对其研究成果做一粗浅介绍，目的是为了有利于学术。现在，辞书学的前沿正在酝酿着一场新的突破。框架结构问题，既是我国辞书学发展系统性理论性的瓶颈，也是系统性理论性的突破口。现在袁先生正处于学术的成熟期，"实践出真知"，身体力行、笔耕不辍的袁先生一定会为辞书理论做出新的更大的贡献！

参考文献

拉迪斯拉夭·兹古斯塔．词典学概论．北京：商务印书馆，1983.
王力．理想的字典//王力文集（第19卷）．济南：山东教育出版社，1990.
黄建华．词典论．上海：上海辞书出版社，2001.
杨祖希，徐庆凯．辞书学辞典．上海：学林出版社，1992.
杨祖希，徐庆凯．专科辞典学．成都：四川辞书出版社，1991.
林玉山．辞书学概论．福州：海峡文艺出版社，1995.
魏世弟．中国现代辞书学派的生长．辞书研究，1992（4）.
李尔钢．现代词典学导论．上海：汉语大词典出版社，2002.
于方屏，杜家利．汉英学习词典对比研究．北京．中国社会科学出版社，2010.
张道升．论义项在辞书异体字整理中的作用//民俗典籍文字研究．北京：商务印书馆，2012.
袁世全．辞书排列组合论——兼论辞书功用．淮北煤师院学报（社科版），1991（2）.
袁世全．框架与框架意识：立名与正名．辞书研究，1996（5）.
袁世全．框架作用面面观——再论辞书框架．辞书研究，1998（3）.
袁世全．建立和加强语文词典的框架意识——三论辞书框架．语言文字应用，1999（1）.
袁世全．关于典故辞典的十大关系——四论辞书框架．安徽电大学报，1999（2）.
袁世全．框架系统中的新老关系初探——五论辞书框架．辞书研究，1999（3）.
袁世全．兹古斯塔、陆宗达与“两论”——六论辞书框架//亚洲辞书论集．上海：上海辞书出版社，2001.
袁世全．大型百科辞典的“框架二分法”——七论辞书框架．社会科学战线，1999（6）.
袁世全．典故辞典总体设计的又一前瞻性问题——八论辞书框架．六安师专学报，1999（3）.
袁世全．三个结构与第三结构——九论辞书框架，兼与三种观点商榷．辞书研究，2000（4）.

袁世全. 中观结构再探（结构二论）——十论辞书框架：第三结构的特性及其他//中国辞书论集（1999）. 上海：上海辞书出版社，2000.
袁世全. 典故辞典总体设计的一个探索——十一论辞书框架. 安徽教育学院学报，2001（1）.
袁世全. 母语教育的工具性和辞书的工具性（十二论）. 语言文字应用，1997 年专辑.
袁世全. 谈辞书使用能力的培养（十三论）. 语言文字应用，1999（3）.
袁世全. 大中型典故辞典的编纂（十四论）——《中华典故大辞典》的理论与实践. 辞书研究，1998（6）.
袁世全. 在探索中创立网络化、立体化的信息机制（十五论，摘要）. 辞书研究，2001（5）.
袁世全.《中国百科大辞典》总体设计的一种尝试（第十六论）//中国辞书论集（2001），西安：陕西人民出版社，2002.
袁世全. 附录初论：必也正名乎（第十七论）. 集美大学学报，2003（4）.
袁世全. 附录再论：必也正实乎（第十八论）. 浙江海洋学院学报，2005（3）.
袁世全. 附录三论：必也言顺乎（第十九论）. 辞书研究，2005（1）.
袁世全. 编辑出版学学科定位的若干思考（第二十论）. 现代传播，2005（4）.
袁世全. 结构三论：由不等式向德布芙问一个为什么（第二十一论）. 中国辞书论集（第 7 辑）. 北京：外语教学与研究出版社，2007.
袁世全. 中国百科大辞典. 北京：华夏出版社，1990.
袁世全. 百科合称辞典. 合肥：中国科技大学出版社，1990.
袁世全. 誉称大辞典. 北京：北京燕山出版社，1991.
袁世全. 公共关系百科辞典. 北京：知识出版社 1992.
袁世全. 中华典故大辞典. 合肥：安徽文艺出版社，1995.
袁世全. 中外誉称大辞典. 上海：汉语大词典出版社，2002.
袁世全. 公共关系辞典. 上海：汉语大词典出版社 2003.
袁世全. 实用合称词词典. 上海：上海辞书出版社 2004.
袁世全. 名言警句辞典. 成都：四川辞书出版社 2007.
袁世全. 中外名句大辞典. 上海：上海辞书出版社 2012.

（张道升：合肥师范学院文学院，合肥　230601）

《词义与辞典释义》序

赵振铎

词和它的意义的问题是词汇学上的重要问题。现代语言学的发展，出现了不同的流派，作为语言学的分支的词汇学也有了长足的发展，有了形形色色的学说，对词和它的意义的解说也是五花八门，这里不准备对这些问题进行详细的阐述，只打算就涉及辞书编纂的有关问题谈一点自己的看法和想法。

词义在辞书编纂中具有重要的地位，任何一部辞书的质量的好坏，在很大程度上取决于它释义的水平。可以毫不夸张地说，编纂辞书解决好释义是一个非常重要的问题。但是话又说回来，什么是词的意义，不同的人会有自己的理解，只要编纂过辞书的人都会根据自己的经验说出什么是词的意义，自己在编纂实践中是如何对词义进行划分和解释的。不过要从理论和实践的结合上把这个问题说清楚，那还是很不容易的，这不仅要求有丰富的辞书编纂实践，要求有相当的有关方面的理论素养，更要具有语料的丰富积累，这些方面缺一不可。

李尔钢先生早年在东北师范大学从孙常叙、何善周等教授学习，上个世纪又从知名的语言学家朱祖延教授攻读学位，业务日进。毕业后在出版社从事辞书编辑和辞书出版工作，在这期间，他发表了一系列有关辞书研究的论文和专著，在海内外学术界有一定的影响，最近他又推出了自己多年来探讨词汇和词义问题的专著《词义与辞典释义》，为辞书编纂做出了新的贡献。

作为一个有辞书编纂实践经验的专家，他写这类专著应该是得心应手的，但是尔钢先生不满足于一般的泛泛而论，而是选择了新的角度、新的视野，把词义看作一种结构，把解释词义作为解构，根据结构的原理来探索解构，这就使研究有了一个新的起点，也使这部专著有了新的理论内容。

作者从语言和思维关系这一命题出发，根据自己的认识划分实词和虚词两个大类，实词和它所指称的事物的那个概念有一致的关系，它决定了词的词汇意义的本质内容。但是人们在使用语言的时候，还会使词具有一些附加的非理性意义的内容，如词的感情色彩、风格色彩、联想意义、搭配关系等等，它们对于分析词的意义和辨析词义有很大的作用，辞书释义更离不开它们。至于虚词，它表示词与词之间的关系和联系，它总是在实词的基础上产生的，是一种“二次造词”的结果。基于这样的认识，作者对语言的实词和虚词作了新的梳理，指出，将副词和系词归入虚词类，是因为副词和系词没有明确的所指事物，它们的主要作用在语法方面；将叹词和拟声词归入实词类，是因为它们的主要作用不在于语法方面，它们有具体的外在所指物，那就是它们所摹仿的声音；“这”和“那”分别归入代词和助词，因为它们兼有实词和虚词两方面的作用。

在书中，作者还论述了注释的释义和辞书释义的重要区别，辞书释义的各种方式，语文辞书的释义与专科辞书的释义，实词释义和虚词释义，多义词的释义与义项的确立，词性的标注等等，胜义纷呈，使人应接不暇。

作者还将现代语言学“元语言”（Metalanguage）概念引进到自己的著作中来，并且将黄侃在论述训诂学时所说的“用语言解释语言”的前一个“语言”解释为“元语言”，辞书释义所使用的语言和它有密切关系。这些观点都很有新意，值得仔细玩味。

总之，这本新著有很强的理论性，但是又不枯燥，是一本有可读性的专著。

蒙尔钢先生不弃，千里驰书，嘱余作序，愧不敢当，谨志数语。

（赵振铎：四川大学文学与新闻学院，成都　610064）

传统与现代融会　理论与应用结合

——苏宝荣教授辞书学治学特点研究

郑振峰　袁世旭

苏宝荣教授以研究训诂学、文字学起家，有深厚的传统词汇学功底，能够从汉语词义自身的特点出发，同时又不断吸收现代语言学理论，具有现代语言学研究的视野。主要的研究方向和领域包括文字学、训诂学、词汇学和辞书学四个方面，本文着重介绍苏教授词汇学和辞书学方面的研究成果。

一　词汇学

苏教授在词汇学方面有很丰富的理论成果。《古汉语词义简论》（河北教育出版社1987）、《词义研究与辞书释义》（商务印书馆2000）、《词汇学与辞书学研究》（商务印书馆2008）、《词的结构、功能与语文辞书释义》（上海辞书出版社2011）是苏教授词汇学及辞书学研究成果的代表作。

苏教授比较关注汉语词义的民族特征、汉语词义研究的理论和方法、汉语词义构成成分的分析、词的结构和功能等方面。苏教授主要的词汇学观点有：词有表层所指义和深层隐含义，词义的这种层次性导源于义素的层次性；语素和词一样，都是汉语语义研究的基本单位；语素有大小和层级，不断融合与变异；应该以语境中语素的组合关系作为认识与提取义素的基础；与传统功能义讲虚词的语法意义不同，提出普通词语（名词、动词、形容词）也具有功能义；“隐喻类比”与“近义偏移”是汉语多义词形成的两种主要途径等等。他还提出了义点、义系、词的功能义等新范畴，所谓词的功能义，指的是由词性（或语法功能）不同导致词义变化而形成的不同词义。

苏教授由传统的研究理论和方法走向传统与现代语言学理论、方法相结合的道路，由语义研究走向语义与语法研究相结合的道路。苏教授认为："在语言，特别是汉语语义的研究上，坚持古今沟通、中外融会、语义与语法相结合的方向，应当是没有疑义的。"① 苏教授的研究成果得到了学界的肯定，例如关于苏教授的《古汉语词义简论》，符淮青先生认为："本书较深入地探讨了汉语词义研究的民族特点，这是本书的特色。作者系统地研究了传统训诂学的成果，又引入当代语言学的科学见解，在不少问题上提出了有特色的见解。"②

二　辞书学

苏教授主要致力于辞书释义的研究，在词性标注、辞书学学科地位、辞书的功能、辞书排检体例等方面也有比较成熟的理论思考。

关于辞书释义，他认为对辞书义项、词语义位的概括、划分，应当从微观（义点）和宏观（义系）两个方面来把握；对于建立在隐喻认知基础之上的内涵与外延都相对模糊的表示集合概念或抽象概念的词，传统的定义式的释义方法是无能为力的；要以词的语言义统摄和推求词的语用义，以语用义补充和丰富词的语言义。他认为传统语文辞书在释义上存在几个误区：其一是释义中不能"包含被释词（字）"的"误区"；其二是释词用语与被释词语词性要求一致的"误区"；其三是所谓"配套词"收录上的"误区"。赵世举先生认为苏教授的《词义研究与辞书释义》的意义"不仅仅在于是我国不多见的单刀直入、系统探讨汉语词义研究与辞书释义关系问题的专著，更在于它为解决一直困扰我们的辞书释义方面所存在的问题，提出了不少精当的理论和方法，给人以很多难得的启示"。③

关于词性标注，苏教授认为语素的语法属性的标注对于词的语义和功能的理解都是非常必要的，目前一些辞书为语素所标注的词性，是一种"泛化"的"词性"；语文辞书的词性标注扩大了辞书的信息功能，对义项

① 苏宝荣《词的结构、功能与语文辞书释义》，上海辞书出版社2011年，第251页。

② 符淮青《汉语词汇学史》，安徽教育出版社1996年，第260页。

③ 赵世举《也谈辞书的释义问题——〈词义研究与辞书释义〉读后》，《辞书研究》2002第2期。

设立、释词用语等方面产生了相应的影响。

关于辞书学学科地位，他将辞书学分为狭义的与广义的，认为狭义的辞书学（即语文词典的编纂理论和工艺）是语言学的一个分支，而广义的辞书学（即专科辞典、百科全书、综合性辞典等知识性辞书的编纂理论和工艺）已经超出语言学的范围，在新的学科层次上形成一门独立的学科。

关于辞书的功能，他认为辞书具有现实功能与潜在功能。现实功能是指辞书所具有的为编写者始料所及的功能，一般体现在“编写说明”之中；潜在功能是指辞书在其产生时代及后世体现出来的在辞书编者预料之外的（或并非完全自觉实现的）功能。

关于辞书排检体例，他认为应该以科学的汉字结构分析为基础，部首编排应该规范化，并提出了据形定部的“切分、定位（定序）”归部法。科学的汉字部首编排法，无论是部首的提取，还是单字的归部，都必须坚持同一个标准，必须摆脱《说文》所创立、《康熙字典》等字书所延续的“以义定部”法，而以通行的楷书为规范字形，始终如一地贯彻“据形定部”的原则。

苏教授不仅研究普通语文词典的问题，同时还关注专门词典、专科辞典的相关问题。苏教授在科学定义联绵词“义界”的基础上，提出了联绵词典的收词、释义及条目编排等问题；在《专科辞典的语言释义和概念释义》一文中探讨了专科辞典的释义特征及具体方式。

苏教授的辞书学治学特点可以概括为以下七个方面：

1. 两重性

关于两重性特点，苏教授在研究文字通假现象时指出：“正如世间一切事物都具有两重性一样，语言学上的任何一个学科或理论问题，包括‘通假’在内，都有其自身的科学性、系统性和在具体运用中的实用性两个方面。这两个方面看来是矛盾的，其实是相辅相成的。”① 包括语言学问题在内的一切事物都具有两重性，这两个方面看似矛盾，实则相辅相成。

他对两重性的认识主要表现在词义的两重性和汉语的共性与民族性特征上。从我国传统语言学研究的成果中，我们已经可以看到关于词义两重

① 苏宝荣《论“通假”的分类及其两重性》，《河北师范大学学报》1985年第4期。

性的认识、分析了。苏教授认为正确认识词义的两重性，对于准确地理解词义，科学地说明词义是十分重要的。词义的两重性，具体来说包括以下五个方面：词义的概括性与具体性；词义的准确性与灵活性；词义的系统性与时代性；词义的精确性与模糊性；词内义与词外义。苏教授从中西语言学对比的角度，在普遍性原理的指导下发现汉语语义学问题的民族性特征："从对以上两种形式相对、实质相辅的观念的思考中，我们认为：讲汉语的特殊性，不能违背语言学的一般规则；讲人类语言的共性，又不能脱离具体的民族化的语言。"① 正是基于此种认识，苏教授认为汉语语义研究的基本单位应当分为"语素"和"词"两个层级。

2. 层次性

苏教授的层次性思想，主要表现在关于义素的层次性和语文辞书释义的层次性这两个问题的认识上，具体来说：

（1）义素的层次性

义素的层次性可以用下列图表表示：

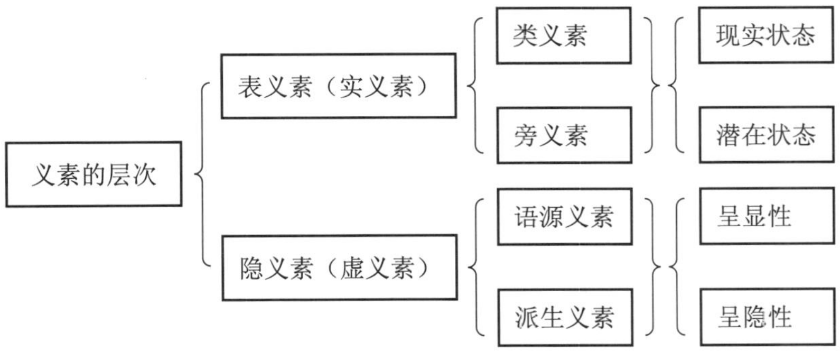

义素的层次性

表义素（实义素）是词语所含与指称事物直接相关的义素；隐义素（虚义素）是词语所含的体现指称事物内在特征的义素。

（2）语文辞书释义的层次性

义素的层次性形成了词义的层次性，具体包括：表层所指义与深层隐含义；语言意义与语用意义；语词释义与概念释义；语言意义与文化意

① 苏宝荣《词的结构、功能与语文辞书释义》，上海辞书出版社 2011 年，第 4 页。

义；常规义与特殊义。语文辞书在释义时应注意到这种层次性。

3. 系统性

苏教授的系统性思想，主要表现在关于词义系统性和语文辞书释义的系统性这两个问题的认识上，其次还表现在关于汉语词形的二重性、汉字功能的二重性的认识上。这里的二重性是指汉语词形与汉字功能上的二重性，宜归入系统性思想。具体来说：

（1）词义的系统性

词义的系统性原则主要包括横向的系统性（即综合研究方法）与纵向的系统性（即动态系联方法）两个方面。横向的系统是指坚持汉语词汇形（这里指书写形式）、音、义的综合研究的方法，词的书写形式和词音是认识词义的两个重要途径，而语言材料又是用来考察“以形说义”和“因声求义”是否正确的依据；纵向的系统是指研究词义系统、考察词义演变时，应运用动态的系联方法。

（2）语文辞书释义的系统性

关于语文辞书释义的系统性，苏教授也是在纵向与横向两个维度下展开研究的。纵向的系统性包括辞书编排的系统性、辞书词性标注与辞书编排的系统性两个方面。横向的系统性主要是将被释词与相关词进行横向比较释义，使其词义特征鲜明化。

（3）汉语词形的二重性

西方拼音文字的字形和词义，都只同语音形式发生直接联系，而它们彼此之间并没有直接的联系；表意文字体系的汉字，字形和词义，不仅通过语音形式发生联系，而且词义和字形之间也存在着直接的联系。

周荐先生指出：“汉语特有的以音表义和以形示义的词形二重性，是其区别于以拼音文字为书写形式的西方语言的重要特征。注意和认识这一重要特征，对于汉语词义的深入研究和汉语语文辞书的科学释义都是十分重要的。”①

（4）汉字功能的二重性

与西方拼音文字相比，汉字具有直接表音、表义的双重功能。汉字的表音功能是不发达、不完备的；汉字的表义功能，虽相对退化，始终未改

① 周荐《二十世纪现代汉语词汇论著指要》，商务印书馆2004年，第198页。

变其基本特征。

4. 兼综与独断相结合

苏教授在提到段玉裁治《说文》时说："段玉裁同许慎、郑玄还有一个共同的治学特点，就是'博采通人'，'兼取百家之长'。正如段氏所说：'郑君之学，不主于墨守，而主于兼综；不主于兼综，而主于独断。'"①

其实"兼综与独断相结合"的研究思路，也是苏教授治学的特点。苏教授在辞书学、词汇学的研究方法、研究成果上，有许多创新的地方。诸如关于词的功能义的认识，关于义位与义点、义系关系的描述。词义的复杂性决定了理论并非可以一人独创，必须是在吸收前贤时哲相关成果的基础上得出，在"兼综"的基础上"独断"。苏教授关于《说文解字》的透彻研究，关于段注的熟知，得益于以陆宗达先生、启功先生、王宁先生等为代表的北京师范大学传统语言文字学优秀团队的培养。例如苏教授关于义素层次性的认识、关于词义两重性的认识，与章黄学派的相关论述有一定的继承关系。但苏教授并不止于此，而是在此基础上不断吸收现代语言学理论。

5. 传统与现代相结合

苏教授认为，辞书学、词汇学的研究必须坚持古今沟通、传统与现代结合。"在中国语言学史上，历代成就卓著的语言文字学者，他们既有汉语传统语言研究的深厚功力，又能够与时俱进，不断吸收现代语言学研究的新鲜空气，实现传统与现代的有机结合"，"语言学的研究，特别是汉语词汇学的研究，必须坚持古今研究沟通、传统与现代融会、理论与应用相结合的原则。这是本人从事汉语词汇学与辞书学研究的一贯思想"。② 例如，基于认知语言学范畴化的原型理论，苏教授提出了异形词整理和规范的几个基本原则。又如，苏教授认为，我们需要考虑汉语的民族性特征，借鉴国外语言学理论需要谨慎。在探索汉语词义演变的规律时，苏教授指出："应当认真分析、总结以《段注》为代表的我国传统语言文字学著作中说明的大量词义演变现象，有分析地吸收国外词义演变研究的成果。"③

周荐先生评论苏教授的《词义研究与辞书释义》："在传统与现代的结

---

① 苏宝荣《词汇学与辞书学研究》，商务印书馆2008年，第238页。

② 苏宝荣《词汇学与辞书学研究》前言，商务印书馆2008年。

③ 苏宝荣《汉语词义演变规律新探》，《山西师范学院学报》1984年第2期。

合上，做到继承、借鉴、创新有机结合，在认真总结、发掘我国传统词义学研究成果的同时，充分消化吸收国外语义学研究的理论和方法，并将二者结合起来，从而在前人的基础上有所突破。”① 谢仁友先生也在评论中指出：“作者扎实的传统语言文字学功底与现代词汇学、语义学的先进理论的结合，词汇学理论的研究和语文辞书编纂实践的结合，细密的分析，严谨的立论，使本书具有很高的学术含量。”②

6. 理论与应用相结合

苏教授是辞书理论家，并非辞书编纂家，但他所发现的问题、提出的理论，对于辞书编纂、辞书修订具有重要的现实意义和实践价值。

苏教授在提到词汇学与辞书学研究关系时指出：“词汇学与辞书学研究是很难截然分开的，词汇学研究的许多课题，都是在辞书学研究与辞书编纂实践中提出来的，而同时词汇学研究的所有成果几乎都可以在辞书编纂中派上用场。”③

苏教授对于义素层次性的研究，尤其是关于词的隐义素的研究，对于理清词义的发展变化线索，从而在词典编纂中正确地确定义项具有重要的意义。关于词的表层“所指义”与深层“隐含义”关系的认识，对于推动汉语的词义研究，改进字典、词典的编写工作，有着十分重要的意义。他认为应该将词（语素）自身的意义与结构义区分开，辞书义项的设立应以语义的转移为基点，结构义在语文辞书编纂中，应当分别出不同的情况，作出不同的处理。词的非常规功能义，有时是偶然使用的临时用法，没有必要收入辞书；而对于相对稳定地在语言中反复出现的，语文辞书就不能置之不理。

许威汉先生认为，《词义研究与辞书释义》“注重理论研究与应用研究的有机结合，在汉语词汇理论研究与汉语辞书编纂理论研究上均有新的开拓”。④ 周荐先生评价《词义研究与辞书释义》时认为，“把理论研究和应用研究结合起来并取得突破，这也是该书的重要特点”，作者“紧密结合实际应用开展理论研究，从目前语文辞书的编纂现状和实践中，提出词义理论研究应当

---

① 周荐《二十世纪现代汉语词汇论著指要》，商务印书馆 2004 年。

② 谢仁友《〈词义研究与辞书释义〉》评介，《汉语学习》2002 年第 1 期。

③ 苏宝荣《词汇学与辞书学研究》前言，商务印书馆 2008 年。

④ 许威汉《语义学与词典学研究的新成果——读〈词义研究与辞书释义〉》，《社会科学论坛》2001 年第 11 期。

解决的课题；同时，将词义理论研究的成果和结论应用于语文辞书编纂”。[①]

7. 宏观与微观相结合

苏教授宏观与微观相结合的研究思想，主要体现在关于义系、义点与义位关系的阐述上。

一个词语在特定语境中所表达的与其基本意义相近、相关，而又有这样或那样区别的话语意义，就是这个词的义点；由于语言表达的需要和语言的历时发展，一个词的义点总是处在横向或纵向的动态变化之中，一个词语在语流中呈现的全部义点的总和，就是这个词的义系。[②] 对词语义位的概括和划分，必须依照“展示义点、排列义系、确定义位”的程序，从微观（义点）和宏观（义系）两个方面来把握义位。

参考文献

符淮青．汉语词汇学史．合肥：安徽教育出版社，1996.

苏宝荣．词的结构、功能与语文辞书释义．上海：上海辞书出版社，2011.

苏宝荣．论“通假”的分类及其两重性．河北师范大学学报，1985（4）.

苏宝荣．词汇学与辞书学研究．北京：商务印书馆，2008.

苏宝荣．汉语词义演变规律新探．山西师范学院学报，1984（2）.

苏宝荣，武建宇．词的义系、义点、义位与语文词典的义项．辞书研究，1999（1）.

谢仁友．《词义研究与辞书释义》评介．汉语学习，2002（1）.

许威汉．词义学与词典学研究的新成果——读《词义研究与辞书释义》．社会科学论坛，2001（11）.

赵世举．也谈辞书的释义问题——《词义研究与辞书释义》读后．辞书研究，2002（2）.

周荐．二十世纪现代汉语词汇论著指要．北京：商务印书馆，2004.

（郑振峰，袁世旭：河北师范大学文学院，石家庄　050024）

① 周荐《二十世纪现代汉语词汇论著指要》，商务印书馆2004年。

② 苏宝荣，武建宇《词的义系、义点、义位与语文词典的义项》，《辞书研究》1999年第1期。

读汪耀楠先生《〈汉语大字典〉通论》

——中国当代字典史学的扛鼎之作

周德美

1990年，《汉语大字典》《〈汉语大字典〉论文集》在北京人民大会堂举行隆重的首发仪式。《〈汉语大字典〉论文集》共745页，收论文59篇，《〈汉语大字典〉通论》一篇即达84页，占全书的九分之一。这篇九万余字的专论，包括《导言》《汉字楷书单字的汇编》《历史地、正确地反映汉字形音义的发展》《释义篇》《书证篇》《名物篇》和《虚字篇》等七个部分，每一部分分若干小题，如《释义篇》又含《义项论》《语词对译论》《释义层次论》《释语中有被释字论》《序列论》。它以《汉语大字典》的编纂经验为基础，对《汉语大字典》的编纂成就进行系统总结，对《汉语大字典》提出的"异常丰富的理论问题"进行全面清理，广泛涉及大型详解字典理论、普通词典学理论、词典学元理论、词典学与相关学科的关系诸方面，在中国当代辞书学史上占有重要的地位。

一 《汉语大字典》编纂成就的系统总结

汪耀楠先生的《〈汉语大字典〉通论》具体、系统、深入地总结了《汉语大字典》的编纂成就，涉及《汉语大字典》的总体内容、收字原则、条目结构、理论价值、鲜明特色、存在问题和历史地位等。

文章充分肯定了《汉语大字典》的历史地位，将它誉为中国当代辞书史上"汉语的双璧之一"。认为《汉语大字典》具有多方面的理论价值："提出异常丰富的理论问题，具有令人惊叹的构筑技巧，也会存在令人惋惜的缺陷。"

文章系统分析了《汉语大字典》的鲜明特色，认为无论是从形、音、义哪一方面看，都能“历史地、正确地反映汉字形音义的发展”。其“字形”为“三千年文字演变的一览表”，“不论是甲骨文、金文、篆文、隶书，不论是来自于甲骨、钟鼎、古陶、古鉨、货币、玉石书刻和印玺、砖瓦，所选录形体均按时代先后排列，十分自然地显示了这一个文字符号的演变史”，其解说字形“从结构分析入手，探求造字之本义”，“使造字之初义大白于天下”，并扩展到“对一系列字的理解”；“字音”为“现代、中古和上古音的综合反映”，采用三段标注的方式描写汉字音变的历史，并根据规范的原则对异读字字音进行了系统整理；而“字义”则是“字义孳乳史的生动描写”。

文章对《汉语大字典》的“收字原则”即价值原则、科学原则、规范原则进行了深入细致的解析。其收字价值观的分析，涉及字典类型、收录对象、收录范围等不同方面。文章将它与《新华字典》进行比较，说明“不同性质、规模的字典的价值观念有多大悬殊”，说明价值原则的相对性。文章指出：“《汉语大字典》的‘大’，就是要收录古今楷书汉字的全部”，“这种鲸吞式的收字原则是‘包举宇内，并吞八荒’，如果用简括的哲学语言来描写或概括这一价值原则，那就是：一切存在过的都是有价值的”。汉字形体极为复杂，有繁简变化、正异变化、正讹变化等，这些都涉及科学性原则和规范原则。文章认为，它也是“《汉语大字典》在收字中不可回避，必须解释的问题”。《汉语大字典》既遵从约定俗成的原则，“见字必录”，“对众多的讹字取承认态度”，又谨守规范，“笔形和笔画微异的字，楷化不全的字，现代书刊的一些生造字（包括本有其字的‘方言新字’），错字都在排除之列”。而且，“《汉语大字典》所收的见诸于文籍用例的字是极有价值的语言材料”，这些都充分体现了“《汉语大字典》的职责和特色”：“历史地、正确地反映汉字形音义的发展”。

字典收字，词典收词，似乎是天经地义的，但在实际的编纂过程中，二者并非想象的那样泾渭分明。相对来说，词典收字，将字作为词或词素，理论上没有问题，而字典收词，则明显是一种僭越。但“字典收词是普遍现象”，《〈汉语大字典〉通论》对此从理论上进行了分析。文章指出：“字典收词是在非一般的情况下进行的”，“所谓‘非一般的情况’，是指一种特殊的价值，这种价值迫使有严格限定的字典不能排斥它们，这便是《凡例》所说的‘根据存字、存音、存源的原则在单字下酌收少数复词’”。存字、存音、存源原则为“字典收词”提供了理论上的依据，同时又使其不至于泛滥无涯。

《〈汉语大字典〉通论》对《汉语大字典》存在的问题也毫不隐讳。或指出编写体例有缺漏，如《虚字篇》说：“文言虚词的近于互训的注释”是“明显的缺点”，“复音虚词和固定结构”的处理存在问题，其根源在于“整个编写细则没有考虑到这一点”。或指出编写体例和编纂实践不一致，如《名物篇》分析异名和异体的处理存在的问题时，先引述《〈汉语大字典〉编写细则》的相关规定，然后将《中药大辞典》“莼”字的异名处理与《汉语大字典》对比，说明“实践和细则所规定的‘尽可能说明此名和他名的关系’还很不相称”。或指出编纂者违反常规之处，如《释义篇》分析《汉语大字典》存在的“准分项”现象，“《汉语大字典》是否完全避免了这一弊病，还没有全面的调查，但不一定属于义项的‘准分项’（即一个义项下的若干小义项）在释义中时有所见。如‘朝’的第一个义项是‘访；见’。书证例证以后又有‘又专指卑见尊’。‘专指’在义项中是可以成立的，而于‘专指’下复领属‘臣见君’‘下属见上官’‘子、媳向父母请安’三小项。其语义无别，仅为语境和访、见对象有别。这样处理说明编写者对义项的本质，对‘朝’的‘访；见’义的语义三角关系有正确认识，却不愿舍弃对‘专指’的具体运用场合的提示，这不合于义项的原则，应当芟除”。文章还对《汉语大字典》某些字形说解有不同看法，认为“解说取近人今人成果持审慎态度，而有时却趋于拘泥、保守”。文中举“初”为例，“初”字依《説文》训“裁衣之始”，当代古文字学家夏渌释为胞衣之衣，“人和母体、衣胞分离，是人生的开始”，其说远胜许氏，却未吸取。这些看法，无疑是正确的。

二　大型详解字典编纂理论的深入探讨

《汉语大字典》是大型详解字典，《〈汉语大字典〉通论》对《汉语大字典》进行研究，也是对大型详解字典编纂理论的个案研究。《〈汉语大字典〉通论》的不少篇幅，常常有意识地在更广泛的层次上探讨这一问题，举凡条目的结构、释义的层次、义项的排列、书证的运用、名物字的处理等与大型详解字典相关的层面，都有广泛深入的阐发。

如前述“收字原则”部分，其价值原则、科学原则、规范原则，都不仅仅是在解释《汉语大字典》。如文章分析收字价值观与词典类型的联系：“《汉语大字典》收字五万四千左右，而《新华字典》只有八千。前者的收字是后者的七倍。那么从《新华字典》看来，《汉语大字典》所收的四万六千个都是没有价值的。”由此我们知道，辞书的价值取向由辞书类型决定。大型字典在收字的数量、义项的划分和取舍、语料的容量等方面，与中小型字典是不同的。

那么，大型字典是不是一定就是周遍字典呢？文章一方面指出：“一切存在过的都是有价值的”，“‘大’就是要收录古今楷书汉字的全部”，另一方面又引用兹古斯塔的观点告诉我们，“即使是一部最大型的词典也不可能收录所有偶然出现的词（或这些词的偶然用法）”，所以“见字必录”并不意味着周遍所有的汉字，客观漏收、主观拒收都在所难免。

对于大型字典来说，释义提供什么类型的信息，条目信息如何相互为用、相互照应，是至关重要的，这主要涉及释义层次问题。《〈汉语大字典〉通论》指出：“词典释义层次，还未引起重视。”于是，文章对此进行了系统研究。文章首先明确了释义层次的定义：“什么叫层次？层次是被释词或字所含的可以划分的信息量。这个信息量由对应词和这个词（概念）的内涵组成。对应词是第一个层次，这个词（概念）的内涵是第二个层次。”进而说明释义层次的处置条件：“不是每一种词典或每一个词目的释义都必须具备这两个层次。事实是在通常情况下释义只有一个层次，或者是第一个层次，或者是第二个层次。我们的任务在于说明，在提供被释词的信息时，在何种情况下只给第一个层次；在何种情况下只给第二个层次，在何种情况下给两个层次。”具体来说，“单音词，有对应的复音词”、“单和复、文和白的释义”、“名物字有复音词可替代”，应以第一个层次释义；“名物字单音词，名物义”，用第二个层次释义；“文言虚字两个层次：现汉相应虚词和虚字语法功能”。要注意的是，“凡单字有复音词，凡深奥的复音词有浅显的复音词可以替代者，决不可跨越第一个层次，径释以第二个层次”。此外，文章对“盲目地以为语词对译式释义过时、陈旧的观点”提出了批评，因为“释义方式往往不是由编纂者的主观愿望决定的，而是由被释对象的客观需要所决定的”。

大型字典的书证运用，是决定编纂成败的关键之一，《〈汉语大字典〉通论》专辟《书证篇》进行了系统论述。一方面，文章分析了书证作用、书证运用、书证缺陷、书证类别等。关于书证作用，文章结合已发表的《大型辞书注疏材料的运用》一文，指出："书证的作用在于为义项的确定找到训诂旁证"，"证明义项的可确立性和说明义项的必然性"，特别是"较为疑难的字义或十分艰涩的字义""名物典章制度义"，需要书证的支撑。在书证类别方面，《〈汉语大字典〉通论》提出了"隐形书证"概念，用以指"释义和例词、例句是没有书名出处的，其出处隐存着"的现象。像《现代汉语词典》的编纂，制作了大量卡片，却采用了隐形书证形式。"《汉语大字典》所不同的是，它的书证都是显露的。"一般说来，隐形书证和显形书证是中小型辞书与大型详解辞书相区别的显著标志之一（虽然大型详解辞书局部偶尔也采用隐形书证形式）。另一方面，文章深入探讨书证的引例原则，认为引例要有典范性、多样性、历时性和思想性。其中，引例的多样性、历时性对于大型辞书具有重要意义。文章认为，"所谓多样性，就是要为释义（义项）提供运用范围、词语搭配、感情色彩有区别的语言材料"，多样性就是"在不同的结合对象、运用范围中会表现出若干附加意义的区别。而词典义项若有意把这些能显示差别的语言材料置于自己的领属之下，那么这个义项的概括性和大的覆盖面就显现出来了"。这就告诉我们，并不是引例越多越好，引例在功能上不能雷同，要能表现"附加意义的区别"，努力穷尽不同的语义变体、不同的语境、不同的用法。引例的历时性实际上是引例多样性在时间轴上的延伸，文章指出，"历时性是要求例句能反映该字或词义项的历代运用情况"，"《汉语大字典》在这一层上还应当改进"。

三　普通词典学理论的独到分析

《汉语大字典》"提出异常丰富的理论问题"，当然不仅仅表现在详解字典方面，其中不少问题还同时关系到普通词典学理论，如前文所及的收字、释义、义项、书证、名物等，既有详解字典理论的问题，也有普通词典学理论的问题，《〈汉语大字典〉通论》对此也予以充分回应，对许多问题给予独到分析。

如关于辞书规范，文章强调了“约定俗成”的原则。虽然“约定俗成”的语言观念在先秦就已经有了，但不懂的、反对的代有其人。对于辞书编纂来说，这一原则显得尤为重要，文章对此进行了细致分析：“文字演变的规律一般是由繁趋简，有时又是由简趋繁。甲文较简，而金文较繁，有些字构件和笔画趋简，有些则又趋繁。从手之字复加手，从木之字复加木，从火之字复加火，有的繁行而简废，有的则繁废而简行。只是到了新中国成立以后，对趋简加以引导，确定了简化部分汉字，趋简的发展方向才确定下来。在这一演变过程中，有时是笔画的改变，有时则是构件的改变。按照机械的规范观点：凡有别于初形者，均属谬误。而事实是约定俗成的伟大力量却不顾这一切，只要是大家习用了，承认了，也便天经地义地正确了。这就是规范，这就是科学。假若拿甲金文字，拿大小篆来考察隶定和楷化字的正讹，那一定会发现许许多多的谬误，但是假若真的以这些谬误为谬误，就势必会站到‘约定俗成’的原则的反面，站到发展演变规律的反面。”

词典的工具性与阶级性也是词典学的重要命题。文章一方面指出：“字典是工具书，工具书的性质是没有阶级性，仅有工具性。”另一方面又承认：“我们生活着的是一个有阶级差别的社会，我们所采用的文献语言材料都是在一定的阶级、政治环境中产生的。那些敏感的、极易打上阶级和时代烙印的语词、字，不论进行社会语言学，抑或是心理语言学的分析，都不可能排除时代、阶级和政治的影响，不论是提供信息的一方，还是感受和阐释信息的一方都是这样。”这似乎有些自相矛盾。但文章进而指出：“语文字词典的工具性与不可避免的阶级、政治的影响并不矛盾。在一个民族内部存在着阶级对抗的时候，敌对的阶级之间的对立意识会影响到造词和词义，反映到字词典中就是收词和释义的上述现象。这种现象不论争斗的双方是否乐于接受，作为一种语言现象它已经是全民不可忽视的一个成分了。”

义项理论研究是词典学研究的重要课题，汪耀楠先生在这方面卓有建树，先后发表《多义词义项的概括与区分》《“义项分合”说质疑》《〈汉语大字典〉的编纂对词典学理论的贡献》《语文词典的义项》等文章进行讨论，在学术界产生广泛影响。《〈汉语大字典〉通论》也将这一问题作为重点进行论列，涉及义项的定义、特征、演变等。文章认为义项具有五种特征："一、字义的分项解释形式；二、多义字才有释义的分项；三、多义是以基本义为义源，按照语言的发展演变规律产生的；四、多义之间既有相互联系的一面，又有相互独立的一面，而有一些意义却只有后者"，此外还有"概括性的特征"。这些特征对于义项的科学辨识，无疑具有重要意义。

文章还对与义项相关的"引申"概念进行分析，指出："我并不以为引申是一个完美的准确的概念。引与申之同义复合，更偏重于概念的扩大。而字或词义的演变有多种方式，或扩大，或缩小，或转移，而转移的内容又极为丰富"，"拙作《多义词义项的概括与区分》将上述现象概括为'词义的引申方式'，这方式就是词义发展的内部规律。拙文同时指出，词的语法、修辞特征也会造成词义的改变。这就是'词义变化的途径'。如词性改变而造成词义改变。词的使用范围、结合对象的改变而造成词义的改变，修辞用法的经常化形成的固定意义等等。'合成词的词素义'也是造成字义演变的一个因素"，"字词义的演变有如几何学上的点、线、面。如果把每一个意义的分项叫作点，那么所有的点就会成为一条线，继而又由线成为面。这个线和面是义项的全体。由点至线至面，表明了它们之间的连续性和相对独立性"。所以"引申"这个术语不足以穷尽所有这些变化。了解这一点，我们就会对词义的变化有更为全面的认识，从而在词典编纂过程中不至于挂一漏万。

"本字为训"是训诂学、辞书学的一个重要疑难问题。"所谓以本字为训，就是以甲释甲，以乙释乙，以丙释丙。如：'巳，巳也'，'比者，比也'，'虚，虚也'。"这在训诂学中几乎是没有争议的，以今释古、以雅释俗、以通语释方言，表示今古、雅俗、通语方言字同义同。"本字为训"还有一种情形，是在被释字基础上加进若干字词构成词、词组或句子来解释。这两种情形，王力先生都不赞成，他说："普通字典，本该着重在义的方向，如果注解中仍有本字，就太违背字典的原则了。"① 这一看法被词典学界普遍接受，所以"我们在《现代汉语词典》和其他现代词典中看不到本字为训"。《〈汉语大字典〉通论》专门辟出《释语中有被释字论》一

① 王力《理想的字典》，载《王力文集》（第19卷），山东教育出版社1990年。

节，指出："王力先生提出这一理论我们不能作绝对化的理解，更不能不问词典类型去生硬实行这一原则。王力先生对这一理论缺乏分析，我们却奉为金科玉律，势必会在释义中不当回避被释字时而回避，对准确传递被释字的信息十分不利。"文章认为，"不问具体情况反对释义杂有被释字，则《现汉》和《大字典》就有许多可指摘的地方"，"含有被释字的复音词会有更多的相同成分，有时还可以等值，这种时候释义回避被释字，反而是舍本逐末"，因此，"不主张一味反对释义中杂有本字，要提倡在一定的条件下以有被释字构成的复合词为释"。这些分析，既从理论上也从实践上很好地解决了问题，值得我们重视。

四　词典学元理论的重要突破

对词典学的讨论，不能仅仅限于词典学领域以内，要想真正解决问题，必须站在更高的逻辑层面，这就涉及词典学的元理论（The meta-theoretical lexicography）问题。《〈汉语大字典〉通论》不少问题的研究，如文中涉及的语言规范、词物关系、意义本质、语义心理机制、义项的存在方式、释义的前提、释义的可能性与局限性、释义的主观性与客观性、死语言与活语言、古语与今语、文言与白话、方言与通语、私人语言与共同语言等，都和词典学元理论有关。

如《书证篇》论及书证的局限性，提出了'信息缺陷'理论。文章说："普通的多义字的义项既以沟通古今和单字、复词为要务，释义多属于第一个层次，而不宜表述其所指内容的概念，那么这'信息缺陷'就始终是不准备弥补的了。"尽管如此，人们在阅读这种带有"信息缺陷"的辞书时，"又总是处于满足状态，这又是什么缘故呢"？文章认为："凡操一民族语的人，通常都对彼此的言语交际心领神会，词，指称内容，所指对象谁都不会发生误解，说明每一位正常的人的头脑中都有一部词典。这一部词典并不为每一个人所承认，但是其潜在的功能是不言而喻的。指称意义、附加意义、运用范围这三种词义构成成分他们是自觉或不自觉地了然于心的。然而一旦要形诸文字，成为真正的词典的释义却不是易事。最有修养的学者，最善于文字表达的语言学家、辞书学家，形诸笔墨的解释所提供的信息，不一定能比得上一个仅有初等文化的普通人头脑中所储存的信息。因此，当我们以这种危言耸听的议论来评论历代字韵书和文籍训诂这许多书证时，自会感到那些几乎都不具备完全信息的条件。信息缺陷存在于上述书证的所有方面。”“信息缺陷”理论告诉我们，所有的释义都是相对的，而不是绝对的。相对释义能够实现词典与读者之间足量的信息交流，那是因为“每一位正常的人的头脑中都有一部词典”，信息交流的完美实现是两部“词典”相互作用的结果。这些分析从本源的角度深刻揭示了释义的局限性。在论及释义的客观性与主观性时，文章说：“文籍用例所提供的语言材料还必然要关涉到社会语言学、心理语言学乃至哲学诸问题：这一些有客观存在的一面，又有主观感受的一面。这与语用学研究原信息和感受信息（这两个术语是本文临时创造的）所出现的情况是很相似的。词典释义——尤其是多义字、引申义特别丰富的字的释义，原信息和感受信息的统一性原则始终只能是一种理想。十位著名的语言学家、训诂学家、词典学家来分别编写一个这样的字，如古代汉语的“举”、近现代汉语的“打”，一定会是十种不同的字稿。他们对语义的判断和采取的传递信息的方式一定会表现出种种的差异。”这里以语义的原信息和感受信息的归一度作为衡量的标准，以分析释义的客观性与主观性，强调主观性对释义的绝对影响，“语义的客观存在和释义用语之间的矛盾是不能完全解决的”。这些都从更高的学理层面揭示了释义的本质。

认清释义的相对性，从而避免对绝对释义的盲目追求，对于词典编纂来说，具有重要的指导意义。与此相关，文章还有一个重要观念可以帮助我们理解通过相对释义实现词典功能的根本机制，那就是沟通。沟通的本质，是在未知和已知之间架设桥梁。如讨论释义层次，文章认为，单音词有“相对应的复音词”、“单和复、文和白”，“应以第一个层次释义”，其主要目的在于“沟通了古今”，“沟通现代复音词”，“至于这个复音词的内涵的揭示，则是现代汉语词典和其他词典词条释义的任务”。在论及文言虚字的释义时，文章也说：“古代汉语和现在汉语不同的是还有一个沟通问题。以今释古，以浅释深，过去是训诂学，现在又是词典学的一项基本原则。”语词对译，是最典型的沟通方式，所以文章说：“定义式释义之所以不可取，就是因为在单音词需要与复音词，尤其是与以这个单音词作为词素与另一个词素构成的复音词相沟通的时候不去沟通，而做了沟通之后的下一步工作”，这是不懂沟通价值的后果。这种沟通，一方面表现为词典与读者知识系统之间的交流，另一方面表现为词典的分工。文章指出：“词典是有分工的，条目的释义也是有分工的”，“以沟通为要务的字典，释义给第一个层次是最为重要的事情。还没沟通就给以科学定义，而被定义的那个复音词却不出现，这就成了越俎代庖，破坏了词典的分工”。确实，如果不懂词典的沟通机制，在词典编纂过程中不懂得充分利用已知去沟通，即使花再大精力，也将得不偿失。

时至目前，元词典学（Meta-lexicography）的研究还是一片荒芜之地。《〈汉语大字典〉通论》已经为我们做出了很好的表率，希望有志者能够接踵其成。

魏世弟的《中国现代辞书学派的生长》认为，汪耀楠先生与杨祖希先生、王德春先生、黄建华先生都是“活跃在我国辞书学研究领域的领军人物”[①]，中国当代辞书学可分为理论派、实践派、传统派等三个派别，传统派的代表人物为汪耀楠先生和赵振铎先生。[②] 传统派的大部分学者都是《汉语大字典》的主要编纂人员，从这种意义上，我们可以称之为“当代字典学派”。中国字典学史上，王念孙、王引之的《字典考证》（1831）纠正了当时最大的字典——《康熙字典》中 2588 条错误，材料扎实，沾溉学林；王力先生长达两万字的《理想的字典》（1945）包括《中国字典的良好基础》《古代字书的缺点和许学的流弊》《近代字书的进步》《现存的缺点》《理想的字典》五个部分，简要勾勒中国字典理论的基本轮廓，认为“理想的字典”应具备“明字义孳乳”“分时代先后”“尽量以多字释一字”[③] 等三要素，文章视野宏阔，史论结合，代表那个时代的理论高度。汪耀楠先生是《汉语大字典》的编委，从发凡起例到撰稿、审稿，无不亲力亲为，积累了雄厚的编纂实践经验；他在理论上独树一帜，卓有建树，他的《词典学研究》是国内最早的个人辞书学论文专集之一。《〈汉语大字典〉通论》的研究既有精湛的理论支撑，又有扎实的经验基础，内容非常丰富。它对《汉语大字典》的总结客观公正，既充分肯定其编纂成就与历史地位，又一针见血指摘其种种缺憾；它对《汉语大字典》提出的“异常

---

① 魏世弟《中国现代辞书学派的生长》，《辞书研究》1992 第 4 期。

② 同上。

③ 王力《理想的字典》，载《王力文集》（第 19 卷），山东教育出版社 1990 年。

丰富的理论问题”的全面清理，对许多问题的深入独到的分析，都走在时代的前面，达到前所未有的高度。如果说高邮二王的《字典考证》是清代字典研究的代表作，如果说王力先生的《理想的字典》是现代字典研究的代表作，那么，汪耀楠先生的《〈汉语大字典〉通论》则是当代字典学派字典史论的代表作，是中国当代字典史论的扛鼎之作。读汪耀楠先生的《通论》和他的其他学术著作，时时会感到有一股浓浓的哲学气息扑面而来。王力先生曾以“既透彻，又正确”① 评价他的论文，原因大概就在这里吧。

参考文献

拉迪斯拉夫·兹古斯塔．词典学概论．北京：商务印书馆，1983.

汪耀楠．《汉语大字典》通论//《汉语大字典》论文集．武汉：湖北辞书出版社，成都：四川辞书出版社，1990.

汪耀楠．多义词义项的概括与区分．辞书研究，1982（2）.

汪耀楠．“义项分合”说质疑．辞书研究，1984（4）.

汪耀楠．《汉语大字典》的编纂对词典学理论的贡献//《汉语大字典》论文集．武汉：湖北辞书出版社，成都：四川辞书出版社，1990.

汪耀楠．语文词典的义项//上海辞书学会，辞书研究编辑部．辞书编纂经验荟萃．上海：上海辞书出版社，1992.

王力．理想的字典//王力文集（第19卷）．济南：山东教育出版社，1990.

魏世弟．中国现代辞书学派的生长．辞书研究，1992（4）.

诸定耕．汪耀楠词典学理论研究的独创性——评《词典学研究》．四川师范学院学报，1989（5）.

（周德美：湖北大学历史文化学院，武汉　430062）

① 诸定耕《汪耀楠词典学理论研究的独创性——评〈词典学研究〉》，《四川师范学院学报》1989 第5期。

后　　记

群贤毕至笑说文吞吴归楚，大江竞腾风尔雅百二三千。

第四届全国辞书理论与辞书史学术研讨会于2012年4月23—27日在安徽省芜湖市举行。会议由中国辞书学会辞典理论与辞书史专业委员会、安徽省辞书学会联合主办，安徽省辞书学会、芜湖日报报业集团共同承办，商务印书馆、人民教育出版社、语文出版社、上海辞书出版社、四川辞书出版社、中国社科院语言研究所、江苏教育出版社等单位协办。

会议的中心议题是中国现代辞书的理论建设、理论创新与理论总结，此外，也研讨了辞书史论及相关议题。

会议着重围绕下列问题进行研讨：

1. 中国现代辞书与现代辞书学有哪些理论创新、理论建树；

2. 中国现代辞书与现代辞书学存在哪些值得研究的理论问题；

3. 如何加强中国现代辞书学的理论建设。

根据议程设置，论文与研讨从多层次多角度展开：一、辞书类别理论与实践，如语文辞书、专科辞书、百科全书、双语辞书、综合性辞书，以及编辑与出版、辞书现代化、辞书教育等；二、辞书人物的理论与实践，从辞书大家、辞书名家到有所建树的辞书学者、学人的理论与实践；三、中国现代辞书学的理论与实践；四、辞书学与相关学科、交叉学科的理论与实践；五、其他相关方面。

群贤毕至，大江竞腾。在来自全国各地的近百名学者以及各方的大力支持、共同努力下，会议取得了很大的成功。

本次会议进行了全国辞书学术会议的一些新的探索：第一次较大规模较高规格地就中国辞书、辞书学的理论建设、理论总结和理论创新进行了较深入的研讨。第一次对我国当代辞书学家、辞书学者（约20人），以材料为唯一依据，以学术为唯一标准，进行了广泛、集中的研究。第一次以较多的团队方式，以一组论文，集中地研究某一辞书学具体对象，形成鲜明的学术特色。如山西省社科院关于语典的研究，黑龙江大学关于俄汉词典的研究，安徽大学关于电子网络工具书的研究，等等。第一次在同类大中型全国学术会议的全体大会上，安排一个多小时的大会自由发言，与会者当面质疑问难，开展辩论。

总之，论文与研讨，观点鲜明，针对性强，言之有物。注意辞书本体论，注重主议题，避免学术空洞化。推崇学术创新，不拘一格，不落俗套，打破框框，敢于突破，形成了百家争鸣、学术创新的可喜局面。

本书是在120多篇、约80万字的论文中，在会议主议题的大框架内，选编了一部分论文，分为上下两编：上编为一般研究；下编为专人专题研究。李杨、张道升副教授和曹小云教授等在会议论文与本次论文的编选中，付出了很多的心血。

感谢亚洲辞书学会首任会长、中国辞书学会原副会长、广东外语外贸大学原校长黄建华教授向会议发来贺信，并且同意将贺信作为本书的代序。

感谢语文出版社对此书编辑出版的大力支持。

中国辞书学会辞典理论与辞书史专业委员会

安徽省辞书学会

2014年4月